송재소 잡문집

# 복사꽃 오얏꽃은
# 말이 없어도

송재소 잡문집

# 복사꽃 오얏꽃은 말이 없어도

송재소 저

보고사
BOGOSA

# 머리말

나는 2023년 연말에 암(癌) 선고를 받고 그때부터 내가 써온 글들을 정리하기 시작했다. 어쭙잖은 글들이지만 아직 책으로 묶이지 않은 글들을 죽기 전에 한데 모아놓으려 한 것이다. 여기저기 흩어져있던 글들을 모아 종류별로 분류해 보니 대략 4권 분량이나 되었다. 참으로 쓸데없는 글을 많이도 썼구나 하는 생각이 들었지만 버릴 수가 없었다. 동물이 자기 새끼를 버리지 못하듯이 미우나 고우나 내가 쓴 글이라 일단 모아서 정리해 보기로 했다.

그중 이 책에는 2004년부터 지금까지 근 20여 년간 각종 매체(媒體)에 발표했던 짧은 글들, 통상 '칼럼'이라 부르는 시사적인 글들을 모았다. 그중 가장 많은 분량을 차지하는 것이 다산연구소의 '다산포럼'이다. 다산연구소는 창립 이듬해인 2004년부터 온라인으로 다산포럼을 서비스하기 시작했는데 나는 처음부터 10년 이상 필자로 활동했다. 다산포럼 이외의 글은 일간지를 비롯한 각종 매체에 발표한 것이다. 이 중에서 YTN 라디오를 통하여 방송했던 글들은 청취자를 대상으로 내가 직접 읽었기 때문에 경어체(敬語體)로 되어 있어 그대로 실었다.

이런 종류의 글들은 강한 시사성을 띠기 때문에 발표연도가 매우 중요하다고 생각되어 일일이 발표연도와 출처를 밝혔지만 내가 용의주도(用意周到)하지 못한 탓에 일부 오래전 글의 발표연도나 출처를 잃어버린 경우도 있다. 독자들의 양해를 바란다. 또 그때그때 일어난 사건을 보고 느낀 생각을 기록한 것이라 176항목에 달하는 내용 중에는 일부 중복되는 내용도 있는데 이 점 또한 독자들의 양해를 바란다.

나는 2004년에 이미 이러한 종류의 책 『주먹바람 돈바람』을 출간한 적이 있다. 그때 책 표지의 제목 앞에 '송재소 잡문집'이란 부제를 달았다. 일반적으로 이런 성격의 책을 '산문집'이라 부르는데 굳이 잡문집이라 한 연유를 서문에서 '잡문에 대하여'란 항목을 두어 따로 밝혔다. 이번 책도 잡문집이란 타이틀로 출간되었으니 그 연유를 밝혀야 하겠기에 옛날에 쓴 '잡문에 대하여'란 글을 약간 수정하여 그대로 싣는다. 『주먹바람 돈바람』이 출간된 지 오래되어 절판되기도 했고 또 잡문에 대한 그때의 생각이 지금도 변하지 않은 때문이기도 하다. 아울러 '이조(李朝)'와 '조선(朝鮮)'의 표기 문제에 대해서도 『주먹바람 돈바람』의 서문에서 밝힌 나의 견해를 이 책에도 약간 수정하여 수록했으니 참조하기 바란다.

'잡문에 대하여'를 통해서 밝힌 바와 같이 잡문은 '잡스러운 글'도 아니고 개인의 신변잡기도 아니다. 중국 현대 잡문의 대가 노신(魯迅)은 잡문이 '비수(匕首)'와 '투창(投槍)'이 되어야 한다고 말했다. 내가 이 책을 잡문집이라 이름 붙였다고 해서 언감생심(焉敢生心) 나의 글을 노신의 글에 견주어 보려는 것은 아니다. 그저 먼 발치에서 흉내라도 내어 보려는 마음뿐이다. 나 개인적으로는 이 잡문집에 가장 애착이 간다. 왜냐하면 이들 글에는 나의 육성(肉聲)이 배어 있기 때문이다. 내가 쓴 학술논문에 나의 육성이 묻어나기는 어려운 법이다. 그런데 잡문에는 나의 속마음 전부가 가감 없이 드러난다. 그래서 내가 쓴 잡문은 나의 분신(分身) 같고 나의 자식 같아서 애착이 간다.

나의 육성이 배어 있다는 것은 나의 주관(主觀)이 반영되었다는 것인데, 그래서 그런지 발표할 때마다 댓글을 많이 받았다. 다산포럼의 경우는 들어온 댓글을 다산연구소에서 어느 정도 걸러내고 나에게 보내 주었는데도 그 분량이 적지 않았다. 댓글이 많았다는 것은 그만큼 나의 글이 논쟁적(論爭的)이었기 때문일 것이다. 댓글 중에는 나의 글에 공감하는 것도 있고 반대하는 글도 있었는데 반대하는 글 중에는 비록 내 생각과 다르긴 하지만 경청할 만한 것들도 있었다. 그래서 이번 책에 이 댓글들 중에서 참조할 만한 것을 골라 수록하려 했지만 여러 가지 이유에서 그만 두었다.

이 책을 엮는 데에 성균관대학교 국문과의 김진균 박사의 공이 컸다. 김 박사는 10년 이상 쌓인 '다산포럼' 원고를 일일이 찾아내어 USB에 담아주었다. 고맙다는 마음을 전한다. 그리고 이번 책에도 성균관대학교 한문학과 박사과정의 김종후 군의 도움이 컸다. 김 군은 잃어버릴 뻔했던 글들을 지나간 신문을 뒤져서 찾아주었다. 나의 디지털 기기 조작 능력으로는 불가능한 일을 해낸 것이다. 고맙다. 그리고 계속 책을 내주고 있는 보고사의 김흥국 사장과 김태희 씨에게도 감사하다는 말을 전한다. 애초에 원고 뭉텅이를 그냥 출판사에 넘겼는데 김태희 씨는 그 많은 원고를 일일이 읽고 3부로 분류하여 책 모양을 잡아주었다. 그리고 각 부의 제목과 부제(副題)도 김태희 씨의 손길을 거쳐 완성되었다. 나에게 출판사의 편집자가 왜 필요한지를 알게 해주었다.

2025. 11. 17.
지산시실(止山詩室)에서
송재소

## 잡문(雜文)에 대하여

내가 대학원에 다닐 때 주위의 선생님들로부터 가장 많이 들은 말씀 중의 하나는 '잡문 나부랭이를 쓰지 말라'는 것이었다. 학자는 순수한 학술논문을 써야 하지 결코 '잡문 나부랭이'를 써서는 안 된다는 말씀이었다. 그때는 선생님들의 말씀대로 학술논문만 쓰면서 학문 생활을 계속하리라 마음먹었다. 그러나 여기저기 신문, 잡지의 청탁을 받으면서 나도 모르게 '잡문'에 손을 대게 되었다. 이렇게 해서 쓴 잡문의 양이 쌓임에 따라 잡문을 쓰지 말라고 당부하셨던 선생님들께 괜히 송구스러운 마음을 떨칠 수 없었다. 마치 "너 이놈 요사이 잡문 나부랭이나 쓰고 있구나" 하고 호통하시는 것 같았다.

그래서 잡문에 대하여 내 나름의 합리화 내지 변명을 마음속에 준비하고 있었다. 그러던 중 1989년 처음으로 중국에 갔을 때 내 눈에 뜨인 것이 잡문에 관한 책들이었다. 놀랍게도 서점에 진열된 책들 중에는 『중국잡문사(中國雜文史)』, 『중국현대잡문(中國現代雜文)』, 『중국잡문감상사전(中國雜文鑑賞辭典)』, 『잡문창작백가담(雜文創作百家談)』 등이 있어서 사가지고 왔다. 이 책들을 통하여 나는 중국에서는 잡문을 매우 중시한다는 사실을 알았다. 중국의 문학 장르는 시, 소설, 희곡, 산문으로 나뉘어지는데 잡문은 산문의 한 분야로 자리 잡아, 굴원(屈原)의 「어부사(漁父辭)」, 도연명의 「오류선생전(五柳先生傳)」, 소식(蘇軾)의 「적벽부(赤壁賦)」, 주돈이(周敦頤)의 「애련설(愛蓮說)」 등을 잡문으로 분류하고 있었다. 그러고 보면 잡문은 결코 '잡스러운 글'이 아니다.

이 잡문의 전통이 '5·4 신문화 운동'을 거치면서 중국 현대 잡문으로 화려한 꽃을 피웠다. 중국 현대 잡문은 선명한 시대정신과 강렬한 사회 비판 정신으로 중국의 근대화에 커다란 기여를 했다. 그리고 우뚝하게 그 중심에 위치하고 있었던 인물이 노신(魯迅, 1881~1936)이었다. 나는 노신의 작품을 평소에 즐겨 읽었지만 『아큐정전(阿Q正傳)』, 『광인일기(狂人日記)』 같은 소설을 제외한 짧은 글들을 '잡문'으로 규정한다는 점은 솔직히 잘 모르고 있었다. 노신은 잡문이 "비수(匕首)"와 "투창(投槍)"이 되어야 한다고 말했다. 그는 이 비수와 투창이라는 잡문으로 중국 봉건사상의 잔재를 갈갈이 찢어 없애려 했다. 그래서 중국 현대 잡문의 대가인 구추백(瞿秋白, 1899~1935)은 "노신 잡문은 5·4 이래 중국 사상 투쟁의 역사이다"라 평했던 것이다.

이렇게 중국의 잡문에 접하면서 나는 잡문 쓰는 행위에 대하여 약간의 변명거리를 얻게 되었다. 노신의 잡문을 비롯한 중국 현대 잡문은 짧은 글 속에 다양한 형식의 다양한 내용을 담아 직접적이고 신속하게 사회현상을 반영하고 비판하는 글인데, 내가 쓴 글들도 이를 닮으려고 애를 썼다는 점에서 적어도 '잡스러운 글'이라는 굴레에서 벗어날 수는 있으리라는 위안을 얻었던 것이다. 그래서 감히 나의 글들을 '잡문'이라 이름하기로 했다.

또 하나의 변명거리가 있다. 우리나라의 전통적인 문집에 '잡저(雜著)'라는 형식의 글이 있다. 그 명칭에 '雜'이라는 글자가 들어 있음에도 불구하고 여기에는 작자의 학문적 성향이 드러나는 학술적 논변이 주를 이루고 있어서 매우 중요한 자료로 이용되고 있다. 예를 들면, 김시습(金時習, 1435~1493)의 『매월당집(梅月堂集)』의 '잡저'에는 불교와 도교에 대한 그의 도도한 논변이 전개되어 있고 또 '잡설(雜說)'이라는 별도의 항목에도 유학과 불교에 대한 그의 견해가 피력되어 있다. 이익(李瀷,

1681~1763)의 『성호집(星湖集)』에도 '잡저'라는 항목에 무려 11권에 걸쳐 다양한 잡문이 수록되어 있는데 여기에는 예설(禮說), 자연과학, 심성설(心性說), 토지제도, 경전, 인물론 등 성호의 핵심 사상이 들어있다. 이밖에도 옛 학자들의 문집에는 거의 빠짐없이 '잡저'가 수록되어 있는 것을 볼 수 있다. 이 잡저의 글들도 결코 '잡스러운' 글이 아니다.

이런 글들을 '잡저(雜著)'라 하여 '雜' 자를 붙인 것은, 일정한 형식을 갖춘 규격적인 문체인 논변(論辯), 주소(奏疏), 비지(碑誌), 서발(序跋) 등의 정통적 산문과는 달리 형식에 구애받지 않고 비교적 자유롭게 쓸 수 있는 글이기 때문인 것으로 보인다. 오늘날 대학교수들에게 요구하는 이른바 학술논문은 엄격한 형식을 갖추어야 한다. 학술진흥재단에서 규정한 까다롭고 복잡한 형식을 갖추지 않으면 아무리 훌륭한 논문일지라도 학술논문으로 인정해 주지 않는다. 나 자신도 어차피 교수로 살아남기 위하여 학진의 요구에 맞추어 논문을 썼지만, 때로는 저 껍질뿐인 형식의 울타리를 벗어나고 싶은 욕망을 금할 수 없었다. 이것이 내가 잡문을 쓴 이유 중의 하나일 지도 모르겠다. 내가 이 책을 '잡문집(雜文集)'이라 이름한 것은 이러한 이유에서이다.

## '이조(李朝)'와 '조선(朝鮮)'의 표기에 대하여

책을 낼 때마다 나는 출판사의 편집자들로부터 질책 섞인 요청을 받곤 한다. 내 글 중의 '이조' 또는 '이씨조선'이란 표기를 '조선'으로 바꾸었으면 좋겠다는 요청이다. 말이 요청이지 여기에는 강한 불만과 항의의 뜻이 담겨 있었다.

또 이런 일도 있었다. 오래전 한 텔레비전의 좌담회에 참석한 일이 있었는데, 며칠 후 중학교의 한 역사 교사로부터 강한 항의 편지를 받은 적이 있었다. "대학교수라는 사람이 공개석상에서 어떻게 '이조'라는 말을 사용할 수 있느냐"는 것이었다. 그리고 '이조'는 일본인들이 우리나라를 비하하기 위하여 붙인 명칭이기 때문에 결코 사용해서는 안 된다는 것이었다. 그래서 이 기회에 이조와 조선에 대한 나의 견해를 밝히기로 한다.

과문(寡聞)한 탓인지는 모르지만 내가 아는 한 '이조'는 일본인들이 조선을 비하하기 위하여 붙인 명칭이 아니다. 원래 이러한 표기는 중국에서 전통적으로 사용해 오던 방식이다. 광활한 영토를 가진 중국에서는 수천 년 동안 수많은 나라가 흥망성쇠를 거듭했다. 그래서 같은 이름을 가진 나라 또한 무수히 많았다. 이 많은 나라들을 구별하기 위하여 국명(國名) 앞에 그 나라를 세운 사람의 성(姓)을 붙였던 것일 뿐이다.

예를 들어, 동진(東晉)을 멸망시킨 유유(劉裕)가 세운 송(宋)나라를 '유송(劉宋)'이라 하고, 당(唐)나라에 이어 중국을 차지한 송(宋)나라를 초대 황제인 조광윤(趙匡胤)의 성을 따서 '조송(趙宋)'이라 부른 것이다. 이렇게 호칭한 것은 그 나라를 폄하하기 위함이 아니라 단지 구별하기 위함이었다. 주돈이(周敦頤)의 저 유명한 글 「애련설(愛蓮說)」에 "自李唐來 世人甚愛牧丹[당나라 이래로 세상 사람들은 목단을 매우 사랑했다]"이란 구절이 있는데 여기서 '李唐(이당)' 은 이연(李淵)이 세운 당나라임을 분명히 하기 위하여 쓴 말이다. 중국에는 역사적으로 무수한 당(唐)나라가 있었다.

유럽의 경우도 마찬가지이다. 한 예로 프랑스는 역사적으로 수많은 왕조가 명멸(明滅)했는데 이를 구별하기 위해서 그 왕조를 세운 왕의 이름을 따서 왕조명을 정했다. 메로빙거 왕조, 카롤링거 왕조, 카페 왕조, 로베르 왕조 등이 그것이다. 이렇게 부른 것은 그 왕조를 비하하기 위함이 아니고 후세의 역사가들이 여러 왕조를 구별하기 위하여 그렇게 부른 것일 뿐이다.

우리나라는 어떤가? 역사상에 '조선'이 여럿 있었다. 고조선(古朝鮮)이 있었고 위만조선(衛滿朝鮮)이 있었으며 이씨조선도 있었다. 더구나 현재 한반도의 북쪽에는 또 하나의 '조선'이 있다. 먼 훗날 역사가들이 "조선시대"라고 했을 때 어느 조선을 지칭하는지 밝힐 필요가 있을 것이다. 신라, 백제, 고려의 경우는 같은 이름의 나라가 없기 때문에 문제가 되지 않는다. 다만 드물게 고려와 고구려를 혼용한 예는 있다. 특히 중국에서 고려와 고구려를 혼동하여 사용한 예는 무수히 많다. 우리나라에서도 김종직(金宗直)의 「동도악부(東都樂府)」에 "朴堤上 自高麗還[박제상이 고려로부터 돌아와…]"이라는 기록이 있는데 여기서 '고려(高麗)'는 분명히 '고구려(高句麗)'이다. 박제상이 신라인이었기 때문에 고려와 고구려를 혼용한 예이다.

이런 혼란을 피하기 위하여 역시 드물게 고려를 '王麗(왕려)'라 표기한 경우도 있었다. 왕씨(王氏)가 세운 고려를 '王高(왕고)'라 하지 않고 '왕려'라 한 것은 아마도 고구려의 시조인 高朱蒙(고주몽)의 '高' 자와의 충돌을 피하기 위함인 듯하다. 또 '왕고'란 말이 어감상 매끄럽지 못한 탓도 있었을 것이다.

1부

## 빗자루를 거꾸로 드는 아이들

## 2부
## "낭만에 대하여"

3부

## 교도소 담장 위를 걸어가는 사람

1부

# 빗자루를 거꾸로 드는 아이들

교육 · 언어 · 문화

## 고구려마저 잃을 수 없다

| 2004, 다산포럼

조선 정조 때의 실학자인 유득공(柳得恭)은 그가 쓴 『발해고(渤海考)』란 책의 서문에서 다음과 같이 말했다.

> 대씨(大氏: 발해를 건국한 대조영(大祚榮))는 어떤 사람인가. 고구려 사람이다. 그가 차지한 땅은 어떤 땅인가. 고구려의 땅이다. 그것을 동쪽으로 넓히고 서쪽으로 넓히고 북쪽으로 넓혀 확장했을 따름이다. 김씨(金氏: 통일 신라)가 망하고 대씨가 망하자 왕씨(王氏)가 그 땅을 차지하여 고려라 했는데, 남쪽의 김씨가 차지하고 있던 땅은 온전히 가졌지만 북쪽의 대씨가 차지하고 있던 땅은 보존하지 못하여, 여진으로 편입되기도 하고 거란으로 편입되기도 했다. 그때 고려의 국익을 위하는 자가 있어서 급히 『발해사(渤海史)』를 편찬하여 그 책을 가지고 여진에게 따지기를 "우리의 발해 땅을 왜 돌려주지 않는가. 발해 땅은 고구려의 땅이다"라 하고 한 장군으로 하여금 여진에 가서 그 땅을 빼앗아오게 했더라면 토문강 이북의 땅을 차지할 수 있었을 것이다.

유득공은 이어서 같은 방법으로 『발해사』를 가지고 거란에 가서 따진다면 압록강 서쪽의 땅을 차지할 수 있었을 것이라 말하고 있다. 같은 글에서 그는 통일신라와 발해의 시대를 남북국시대(南北國時代)라 말하고 고려에서 응당 『남북국사』를 편찬했어야 한다고 주장했다. 그랬더라면 토문강 이북의 만주 땅과 압록강 서쪽의 요동 땅을 고려가 차지할 수 있었을 것이라는 말이다.

우리가 지금 200여 년 전 유득공의 글에 관심을 갖는 이유는, 현재 중국에서 이른바 '동북공정(東北工程)'의 일환으로 진행되고 있는 고구려 역사 왜곡에 대한 하나의 교훈을 얻기 위함이다. 유득공의 주장은 고구려가 우리 땅이라는 전제하에서 발해를 되찾자는 것이었다. 그런데 지금 발해를 되찾기는커녕 고구려마저 중국에 빼앗길 상황에 처해 있다.

우리는 여기서 역사적 교훈을 얻을 수 있다. 유득공이 말한 대로 고려가 발해를 잃어버린 것은 『남북국사』를 편찬하지 않은 잘못 때문이었다. 더 구체적으로는 당시 고려 조정의 실권을 장악하고 있던 김부식(金富軾)의 잘못 때문이었다. 단재(丹齋) 신채호(申采浩) 선생의 말을 빌린다면 '사대주의의 노예'인 김부식이 『삼국사기』를 편찬하면서 의식적으로 발해를 우리 역사에서 제외시켰던 것이다. 마땅히 신라, 백제, 고구려의 역사를 다룬 『삼국사기』와는 별도로 통일신라와 발해의 역사를 다룬 『남북국사』를 편찬했어야 했다. 그런데도 김부식은 통일신라의 역사를 삼국의 역사에 편입시키고 발해를 제외해버렸다. 이렇게 해서 발해를 잃어버린 것에 대하여 유득공은 통탄을 금치 못했다. 물론 지금 옛 발해 땅을 되찾자고 주장한다면 이것은 터무니없는 발상이지만 역사적인 사실만은 밝혀둘 필요가 있다.

지금도 마찬가지이다. 중국에서는 '동북공정'이 본격화되기 20여 년 전부터 고구려사를 다시 연구하기 시작했다고 한다. 이때 우리 정부는 이에 적극 대처했어야 했다. 중국 측의 기록인 『신당서(新唐書)』 열전 145의 「동이(東夷)」조에는 고려, 백제, 신라, 일본을 나란히 병기해놓았다. 여기서 '고려'는 고구려를 가리키는데 그렇다면 백제, 신라, 일본과 같이 고구려도 '중국 변방의 소수민족 정권'이 아니라 엄연한 독립 국가임을 중국에서 인정한 셈이다. 뿐만 아니라 역시 중국 측 기록인 『명사(明史)』 열전 208의 「외국(外國) 1」 조선(이씨조선) 항목에 이씨조선의 연혁을 언급하는 가운데 "한말(漢末)에 부여인(扶餘人) 고씨(高氏)가 옛 조선의 땅(고조선을 말함)에 웅거하여 국호를 고려 혹은 고구려라 했다"고 기록되어 있다. 이 기록 또한 이씨조선 전신의 국가로서의 고구려가

'소수민족 정권'이 아닌 단일 독립 국가임을 명백히 말해주고 있다.

이러한 역사 기록에도 불구하고 중국이 고구려사를 자기들의 역사에 편입시키려는 시도는, 중화주의에 뿌리를 둔 패권주의적 발상이라고 밖에 볼 수 없다. 나아가서는 통일 후의 한반도 정책을 염두에 둔 장기적 포석의 일환으로 생각된다. 고려가 발해사를 편찬하지 않아서 발해를 잃어버렸듯이 우리는 지금 고구려사를 잃어버릴 위기에 처해있다. 이미 발해를 잃어버린 우리가 고구려마저 잃지 않기 위해서는 정부와 학계가 혼신의 노력을 기울여야 할 것이다.

## 나의 강의 시간

| 2004, 『교수신문』

나이가 들면 옛날 일만 생각한다더니 나도 환갑을 넘겨서 그런지 옛날이 생각날 때가 많다. 아마 앞으로 살아갈 시간은 짧고 지나온 시간은 길었기 때문일 것이다. 더구나 지금처럼 모든 것이 무서운 속도로 변하는 시대에는 미래를 꿈꿀 겨를이 없다. 현재의 변화도 좇아가지 못하는데 어찌 미래를 그려볼 수 있겠는가.

내가 대학에 다녔던 1960년대 초반의 풍경이 떠오른다. 그때는 개강일자가 따로 없었다. 학문 분야에 따라서 다소의 차이는 있었지만 인문학 분야의 학과에서는 학사력에 의한 개강일자로부터 약 1개월이 지난 후 담당 교수가 강의실에 들어오는 날이 개강일이었다. "선생님 언제 개강합니까?" "개나리꽃이나 피면 시작하지." 대개 이런 식이었다. 또 휴강은 왜 그리도 많았던지. 심한 경우에는 한 학기에 서너 번 강의실에 들어오는 교수도 있었다. 지금은 어떤가? 개강 첫날 첫 시간에 들어가지 않으면 학생 대표가 연구실로 '모시러' 온다. 이렇게 '향학열'에 불타는 학생들의 태도를 탓할 생각은 조금도 없다. 그러나 어쩐지 씁쓸한 마음을 떨쳐버릴 수 없는 것 또한 사실이다. 각박하다는 느낌의 일단일 것이다.

내가 대학에 다닐 때는 선생님을 '교수님'이라 부르지 않고 '선생님'이라 불렀다. '교수님'은 직책명이지 존칭이 아니다. 자기를 가르쳐 주시는 분에 대한 최고의 존칭이 '선생님' 말고 무엇이 있단 말인가. 다행하게도 나는 1학년들에게 가르치는 기초한문 교재에 실린 한유(韓愈)의 「사설(師說)」을 강독하면서 '선생'이란 낱말의 뜻을 학생들에게 주지시킨다. 그리고는 이렇게 당부한다. "나는 교수님이란 말보다 선생님이란 말이 훨씬 더 정답게 들린다. 앞으로는 나를 선생님이라 불러다오. 만일 교수님이라 부르면 돌아보지도 않겠다." 선생님이 교수님으로 바뀐 사실이 오늘날 사제간의 냉랭한 세태를 반영하는 것 같아 역시 씁쓸한 기분이다.

"어떻게 해야 한문을 잘할 수 있습니까?" 학생들이나 일반인들로부터 자주 받는 질문이다. 그때마다 나는 "한문 공부에는 왕도(王道)가 없다. 무조건 외워라"고 말해준다. 내 대답을 들은 사람들의 얼굴엔 불만의 기색이 역력하다. 암기식 교육이 지탄을 받고 있는 지금 무조건 외우라니 말이 안 된다는 표정이다. 그러나 이것이 사실인 것을 어쩌랴. 세상이 아무리 빨리 변해도 변하지 않는 것이 있는 법이다. 말하자면 디지털 시대에 아날로그 방식으로 해야 하는 것이 한문 공부이다. "讀書百遍義自見(독서백편의자현)"은 옛날이나 지금이나 한문 공부의 정도이다. 백 번을 읽으면 외워질 것이고 외워지면 뜻이 저절로 드러난다는 것 이것이 한문이다. 그리고 누가 무어라 해도 모든 학습의 기본은 암기로부터 출발한다는 것이 내 생각이다. 그래서 나는 특히 학부 학생들에게 되도록 많이 외우게 한다. 다행히 한문학과에서 한문 공부에 뜻을 둔 학생들의 경우, 내 방식을 따라주어서 대견한 생각이 든다.

"讀書百遍義自見" 식의 공부는 한문 학습에 유용할 뿐만 아니라 인성교육(人性教育)에도 매우 효과적이라 생각된다. 매사에 빠른 진행을 요구하는 이 속도전의 시대에 느긋한 여유를 가질 수 있게 해주기 때문이다. 참고 인내하는 것도 인간이 가질 수 있는 커다란 미덕 중의 하나이다. 클릭하면 금방 나타나는 컴퓨터 화면에 길들여진 젊은이들의 행동양식은 즉흥적이고 충동적이다. 뜻을 알 수 있을 때까지 읽고 또 읽으며 참고 기다리는 이 공부 방법이 현대인의 조급한 병증(病症)을 일정한 정도로 치료할 수 있다고 생각한다. 그래서 그런지 한문학과 학생들을 칭찬하는 말을 다른 학과의 교수들로부터 자주 듣는다. 요사이 젊은이들 치고는 매우 예의가 바르다는 것이다. 특히 내 친구들 중에는 한문학과 여학생을 며느리로 삼고 싶다는 요청을 많이 하고 있다. 이런 말을 들을 때마다 나는, 시대에 뒤떨어진(?) 나의 강의방식이 그래도 약간의 효과가 있는 것 같아 작은 보람을 느낀다.

## “부모는 파업 중”

| 2004, 『선비문화』 겨울호

며칠 전 신문에서 충격적인 내용의 기사를 읽은 적이 있다. “부모는 파업 중”이라는 제목의 그 기사 내용은 이렇다. 미국 플로리다 주에 사는 어느 중년 부부가 17세의 아들과 12세의 딸을 상대로 파업을 벌이고 있다는 것이다. 그들의 아들과 딸은 평소 집안일이나 설거지를 도와주지 않을 뿐만 아니라 자기 방도 정리하지 않고 빨랫감을 아무 데나 내던지는 등 최소한의 도리를 외면하고 있었는데, 남매를 아무리 설득하고 타일러도 반성의 기미가 보이지 않자 정원에 텐트를 설치하고 그곳에서 먹고 자며 농성에 들어갔다고 한다. 부모는 “아이들을 부려 먹지 못해서”가 아니라 “아이들에게 삶의 교훈을 주기 위해서” 농성을 한다고 했다. 또 “자기 코앞밖에 보지 못하는 아이들에게 눈을 들어 세상을 내다보게 하려는 것”이 자기들의 의도라고 했다. 참으로 진기한 광경이 아닐 수 없다.

텐트 옆에 “부모는 파업 중”이라는 피켓까지 꽂아놓고 벌이는 이 미국인 부부의 농성이 어쩐지 남의 일 같지가 않았다. 지금 우리의 아이들은 이들과 다르다고 자신 있게 말할 수 있겠는가? 물론 미국의 아이들이라 해서 모두 이렇지는 않을 것이다. 그러나 앞으로 갈수록 이런 종류의 아이들이 점점 많아지리라는 것은 분명해 보인다. 그리고 정도의 차이는 있을지언정 우리나라의 아이들도 미국의 아이들을 닮아가고 있다는 우려를 금할 수 없다.

아이들이 이렇게 버릇없고 이기적으로 된 데에는 부모의 책임이 크다고 생각한다. 지금 우리나라의 부모들 특히 젊은 부모들은 자녀를 어떻게 키우는가? 공중 목욕탕이 마치 수영장인 양 탕 안을 휘젓고 다니며 물을 튀겨도 부모는 이를 제지하지 않는다. 식당이나 기차에서도 마찬가지이다. 그냥 귀엽다는 듯 보고만 있을 뿐이다. 혹 다른 사람이 참다 못해 한마디 하면 "왜 아이 기를 죽이느냐"고 화를 낸다. 이런 부모 밑에서 자란 아이가 집안일을 돕고 자기 방을 정리할 리가 없다. 『명심보감(明心寶鑑)』에 이런 말이 있다.

> 안으로 어진 부형이 없고 밖으로 엄한 스승과 벗이 없고서 능히 성공한 자는 드물다.
>
> 엄한 아버지는 효자를 길러내고, 엄한 어머니는 효녀를 길러낸다.
>
> 아이를 사랑하거든 매를 많이 주고, 아이를 미워하거든 밥을 많이 주어라.

『명심보감』의 이 말들은 요컨대 부모와 스승은 모름지기 엄해야 한다는 것이다. 집안일을 도와서 부모의 힘을 덜어주는 자식을 효자라 할 수 있다면 이러한 효자는 엄한 부모 밑에서만 나온다는 말이다. 사랑하는 자식에게 매를 많이 주라는 것도, 자식이 사랑스러울수록 엄하게 양육하라는 말이다. 그런데 지금의 부모들은 자식들의 효도를 바라면서도 엄하게 매를 주기는커녕 밥만 많이 주고 있으니 안타까운 일이다.

그러면 엄한 부모는 어떠해야 하는가? 어릴 때부터 해서는 안 될 일과 해도 좋을 일을 엄격히 구분하여 가르쳐야 한다. 부모가 아이들에게 끌려다녀서는 안 된다. 목욕탕이나 식당 같은 공공의 장소에서 남에게 피해를 주는 짓을 하면 단호하게 제지해야 한다. 아이들이 김치와 된장을 싫어해도 잘 타일러서 먹여야 한다. 세계적으로 영양학적 우수성을 인정받은 김치와 된장을 그 종주국인 우리나라에서 외면한다는 것은 있을 수 없는 일이다. 아이들이 햄버거와 피자를 좋아한다고 해서 그것만 먹인다면 그 아이가 장차 어떻게 되겠는가? 자기 방을 정리하지 않으면 매를 들어서라도 가르쳐야 한다. 그렇게 하는 것이 엄한 부모가 해야 할 일이다.

『명심보감』에서는 또 엄한 스승과 벗이 있어야 한다고 했다. 그렇다. 부모가 자식을 엄하게 훈육해야 하는 것처럼 스승도 제자를 엄하게 교육시켜야 한다. 그런데 지금 우리의 교육현장은 어떠한가? 잘못한 학생을 꾸짖고 매를 들었다고 해서 학생이 휴대폰으로 선생을 신고하는가 하면 걸핏하면 학부형이 찾아와 항의하고 선생의 멱살을 잡기도 한다. 그러니 수업시간에 잠을 자는 학생을 못 본 체해야 하고 딴짓을 하더라도 못 본 체해야 하는 것이 오늘 우리 학교의 현실이다. 이런 아이들이 가정에서 자기 방을 정리할 리가 없고 빨랫감을 제자리에 가져다 놓을 리가 없다. 이른바 '소비자 중심의 교육'이 학생들을 더욱 방자하고 버릇없게 만들고 있다.

가정에서나 학교에서나 아이들을 엄하게 가르쳐야 한다. 무엇이 옳은 일이고 무엇이 그른 일인가를 분명히 가려서, 옳은 일을 하면 칭찬을 해주고 옳지 않은 짓을 할 때에는 단호하게 대처해야 한다. 타이르고 설득해서 말을 듣지 않으면 매를 들어서라도 가르쳐야 한다. 아이들이 사랑스러우면 사랑스러울수록 밥 대신 매를 주라는 『명심보감』의 가르침은 오늘에도 여전히 유효하다고 생각한다.

파업을 벌이고 있는 미국인 부부는 그렇게 할 수밖에 없었을 것이다. 미국에서는 자기 자녀에게도 체벌을 하지 못하도록 법으로 금하고 있기 때문이다. 그러니 타일러도 말을 듣지 않는 아이들에게 매를 들 수도 없게 한 현행법 아래에서 부모가 취할 수 있는 방법은, 아이들을 포기하거나 파업을 하는 수밖에 없었을 것이다. 그래도 아이들을 포기할 수 없었던 미국인 부부가 파업을 선택한 그 심정을 알 만하다. 그러기에 파업현장에 모여든 이웃 사람들이 "이번 기회에 모든 자녀들에게 본보기를 보여달라"며 격려의 박수를 보내고 있는 것이 아니겠는가?

우리는 이 미국인 부부의 파업을 타산지석(他山之石)으로 삼아야 할 것이다. 그렇다고 우리도 파업을 하자는 얘기는 아니다. 매로 때려서라도 엄하게 가르쳐서 자녀들을 옳은 길로 나아가게 하는 교훈을 얻자는 것이다. 하기야 눈에 넣어도 아프지 않을 자식의 종아리를 때리는 한국 부모들의 심정을 미국인들이 어찌 알겠는가.

## 기인畸人, 김기덕 감독

| 2004, 다산포럼

올해 베를린 국제 영화제와 베니스 국제 영화제에서 감독상을 연달아 수상한 김기덕 감독은 아무래도 영화계의 기인이라 할 만하다. 그는 초등학교 졸업이 정규 학력의 전부이다. 초등학교를 졸업한 후 삼애실업전수학교라는 비정규 학교를 다닌 적이 있고 공장 근로자로 전전하다 달랑 비행기 표 한 장 들고 프랑스 파리로 가서 남의 초상화를 그려주면서 미술 공부(?)를 한 것이 그의 이력의 전부이다. 이러한 그가 1996년 영화계에 데뷔한 이래 11편의 영화를 만들면서 짧은 연륜에도 불구하고 국내외의 이름난 영화제에서 상을 휩쓸다시피 했으니 이만하면 그를 기인이라 불러 마땅하리라 본다. 더욱이 돈을 대겠다는 대기업의 제의를 뿌리치고 이른바 '저예산 예술영화'를 고집하는 그를 기인이라고 밖에는 달리 표현할 길이 없다.

기인(奇人)이란 낱말의 기원은 『장자(莊子)』에서 나온 듯하다. 『장자』에서는 기인을 "보통 사람과는 다르지만 하늘과 동등한 자[畸於人而侔於天]"로 정의하고 있다. 보통 사람과 다르다는 것은 통상적 사회질서를 따르지 않는다는 말이고, 하늘과 동등하다는 것은 그만큼 품격이 높다는 말이다. '奇人'과 '畸人'은 같은 말이다. 그런데 옛날에는 이러한 기인이 많았지만 현대 사회는 기인을 용납하지 않는다. 모든 것이 제도화되고 규격화되어 획일적인 보통 사람들만 양산(量産)하고 있다. 그래서 큰 인물이 나오기 어렵게 되어 있다.

이런 의미에서도 김기덕 감독은 현대판 기인이라 부를 만하다. 그가 만일 정규 교육을 받고 제도권 안에서 통상적인 영화 공부를 했더라면 오늘의 '김기덕'은 없었을 것이다. 그는 어느 신문사와의 인터뷰에서 공장 근로자로 일하던 시절을 회상하며 "학교에 갇히지 않고 이 사회의 철학을 경험했다"고 말했다. 또 이런 말도 했다.

> 학교교육이 획일화된 후 더 이상 위대한 예술가는 나오지 않는다고 봐요. 창조는 그런 데서 나오는 게 아니거든요. 한국 감독의 80% 이상이 제도권에 속해 있어요. 그 외에 저를 포함한 몇몇이 비제도권에 속한 감독인데 저는 제가 의식적인 면에서 그들보다 더 지평이 넓을 수는 있어도 좁지는 않을 거라고 봐요. … 내 영화가 돈 적게 쓰고 만드는 영화지만 결코 작은 영화가 아닙니다.

나는 영화를 잘 모르지만 그의 영화를 보고 있으면 그가, 영화 이외의 장르로는 표현할 수 없는 영화 고유의 미학을 터득한 예술가라는 느낌을 받는다. 그의 말대로 그의 작품은 "결코 작은 영화가 아니다"라는 생각이 든다. 이렇게 그가 세계적인 영화감독의 반열에 당당히 끼이게 된 데에는 획일화된 제도권 교육의 틀에 갇히지 않았다는 사실에 힘입은 바가 크다고 생각한다.

그가 "학교에 갇히지 않고 이 사회의 철학을 경험했다"고 한 말을 뒤집으면 "학교에 갇혔더라면 이 사회의 철학을 경험하지 못했을 것이다"라는 말이 된다. 과연 오늘날 우리의 학교교육이 본연의 역할을 다하고 있는지를 생각게 하는 대목이다. 중·고등학교에서는 오로지 수학능력시험에 대비한 '수능기계(修能機械)'만 생산하고, 대학교에서는 기업체의 주문에 맞추어 규격적인 기능형 인간만을 배출하고 있다.

대학교수들은 어떤가? 이른바 연구업적이라는 족쇄가 교수들을 '논문 쓰는 기계'로 전락시키고 있다. 내가 쓴 논문을 비롯해서 그야말로 쓰레기 같은 논문들이 양산되고 있다. 부질없이 현대판 분서갱유(焚書坑儒)를 생각해 보기도 한다.

이러한 교육환경에서는 위대한 사상가나 뛰어난 예술가가 나오기를 기대하기 어렵다. 이런 판국에 표연히 나타난 이 시대의 기인(畸人) 김기덕 감독이 획일적인 제도권 교육을 질타하는 것은 심장에 내리꽂히는 비수처럼 가슴 서늘한 일침이 아닌가!

## 한글 전용, 시기상조 아닐까

| 2005, 다산포럼

한글을 전용해야 할 것인가, 한자와 병용 또는 혼용해야 할 것인가 하는 논의는 어제오늘의 일이 아니다. 지금까지 이 문제에 대한 법률적 근거는 1948년에 제정된 '한글 전용에 대한 법률'로서 "대한민국의 공용문서는 한글로 쓴다. 다만 얼마 동안 필요한 때에는 한자를 병용할 수 있다"는 조항뿐이었다. 그런데 지난해 12월 29일 국회 본회의를 통과한 '한글 기본법'은 이 단서 조항을 삭제했다. 아마 "얼마 동안 필요한 때"의 시효가 지났다고 판단한 것 같다. 즉 이제는 한자를 병용할 필요가 없는 시기에 이르렀다는 판단에 근거한 입법으로 생각된다.

그러나 정말 이제는 한자를 병용할 필요가 없어진 것일까? 다시 한번 냉정하게 생각해 볼 필요가 있다. 우선 국어기본법이 발의될 때부터 원로 국어학자들은 어떤 형태로든 한자 조항이 이 법에 포함되어야 한다고 주장했었다. 1대부터 5대까지 국립국어원의 원장을 역임한 원로 국어학자들은 더욱 강력히 이를 주장했다. 이들은 평생을 국어 연구에 바친 분들이고, 또 국립국어원은 우리나라 국어정책의 이론을 심의하는 최고기관이다.

이분들의 건의는 전혀 받아들여지지 않았다. 물론 국어기본법이 발효된다고 해서 일반인들이 일상생활에서 한자 쓰는 것을 법률적으로 처벌할 수는 없을 것이다. 그러나 적어도 관공서의 문서나 각급 학교의 교과서에서는 한자가 사라질 것이 분명하다.

나는 누구보다 한글을 사랑하는 사람이다. 우리나라 국민으로 한글을 사랑하지 않는 사람은 아마 없을 것이다. 그리고 세계 어느 나라 국어보다도 우수한 우리의 한글을 더욱 발전시켜 나갈 때 언젠가는 한글을 전용할 수 있는 날이 올 것이라 확신한다.

그러나 지금은 그 시기가 아니다. 아직도 우리는 한자의 도움을 받을 필요가 있다. 오랜 기간 동안 한글은 한자와 공존해 오면서 상호 보완적인 관계를 유지해 왔다. 우리말 어휘의 70% 이상이 한자어인 사실이 이를 말해준다. 뿐만 아니라 한자문화권인 우리나라의 경우 우리의 문화와 역사를 제대로 이해하기 위해서도 한자는 필요하다. 말하자면 한글과 한자는 새의 양 날개와 같아서 어느 한쪽이 없으면 제대로 날지 못하는 형국과 같다.

예를 들어보자. 지난해 12월 22일 교육인적자원부에서 '수월성 교육 종합대책'을 발표했는데, 라디오에서 이 뉴스를 들은 아내가 '수월성'이 무슨 뜻이냐고 물었다. 내가 한자로 '秀越性'이라 써주었더니 비로소 알겠다고 했다. 이렇게 아직도 한자가 없으면 그 뜻을 알 수 없는 어휘가 많다. '秀越性'을 '수월성'으로 표기하는 것만이 한글 전용의 바른 길은 아니다.

물론 수월성이라는 낱말을 굳이 사용한 정책 입안자를 탓할 수도 있다. 왜 쉬운 우리말을 두고 어려운 한자어를 사용하느냐고 나무랄 수도 있을 것이다. 그러나 그것이 현실임을 어쩌랴. 아직은 한자의 도움이 필요하다는 말이다.

따지고 보면 '수월성'은 국어사전에도 없는 어휘이다. 교육학자들이 애용하는 정체불명의 이 말이 어디서 온 것인지 모르지만(아마 일본식 조어가 아닌지 모르겠다) '優越性(우월성)'이란 말이 있으니 '秀越性'을 쓰지 못할 이유는 없다고 하겠다.

또 다른 예를 보자. 지난해 말, 서울가정법원 산하 가사제도 개혁위원회는 "현행 협의, 재판 이혼을 하기 전에 일정 기간 이혼 여부를 다시 생각하는 숙려기간을 두는 방안을 의결했다"고 발표했다. 이 경우에도 '숙려(熟慮)'라는 어려운 한자어를 사용한 개혁위원회를 탓할 수는 있겠지만 현실적으로 사용되는 용어이다. 과연 이 용어를 일반인들이 한자의 도움 없이 이해할 수 있겠는가?

여기에 대하여 "한자로 써놓아도 어렵기는 마찬가지이니 이런 말을 결코 사용해서는 안 된다"는 반론이 있을 수 있다. 정당한 반론이다. 앞으로 그렇게 되어야 한다. 하지만 조금 다르게 생각해볼 여지도 있다. '熟'은 '익는다'는 뜻이고 '慮'는 '생각한다'는 뜻이다. 쇠고기나 감자를 익히자면 오랫동안 불을 때야 한다. 따라서 '익을 정도로 깊이 생각한다'는 것이 '熟慮'의 뜻이다.

이런 한자의 뜻을 알면 '심사숙고(深思熟考)', '숙련(熟練)', '숙면(熟眠)' 등의 바른 뜻을 이해할 수 있고 '미숙아(未熟兒)', '계란 반숙(半熟)' 등의 어휘도 그 뜻을 정확히 알 수 있다. 이렇게 하면 우리의 사고력과 추리력은 물론 상상력도 향상시킬 수 있다. 그리고 그 단어가 던져주는 이미지까지도 그려낼 수 있다.

요즈음 신문과 방송에서 많이 사용하는 '독거노인(獨居老人)'만 하더라도 그냥 '독거노인'이라 해도 의미는 알 수 있지만, 한자의 뜻을 풀이해 나가면 '독거노인'이 '혼자 사는 노인'임을 쉽게 알 수 있을 것이다. 지금 사람들의 입에 오르내리고 있는 '사모 펀드'만 해도 한자 없이는 얼른 이해하기가 힘든 사람이 많을 것이다.

국어기본법에 의하여 국어발전 기본계획을 수립함으로써 국어를 더욱 발전시키자는 정부의 취지에는 전적으로 찬동한다. 그러면서도 다른 한편으로는 이런 생각도 해본다. "세계에서 가장 우수한 표음문자인 한글과 세계에서 가장 우수한 표의문자인 한자가 서로의 단점을 보완하면서 평화롭게 공존할 수 있는 길은 과연 없는 것일까?"

# 대학이 산업이라니

| 2005, 다산포럼

대학이 바야흐로 몸살을 앓고 있다. 서강대학교에서는 입학처장이 자기 아들을 부정한 방법으로 입학시켰고, 서울대학교 미술대학에서는 김민수 교수의 복직을 둘러싸고 끝없는 갈등이 계속되고 있다. 또 어느 대학에서는 연구비를 적정한 곳에 사용하지 않았다고 해서 해당 교수가 견책을 받았고 교수가 제자를 성희롱했다는 사건도 심심찮게 보도되고 있다.

그런가 하면 지방대학에서는 학생정원을 채우지 못해 교수들이 고등학교를 순회하면서 신입생 유치 '세일즈맨' 노릇을 하고 있다. 학생들은 학생들대로 대학을 졸업해도 취직하기가 하늘의 별 따기다. '이십 대 태반이 백수'라는 '이태백'이란 말이 실감나는 현실이다.

이 같은 대학의 위기를 해결하기 위하여 정부가 특단의 처방을 내렸다. 바로 교육부총리에 교육 비전문가를 임명한 것이다. 따지고 보면 지금까지 교육 전문가 또는 교육학 전공자가 장관 자리에 앉아서 대학교육을 제대로 이끌지 못한 것이 사실이다. 그러니 교육 비전공자를 선택한 것도 전혀 생뚱맞은 일만은 아닐 듯싶다. 그러나 마음 한편에 찜찜한 구석이 없지 않은 것도 사실이다. 이 일을 계기로 대학교육 내지 교육 일반에 대하여 다시 한번 생각해 보지 않을 수 없다.

정부는 처음에 이기준 전 서울대 총장을 교육부총리에 임명했는데 이기준 씨를 자신이 추천했다고 밝힌 이해찬 총리는, "현직 교수가 아니어야 한다. 이공계 출신이어야 한다"는 두 가지 기준에 의해서 추천했다고 말했다.

그리고 이런 말도 했다. "이제 우리 대학이 세계와 경쟁하려면 이공계가 중심이 될 수밖에 없다. 국문과 출신으로 세계와 경쟁할 순 없지 않느냐." 그리고 이 총리의 말에 화답이라도 하듯 대통령도 이기준 씨를 임명하면서 "우리 대학은 경쟁 시대를 맞아 개혁, 개편되고 선진화되어야 한다." "대학은 바로 산업이고 산업이 돼야 한다"라고 말했다.

대통령과 총리의 기대 속에 취임한 이기준 씨가 이런저런 도덕적 논란으로 사퇴하자 이번에는 김진표 전 경제부총리를 교육부 수장에 임명했다. 김 부총리는 취임 기자회견에서 "산업계에선 대졸자를 데려가 1~2년 공짜 월급 주고 교육시키지 않고선 써먹을 수 없다고 한다. 그런 점에서 산업계가 필요로 하는 인력을 양성하는 대학교육이 중요하다고 본다"고 밝혔다.

그는 이미 전경련 신춘포럼에서 "대학의 경우 이공계 인력을 맞춤식으로 주문생산할 수 있는 구조로 바꿔 나가야 한다"고 말한 바 있다.

이렇게 보면 노 대통령과 이 총리, 김 부총리는 적어도 교육에 관한 한 '코드'가 맞는 사람들인데 세 사람의 생각을 종합하면 첫째, 대학이 세계적인 경쟁력을 가지기 위해서 개혁되어야 한다는 것이고 둘째, 그러기 위해서 이공계 인력을 산업계의 요구대로 맞춤식 주문생산해야 하며 셋째, 따라서 대학이 산업화되어야 한다는 것이다.

그러나 다시 생각해 보자. 대학이 과연 산업화되어야 하는가. "산업화되어야 한다"는 말의 참뜻을 알 수 없지만 아마도 '맞춤식으로 주문생산할 수 있는' 구조가 되어야 한다는 말일 것이다. 공장에서 상품을 생산하듯 기업이 당장 써먹을 수 있는 이공계 인력을 주문생산하라는 말이다.

기업이 당장 써먹을 수 있는 인력은 규격화된 기능인이다. 세계와 경쟁하기 위해서는 과학기술의 발달이 무엇보다 중요하지만 규격화된 기능인만으로 치열한 국제 경쟁에서 궁극적인 승리를 거둘 수는 없다.

교육은 국가 백년대계라고 한다. 백 년 앞을 내다보고 교육을 해야 한다는 말이다. 그러므로 교육의 효과는 금방 드러나지 않는다. 당장 써먹을 수 있는 인력을 주문생산하는 것은 기껏해야 4~5년 앞만 내다보는 교육일 것이다.

기업의 요구가 그토록 절실하다면 대학 아닌 기능인 양성기관을 별도로 설립해서 집중적으로 훈련시키면 된다. 또한 대학은 이공계 기능인만 양성하는 곳이 아니다. 인간이 인간으로서의 도덕적 가치를 실현하기 위하여 인문학적 수련을 쌓아가는 곳 역시 대학이다.

이런 인문학적 교양이 눈앞의 이익만 추구하는 기업에는 당장 도움이 되지 않는다고 생각될지 모르지만 국가의 백년대계를 위해서는 반드시 필요하다고 생각된다. 그런 의미에서 "국문과 출신으로 세계와 경쟁할 순 없지 않으냐"는 총리의 말은 매우 부적절한 발언이 아닐 수 없다.

## 중국의 동북공정과 김부식金富軾

| 2005, 다산포럼

최근 중국이 이른바 '동북공정'의 일환으로 고구려를 중국의 영토로 편입시키려는 집요한 시도를 계속하고 있다는 것은 주지의 사실이다. 중국은 자기네들의 주장을 뒷받침하기 위하여 여러 종류의 서적을 출판하고 있는데, 그중에서 재미있는 글 하나를 발견했다. 중한관계사료총서의 일환으로 출간된 『사조선록(使朝鮮錄)』이란 책인데 여기서 그들은 『삼국사기』의 저자인 김부식을 여지없이 폄하하고 있다. 중국이 왜 새삼 김부식을 비판한 것일까?

고구려사를 왜곡하려면 그들로서도 중국과 한국의 역사서를 면밀히 검토할 필요가 있었을 것이다. 그 과정에서 적어도 두 가지 사실이 걸림돌이 되었던 것 같다.

그 하나는 서긍(徐兢)의 『고려도경(高麗圖經)』이다. 서긍은 송(宋)나라 사람으로 1123년(고려 인종 원년) 고려에 사신으로 왔던 노윤적(路允迪)을 수행했던 인물이다. 그는 귀국한 후 『고려도경』이란 책을 저술했는데 여기에는 고려의 역사와 지리 풍물 등이 다양하게 기술되어 있어서 우리에게도 귀중한 자료로 활용되고 있다. 그런데 이 책의 「건국·시봉(建國始封)」조에는 고구려에서 발해를 거쳐 고려로 이어지는 계승 관계가 분명히 밝혀져 있다. 이렇게 되면, 고구려를 '고대 중국 동북지역에 형성되었던 하나의 지방 소수민족 정권'으로 규정하려는 그들의 시도에 커다란 차질이 생기게 된다. 『고려도경』은 중국 측 기록이기 때문이다. 그래서 그들은 "서긍이 고려에 갔을 때는 고구려가 멸망한 지 5백여 년이 지난 후여서 그간의 역사적 사실을 잘 몰랐을 것이고 순전히 고려사람의 말만 듣고 기술했을 것"이라 변명하고 있다.

두 번째의 걸림돌이 바로 김부식의 『삼국사기』이다. 백제·신라와 함께 고구려를 한민족(韓民族)이 세운 국가로 기술한 이 책이 장애가 되었기 때문이다. 여기에 대하여 그들은 이렇게 변명하고 있다.

> 대송(對宋) 외교 및 정치적 수요 때문에 『삼국사기』에서 고구려를 신라와 백제와 병렬하고 조선 민족의 국가 역사상 '삼국시대'라고 칭하고는 고려가 역사적으로 강대한 고구려의 계승자라고 주장하였다. … 조선 민족 국가의 역사저작으로서의 삼국사기는 응급조치 혹은 임시방편으로 등장한 것이다.

그리고 이것이 "당나라 이후에 역사가들이 역사를 편찬할 때 고구려와 고려를 하나로 보는 주요한 원인이 되게" 하였고 또한 "후세의 역사가들에게 큰 영향을 미쳤으며 그 해악은 오늘날에까지 이르고 있다"고 말하고 있다. 말하자면 『삼국사기』로 말미암아 고구려의 역사가 잘못 인식되었다는 것이다. 김부식을 비판한 이유가 여기에 있다. 그러나 『삼국사기』 이전에도 신라·백제·고구려가 한민족(韓民族)의 국가라는 기록은 얼마든지 있다. 김부식보다 200여 년 전 최치원의 글에도 나와 있다.

> 생각건대 동해 밖에 세 나라가 있으니 그 이름은 마한(馬韓), 변한(卞韓), 진한(辰韓)으로 마한은 고구려요 변한은 백제이며 진한은 신라입니다. 고구려와 백제가 한창 왕성할 시기에는 강한 군사가 1백만이나 되었으므로, 남으로 오월(吳越)을 침략하고 북으로 유연(幽燕), 제로(齊魯)를 위협하여 중국의 큰 해독이 되었습니다.

이 글은 최치원이 당(唐)나라에 사신으로 가서 그곳의 고위관리에게 보낸 글의 일부이다. 이때부터 이미 고구려, 백제, 신라는 '한족(漢族)'이 아닌 '한족(韓族)'의 '삼국(三國)'으로서 하나의 문화권을 이루고 있었다는 사실을 알 수 있다. 그리고 이 세 나라가 "중국의 큰 해독이 되었다"는 것은 세 나라가 중국과는 다른 나라라는 말에 다름 아니다.

중국의 사서(史書)인 『후한서(後漢書)』「동이열전(東夷列傳)」에도 "한(韓)에는 삼종이 있으니 첫째는 마한이요 둘째는 진한이요 셋째는 변진이다"라 기록되어 있는데, 이 말 역시 한족(漢族)과 구별되는 한족(韓族)의 존재를 인정하고 있는 것이다. 그러니 김부식의 『삼국사기』 이래로 고구려가 한민족(韓民族)의 역사로 잘못 편입되었다는 저들의 주장은 억지임에 틀림없다.

단재(丹齋) 신채호(申采浩)로부터 "사대주의의 노예"라는 혹독한 비판을 받은 김부식이 이제 중국으로부터도 매도(罵倒)되는 사실은 실로 역사의 아이러니가 아닐 수 없다.

* 부기: 이 글은 고려대학교 김언종 교수의 제보와 자료 제공의 도움을 받았음.

# 미국의 문화 제국주의

| 2005, 다산포럼

10월 20일 유네스코는 '문화 다양성 협약'을 가결시켰다. 이 협약은 1999년 유네스코 총회에서 처음 발의되었는데, 주로 프랑스와 유럽 국가들이 미국 문화의 범람에 맞서 자국 문화를 지키자는 취지에서 제안된 것이다. 생물에 종(種)의 다양성이 있듯이 문화도 민족, 언어, 지역에 따라 그 성격이 다양한 것이고 이러한 다양성은 보호되어야 한다는 것이 이 협약의 취지이다.

그런데 148개의 회원국 중 미국과 이스라엘 두 나라만 반대했다고 한다. 이스라엘이야 미국이 하자는 대로 따르는 나라이니 언급할 필요도 없거니와, 미국이 이 협약에 반대한 사실은 깊이 검토할 필요가 있다. 미국이 이 협약에 반대했다는 것은 "각국은 자국 문화에 대하여 보호 조치를 취할 권리를 가지고 있다"는 협약의 규정을 받아들일 수 없다는 것을 뜻한다. 이것은 "문화의 획일주의에 반대한다"는 협약의 근본정신에 대한 정면 도전이다.

이 세상 만물은 원래 다르게 태어났다. 같은 꽃이라 해도 빨간 꽃도 있고 노란 꽃도 있다. 같은 나무라 해도 침엽수도 있고 활엽수도 있으며 키가 큰 나무도 있고 작은 나무도 있다. 사람도 마찬가지이다. 피부가 흰 사람도 있고 검은 사람도 있으며, 잘생긴 사람도 있고 못생긴 사람도 있다. 또 야구를 잘하는 사람도 있고 노래를 잘 부르는 사람도 있다. 이렇게 각기 다른 개성을 지닌 다양한 사람들이 어울려 조화롭게 살아가는 것이 인간세상이다.

국가도 마찬가지이다. 지역과 언어와 민족의 풍속에 따라서 나라마다 다양한 문화를 가지고 있다. 그리고 이러한 문화의 다양성은 그 나름의 독특한 개성을 지니고 있기 때문에 그것대로 인정되어야 한다. 유네스코가 우리나라의 판소리와 강릉 단오제를 세계 무형 문화유산으로 지정한 것도 각국 문화의 다양성을 인정했기 때문이다. 판소리와 강릉 단오제는 우리나라 고유의 문화적 개성인데 이것을 보호, 보존할 가치가 있다고 판단한 것이다. 이렇게 각기 다른 다양한 문화가 공존함으로써 세계의 문화가 더욱 풍성해질 수 있는 것이다.

영화만 봐도 그렇다. 임권택 감독의 〈취화선〉과 장예모 감독의 〈붉은 수수밭〉이 세계인의 주목을 받은 것은 각각 한국과 중국의 독특한 문화적 개성을 표현했기 때문이 아니겠는가. 지금 미국의 할리우드에서 제작되는 영화 편수는 전 세계 영화의 10분의 1에 불과한데 이 10%의 미국 영화가 세계 영화 수입의 85%를 장악하고 있다고 한다. 이것은 각국의 스크린 쿼터 제도에 대하여 미국이 집요하게 압력을 가하고 있기 때문이다. 모든 국가는 문화적 주권을 가지고 있다. 모든 국가는 할리우드식의 획일적 영화문화에 맞서 자국의 문화를 보호할 권리가 있다. 그렇게 해야 〈취화선〉이나 〈붉은 수수밭〉 같은 개성적인 영화가 나올 수 있는 것이다.

다시 말하거니와 나라마다 문화는 다양하고, 다양하기 때문에 가치가 있는 것이다. 모든 나라의 문화가 획일적이면 무미건조하기 짝이 없을 것이다. 각국의 문화가 다르다는 것을 다름으로 인정해야 한다. 이러한 문화적 개성을 인정하지 않고 일방적으로 자국의 문화를 타국에 강요한다면 이것은 '문화 제국주의' 또는 '문화 전체주의'에 다름이 아니다.

미국 대통령 부시의 얼굴은 '중앙집권형'이다. 즉 두 눈과 코가 얼굴 중앙에 몰려 있다. 자기의 얼굴 모양과 마찬가지로 부시는, 미국을 중심으로 한 '중앙집권적' 세계문화의 구축을 기획하고 있는 것 같다. 그러나 이러한 기획이 '문화'와는 거리가 먼 '야만적' 기획이라는 사실을 미국과 부시는 늦기 전에 깨닫기 바란다.

## 조기 영어교육 문제없나

| 2006, 다산포럼

교육인적자원부는 1월 11일 '국가 인적자원 개발 기본계획'을 확정 발표했는데 이 계획에 의하면 2008년부터 초등학교 1, 2학년 학생도 학교에서 영어교육을 받을 수 있도록 되어있다. 현재 3학년 이상만 받는 영어교육을 1, 2학년으로 확대하겠다는 것이다. 물론 지금도 전국 초등학교의 30% 정도에서 1, 2학년을 대상으로 영어교육을 실시하고 있지만 대부분 방과 후의 특기 적성 시간을 이용하고 있는데 이를 정규 교육과정으로 편입하려는 것이다.

교육부의 이번 발표 이전에도 조기 영어교육은 일반적인 추세였다. 각 지방자치 단체에 의해서 '영어 캠프', '영어 마을', '영어 전용 지구' 등이 설치되어 운영 중이다. 뿐만 아니라 영어권 국가로의 단기 연수나 조기 해외 유학이 유행처럼 번지고 있다. 이른바 '기러기 아빠'가 이를 말해주고 있다. 심지어는 임신부가 '영어 태교(胎教)'를 하는 경우도 있다고 한다.

일반인들의 영어 사용도 이미 보편화되어 있다. 신문 기사에서 흔히 볼 수 있는 '홈리스(homeless)'나, 시내 어느 곳에서나 마주치는 '웨딩홀(wedding hall)' 같은 간판이 그것이다. 나아가 대통령께서도 '로드맵(road map)', '어젠다(agenda)', '태스크 포스(task force)' 등의 영어 용어를 매우 즐겨 사용하신다. 이러한 현상은 세계화의 시대에서 불가피한 일인 듯이 보인다. 영어를 국가 공용어로 채택하자는 어느 분의 말대로 "21세기의 가장 중요한 기술인 영어"를 전 국민이 습득해서 개인의 행복과 국가의 발전을 도모하자는 주장과 교육부의 발표는 그 궤를 같이한다.

그러나 조기 영어교육의 실시는 국어교육의 강화가 전제되어야 한다. 한글은 그 과학적 우수성을 세계적으로 인정받은 문자이다. 이렇게 자랑스러운 한글을 바르게 사용하는 것은 우리 국민의 의무이다. 그런데 이 한글이 지금 천대받고 있다. 이른바 '외계어(外界語)'라 불리는 인터넷 언어가 한글을 파괴하는 정도가 심각한 수준에 이르렀다. '한글 맞춤법'이란 규정이 아무런 의미가 없을 정도로 심각한 현 사태를 그대로 두고 조기 영어교육을 서두른다면 아마 언젠가는 한글이 없어질 날이 오고야 말 것이다. 지금 이 지구상에는 6,800개의 언어가 있는데 그나마 실제 통용되는 언어는 3,000여 개에 불과하다고 한다. 전문가들은 앞으로 100년 이내에 전체 언어의 90%가 사라질 것이라 예고하고 있다. 이대로 가다가 한국어도 이 '멸종 언어'의 대열에 끼일까 두렵다.

한 민족의 언어는 그 민족의 숨결이요, 민족혼의 응결체이다. 그 민족은 자기네들의 고유 언어로 사고하고 행동한다. 한 민족의 정체성을 보장해주는 가장 중요한 요소 중의 하나가 바로 고유 언어인 것이다. 만주족이 청(淸)나라를 세워 300여 년간 중국대륙을 지배했지만 청나라가 망한 후 지금은 만주족의 존재조차 희미하게 되었다. 만주족이 만주어를 가지고 있었으나 자기 언어를 계속해서 사용하지 않았기 때문이다. 현재 만주어는 몇몇 전문적인 언어학자들에 의해서만 연구되고 있을 뿐이다. 한국어를 사용하고 있는 중국의 조선족이 그나마 우리와의 동질성을 공유하고 있는 데 비하여, 한국어를 모르는 러시아의 고려인이 낯설게 느껴지는 것도 이 때문이다.

초등학교에서부터 영어를 배우자는 것은 미국이 세계를 지배하고 있기 때문일 것이다. 그러나 앞으로도 영원히 미국이 세계를 지배하리라는 보장은 없다. 21세기는 중국의 세기가 될 것이라는 전망이 유력하다. 그렇다면 영어교육뿐만 아니라 중국어교육도 서둘러야 할 일이 아니겠는가. 미국에서는 이미 중국어 열풍이 불고 있다고 한다. 중국어는 결코 낯선 언어가 아니다. 한자(漢字)와 함께 가르치면 국어를 이해하는 데에도 도움이 되고 중국어 학습에도 결정적인 도움이 될 것이다.

국가 백년대계인 교육정책을 관장하는 교육부는 언어교육에 관한 한, 국어교육을 최상위에 두고 그 바탕 위에서 영어, 중국어, 한문의 중요성을 장기적인 안목에서 신중하게 검토해야 할 것이다.

# 영어와 한문

| 2006.『民族文化推進會報』 여름호

우리나라의 문자정책만큼 복잡하고 골치 아픈 사안은 없을 것이다. 우리나라 문자정책이 복잡해진 원인은 바로 한자, 한문에 있다. '세계적으로 우수한 문자인 한글이 있는데 왜 한자를 혼용 또는 병기하느냐'는 주장과, '국어 어휘의 70%가 한자어인 현실에서 굳이 한자를 추방할 필요가 없다'는 주장이 팽팽히 맞서왔기 때문이다.

이 문제에 대한 법률적 근거는 1948년에 제정된 '한글 전용에 대한 법률'의 "대한민국 공용문서는 한글로 쓴다. 다만 얼마 동안 필요한 때에는 한자를 병용할 수 있다"는 조항에 있다. 이러한 조항에도 불구하고 논란이 계속되다가 1969년에는 모든 교과서에서 한자를 없애고 1970년, 드디어 전면적인 한글 전용을 단행했다. 이후 한글 전용의 불편함과 비현실성을 깨닫고 1972년에는 한문 교육용 기초한자 1,800자를 제정하여 중·고교에서 각각 900자씩 한문과 교육을 통하여 필수적으로 가르치게 했다. 그러나 현실적인 필요에 의해서 일반인들은 한자를 계속하여 사용하기도 하고 한글만 전용하기도 했다. 지금은 한글 전용이 대세를 이루고 있다.

그리고 사라진 한자 대신에 영어가 들어와 있다. 길거리에 나가 보면 한자로 된 간판은 거의 없고 한글 간판과 영어 간판이 반반씩 차지하고 있다. 그런데 한자 사용에 대해서 알레르기적 반응을 보였던 한글 전용주의자들이 영어 사용에 대해서는 침묵하고 있다. 참으로 알 수 없는 일이다. 한글 전용을 마치 애국심의 지표나 되는 것처럼 여기던 사람들이 왜 영어에 대해서는 그렇게 관대한가?

여기서 이른바 '한글 사랑'의 허실을 짚어볼 필요가 있다. 대중적 영향력이 가장 크다고 할 수 있는 일간신문 중에서 전면적인 한글 전용을 최초로 실시한 신문은 1988년에 창간된 모 일간지이다. 오랜 군사문화의 타성에 젖어 언론의 기능을 제대로 수행하지 못하고 있던 타 일간지 속에서 이 신문의 출현은 단연 돋보였다. 게다가 사주(社主)가 따로 없고 국민들의 주식에 의해서 창간된 신문이라 더욱 참신했다. 나도 이 신문의 창간 취지에 동조하여 내 처지로는 과하다 싶을 정도의 주식에 '투자'했다.

이 신문의 가장 큰 특징은 한자(漢字)를 한 글자도 쓰지 않는다는 점이다. 한자에 익숙해 있던 나에게는 여간 불편한 일이 아니었다. 그러나 한글을 사랑하기 때문에 취한 편집방침이겠거니 하고 불편을 견뎠다. 그러던 어느 날 이영희 선생이 쓴 칼럼을 보고 아연실색하고 말았다. 그 글 중에 "학이시습지 불역열호…"라는 구절이 있었기 때문이다. 이 무슨 해괴한 처사인가! 분명 필자가 그렇게 썼을 리는 없었을 것이다. 괄호 안에 있었던 한문 원문을 편집자가 삭제한 것이 분명해 보였다. 이렇게 하는 것이 한글 사랑은 아니라는 생각이 들었다. 그리고 불쾌한 느낌마저 들었다.

이 신문의 한글 사랑을 좀 더 구체적으로 살펴보자. "에이피통신", "비비시방송", "유피아이통신", "티브이 드라마" 등의 예에서는 영어 알파벳을 모르는 사람을 위한 세심한 배려를 읽을 수 있다. 2006년 6월 14일자 신문만을 놓고 보자. 정밀 의료기구의 하나인 "엠아르아이(MRI)", "전략국제문제연구소(CSIS)", "국내 총생산(GDP)" 등의 예에서는 알파벳을 병기하고 있다. 여기까지는 한글 전용이라 볼 수 있다. 그러나 "철모르는 철새들 DMZ 눌러 앉았네"(10면), "농민단체 한-미 FTA 협상의제 공개 소송"(8면)과 같은 제목에서는 알파벳을 노출시키고 있다. 이건 한글 전용이 아니다. 이렇게 영어 알파벳은 병기하거나 노출시키면서도 "일토삼목회"(5면)같이 한자가 없으면 뜻을 알 수 없는 대목에서도 굳이 한자를 쓰지 않고 있다. 이런 명칭에는 괄호 안에 한자를 병기하는 것이 옳은 일이 아닐까? 알파벳은 병기하거나 노출시키면서 한자에는 왜 그렇게 인색한지 모를 일이다.

이렇게 이 신문에는 한글과 한자, 한글과 영어의 관계에 대한 명확한 기준이 없다. 또 기사를 작성하는 기자에 따라 표기 방법이 들쭉날쭉하다. 6월 17일 자 신문에서도 "버시바우 대사, 20일 DJ 예방"(6면)이라는 제목이 보이는데 이는 "티브이 드라마"(16면)식의 표기방법과 어긋난다. "DJ"를 왜 "디제이"라 표기하지 않는지 궁금하다.

"back number"를 "백넘버"로 표기하고 "TV Drama"를 "티브이 드라마"라 표기하는 것만이 한글 사랑은 아니다. 다음의 예를 보자. "화두선의 등장 이후 선종사에 대한 이해가 왜곡되고, 여래선과 조사선, 돈점법 등의 용어가 기본적인 교의조차 갖추지 못한 채 난무하면서…"(6월 14일 자 28면) 이런 식의 표현법을 한글 사랑이라 생각한다면 큰 오해이다. 필요한 경우에는 한자를 병기하여 적어도 사전을 찾아볼 수는 있도록 해야 한다.

지금 우리나라에 영어는 넘쳐나고 한자는 갈수록 줄고 있다. 2008학년도부터는 초등학교 1·2학년 학생들도 학교에서 영어교육을 받을 수 있도록 하는 반면에, 자기 집 주소나 부모의 이름도 한자로 쓸 줄 모르는 대학생이 많다고 한다. 하기야 '21세기의 가장 중요한 언어'인 영어를 학습하여 세계화의 대열에 당당히 끼이는 것이 나쁠 것은 없다. 나쁠 것이 없는 정도가 아니라 마땅히 그래야 한다. 그러나 미국의 세계지배가 영원할 수는 없을 것이다. 언젠가는 아니 조만간 중국이 세계를 지배할 날이 올 것이다. 이미 도처에서 그런 조짐이 보이고 있다. 그런 시대에 대비하기 위해서도 한자, 한문을 소홀히 할 수 없다. 우리가 쓰는 한자, 한문이 현대 중국어와 꼭 같지는 않지만 한자, 한문을 익히면 현대 중국어도 빠르게 그리고 효과적으로 배울 수 있다.

한글 전용을 주장하는 예의 신문도 최근에는 다소의 융통성을 보여서 그나마 다행이다. “학이시습지 불역열호”식의 경직성에서는 조금 벗어난 듯하다. 6월 14일 자 28면의 “무생법인(無生法忍)”, 6월 17일 자 2면의 “동의이어(同義異語)”와 같은 표기가 눈에 뜨인다. 모든 언어정책이 그렇듯이 한글 전용도 점진적으로 추구해야지 하루아침에 이루려고 해서는 안 된다.

“back number”를 “백넘버” 아닌 “등번호”로 표기하고, “葉綠素”를 “엽록소” 아닌 “잎파랑치”로 표기할 수 있을 때 진정한 한글 전용을 성취했다고 말할 수 있을 것이다. 그때가 100년 후일지 500년 후일지는 모를 일이다.

## 무릎 꿇은 선생님

| 2006, 다산포럼

'오성(鰲城)과 한음(漢陰)'으로 널리 알려진 오성 이항복(李恒福)이 재상으로 있을 때 높은 관리들이 찾아오면 당연히 앉아서 절을 받았다. 재상은 조정에서 제일 높은 직위이기 때문이다. 그런데 어느 날, 신(申) 아무개 훈도(訓導)가 문간에 와있다는 전갈을 받고는 버선발로 뛰어가 맞아들이고 공손히 접대했다. 주위 사람들이 이유를 물으니 어렸을 때 글을 배운 훈장이었다는 것이다. 그다음 날 이항복은 훈장이 묵고 있는 숙소로 몸소 찾아가 비단과 쌀 등을 드리며 노자에 보태어 쓰도록 했다. 그러나 훈장은 "여행에 필요한 경비는 쌀 두어 말이면 족하다"고 말하며 나머지는 받지 않았다고 한다.

이것은 조선 중기의 학자인 이준(李埈)의 『창석집(蒼石集)』에 나오는 일화이다. 훈도(訓導)는 시골에서 어린 아이들에게 천자문 등을 가르치는 종9품의 미관말직이다. '일인지하 만인지상(一人之下 萬人之上)'의 지위에 있는 일국의 재상이 하찮은 시골 훈장을 버선발로 뛰어가 맞아들인 것이다. 어렸을 때의 선생도 선생이라 여겼기 때문이다. 선생을 존경하는 이런 마음이 있었기에 그가 후일 재상의 지위에까지 올랐을 것이다.

이항복도 훌륭하지만 그의 스승 또한 못지않게 훌륭하다. 아마 훌륭한 인품을 지닌 스승이 있었기 때문에 이항복과 같은 훌륭한 제자가 나올 수 있었을 것이다. 그 훈장은 어릴 때 글을 가르쳤던 아이가 재상이 된 것을 보는 것만으로 더없이 기뻤을 것이다. 그리고 재상이 된 후에도 오만하지 않고 옛 스승을 모실 줄 아는 제자를 보고는 선생으로서의 보람을 만끽했을 것이다. 그러니 더 이상 무엇을 또 바라겠는가, 비단과 쌀보다 더 값진 것을 얻었는데.

해마다 스승의 날이 되면 선생들은 우울해진다. 작년 스승의 날에는 경찰이 어느 학교 교무실을 급습해서 교사의 책상 서랍을 뒤지는 일까지 있었다고 한다. 스승의 날에 그런 수모를 당하느니 차라리 학교 문을 닫는 것이 낫겠다고 생각해서 금년에는 전국 초·중·고교의 70%가 휴업을 했다고 한다. 존경할 만한 선생을 모실 수 있고 사랑스런 제자를 둘 수 있는 행복이야말로 교육이 지향하는 최고의 목표일 것인데, 훈훈한 사제간의 정이 실종된 작금의 현실이 서글프기 짝이 없다.

지난 18일 충북 청주의 어느 학교에서 있었던 일은 더욱 충격적이다. 학교 급식을 빨리 먹게 했다고 학부모들이 담당 여교사의 집으로 몰려와, 사표를 내고 무릎을 꿇으라고 해서 다음날 학부모들 앞에서 눈물을 흘리며 무릎을 꿇었다는 것이다. 도대체 이게 무슨 해괴한 짓인가? 물론 그 여교사의 평소 언행이나 인품이 어떠했는지 나는 모른다. 그러나 "학교에 누가 되는 것 같아 무릎을 꿇었지만 교육자로서 어긋난 일은 결코 하지 않았다"는 여교사의 말로 미루어 보아, 밥을 빨리 먹게 했다는 것이 교사의 무릎을 꿇릴 사유가 될 수는 없다. 제한된 시간에 3교대로 급식을 마쳐야 하는 급식 환경 때문에 취한 조치였던 것으로 짐작된다. 또 "밥을 빨리 먹으라고 강요해서 아이들이 설사와 구토를 일으켰다"는 학부모들의 말도 납득하기 어렵다. 설령 그렇다 하더라도 그 때문에 교사의 무릎을 꿇려야만 하는가?

이 나라에 교육이 실종된 지 오래다. 수업시간에 장난치고 떠드는 학생에게 꾸중만 해도 학부모들이 몰려와 항의를 한다고 한다. 아이의 기를 죽인다는 것이 그 이유라고 한다. 그래서 교사들은 그저 못 본 체하고 넘어간다는 것이다. 이래서 무슨 교육이 이루어지겠는가.

공동생활에서 규율을 어기거나 버릇없이 행동하는 학생은 교사가 바로잡아 주어야 한다. 그것이 교사의 임무이고 학부모는 교사를 믿고 자식을 맡겨야 한다. 아마 이항복도 어린 시절 글을 배우면서 선생으로부터 회초리를 맞았을 것이다. 그런데도 선생에 대한 존경심은 변함이 없었다. 그래서 훌륭한 인물로 성장할 수 있었던 것이 아닐까? 제발 앞으로는 '대한민국 아줌마들'의 막강한 힘을 좀 더 건설적인 일에 발휘해주기 바란다.

## 이백의 시 「고구려」

| 2006, 다산포럼, 원제 「고구려」

9월 19일 자 중앙일보에 홍콩 능인서원(能仁書院) 한국학과 김광석(金光錫) 교수의 박사학위 논문인 「발해족의 형성과 그 사회행태 연구」가 소개된 적이 있다. 이 논문에서 김 교수는 자세한 고증을 통해서 발해가 중국 동북지방의 소수민족이 세운 지방 정권이 아니라 독자적인 민족국가임을 주장했다. 특히 이 논문에서 김 교수는 "발해는 당나라의 이백(李白)도 외국으로 인정한 명백한 한민족의 역사"라고 강조했다. 이 기사를 읽다가 문득 이백의 시 「고구려(高句驪)」가 생각났다.

| | |
|---|---|
| 금화(金花)로 장식한 절풍모(折風帽) 쓰고 | 金花折風帽 |
| 백마(白馬) 타고 유유히 거닐고 있네 | 白馬小遲回 |
| 넓은 소매 날아갈 듯 너울너울 춤추니 | 翩翩舞廣袖 |
| 해동(海東)에서 날아온 새와 같구나 | 似鳥海東來 |

고대 중국 측 기록에는 '고구려'의 표기가 '高句麗', '高句驪', '高句儷', '高麗' 등으로 일정하지 않다. 김 교수의 논문에 따르면 이백도 발해를 고려, 고구려, 백제로 불렀다고 한다. 그러므로 위의 시가 고구려인을 묘사한 것이 아니라 발해인을 묘사한 것인지도 모른다. 그러나 현존하는 고구려 고분벽화의 인물들이 "절풍모"를 쓰고 "넓은 소매"의 옷을 입고 있는 것으로 보아 이백의 시흥(詩興)을 불러일으킨 인물이 고구려인임에 틀림없다. 설령 발해인이라 하더라도 발해가 고구려의 유민들이 세운 나라인 만큼 그 복식(服飾)이 비슷할 수도 있었을 것이다.

2000년 중국에서 출간된 『당대절구상석(唐代絶句賞析)』에는 이 시를 해설하면서 "고구려는 당(唐)의 이웃 나라이다"라 전제하고 이백이 이국

(異國)의 풍정(風情)을 노래한 작품이라고 했다. 이백은 자신을 용납하지 않는 당시 현실에 대한 불만과 고독 속에서 일생을 보낸 불우한 시인이었다. 그렇기 때문에 그의 시는 낭만적 상상력을 통하여 불만의 현실을 뛰어넘으려는 초월 의지가 강하게 나타나 있다. 모순과 부조리로 가득 찬 현실 너머에 있는 이상적인 세계를 그는 항상 동경했다. 그 이상적인 세계가 천상(天上)의 선계(仙界)로 나타나기도 했고 낯설고 신기한 이국 풍경으로 나타나기도 했다.

위의 시는 이와 같은 이백의 이상이 투영된 시이다. 이 시에 그려진 고구려인은 음모와 술수로 권력투쟁을 일삼는 당나라 조정의 관리와는 다른 인간형이다. "날아갈 듯" 너울거리는 소매를 보고 문득 바다 동쪽에서 날아온 한 마리 "새"를 연상한 것이다. 새는 자유를 상징한다. 새는 가고 싶은 곳을 자유롭게 날아갈 수 있다. 아마도 이백은 바다 동쪽 이국에서 날아온 한 마리 새가 되고 싶었는지도 모른다.

이렇게 볼 때 이백은 분명히 고구려를 '다른 나라'로 인식했음이 틀림없다. 김광석 교수의 논문에서 지적한바, 발해를 다른 나라로 인식한 것과 같은 맥락이다. 이백도 고구려를 독립국으로 인정했고, 『당대절구상석』이 출간된 2000년까지도 대부분의 중국인들이 고구려를 '이국(異國)'으로 생각했는데 지금 중국은 왜 새삼스럽게 고구려마저 중국사의 일환으로 편입시키려 하는가?

지금 우리가 발해와 고구려의 옛 땅을 반환하라는 비현실적인 요구를 할 수는 없지만 역사적인 사실은 사실대로 바르게 기술해야 하지 않겠는가? 국가적인 차원에서 진행되는 중국의 '대중화(大中華)' 프로젝트에 대한 우리의 대응은 너무나 미미한 것이 안타까울 따름이다.

## 빗자루를 거꾸로 드는 아이들

| 2006, 다산포럼

지난 5일 국회 예산결산 특위 예산조정 소위원회에서 의원들과 교육부 관리들 사이에 설전이 벌어졌다고 한다. 전국 5,876개 초·중·고교에 청소 용역비를 지원해 달라는 교육부 측과 "청소도 교육의 일종"이기 때문에 지원할 수 없다는 의원들 사이의 실랑이였다. 교육부와 서울시 교육청 관계자의 지원 요청 근거는, "요즘 초·중·고교생들이 집에서도 청소를 안 해서…" 또는 "대부분의 학교가 아직도 간단한 교실 청소는 학생들에게 시키지만 화장실 청소는 학부모와 학생들의 반발이 커 아줌마를 고용해 월 50만~60만 원 정도 주고 시키는 실정"이라는 것이다. 또 "요즘 아이들은 빗자루를 거꾸로 들고 할 만큼 청소하는 법을 모른다"는 말도 나왔다.

이 신문기사를 읽고 착잡한 마음을 금할 수 없었다. 도대체 교육이 무엇인가? 올바른 인간이 되도록 가르치는 것이 교육이 아닌가. 올바른 인간이 되기 위해서는 여러 가지 덕목을 갖추어야 하지만, 최소한 자기가 생활하는 공간을 정리하고 깨끗이 하는 것이야말로 가장 기본적인 덕목일 것이다. 특히 학부모들의 반발이 크다는 사실에 놀라움을 금할 수 없다. 지금 대부분 학교의 화장실은 수세식이다. 이런 수세식 화장실 청소마저 시킬 수 없다는 것은 그릇된 자식 사랑에서 비롯된 것이 아닐까? 『명심보감』에도 "자식을 사랑하거든 매를 많이 주고 자식을 미워하거든 밥을 많이 주어라[憐兒多與棒 憎兒多與食]"고 하지 않았던가. 청소도 시키지 않고 왕자나 공주처럼 곱게 기르는 것만이 자식 사랑이 아니다.

훌륭한 사람이 되기 위해서는 어릴 때 작은 일부터 잘할 줄 알아야 한다. 주자(朱子)의 『대학장구(大學章句)』 서문에도, 사람이 나서 여덟 살이 되면 왕공(王公)으로부터 서민에 이르기까지 다 소학(小學)에 들어가

물 뿌리고 쓸고 응대하는 일부터 배우게 한다고 말했다. "물 뿌리고 쓰는" 일이 곧 청소하는 일이다. 『시경(詩經)』에서도 훌륭한 제왕이 되기 위해서는 "일찍 일어나고 늦게 자며, 뜰 안을 쓸고 닦는다[夙興夜寐 灑掃廷內]"고 했다. 이렇게 고전(古典)에서까지 '쓸고 닦는 일' 즉 청소를 강조한 것은 그것이 비록 사소한 일이지만 그만큼 인간이 갖추어야 할 기본적이고 필수적인 일임을 강조한 것이다. 이러한 기본이 갖추어져야 나중에 훌륭한 인물로 성장할 수 있다는 것이다.

작년인가, 신문에서 재미있는 기사를 읽은 적이 있다. 미국 플로리다 주에 사는 어느 중년 부부가 자기 집 마당에 텐트를 쳐놓고 농성을 한다는 내용이었다. 텐트 옆에 '부모는 파업 중'이라는 팻말을 내걸고 벌이는 이들 부부의 농성 이유가 재미있다. 17세 된 아들과 12세의 딸이 평소 집안일이나 설거지도 돕지 않고 방 정리도 하지 않으며 빨랫감도 아무렇게나 내팽개친다는 것이다. 자식들에게 아무리 설득해도 말을 듣지 않아서 최후로 택한 방법이 농성이었다는 것이다. 그러면서 그들은 "아이들에게 삶의 교훈을 주기 위해서" 농성을 한다는 말도 덧붙였다. 결코 이들이 미국의 부모들을 대표한다고 보지는 않는다. 그러나 오늘날 한국의 부모들 중 자식들에게 집안일 돕고 설거지하라고 가르치는 사람이 과연 몇이나 될까?

아마 아이들의 학교청소를 반대하는 학부모들은 집에서도 아이들에게 청소를 시키지 않을 것임이 분명하다. 그러나 자기 자식이 후에 큰 인물이 되기 바란다면 집에서부터 청소를 시켜야 한다. 빗자루를 거꾸로 들면 바르게 들도록 가르쳐야 한다. 그래야만 공동체의 일원으로서 더불어 살아가는 지혜를 얻을 수 있을 것이다. 『명심보감』에서는 "자식을 사랑하거든 매를 많이 주라"고 했지만, 지금은 자식에게도 매를 주면 법에 저촉이 되기 때문에 매를 줄 수는 없고 그 대신 "자식을 사랑하거든 청소를 많이 시켜라"고 한다면 좀 지나친 말일까?

# 인仁이란 무엇인가?

| 2006

지금 오륙십 대의 사람들이라면 누구나 고등학교 국어 교과서에 실린 양주동(梁柱東) 선생의 「면학(勉學)의 서(書)」라는 글을 읽었을 것이다. 그 글의 첫머리는 이렇게 시작된다.

> 열 살 전후 내가 『논어』를 처음 보고 그 첫머리에 나오는 '학이시습지 불역열호(學而時習之 不亦說乎)' 운운이 대성현의 글의 허두로 너무나 평범함에 놀랐다. '배우고 때때로 익히면 또한 기쁘지 아니한가?' 이런 말씀이라면 공자 아닌 소, 중학생이라도 넉넉히 말함직했었다. … 그랬더니 그 후 배우고 익히고 또 무엇을 남에게 가르친다는 생활이 어느덧 삼사십 년, 그동안에 비록 아무런 성취는 없었으나, 몸에 저리게 느껴지는 것은 다시금 평범한 그 말의 진리이다.

그렇다. 『논어』는 너무나 평범한 말들로 가득 차 있다. 그러나 이 평범한 말들이 수천 년 동안 동양인의 사고를 지배해 왔고 아직도 그 생명력을 잃지 않고 있는 이유는 어디에 있을까? 이 물음에 대해서는 '일상의 평범함 속에 진리가 있다'는 '평범한' 말로 대답할 수밖에 없다. 『논어』의 평범한 말 속에서 진리를 찾아내기 위하여 수천 년 동안 수많은 사람들이 수많은 해석을 가해왔다.

『논어』의 중심 개념인 '인(仁)'에 대해서도 마찬가지이다. "인은 사랑의 이치요 마음의 덕이다"라는 주자(朱子)의 형이상학적 해석으로부터, "인은 사랑이다"라는 지극히 평범한 해석에 이르기까지 실로 큰 산이 평지가 될 정도로 다양한 해석이 있어 왔다. 『논어』에는 인에 대한 언급이 109회나 나오는데 이것은 그만큼 인이 『논어』의 핵심 사상이라는 반증이 된다. 또한 제자들이 인에 대하여 물었을 때 공자의 대답 역시 인에 대한 해석만큼이나 다양한데, 이것도 인이 인간사의 모든 국면을 포괄하고 있다는 의미를 지닌다.

그러면 도대체 인(仁)이란 무엇인가? 인에 대한 수많은 해석 중에서 다산(茶山) 정약용(丁若鏞)의 견해를 취하여 필자 나름의 소견을 덧붙일까 한다. 다산은 '仁'을 파자(破字)하여 '人'과 '二'의 합성어로 보았다. 즉 '사람이 둘'이라는 뜻이다. 사람이 둘이라는 것은, 인이 사람과 사람 사이에서 성립되는 개념이라는 말이다. 그러므로 인은 적어도 두 사람 이상의 인간관계를 그 전제조건으로 한다. 한 사람이 혼자 있을 때에는 인이 성립되지 않는다. 반드시 두 사람 이상이 있어야 한다. 다산은 이렇게 말했다.

> 인(仁)이란 두 사람이다. 어버이를 효(孝)로써 섬기면 인이 되는 것이니 자식과 아비는 두 사람이다. 임금을 충(忠)으로써 섬기면 인이 되는 것이니 신하와 임금은 두 사람이다. 백성을 자애로써 다스리면 인이 되는 것이니 목민관과 백성은 두 사람이다. 사람과 사람이 각기 본분을 다하면 곧 인이 될 수 있다.

다산은 인에 대하여 명쾌한 해석을 내리고 있다. "사람과 사람이 각기 본분을 다하면 곧 인이 될 수 있다"는 말은 공자의 본의(本意)를 가장 충실하게 따른 해석이라 생각된다. 사람이란 사회적 동물이라 어차피 혼자서 살 수 없고 타인과의 관계를 맺지 않을 수 없다. 이렇게 더불어 사는 사회에서는 인간과 인간이 맺는 관계가 가장 중요하다는 것이다.

그리고 이러한 인간관계를 다섯 가지로 범주화한 것이 곧 오륜(五倫)이다. 즉 아버지와 아들[父子], 임금과 신하[君臣], 남편과 아내[夫婦], 어른과 아이[長幼], 친구와 친구[朋友]의 다섯 가지를 가능한 인간관계의 대표적인 유형으로 설정하고, 아버지와 아들이 맺는 관계 중에서는 친(親)이 으뜸이고, 임금과 신하 사이에서는 의(義)가 으뜸이고, 남편과 아내 사이에서는 별(別)이 으뜸이고, 어른과 아이 사이에서는 서(序)가 으뜸이며 친구와 친구 사이에서는 신(信)이 으뜸이라 여겼다. 즉 친, 의, 별, 서, 신이 인간관계의 최고의 덕목이라는 것이다.

다산은 이 다섯 가지 덕목을 인(仁)이라고 생각했다. 그러나 친, 의, 별, 서, 신 자체가 바로 인이라는 말은 아니고 이를 실생활에서 실천할 때 비로소 인이라 부를 수 있다는 것이 다산의 주장이다. 이 주장은 개인의 수양에만 치중하는 성리학자들의 정적(靜的) 자세를 비판한 것이고 나아가 다산의 실학정신과도 깊은 관련을 맺고 있다.

물론 고도로 산업화된 오늘의 관점에서 보면 인간관계의 유형을 이 다섯 가지로 한정할 수 없고 그 덕목도 반드시 친, 의, 별, 서, 신이라고만은 할 수 없을 것이다. 학교에서의 선생과 학생, 기업체에서의 사용자와 노동자, 사이버 공간에서의 네티즌들 사이의 인간관계 등등도 중요한 문제이다. 그러나 오륜의 기본정신은 지금도 여전히 유효하다고 생각한다. 그리고 무엇보다 일상의 인간관계를 중시한 데에서 다산의 사상이 돋보인다. 다시 다산의 말을 들어보자.

> 인(仁)이란 다른 사람을 향한 사랑이다. 자식은 아비에게 향하고 아우는 형에게 향하고 신하는 임금에게 향하고 목민관은 백성에게 향하여 무릇 사람과 사람이 서로 향해서 부드럽게 사랑하는 것, 그것을 '인'이라 이른다.

얼마나 알기 쉽고 명쾌한 해석인가! 공자도 "인이 어찌 멀리 있겠는가? 내가 인을 하려고 하면 인은 곧 이르러 올 것이다"라고 말했다. 그렇다, 인은 멀리 있는 것이 아니다. 예를 들어 친구를 신(信)으로 사귀면 그

것이 곧 인의 실천이다.

공자가 『논어』에서 줄기차게 가르치고 있는 것은 규범적인 삶의 형태이다. 그리고 이 규범적인 삶의 형태를 공자는 평범한 인간관계에서 찾고 있다. 계로(季路)가 귀신 섬기는 법을 물었을 때 공자는 "사람을 잘 섬기지 못한다면 어찌 귀신을 섬기겠는가?"라고 대답했다. 또 죽음에 대하여 물었을 때 공자는 "삶을 알지 못한다면 어찌 죽음을 알겠는가?"라고 답했다. 귀신을 섬긴다는 것은 조상의 제사를 받든다는 말인데, 죽은 조상의 영혼보다 살아있는 사람의 문제가 더 중요하다는 대답이다. 또 그렇게 때문에 죽음이 무엇인가를 생각하기에 앞서 삶의 의미를 먼저 생각해야 한다고 말한 것이다.

이렇게 인간 중심적이고 현실적인 공자의 사상을 '인(仁)'으로 요약할 수 있다면, 인에 대한 다산의 해석이야말로 공자의 가르침을 가장 충실하게 따른 것이라 할 수 있을 것이다.

## ‘굿바이 헤밍웨이’

| 2007, 다산포럼

최근 ‘굿바이 헤밍웨이’라는 제목의 신문보도에 의하면 미국 버지니아주 페어팩스 카운티에 있는 21개 도서관에서 대출 실적이 저조한 책들을 퇴출시키기로 했다고 한다. 여기에는 헨리 애덤스의 『교육론』을 비롯한 다수의 인문과학 서적들과 에밀리 디킨슨의 시집, 헤밍웨이의 소설들이 포함되어 있다고 한다. 페어팩스 카운티의 21개 도서관을 관장하는 샘 클레이 회장은 “많은 책이 꽂혀있는 서가에서 한 권의 책만 읽힌다면 아까운 일”이라며 “사람들이 보지 않는 책은 가차 없이 골라내버리고 있다”고 말한 것으로 보도되었다.

엄숙하고 딱딱한 인문과학 서적들은 그렇다 치더라도 헤밍웨이의 소설들까지 도서관에서 사라진다는 사실에 나는 조그마한 충격을 받았다. 헤밍웨이가 누구인가! 그의 소설들, 특히 전쟁소설들은 전쟁의 무의미함, 전쟁 속의 인간 행태를 큰 스케일로 그려낸 20세기의 고전이 아닌가. 그의 작품들이 도서관에서 퇴출 위기에 처한 반면, 그가 작품 활동을 했던 쿠바의 집필실, 그가 자주 다녔다는 카페는 연중 관광객들로 붐빈다고 한다. 쿠바는 헤밍웨이 때문에 먹고산다는 말이 나올 정도이다. 헤밍웨이의 작품은 읽지 않으면서 헤밍웨이의 자취를 찾아 즐기는 현상에서 현대 문명사회의 한 단면을 본다.

이것은 비단 미국만의 현상은 아닐 것이다. 우리나라에서도 독자들은 인문학 서적을 외면하고 자극적이고 현란한 제목을 달고 나오는 책을 더 선호하고 있다. 물론 재테크나 건강, 처세 등을 다룬 실용서가 가치 없다는 말은 아니다. 그러나 오랜 기간 동안 그 가치를 검증받은 고전들을 단지 찾는 사람이 적다는 이유만으로 퇴출시켜야 하는가? 이렇게 퇴출된 책들은 도서관의 서가로 다시는 돌아올 수 없을 것이다. 너무나 많은 책들이 계속해서 쏟아져 나오니까.

사실, 책이 너무 많은 것도 인문학 서적이 퇴출되는 한 원인이 될 것이다. 때로는 '책이 이렇게 많아도 될 것인가' 라는 의구심이 들 때도 있다. 더구나 양적인 성과를 기준으로 하는 현행 대학교수 업적평가 제도 때문에 교수들은 너나없이 저서들을 쏟아내고 있다. 나도 물론 그중의 하나이다. 이렇게 쏟아져 나오는 신간을 비치하려면 인기 없는 고전들을 퇴출시켜야 할 것이다. 도서관의 공간은 한정되어 있으니까.

책이란 많다고 다 좋은 것이 아니라는 사실은 이미 옛사람들이 지적한 바 있다. 걸출한 실학자인 담헌(湛軒) 홍대용(洪大容)은 어떤 사람에게 보낸 한 편지에서 이렇게 말했다.

> 옛날의 학자는 책이 없어서 걱정이었고 오늘날 학자는 책이 많아서 걱정입니다. 옛날에는 책이 없어도 영웅과 현자가 배출되었는데 지금은 책이 많아도 인재(人才)가 날로 줄어드니, 어찌 옛과 지금의 운명이 달라서일 뿐이겠습니까? 실로 책이 많은 것이 그 빌미가 되었던 것이지요.

책이 많은 것이 인재가 날로 줄어드는 빌미가 되었다는 홍대용의 말은 우리에게 시사하는 바가 크다고 하겠다. 홍대용이 살았던 18세기에 비하면 지금은 그 천 배, 만 배가 넘는 책들이 범람하고 있다. 그래서 나는 '현대판 분서갱유(焚書坑儒)'라는 엉뚱한 공상을 해보기도 한다. '갱유'는 안 되겠지만 '분서'만이라도. 그렇지 않고서는 우리나라도 언젠가는 '굿바이 신채호', '굿바이 염상섭' 하는 날이 오지 않으리란 보장이 없을 것이다. 그리고 "사람들이 보지 않는 책은 가차 없이 골라내 버리고 있다"는 천박한 미국식 자본주의의 전철을 제발 우리는 밟지 않기를 간절히 바란다.

## 고대高大 앞 막걸리촌

| 2007, 다산포럼

안암동 고려대학교 앞 막걸리촌에 고층 아파트 단지를 건축하겠다며 주민들이 재개발 신청서를 동대문 구청에 냈다고 한다. 그러자 고려대학교 측에선 이를 반대하는 의견서를 동대문구와 서울시에 세 차례나 제출했다고 한다. '수십 년간 고려대 학생들의 과격시위로 인한 피해를 감수하며 살아왔으니 이제는 정당한 재산권을 행사하겠다'는 것이 주민들의 주장이고, '학교 주변에는 대학 문화에 맞는 타운이 형성되는 게 바람직하다'는 것이 고대 측의 반대 이유이다.

나는 고려대학교 출신이 아니지만 대학 시절을 고려대 주변에서 살았기 때문에 이른바 '고대의 막걸리 문화'를 잘 알고 있다. 적어도 최근까지는 막걸리는 고대의 상징이었다. 고대생이 즐겨 부른다는 '막걸리 찬가'가 이를 단적으로 말해준다. "마셔도 고대답게(혹은 사나이답게) 막걸리를 마시자 / 맥주는 싱거우니 신촌골로 돌려라 / 부어라 마셔라 막걸리 취하도록 / 너도 먹고 나도 먹고 다 함께 마시자 / 고려대학교 막걸리 대학교…" 오랫동안 막걸리는 고대의 '교주(校酒)'인 셈이었다.

너무도 유명한 일화 한 토막. 어느 날의 고대 앞 '이모집'. 고대인들의 영원한 고향인 이모집에 중년의 신사가 들어와 주인을 보고 "오늘 여기 온 후배들 술값 내가 다 냅니다." 그러자 먼저 와있던 또 한 명의 사나이가 "학형은 몇 학번이시오?" "85학번인데요." "난 81학번인데 오늘은 참으시지." 눈물이 날 만큼 정겨운 이런 풍경이 사라질 판이니 재개발을 반대할 만도 하다. 또 하나의 일화가 있다. 10년 아니면 15년 전쯤이었을까? 지금은 작고하신 민영규 선생께서 갑자기 동경 유학 시절 학교 근처에서 먹었던 카레라이스 생각이 간절했다. 그래서 비행기를 타고 갔더니 아직도 그 집이 그대로 있어서 카레라이스를 먹으며 옛 추억에 잠

길 수 있었다고 한다. 얼핏 사치스러운 일로 보일지 모르지만 한 개인에 있어서 옛 추억은 그만큼 소중한 것이다.

동숭동의 서울 문리대도 옛 자취를 찾을 길이 없다. 「오감도(烏瞰圖)」의 시인 이상(李箱)이 설계했다는, '아까렝가'라 불렀던 붉은 벽돌 강의실도, 학교 앞에서 막걸리 팔던 '쌍과부집'도 사라지고 없다. 그나마 대학본부 건물과 마로니에가 있어 아쉬움을 조금 달래주기는 하지만 옛날의 그 정든 교정은 아니다. 옛 건물들이 졸업 후 먼 훗날 다시 찾은 학교를 정답게 느끼도록 해준다면 얼마나 좋을까.

그러나 이렇게 마냥 개인적 감상에만 젖어있을 일은 아니다. 고대 앞 주민들에겐 생존이 걸린 문제이다. "대학 문화에 맞는 타운" 운운하며 주민들의 재산권 행사를 막을 수는 없는 노릇이 아닌가? 더구나 고려대학교는 최근 '막걸리 대학'의 이미지를 벗고 '와인 대학'으로 발돋움하겠다고 스스로 천명하지 않았는가? 지난 2005년 개교 100주년을 맞아서는 프랑스로부터 와인 2만 병을 주문하여 라벨에 대학 사진을 넣어 교내 판매까지 했다고 한다. 뿐만 아니라 국내 대학에서는 처음으로 '포도주 개론'이란 강의도 개설했다고 한다. 막걸리 대학에서 와인 대학으로 변신하려는 이러한 노력이 계속된다면 언젠가는 와인이 고대의 교주(校酒)가 되지 못하리란 보장이 없다. 이런 상황에서 막걸리촌의 재개발을 반대하기에는 어딘가 명분이 약해 보이는 것도 사실이다.

제3자의 입장에서는 고대와 주민들 중 어느 편에 서야 할지 난감하기만 하다. 주민들의 재산권도 보장해 주고 고려대의 전통도 살리는 길이 있다면 좋긴 하겠지만 말이다. 그러나 지금은 원로(元老)가 된 어느 노교수가 학창시절에 외상술을 마시고 맡겼다는 학생증을 전리품처럼 내걸고 있는 그 막걸리 집이 영원히 없어지지 않기를 바라는 마음 간절하다.

# 디지털 교과서

| 2007, 다산포럼

교육부가 지난 3월 9일 디지털 교과서 도입 방안을 발표했다. 교육부 발표에 따르면 교과서, 참고서, 문제집, 사전, 공책 등의 기능을 통합한 단말기로 기존 종이책 교과서를 대체하겠다는 것이다. 이를 위해 2011년까지 5년 동안 660억 원을 투입하여 2013년부터 전국 초·중·고교에 전면적으로 실시할 예정이라고 한다. 이렇게 되면 학생들은 교실에서 종이책을 사용할 필요가 없고 공책도 필요 없으며 연필이나 볼펜 등의 필기도구도 무용지물이 된다. 학생들은 등하교 시에 노트북 컴퓨터 하나만 지참하면 된다. 그래서 혹자는 이를 '꿈의 교과서'라 부르기도 한다.

교육부가 디지털 교과서를 도입하겠다고 한 직접적인 계기는 "지식의 생명주기가 갈수록 짧아지는 상황에서는 교육과정을 수시로 개정할 필요가 있지만 현재 교과서 형태로는 어려운 점이 많다"는 것이고, 장기적으로는 "창의적인 개별학습, 교육격차 해소, 사교육 의존도 완화, 전자책 관련 산업 활성화"를 달성할 수 있다는 것이다. 그러나 교육부가 기대하는 이러한 효과는 장밋빛 환상일 뿐이요 허황한 백일몽(白日夢)이라는 것이 나의 생각이다.

40여 년 동안 교단에서 학생들을 가르친 나의 경험으로 자신 있게 말할 수 있는 한 가지 사실이 있다. 학생은 교과서와 공책과 필기도구를 준비하고 선생은 교단에서 백묵으로 흑판에 판서(板書)를 하면서 진행하는 것이 수업의 정도라는 것이다. 학생들이 고개를 끄덕이고 필기하는 데에 따라서, 학생들이 던지는 질문에 따라서 수업의 내용이 달라진다. 아니 학생들의 앉은 자세나 눈빛에 따라서도 강의의 내용이 달라질 수 있다. 같은 과목을 해마다 반복해서 가르치는데도 그때그때 교실의 분위기, 학생들의 반응에 따라 강의 내용도 달라지고 진도도 달라진다. 때로는 교과 내용과 직접적인 관계가 없는 이야기를 즉흥적으로 말해주기도 한다. 이렇게 교육은 살아있는 인격체와 인격체가 부딪치면서 이뤄진다.

첨단 교육론자들이 추구하는 이른바 '백묵과 흑판이 없는 강의', '책과 연필이 필요 없는 수업'으로 참다운 교육이 이루어질 수 있을지 심히 의심스럽다. 지식의 전달만이 교육의 전부가 아니지 않는가? 물론 지식의 전달이 교육의 중요한 부분임에 틀림없다. 그러나 지식을 전달하는 데에도 선생과 학생 간의 생생한 교감(交感)이 있을 때 그 효과가 극대화된다는 것이 나의 생각이다.

이외에도 디지털 교과서의 도입은 많은 문제점을 안고 있다. 두통이나 시각장애를 일으키는 'VDT 증후군'은 컴퓨터 전문가들도 경계하고 있다. 마이크로소프트를 개발한 빌 게이츠조차도 자식들의 컴퓨터 사용을 제한한다는 이야기가 들린다. 우리 학생들이 집에서나 학교에서나 하루 종일 컴퓨터를 조작한다고 상상해 보라. 어린 학생들의 건강에 심각한 영향을 미칠 것임이 분명하다.

또한 종이책의 장점은 아무리 강조해도 지나치지 않는다. 2000년이 시작될 무렵, 세계의 석학들은 인류 최상의 발명품으로 종이를 꼽았다. 지식의 전달 수단으로 종이책을 능가하는 것이 아직은 없다. 전자책이 종이책을 대신하리라는 예측도 빗나가고 있다. 종이가 발명된 이래 인간은 종이책을 보면서 지식을 전달받았고 사고력을 증진시켰다. 앞으로도 그럴 것이다.

지금 우리 사회는 '디지털 증후군'이라는 질병을 앓고 있다. 온통 디지털에 미쳐있다고 해도 과언이 아니다. 디지털은 그것대로 발전시켜야 하겠지만 적어도 초등학교 학생들에게만이라도 인간의 냄새가 나는 아날로그식 교육을 시키는 것이 어떨는지. 시급히 해결해야 할 문제가 산적해 있음에도 불구하고 교육부가 왜 어린 학생들을 디지털의 수렁으로 몰아가려고 하는지 모르겠다.

## 로스쿨 광풍

| 2007, 다산포럼, 원제 「법학전문대학원과 인문학」

몇 년 전 어느 법학과 교수로부터 이런 말을 들은 적이 있다. "가장 우수한 학생이 법과대학에 올 필요는 없다." 법조문을 해석하고 적용해서 판결을 내리는 일은 웬만한 수준의 사람이라면 가능하다는 말이다. 물론 인간사회에서 일어나는 다양한 사건의 시비(是非)를 가려 정확히 판결하는 일은 말할 수 없이 중요하다. 그러기에 법조인은 높은 지적 수준을 지녀야 한다. 그러나 지금처럼 고등학교에서 가장 우수한 인재들이 물밀듯이 법과대학에 진학할 필요는 없다는 것이다. 오히려 지적 수준이 가장 높은 학생은 철학이나 물리학과 같은 기초학문을 전공해야 한다는 것이 그 교수의 견해였다.

그런데 지금 한국의 대학들은 법조인 양성기관인 로스쿨 즉 법학전문대학원의 인가를 받기 위해 혈안이 되어있다. 2008년 3월에 있을 최종 선정을 앞두고 각 대학은 치열한 경쟁을 벌이고 있다. 이를 위해 법학관 건립 등의 시설 투자에만 수백억 원을 들인 대학이 있고, 법학 전임 교수를 40여 명 이상 확보한 대학도 있다. 뿐만 아니라 각 지방 자치단체 별로 '로스쿨 유치 추진단', '로스쿨 유치 위원회'를 만드는가 하면 대학의 총동문회, 법과대학 동문회도 대대적인 모금 운동을 벌인다고 한다. 가히 '로스쿨 광풍(狂風)'이라 할 만하다.

이렇게 되면 대학교에서의 법과대학의 덩치가 비정상적으로 커진다. 로스쿨을 위한 전용 건물은 물론이고 제2, 제3의 법학관을 짓는 대학도 있으며, 입학정원 100명 내외의 학생을 위하여 40, 50명의 교수를 둔다면 학문 간의 불균형이 이보다 더 심할 수 없다. 법관 양성이 아무리 중요하다고 해도, 사회적 수요가 아무리 많다고 해도, 또 로스쿨 유치가 대학의 위상 제고에 결정적 요인이 된다는 점을 감안하더라도 이건 좀 지나치다는 느낌을 떨칠 수 없다.

또 한 가지, 현재의 추세대로 로스쿨을 전문화, 특성화시킨다면 자칫 기능인만을 양산할 우려가 있다. 법관은 단순한 기능인과 구별되어야 한다. 법관은 훌륭한 도덕적 품성을 갖춘 인격체이어야 한다. 복잡하고 다양한 인간세계의 제국면(諸局面)은 법조문의 적용만으로 그 시시비비(是是非非)를 다 가릴 수 없다. 정상참작 등 경우에 따라 고려해야 할 변수가 너무나 많다. 가장 비근한 예로 양심적 병역 기피자에 대한 판결이 법관에 따라 달라지는 예를 우리는 보았다. 또 저 유명한 '성공한 쿠데타는 처벌할 수 없다'는 법 해석이 그 후에 뒤집어지는 경우도 목격했다.

법관은 법률에 따라 판단해야 하지만 법률을 넘어선 인간적 가치, 도덕적 규범에 대한 통찰력을 가져야 한다. 왜냐하면 인간세상의 모든 것을 법률로 다 규제할 수는 없기 때문이다. 지금 법조문이 하늘의 별만큼이나 많지만 그래도 모자라서 새로운 법을 제정하고 있다는 사실이 이를 말해주고 있다. "법은 최소한의 도덕이다"라는 말이 있지 않은가? 현재 추진되고 있는 로스쿨 제도가, 법조문의 기계적 적용에 비중을 두는 기능인을 배출할 가능성이 많은 이유도 여기 있는 것이다.

대학도 하루빨리 교육기관 본연의 모습으로 돌아와야 할 것이다. 그래서 법조인을 포함한 모든 인간이 인간답게 사고하고 인간답게 행동하도록 도와주는 교육에 중점을 두어야 할 것이다. 이러한 교육의 중심에 서있는 것이 인문학이다. 인문학은 모든 학문의 기본이다. 기본기에 충실해야 훌륭한 야구선수로 성장할 수 있듯이 기초학문의 토대가 없는 응용학문은 사상누각(砂上樓閣)이 될 확률이 높다. 그런 의미에서 법학도(法學徒)도 기초학문인 인문학적 소양을 갖추도록 교육시켜야 한다. 그래야만 존경받는 법조인이 될 수 있을 것이다.

## 영어 쓰나미

| 2008년, 다산포럼

2004년 인도네시아 해변을 덮친 가공할 쓰나미를 우리는 기억하고 있다. 이 쓰나미로 수십만 명이 목숨을 잃었다. 지금 우리 사회를 휩쓸고 있는 또 하나의 쓰나미가 있다. 바로 영어 광풍(狂風)이다. 이러한 영어 광풍이 어제오늘의 일은 아니지만 특히 이명박 씨가 대통령에 당선된 후 그 파고(波高)가 더욱 심해졌다. 그래서 온 국민들은 '영어의 바다'에 빠져 허우적거리고 있다. 대통령직 인수위가 발표했다가 철회하기도 한 수많은 영어교육 정책들을 보고 있노라면 이러다간 수십만, 아니 수백만 명을 무력화(無力化)시킬지도 모르겠다는 생각이 든다.

우리나라 교육부의 일 년 예산이 약 30조인데 국민들이 부담하는 사교육비가 31조에 육박한다고 한다. 이 중 영어교육에 드는 비용만 15조라고 하니 이 문제를 두고 볼 수만은 없는 일이다. 더구나 자녀의 영어교육 때문에 생긴 이른바 '기러기 아빠', '펭귄 아빠'가 사회문제로 대두되고 있는 작금의 현실은 심각하기 짝이 없다. 어떻게 해서라도 해결되어야 할 문제인 것만은 틀림없는 사실이다.

그러나 지금까지 대통령직 인수위가 내놓은 수준의 정책들로는 해결의 길이 멀어 보인다. 우선 목표를 뚜렷이 해야 한다. 영어교육에 들이는 불필요한 사교육비를 줄이겠다는 것이 목적인지, 아니면 전 국민이 영어 회화를 잘하는 것이 목적인지 분명히 해야 한다. "국민이 영어를 얼마나 잘 쓰느냐에 따라 나라와 개인이 차이가 나고 앞으로 더욱 그럴 것이다"라는 이명박 당선자의 말이나, "1인당 소득이 5만 불 이상의 선진국들은 자국어 외에 영어를 초등학교부터 배우도록 준비된 나라다"라고 한 이경숙 인수위원장의 말로 볼 때 새 정부는 영어에 강한 집착을 가지고 있는 듯하다. 어디까지나 전 국민이 영어로 대화를 할 수 있도록 만드는 것이 목적이고 이 목적을 달성하면 사교육비도 줄이는 부수적인 효과도 노려볼 만하다는 생각인 듯하다. 이래서는 문제를 해결할 수 없다.

문제를 해결하려면 우선 수학능력시험을 비롯한 각종 대학시험에서 영어를 제외해야 한다. 그러면 영어 광풍이 일단은 수그러들 것이다. 그러고 나서 지금 구상하고 있는 영어교육(사실 이 영어교육도 회화 위주의 절름발이 교육이긴 하지만)을 실시하면 된다. 그래도 영어로 태교(胎教)를 한다든지 원어민 발음을 흉내 내려고 혀를 자르는 수술을 하는 미친 자들은 어쩔 수 없는 일이 아닌가.

도대체 왜 새 정부는 영어에 '올인'하려고 하는지 모르겠다. 왜 전 국민이 영어를, 그것도 '영어로 말하기'를 잘해야 하는가? 영어를 필요로 하는 사람만 영어를 하면 안 되는가? 우리나라를 찾은 외국인이 길을 물을 때 영어로 대답을 못 하면 또 어떤가. 우리나라를 여행하는 외국인이라면 간단한 한국어쯤은 익히고 오는 것이 도리가 아닌가. 그것이 어찌 우리의 잘못인가?

새 정부는 왜 꿈 많은 청소년들을 '영어의 바다'에 빠뜨려 허우적거리게 하는가. 학생들 중에는 중국어를 배우고 싶은 자도 있을 것이고 독일어나 불어, 스페인어를 배우려는 학생도 있을 것인데 이들에게도 동등한 기회를 주어야 하지 않겠는가. 읽어야 할 것도 많고 배워야 할 것도 많은 우리의 청소년들에게 기껏해야 '영어로 말하기'라는 저급(低級) 영어에 시간과 정력을 낭비하게 해서는 안 될 것이다.

교육은 국가의 백년지대계(百年之大計)라고 한다. 적어도 백 년 앞을 내다보고 계획을 세워야 한다는 말이다. 백 년 후에도 과연 '영어로 말하기'만 잘하면 출세할 수 있을지, 백 년 후에는 영어 말고 다른 외국어를 잘해야 하는 시대가 오지 않을지 심각하게 고려해서 정책을 결정해야 할 것이다. 제발 온 국민을 영어라는 '쓰나미'에 휩쓸리지 않게 했으면 하는 마음 간절할 따름이다.

## 소비자 중심의 교육에 대하여

| 2008, 『民族文化推進會報』

지난 학기에 나는 한문학과 일 학년 학생들을 대상으로 초급한문을 강의했는데, 일 학년 학생에게는 다소 어려운 「적벽부(赤壁賦)」가 교재에 실려 있었다. 어려울 것이란 생각이 들었지만 한 번 읽고 말 문장이 아니기에 우선 맛을 보여준다는 의도에서 강독을 시도했다. "釃酒臨江 橫槊賦詩 固一世之雄也 而今安在哉(시주임강 횡삭부시 고일세지웅야 이금안재재)"의 구절에 이르러 '橫槊賦詩'를 설명하면서, 조조(曹操)가 창을 빗겨 들고 시를 읊었으니 이것은 문무(文武)를 겸비한 영웅이라는 뜻을 나타낸다고 말해주었다. 그리고 이것을 학기말 시험에 출제하겠다고 밝혔다.

그런데 막상 시험지를 채점해 보니 '橫槊賦詩'의 뜻을 옳게 쓴 학생은 절반 정도에 불과했다. 시험에 출제하겠다고까지 말했음에도 불구하고 절반의 학생이 정답을 쓰지 못한 이유를 몰랐다. 나중에 어느 대학원 학생으로부터 들은 바에 의하면, '문무를 겸비했다'는 말 자체의 뜻을 학생들이 모른다는 것이었다. 그러므로 '문무(文武)'의 뜻을 설명하고 '겸비(兼備)'의 뜻을 설명했어야 한다는 것이었다. 이 말을 듣고 나는 큰 충격을 받았다. 어쩌다가 이 지경에까지 이르렀는지…….

아닌 게 아니라 지금 대학생들을 대하다 보면 전반적인 수준이 나의 고등학교 시절의 지적 수준보다 못하다는 느낌이 든다. 학생들은 깊이 사고하는 것을 싫어한다. 어려운 문제를 풀기 위하여 고민하는 대결의식이 없다. 그저 순간적이고 즉흥적인 얕은 사고에 길들여져 있다. 국가와 세계와 우주의 고민을 자기 혼자 짊어진 듯이 고뇌하고 사색하는 그런 자세가 적어도 대학 시절에는 필요한 것이 아니겠는가. 어설픈 대로 플라톤도 읽고 니체도 읽고 토인비도 읽어서 사고의 폭을 넓혀야 할 텐데, 복잡하고 어려운 문제를 아예 외면하려는 학생들의 자세가 대학생의 질적 수준을 점점 떨어뜨리고 있다.

이렇게 된 원인을 여러 곳에서 찾을 수 있겠지만 가장 결정적인 요인은 우리나라의 교육제도에 있지 않나 싶다. 그중에서도 결정적인 것은 이른바 '소비자 중심의 교육'이라 생각한다. 소비자 중심의 교육이란 학생 중심의 교육을 뜻한다. 학생 중심의 교육은 교육이 마땅히 지향해야 할 지표이다. 학생을 대상으로 하는 교육이 학생 중심으로 이루어져야 하는 것은 너무나 당연한 일이다. 그런데 '학생' 중심의 교육을 '소비자' 중심의 교육으로 표현하면서 상황이 달라졌다. 소비자라는 개념이 도입되면 생산자와 소비자 간의 거래행위(去來行爲)가 개입된다. 실제로 현행 대학교육 시스템은 소비자와 공급자 간의 거래행위를 전제로 하고 있다. '교육 시장'이라는 용어가 공공연히 통용되고 있지 않는가? 소비자 중심으로 교육을 하라는 말은 학생의 요구에 맞추어 교육을 하라는 말과 같다. 극단적으로 말하면 학생이 싫어하는 것은 가르치지 않아도 된다는 것이다. '소비자는 왕'이기 때문이다. 그래서 지금 대학의 교과과정에는 필수과목이 사라졌다. 소비자인 학생이 싫어할지도 모를 과목을 필수로 지정해서 강요해서는 안 된다는 논리이다.

더구나 현행 학부제는 이를 더욱 부추기고 있다. 인문, 사회, 자연 계열을 막론하고 '소비자'는 기초학문을 외면하고 있다. 기초학문의 토대 없이 응용학문의 발달을 기대할 수 없다는 것은 삼척동자도 아는 사실이다. 그런데도 단지 소비자가 외면한다는 이유로 기초학문 분야는 그대로 방치되고 있다. 말로는 기초학문을 육성한답시고 여러 가지 방안을 내놓고 있지만 근본적인 방안이 되지 못하고 있다. 이렇게 소비자가 기초학문을 외면하자 공급자가 소비자 유치에 나서고 있다. 경제학과를 디지털 경제학과로, 철학과의 명칭을 영상 철학과로 개명(改名)하는가 하면 교과목도 '문학과 성(性)', '영화와 문학' 등으로 바꾸어 간판을 내걸고 있다. 마치 남대문 시장에서 물건을 파는 상인과 같다. 내용이야 어떠하든 포장을 그럴듯하게 치장해야 '손님'을 끌 수 있기 때문이다. 소비자인 학생의 구미에 맞추기 위하여 안간힘을 쓰는 이 처절한 상황이 현행 대학교육의 실상이다.

그러나 분명히 말하건대 이것은 교육이 아니다. 학생이 아무리 싫어하더라도 가르쳐야 할 것은 회초리로 때려가면서 가르쳐야 하는 것이 교육이다. 한자, 한문만 해도 그렇다. '소비자'는 한문을 싫어한다. 어렵기 때문이다. 그렇다고 한문을 가르치지 말아야 하는가? 학생들이 한자, 한문을 기피하기 때문에 그들이 구사하는 어휘의 수가 급격히 감소하고 있다. 우리말 어휘의 7할이 한자어로 되어 있는데 한자를 모르니 어휘력이 줄어들 수밖에 없다. 물론 어휘력이 부족하다고 해서 일상생활을 영위하는 데에 큰 지장이 있는 것은 아닐 것이다. 플라톤을 모르고 퇴계(退溪)를 몰라도 일상생활을 영위할 수는 있다. 그러나 영화 〈실미도〉를 볼 줄 알고 프로야구를 즐길 줄 아는 것만으로 어찌 인간으로서의 할 일을 다했다고 할 수 있겠는가. 보다 품위 있는 양질의 삶을 위하여 노력하는 것이 인간다운 자세가 아니겠는가.

'橫槊賦詩'의 뜻을 몰라도 되지만 이를 알아서 구사할 줄 아는 것이 더 품위 있는 삶을 사는 하나의 방법이 될 것이다. '橫槊賦詩'는 고사하고 '文武'나 '兼備'의 뜻도 모른 채 저속한 인터넷 언어에 길들어져 있는 학생들을 그냥 두어야 하는가? 언어는 그 언어를 사용하는 사람의 사고유형에 결정적 영향을 미치고 그 사람의 인격 형성에도 일정한 정도로 작용한다. 비속한 언어를 사용하면 그 사람의 인성(人性)도 비속해질 가능성이 많고, 고급언어를 구사하면 그만큼 정신적 수준이 높아질 수 있다.

"학생들에게 어려운 한문을 가르칠 필요가 어디 있는가?"라고 항변하는 사람들이 있다. 학생들의 부담을 덜어주자는 주장이지만 이것도 교육을 모르는 소리이다. 학생들에게 어려운 것을 가르쳐야 한다. 어려운 것을 가르침으로써 문제를 해결하는 사고의 능력을 길러주는 것이 교육의 중요한 몫이다. 일상생활을 영위하는 데에 필요가 없는 수학의 미분, 적분, 삼각함수를 가르치는 이유가 여기에 있는 것이다. 더구나 한자, 한문은 마음먹기에 따라서는 그렇게 어려운 것이 아니다. 아마 영어를 공부하는 시간의 십분의 일만 투자해도 지금과 같은 한자문맹(漢字文盲)을 면할 수 있을 것이다.

지금이 1945년 광복 이후 한국 교육의 최대의 위기라고 생각한다. 이대로 계속 진행된다면 학생들의 질적 수준은 끝없는 심연으로 추락하고 말 것이다. 이제부터라도 '소비자 중심의 교육'이란 말을 '학생 중심의 교육'으로 고쳐 불러, 학문의 장(場)이어야 할 대학을 더 이상 지식을 팔고 사는 시장판으로 만들지 말아야 할 것이다.

## 강남 초등학교의 한자교육

| 2008, YTN

서울시 강남교육청은 교육청 특성화 사업으로 10월부터 강남 지역 모든 초등학교에서 한자교육을 실시한다고 발표했습니다. 때늦은 감이 있지만 매우 바람직한 일이라 생각합니다. 강남교육청이 밝힌 바로는, 초등학교에서 900자 정도의 기초한자를 가르치되 주로 단어를 이해하는 데 초점을 맞춘다고 합니다. 이렇게 되면 학생들은 초등학교 전 교과목 내용의 절반 이상을 쉽게 이해할 수 있습니다. 왜냐하면 국어, 사회, 과학을 비롯한 거의 전 과목의 학습에서 교과서에 나오는 단어 또는 개념어(槪念語)를 이해하는 것이 초등학교에서는 가장 중요한데, 이 단어나 개념어가 거의 한자어로 되어있기 때문입니다.

알려진 바와 같이 우리말 어휘의 70%가 한자어로 이루어져 있습니다. 그러므로 한자를 알면 그 단어나 개념어의 뜻을 바로 파악할 수 있습니다. 물론 한자어로 이루어진 낱말들이 순수한 우리말로 바뀌고 있기는 합니다. '엽록소(葉綠素)'가 '잎파랑치'로, '일단정지'가 '우선멈춤'으로 바뀌는 예가 그러합니다. 그러나 이러한 예는 극히 일부분이고 아직도 대부분의 낱말은 한자어로 되어 있습니다. 앞으로는 한자의 도움을 받지 않고 한글만으로 표기해도 알 수 있도록 해야 되겠지만 그것은 그야말로 먼 훗날의 일일 것입니다.

한자가 우리나라에 전래된 이후 2000년 이상 우리는 한자를 사용해 왔습니다. 한글이 창제된 후에도 한글과 함께 500여 년이 넘게 한자를 사용해 왔습니다. 그러는 동안 한글과 한자는 씨줄과 날줄처럼 얽혀서 서로의 단점을 보완해 왔습니다. 그래서 이제는 우리의 언어생활에서 한자를 떼어내기가 쉽지 않게 되었습니다. 아니 굳이 한자를 떼어낼 필요가 없다고 생각합니다. 세계 최고의 표음문자인 한글과 세계 최고의 표의문자인 한자가 이상적으로 결합한다면 문자 그대로 금상첨화(錦上添花)가 아니겠습니까?

일부에서는 훌륭한 한글이 있는데도 한자를 사용하는 데에 강한 거부감을 가지기도 합니다. 그러나 영어는 거리낌 없이 사용하면서도 한자 사용을 반대하는 이유를 모르겠습니다. 영어는 한글과 아무런 친연성(親緣性)이 없지만, 한글과 한자는 마치 새의 양 날개처럼 서로를 보완해 주는 관계에 있습니다. 그러므로 한글을 사랑하면 할수록 영어보다 한자에 더 비중을 두어야 할 것입니다.

초등학교에서의 한자 공부는 학생들의 학습능력을 향상시킬 뿐만 아니라 아동들의 인성교육(人性教育)에도 크게 기여합니다. 초등학생을 대상으로 한자 교실을 운영하고 있는 한문학과 졸업생으로부터 들은 이야기인데, 학생들에게 한자와 간단한 사자성어(四字成語)를 가르치면 자연히 어른이나 선생님에게 예의를 갖추더라는 것입니다. 버릇없는 아이들이 활개 치는 각박한 이 세상에 강요하지 않아도 스스로 예의를 갖춘다면 이보다 더 좋은 일이 어디 있겠습니까?

지금 초등학교 아이들이 성장해서 사회에 나갈 때쯤이면 한자가 더욱 요긴하게 쓰일 수 있을 것입니다. 현재는 영어가 세계어(世界語) 노릇을 하고 있지만 중국어가 그 자리를 대신할 날이 멀지 않았다고 생각합니다. 우리의 한자어 발음이 중국어 발음과 다르긴 하지만 한자를 알면 중국어도 쉽게 배울 수 있습니다.

이렇게 학습능력을 향상시키고 인성교육에도 도움이 되고 세계로 진출하는 발판이 되기도 하는 한자를 굳이 외면할 필요가 없습니다. 한자 교육이 강남의 초등학교뿐만 아니라 전국적으로 확산되기를 기대해 봅니다.

## "모든 일이 숲으로 돌아갔다"

| 2008, 다산포럼

사마천이 쓴 『사기(史記)』 「장의열전(張儀列傳)」에는 재미있는 삽화가 하나 수록되어 있는데 그 대강의 줄거리는 이렇다.

장석(莊舃)은 월(越)나라 사람으로 초(楚)나라에 와서 높은 벼슬을 하고 있었다. 초나라 왕이 말하기를 "장석은 월나라 사람인데 지금도 월나라를 그리워하는가?" 하였다. 신하가 아뢰기를, "대개 사람이 병이 들면 고향을 그리워하는 법입니다. 장석이 월나라를 그리워한다면 월나라의 소리로 신음할 것이고, 월나라를 그리워하지 않는다면 초나라의 소리로 신음할 것입니다"라 하였다. 그래서 초왕이 사람을 시켜 알아보니 장석은 월나라의 소리로 신음했다고 한다.

지금도 중국은 지방에 따라 방언이 다르지만, 장석이 살았던 전국시대(戰國時代)에는 월나라와 초나라의 말이 외국어처럼 달랐던 모양이다. 장석이 초나라에 와서 높은 관직에 올라 부귀영화를 누렸지만 병석에서는 고국인 월나라의 말로 신음했다는 이야기이다. 결국 사람들은 고국을 잊지 못한다는 것인데, 특이한 것은 여기서 고국에 대한 그리움이 '말'을 매개로 하여 표현되었다는 점이다.

장석에게 월나라 말은 모국어이다. 그가 몸은 비록 초나라에 와있지만 어쩔 수 없이 월나라 사람이라는 사실이 유독 신음소리 즉 '말'을 통해 드러난 것이다. 이처럼 모국어는 민족의 숨결이요, 민족혼의 응결체이다. 그 민족은 모국어로 사고하고 행동한다. 한 민족의 자기동일성(自己同一性)을 보장하는 가장 중요한 요소 중 하나가 바로 모국어인 것이다. 아직도 한국어를 구사하는 중국의 '조선족'과 한국어를 거의 할 줄 모르는 러시아의 '고려인'을 비교하면 모국어가 얼마나 중요한지 알 수 있다.

그런데 지금 우리나라 청소년들의 국어 실력이 형편없다고 한다. 어느 일간지의 보도에 의하면, 고등학교 1학년 학생이 쓴 글에 "모든 일이 숲으로 돌아갔다"는 표현이 있었다고 한다. "모든 일이 수포로 돌아갔다"를 잘못 쓴 것이다. 또 어느 중학교 3학년 학생이 『춘향전』의 변 사또의 흉내를 내며 "자, 내 숙청을 들라"고 했다고 한다. 이 역시 '수청'을 잘못 말한 것이다. 이러한 예는 무수히 많다.

나도 지난 학기에 황당한 경험을 한 적이 있다. 지금은 교수가 기말고사 성적을 컴퓨터로 입력하면 그 성적을 본 학생이 역시 컴퓨터로 이의 신청을 할 수 있게 되어있다. 한 학생이 성적을 올려달라며 장문의 메일을 보냈는데 그중에 "교수님, 다음엔 정말 열씨미 공부하겠습니다"라는 대목이 있었다. '열씨미'라니. 자기네들끼리 주고받는 인터넷 언어가 '외계어(外界語)' 수준이라는 것을 나도 알고 있다. 그러나 교수에게 보내는 메일이라 신중에 신중을 기했을 터인데도 이런 표현이 나오는 것을 보면 청소년들의 '국어 학대', '국어 파괴'가 얼마나 심각한지 짐작할 수 있다.

이렇게 된 원인을 대개 세 가지로 요약할 수 있다. 첫째는 한자교육을 소홀히 한 것이다. "수포로 돌아가다"의 '수포(水泡)'가 물거품이라는 뜻을 알았다면 "숲으로 돌아가다"는 식의 오류는 범하지 않았을 것이다. 우리말을 옳게 쓰기 위해서 한자 학습은 필수적이다. 둘째는 인터넷 언어의 범람이다. 아무런 규제 없이 무제한으로 확산되고 있는 인터넷 언어를 그대로 방치하면 앞으로 '표준어'라는 개념 자체가 사라질 것이다. 셋째는 영어 광풍이다. 세상이 온통 영어에 미쳐 날뛰는 사이에 우리 국어에 대한 관심이 그만큼 줄어든 것이다.

이 지구상에는 민족 고유의 언어를 갖지 못한 나라가 많은데 우리는 훌륭한 모국어를 가지고 있다. 우리는 이 모국어를 알뜰히 갈고 닦아야 할 책임이 있다. 이런 의미에서 지난달 서울에서 개최된 제18차 세계 언어학자 대회의 "인간은 자신의 모국어를 사용할 때 가장 창의적인 사고를 할 수 있다"는 선언은 우리에게 시사하는 바가 크다.

# 헬리콥터 맘

| 2008. YTN

헬리콥터처럼 자녀의 주위를 맴돌며 자식의 일을 다 알아서 처리해주는 엄마에게 '헬리콥터 맘'이란 별칭이 붙었다고 합니다. 우리나라 엄마들의 극성스러움과 억척스러움을 잘 나타낸 말이라 하겠습니다. 자식을 사랑하고 잘되기를 바라는 마음이야 어느 부모인들 없겠습니까만 그것이 지나치면 오히려 자식에게 해가 된다는 것을 엄마들이 모르고 있는 것 같습니다.

어떤 엄마는 대학에 다니는 아들의 다음 학기 수강 신청 과목까지 정해준다고 합니다. 예를 들면 어느 교수의 강의가 회계사 시험에 도움이 되니 그 강의를 들으라는 식이지요. 뿐만 아니라 아들에게 여자 친구가 생기면 여러 가지 조건을 꼼꼼히 살펴서 계속 만날지의 여부를 아들에게 통고해주는 엄마도 있다고 합니다. 그야말로 헬리콥터처럼 전후좌우를 전천후로 날아다니며 자식을 챙겨주는 엄마들입니다. 과연 대한민국 아줌마들의 힘이 대단하다는 생각이 듭니다.

그러나 이렇게 과도한 보호를 받으며 자란 아이들이 나중에 어떻게 되리라는 것을 상상하기란 어렵지 않습니다. 바로 '마마보이', '만년 어린애'가 그것입니다. 헬리콥터의 비호만 받고 자란 아이들은 어려운 일이 생겼을 때 스스로 해결할 능력이 없습니다. 심지어 대학을 졸업하고 결혼을 한 후에도 헬리콥터의 비호가 계속되는 일이 흔하다고 합니다. 결혼한 아들이 부부싸움을 한 후 어떻게 처리해야 좋을지 몰라 엄마에게 전화를 해서 '작전 지시'를 하달(下達)받는 경우도 있다고 하는데, 어른이 되어서도 엄마의 치마폭을 벗어나지 못하는 '만년 어린애'의 모습입니다.

엄마들이 헬리콥터적 기능에 충실한 나머지 일어난 부산물이 바로 '기러기 아빠'입니다. 자식이 외국에 유학 가면 그곳까지 날아가서 보호해 주어야 한다고 생각한 것이지요. 이 헬리콥터의 경계 범위는 자식이 있는 지역에 한정되어 있습니다. 그러니 남편이 위험에 처해도 아랑곳하지 않습니다. 오직 자식에게만 '올인'하는 것입니다. 기러기처럼, 철새처럼 일 년에 한두 번 날아가 자식과 아내를 만나고 오는 기러기 아빠는 그래도 형편이 좋은 경우라고 합니다. 날아가고 싶어도 경제적 여유가 없어서 꼼짝 못 하고 돈만 벌어 부쳐야 하는 '펭귄 아빠'의 신세는 더욱 딱합니다.

지금 우리나라에는 약 20만 명의 기러기 아빠와 펭귄 아빠가 있다고 합니다. 이들은 혼자서 밥하고 빨래하고 청소하면서 힘든 생활을 영위하고 있습니다. 그러나 이보다 더욱 견디기 힘든 것은 가정을 빼앗긴 고독감이겠지요. '돈 버는 기계'로 전락한 남편들이 그리움과 고독을 이기지 못해 자살하는 사례도 있다고 하지 않습니까?

헬리콥터 맘의 전천후 비행은 자칫 자식도 망치고 남편도 망치고 가정도 망치는 결과를 초래할 위험이 있습니다. 『명심보감(明心寶鑑)』「훈자편(訓子篇)」에 이런 구절이 있습니다. "귀여운 자식에게는 매를 많이 때리고 미운 자식에게는 먹을 것을 많이 주어라." 눈에 넣어도 아프지 않을 귀여운 자식에게 매를 드는 옛사람들의 지혜를 배울 필요가 있습니다. 이쯤 해서 이 땅의 헬리콥터 맘들은 이제 무모한 비행을 멈추고 『명심보감』의 교훈을 한번 되새겨 보기 바랍니다.

## 대한민국 사교육 시장

| 2008, YTN, 원제 「대한민국 사교육에 대한 단상」

저는 지난 8월 말로 대학교에서 정년퇴임을 했습니다. 1967년 대학을 졸업하자마자 교직에 몸을 담아 40여 년을 교단에서 보낸 셈입니다. 그 40여 년의 교직 생활에서 기쁜 일도 있었고 슬픈 일도 있었지만 그런대로 보람을 느끼면서 학생들을 가르쳐 왔습니다.

그러나 솔직히 말해서 최근 몇 년 동안은 보람 아닌 환멸을 느끼며 학교생활을 해왔습니다. 학교가 교육이 이루어지는 장소가 아니고 물건을 사고파는 시장처럼 되어버렸기 때문입니다. 요즈음 내가 가장 듣기 싫어하는 것은 이른바 '수요자 중심의 교육'이란 말입니다. '수요자 중심의 교육'이란 '학생 중심의 교육'을 의미할 터인데 조금도 틀린 말이 아닙니다. 교육은 마땅히 학생 중심으로 이루어져야 합니다. 그런대도 이 용어가 못마땅하게 들리는 이유가 무엇일까요? 수요자, 공급자라는 용어가 경제학적 용어이기 때문일 것이라 생각합니다. 급기야 교육 수요자, 교육 공급자라는 말이 공공연히 쓰이고 이제는 교육 시장이라는 용어도 일반화되어 있습니다. 시장에서 상품이 수요, 공급의 원리에 의해 거래되듯이 교육도 교육 시장에서 상품처럼 사고파는 세상이 되었습니다. 시장에서 소비자가 왕(王)이 듯이 교육 시장에서도 교육 수요자가 왕이기 때문에 마땅히 수요자 중심의 교육을 하라는 것이 바로 '수요자 중심 교육'의 논리입니다.

우리나라의 교육은 지금 이러한 '시장교육'에 의해 좌우되고 있습니다. 대학에서는 철학이라는 상품을 팔기 위해서 철학과를 영상 철학과로 바꾸고 경제학과를 디지털 경제학과로 바꾸는가 하면 '문학의 이해'라는 과목명을 '문학과 영화'로 바꾸는 등, 어떻게 해서든지 수요자의 관심을 끌기 위한 판촉작전에 골몰하고 있습니다.

이보다 더 심각한 것은 우리나라의 '사교육 시장'입니다. 어떤 통계에 의하면 2007년도 우리나라의 교육비는 공교육비와 사교육비를 합하여 약 40조 원인데 그중 사교육비가 약 30조 원을 차지한다고 합니다. 이 나라 교육의 4분의 3이 사교육 시장에서 이루어진다는 이야기입니다. 특히 초, 중, 고교에서는 공교육이 실종된 지 오래입니다. 공교육도 시장 교육화 되는 마당에 사교육이야 말할 필요도 없겠지요.

아니나 다를까 외국의 대형 글로벌 펀드와 국내 투자자들이 앞다투어 교육산업에 투자하고 있다고 합니다. 미국의 투자회사인 AIG 글로벌 인베스트먼트가 금년 7월 특목고 입시학원인 아발론에 6,000만 달러를 투자하는 등 외국 자본이 줄이어 진출하고 있다고 합니다. 이러한 현상은, 우리나라에서의 교육사업이 엄청난 수익성과 성장 잠재력을 갖춘 신흥 성장 산업으로 각광받고 있기 때문일 것입니다.

외국계 글로벌 펀드가 무엇입니까? 오로지 경제적 이익만을 추구하는 투자회사입니다. 이러한 투자회사에 의해 우리나라 교육의 4분의 3이 좌지우지 되고 있습니다. 명실공히 수요와 공급에 따라 거래가 이루어지는 시장 논리에 의한 '시장교육'이 형성된 것입니다. 이래 가지고 이 나라의 교육이 정상적으로 이루어지기는 어렵습니다. 음험한 자본의 논리가 지배하는 한 참교육이 설 땅은 좁아질 수밖에 없을 것입니다.

이제 더 이상 교육을 시장 논리에 맡겨서는 안 됩니다. 교육에는 당위성이 있어야 합니다. 수요자인 학생과 학부모가 아무리 싫어하더라도 꼭 가르쳐야 할 부분이 있는 것입니다. 정부가 사교육비 경감 대책을 마련하는 것도 좋지만 그에 앞서 공교육의 정상화에 더 많은 힘을 쏟아야 할 것이라 생각합니다.

## 한글날에 되돌아본 영어와 '외계어'

| 2009, YTN

지난 10월 9일은 563돌을 맞는 한글날입니다. 한글은 그 과학적 우수성이 이미 전 세계적으로 입증된 자랑스러운 우리 고유의 문자입니다. 특히 금년에는 인도네시아 부톤 섬의 찌아찌아족이 자기 말을 적는 공식문자로 한글을 채택했다고 합니다. 이제 한글 역사의 새로운 장(場)이 열리고 있습니다.

그러나 금년 한글날, 광화문 광장에서 제막된 세종대왕 동상을 보며 여러 가지 생각을 하게 되었습니다. 세종대왕께서 만드신 한글을 우리 후손들이 더욱 갈고 닦아 발전시켜야 할 터인데 현실이 그렇지 못한 것 같아 씁쓸한 마음을 금할 길 없었습니다. 우선 영어 사용이 지나치게 많습니다. 길거리의 간판을 보십시오. 영어와 한글이 반반입니다. 일상생활에서 사용하는 언어에도 영어의 비중이 점점 늘어나고 있습니다. 한 가지 예를 들면 '열쇠', '숟가락'을 '키(key)', '스푼(spoon)'이라 말하는 사람이 더 많습니다. 이런 현상이 계속된다면 언젠가는 열쇠나 숟가락 같은 우리말 어휘가 사라질 것입니다. '베이비시터', '바캉스', '퍼포먼스' 등 이런 예는 헤아릴 수 없이 많습니다. 왜 '결혼 식장'을 '웨딩홀'이라 해야 하며 '어린이 보호구역'을 굳이 '스쿨존'이라 해야 합니까? 대통령을 위시한 정부 당국자들도 '태스크 포스', '로드맵' 등의 용어를 태연하게 사용하고 있습니다. 더욱 가관인 것은 '악플'과 같은 정체불명의 신조어(新造語)들이 버젓이 쓰이고 있다는 것입니다. 언어는 많은 사람들이 자주 사용해야 생명력을 이어갈 수 있고 또 세련되는 것인데 외래어 사용으로 인하여 아름다운 우리말이 잊혀져가는 현실이 안타깝기 짝이 없습니다.

이보다 더 심각한 것은 이른바 '외계어(外界語)'라 불리는 인터넷 언어입니다. 난수표 같은 부호를 사용하여 자기들끼리 의사소통하는 것은 또 그렇다 치더라도, 한글 맞춤법을 무시한 '문자질'은 이미 도를 넘었다는 생각이 듭니다. '시험'을 '셤'으로, '전화'를 '저나'로, '있어요'를 '이써요'로, '열심히'를 '열씨미' 등으로 표기하는 행위는 한글 맞춤법을 무용지물로 만들고 나아가 한글을 파괴하는 행위입니다. '선생님 안녕하세요?'를 '샘 안냐세여?'라 하는 학생을 선생이 그냥 보고만 있어도 되는 것입니까? 이렇게 되면 각급 학교에서의 국어교육이 필요 없게 될 것입니다.

한때는 한자(漢字)가 한글의 발전에 장애가 된다는 논의가 있었습니다. 그래서 '비행기'를 '날틀'로 하고 '이화여자대학교'를 '배꽃 큰 계집 배움터'로 하자는 극단적인 주장도 나왔습니다. 그러나 아직도 비행기를 '날틀' 아닌 비행기라 부르고 이화여자대학교를 '배꽃 큰 계집 배움터'가 아닌 이화여자대학교라 부르는 것을 보면 한자의 폐해는 그리 크지 않은 것 같습니다. 이제는 한자보다 영어와 인터넷 언어가 한글 파괴의 주범인 듯 싶습니다.

언어의 사용을 법적으로 규제하기는 어렵겠지만 유네스코 기록문화유산에 등재된 세계사적 보물인 한글을 보존하고 가꾸기 위하여 국가적인 차원의 대책이 마련되어야 하리라 생각됩니다.

## 편지를 씁시다

| 2009, YTN, 원제 「편지」

1967년에 작고한 청마 유치환 시인의 시 한 편을 소개하겠습니다.

사랑하는 것은
사랑을 받느니보다 행복하나니라
오늘도 나는
에메랄드 빛 하늘이 환히 내다뵈는
우체국 창문 앞에 와서 너에게 편지를 쓴다.

행길을 향한 문으로 숱한 사람들이
제각기 한 가지씩 생각에 족한 얼굴로 와선
총총히 우표를 사고 전보지를 받고
먼 고향으로 또는 그리운 사람께로
슬프고 즐겁고 다정한 사연들을 보내나니.

세상의 고달픈 바람결에 시달리고 나부끼어
더욱더 의지 삼고 피어 흥클어진
인정의 꽃밭에서
너와 나의 애틋한 연분도
한방울 연연한 진홍빛 양귀비 꽃인지도 모른다.

사랑하는 것은
사랑을 받느니보다 행복하나니라.
오늘도 나는 너에게 편지를 쓰나니

그리운 이여 그러면 안녕!

설령 이것이 이세상 마지막 인사가 될지라도
사랑하였으므로 나는 진정 행복하였네라

이 시는 유치환 시인이 시조 시인 이영도 씨에게 20년 동안 보낸 사랑의 편지 중의 하나입니다. 제목은 「행복」입니다. 그때는 전화도 널리 보급되지 않았고 인터넷도 없었기 때문에 사랑의 감정을 전달하는 유일한 수단이 편지였을 것입니다. 내가 이 시를 떠올린 것은 최근에 소개된 '편지 쓰는 작가들의 모임' 때문입니다. 2006년에 결성된 이 모임은 한두 달에 한 번씩 작가들을 초대하여 청중들에게 편지를 낭독해 온다고 합니다. 지금과 같이 인터넷이 판치는 시대에 이러한 고전적인 모임이 있다는 사실이 한편으로는 놀랍고 또 한편으로는 반갑기도 했습니다.

사실상 우리 생활에서 편지가 사라진 지 오래되었습니다. 연애하는 젊은이들도 편지를 쓰지 않습니다. 인스턴트식 즉흥성 때문이겠지요. 그러나 사랑이 어디 인스턴트식으로 이루어지는 것이겠습니까? 깨끗한 편지지를 앞에 놓고 사랑하는 사람의 얼굴을 떠올리며 연필 또는 만년필로 정성스럽게 써 내려갈 때의 행복감을 상상해 보십시오. 그렇게 쓴 편지를 우체통에 넣고 답장을 받을 때까지의 기다림 또한 행복한 시간이 아니겠습니까? 편지 쓰는 수고로움을 귀찮아하고 기다림을 견디지 못하는 사람은, 누구를 사랑할 자격도 누구로부터 사랑받을 자격도 없는 사람이라고 한다면 좀 지나친 말일까요?

이 봄엔 그리운 사람에게 편지를 씁시다. 짧아도 좋고 글씨가 서툴러도 좋고 문장이 세련되지 않아도 좋습니다. 참을 수 없이 경박하고 참을 수 없이 즉흥적이고 참을 수 없이 삭막한 이 시대에, 외출에서 돌아와 발견한 한 통의 편지, 그 편지를 읽을 때의 행복감은 무엇과도 바꿀 수 없는 위안이 될 것입니다.

유치환 시인이 작고한 지 40년이 지났지만 그의 시 「행복」이 아직도 사람들의 사랑을 받고 있는 것은, 차원 높은 시적 기교 때문도 아니고 현란한 말솜씨 때문도 아닐 것입니다. 아마도 그것은 사랑하는 사람에 대한 간절한 그리움을 육필로 써서 보낸 편지이기 때문일 것입니다.

## 체벌과 사랑의 매

| 2009, YTN

아름다운 피아노 선율이 흐르는 고요한 음악회장의 객석에서 누군가 휴대폰으로 통화를 하고 있다면 그 사람을 어떻게 해야 할까요? 우선 가벼운 손짓으로 이를 제지할 수 있을 것입니다. 그래도 통화를 계속한다면 휴대폰을 빼앗는 수밖에 없을 것입니다. 만일 휴대폰을 빼앗기지 않으려고 저항한다면 그다음엔 여러 가지 방법이 동원될 수 있을 것입니다. 자기 혼자 듣는 음악이 아닌 이상, 음악회에 왔으면 다른 사람의 음악 감상을 방해하지 말아야 합니다.

마찬가지로 학교 수업시간에 휴대폰으로 장난을 치는 학생이 있다면 교사가 주의를 주고 그래도 말을 안 들으면 빼앗는 것이 당연합니다. 그래도 자기 잘못을 반성하지 않는 학생이 있다면 어떻게 다루어야 할까요? 서울 서래초등학교 영어 교과 전담교사 김영화 씨가 최근 펴낸 『지금 6학년 교실에서는…』이라는 책에는 이 문제에 대한 진지한 고민이 담겨 있습니다. 이 책의 한 대목을 소개하겠습니다.

> 수업 시작부터 엉망이었다. 핸드폰을 돌려보며 낄낄거리는 아이들. 보다 못해 교사가 핸드폰을 빼앗았다. 핸드폰 주인은 억울한 듯 눈알을 이리저리 굴리더니 "경찰에 신고할래요"란다. 치밀어 오르는 화를 누르며 교사는 수업을 계속 진행했다. 한 명씩 나와 칠판에 답을 쓰는 순서였다. 분이 풀리지 않은 그 아이. 분필을 집어 올려 'fuck you'라고 적는다. 반 아이들이 키득키득 웃기 시작했다. 그 아이는 마치 대단한 일이라도 해낸 듯 만족한 미소를 지었다. 그래도 참았어야 했나. 교사가 자를 들어 아이의 뒤통수를 내리쳤다. "씨이파알." 아이의 입에서 나온 말이다.

이 정도의 분위기라면 정상적인 수업 진행은 불가능합니다. 우리의 학교 현장이 왜 이 지경에까지 이르렀을까요? 35년간 초등학교 교사로 근무했다는 김 교사의 말을 빌리면, 10여 년 전부터 강화된 '체벌금지'가 중요한 원인이라고 합니다. 물론 이렇게 된 데에는 여러 가지 원인이 복합적으로 작용했겠지만, '체벌할 수 없다'는 사실이 교사의 약점이 되어 선생님을 우습게 아는 학생이 늘었다는 것입니다. 가벼운 체벌만 가해도 학생과 학부모들의 거센 저항에 부딪치는 것이 오늘의 현실입니다.

이러다 보니 교사들은 아예 학생들의 잘못을 못 본 체한다고 합니다. 말썽의 소지가 될 일을 하지 않겠다는 것인데 이것은 그야말로 교사의 직무유기라 할 수 있습니다. 학생을 선도해야 할 교사가 학생의 잘못을 보고도 애써 무관심하려는 태도, 이것이야말로 교육의 가장 큰 적(敵)이 아니겠습니까? 미움보다 무관심이 더 무섭다고 합니다. 학생에게 매를 드는 것은 무관심하지 않다는 증거이고 역설적으로 말하면 최소한의 사랑의 표시이기도 합니다.

앞서 말한 서래초등학교 학생의 경우, 잘 타일러서 자신의 잘못을 깨닫게 할 수 있다면 최상의 방법이겠지만 정황으로 보아 말로 타일러서 고치기에는 도(度)가 지나친 것 같습니다. 이럴 때에는 불가피하게 매를 드는 것도 한 가지 방법이겠습니다. 감정적인 체벌이나 신체에 큰 상처를 입히는 체벌은 절대 허용되어서는 안 되겠지만, 공동생활의 규율을 어기면 벌을 받는 것이 당연하고 그 벌 중에 체벌도 있을 수 있다고 생각할 수는 없을까요?

## 초등학생의 휴대폰 사용

| 2009, YTN

얼마 전 먼 친척 아주머니로부터 이런 이야기를 들었습니다. 초등학교 5학년에 다니는 딸 아이가 휴대폰을 사달라고 조른다는 것이었습니다. 중학교에 들어가면 사주겠다고 했더니, 같은 반 친구들은 모두 가지고 있는데 자기만 없다며 막무가내로 조르는 통에 참으로 난감하다는 이야기였습니다. 아무리 타일러도 소용이 없어 결국은 사주고 말았다고 합니다.

휴대폰 사용이 이제는 거의 일상화되어가고 있습니다. 어린이날에 가장 받고 싶은 선물 1위가 휴대폰이라는 통계가 말해주듯이 어른들뿐만 아니라 아이들에게까지 휴대폰이 급속히 확산되고 있습니다. 휴대폰은 참으로 신기한 물건입니다. 통화기능 이외에도 온갖 첨단 기능을 탑재한 휴대폰은 마치 요술 방망이와도 같이 신기합니다. 이러한 문명의 이기(利器)를 굳이 마다할 이유는 없지만, 한편 문명의 이기라고 다 좋은 것만은 아니라는 생각도 듭니다. 특히 초등학교 학생들의 휴대폰 사용은 득보다 실이 더 많다는 보고서도 나와 있습니다. 이런 의미에서 최근 어느 일간지에 실린 이화여대 박성희 교수의 글은 우리에게 시사하는 바가 큽니다. 이 글에는 박 교수가 미국에서 공립학교에 보낸 자녀가 등교 첫날 받아온 '학생규율집'의 내용이 소개되어 있습니다. 이 중에서 '학생규율집' 4조에 관련된 부분을 그대로 인용해 보겠습니다.

> 규율집 4조는 '무질서한 행동과 방해적인 행위'의 내용으로 테러 위협, 음란물 소유, 갱 활동, 도박, 시위 도발 등의 항목을 담고 있다. 주목할 것은 여기에 '휴대폰의 사용'이 포함되어 있다는 사실이다. 학교 측에서는 휴대폰 사용 규칙에 대한 내용을 별도 안내장에 "중 · 고등학생

의 경우 휴대폰은 오전 8시 40분부터 오후 3시 45분까지 반드시 전원을 꺼놓아야 하고, 눈에 보이지 않게 소지해야 한다"는 규칙과 함께, 1회 위반 시 휴대폰 압수, 2회 위반 시 압수 후 벌칙, 3회 위반 시 1일 등교 금지, 4회 위반 시 3일 등교 금지 등의 제재를 정해놓고 있다. 초등학생은 휴대폰 소지 자체가 금지다.

이밖에도 박 교수의 글에는 '규율집' 12조의 까다롭기 짝이 없는 '기술과 인터넷' 규제조항도 소개하고 있습니다. 그러면서 박 교수는 "미국의 인터넷 계약서에서 '정보화는 늦더라도 교육을 살리자'는 메시지를 읽는다"고 했습니다. 우리는 이것을 타산지석(他山之石)으로 삼아야 할 것입니다. 우리의 현실은 어떠합니까? 2005년 말의 어느 통계에 의하면 우리나라 초·중·고등학생 10명 중 6명 이상이 휴대폰을 소지하고 있다고 합니다. 아마 지금은 이보다 훨씬 많을 것입니다. 그런대도 아무런 규제도 하지 않고 있습니다. 수업시간에 교사가 약간의 체벌을 가했다고 해서 그 자리에서 휴대폰으로 경찰에 신고하는 학생이 더 이상 있어서는 안 되겠습니다. 모든 것을 미국이 하는 대로 따라 하면서 휴대폰 사용규제 같은 제도는 왜 따라 하지 않는지 모를 일입니다. 우리가 미국으로부터 배울 점은 바로 이런 것이 아니겠습니까?

끝으로 박 교수의 마지막 글을 한 번 더 인용하겠습니다. "나열하기 어려울 정도로 '역동적인' 한국의 인터넷 환경에서 학교와 부모의 역할이 무엇인지, 진지하게 고민해야 할 때가 아닌가 한다."

## 디지털 교과서

| 2009, YTN

어렸을 때 어른들로부터 자주 들었던 말이 있습니다. "연필을 예쁘게 깎는 학생이 공부도 잘 한다"는 말이었습니다. 그 시절 초등학생들은 모두가 필기도구로 연필을 사용했는데, 연필 깎는 것이 쉬운 일은 아니었습니다. 그래서 이런 말이 나왔을 것입니다. 사실 그때는 연필 깎는 것이 공부의 시작이었습니다. 정성스럽게 연필을 깎고 공책을 펼쳐놓은 후에야 공부가 시작되는 것이지요. 필통 속에 잘 깎인 연필이 가지런히 놓여 있으면 왠지 마음이 흐뭇해지던 기억이 납니다.

교육과학기술부는 27일, 전국 농산어촌 초등학교 112곳을 선정하여 학교당 2학급씩 전자칠판과 무선 인터넷 환경 등을 지원하고 학생들에겐 개인용 TPC를 제공한다고 밝혔습니다. 이렇게 되면 학생들은 교사가 전자칠판을 통해 보여주는 수업 내용을 개인별 컴퓨터에 필기하고, 무선 인터넷을 이용해 즉석에서 관련 내용을 검색하는 등 '첨단 디지털 학습 환경'을 갖춘 교실에서 공부하게 된다고 합니다. TPC란, 전자펜으로 화면 위에 글씨를 쓰거나 그림을 그릴 수 있는 컴퓨터를 가리킵니다. TPC만 있으면 연필이나 볼펜, 공책이 필요 없게 됩니다.

교육부는 2007년에 이미 '디지털 교과서' 개발을 발표한 바 있습니다. 즉 교과서, 참고서, 문제집, 사전, 공책 등의 기능을 통합한 단말기 하나로 기존의 종이책 교과서를 대체하고 이를 2013년부터 전국 초·중·고교에 전면적으로 보급, 실시하겠다는 것입니다. 농산어촌에서 시행하려는 이번 발표는 2013년부터 시행할 예정인 전면적인 디지털 교과서 보급 계획의 일환입니다.

어차피 2013년부터는 전면적으로 시행될 것이 분명한데, 이렇게 하는 것이 과연 교육의 정도인가에 대해서는 한번 짚어볼 여지가 있다고 생각합니다. 연필과 공책 없이 이루어지는 학습, 컴퓨터 키를 눌러서 필요한 지식을 금방 찾아내는 학습방법이 과연 바람직한 것인가? 컴퓨터라는 기계에 전적으로 의존하다 보면 학생들의 사고력과 기억력이 감퇴할 염려가 있습니다. 휴대폰에 필요한 전화번호를 입력해 놓기 때문에 자기 집 전화번호도 기억하지 못하는 사람이 있다고 합니다. 또한 노래방 기계의 자막에 나오는 가사를 보며 노래 부르는 데에 익숙해서 막상 기계가 없으면 가사 한 줄을 기억하지 못하는 경우도 있다고 합니다. 말하자면 기계에 길들어진 것입니다. 성인들은 그렇다 치더라도 한창 기억력과 사고력을 발달시켜야 할 학생들이 학습 과정을 컴퓨터라는 기계에 의존해서야 되겠습니까?

공책만 해도 그렇습니다. 언제부터인가 초등학교에서 공책이 사라졌는데, 서울의 후암초등학교에서 2007년부터 공책을 사용하여 필기를 하게 했더니 이 학교에 40명이 넘던 기초학력 부진아가 1명으로 줄어들었다고 합니다. 또 서울의 한신초등학교에서도 오래전부터 학생들에게 공책을 나누어 주고 글씨 쓰는 훈련을 시킨 결과, 글씨를 반듯하게 쓰는 것은 물론 집중력도 강화되고 스스로 정리하는 습관도 길러졌다고 합니다.

더 많은 지식을 더 빠르게 전달하는 것만이 교육의 능사가 아닙니다. 더불어 살아가는 사회에서 인간다운 삶을 누리도록 훈련시키는 것이 학교교육의 중요한 몫인데, 이 학교교육의 중심을 결코 컴퓨터가 차지할 수는 없다고 생각합니다.

# 기초학문과 맞춤형 교육

| 2009, YTN

삼성전자를 세계 일류 기업으로 올려놓은 공학한림원 윤종용 회장이 우리나라 대학교육에 대하여 쓴소리를 했습니다. 최근 모 일간지와의 인터뷰에서 그는 "대학이 학생들에게 전공과 기초학문 공부를 제대로 시키지 않는다"고 했습니다. 지극히 옳은 말입니다. 잘 알려진 바와 같이 그는 공학(工學)을 전공했고 "인류의 역사는 도구 발명의 역사이다"라고 말할 만큼 실용적인 공학, 기술을 중시하는 사람입니다. 말하자면 그의 주 관심 분야는 응용학문입니다. 그런 그가 기초학문의 중요성을 강조한 것입니다, 과연 세계적인 CEO다운 발언이라 하겠습니다. 그러면서 그는 "수학, 물리의 기본도 모르는 고교생들이 수능 성적만으로 공대에 들어가니 입시제도에 문제가 있다"고도 했습니다.

그렇습니다. 응용학문인 공학을 제대로 하기 위해서는 수학, 물리학과 같은 기초학문이 밑바탕이 되어야 하는데 지금 우리나라의 대학교육은 그렇지 않다는 말입니다. 소위 '학부제'가 시행된 이래로 학생들은 수학, 물리학, 화학, 생물학 같은 기초과학을 외면하고 있습니다. 학생들이 지원을 하지 않는 것이지요. 학생들이 지원을 하지 않으면 학교 당국에서는 '수요 공급의 원칙'에 따라 해당 학과의 정원을 줄이거나 폐과시키고 있는 실정입니다. 이래 가지고야 과학기술이 제대로 발전하지 못하리란 것은 자명한 일입니다.

이런 사정은 공학뿐만 아니라 인문사회과학 전반에 공통되는 병폐입니다. 이른바 '인문학의 위기'가 이를 말해주고 있습니다. 인문사회과학 분야에서는 학생들이 영문과, 중문과나 경영학과에 몰리고 있습니다. 반면에 철학과, 사학과, 경제학과 등 기초학문 관련 학과는 인기가 없습니다. 철학, 사학, 경제학은 인문사회과학의 뿌리라 할 수 있는데 이 뿌리가 흔들리고 있는데 그 나무가 제대로 자랄 수 없지 않겠습니까?

이렇게 된 데에는 학생들을 취업시키는 기업 측에 일단의 책임이 있다고 생각합니다. 대기업의 인사담당자들은 한결같이 "대학은 기업이 필요로 하는 맞춤형 인재를 양성하지 못하고 있다"는 불만을 토로합니다. 대졸 신입사원을 뽑아서 현업에 제대로 투입하려면 적게는 6개월에서 많게는 4년이 걸린다는 것입니다. 일부 기업에서는 아예 대학 1학년부터 취업수요에 맞춰 전공과목을 배우게 하는 '맞춤형 교육'을 요구하기도 합니다. 졸업 후의 진로가 당면 문제인 학생들이 기업 측의 요구를 외면할 수 없고 따라서 취업에 직접적인 도움이 되지 않는 기초학문을 멀리하게 됩니다.

그러나 냉철하게 생각해 보십시오. 기업이 요구하는 대로 맞춤형 인재를 주문 생산하는 것이 장기적인 안목에서 과연 바람직한 일일까요? 절대 그렇지 않다고 생각합니다. 주문 생산된 맞춤형 인재를 기업에서 당장 써먹을 수 있을지는 몰라도 그런 생산품은 자신에게 주어진 역할만 수행할 수 있을 따름입니다. 더 이상 발전의 여지가 없는 것이지요. 지금 대기업의 CEO들이 어디 맞춤형으로 교육받은 사람들입니까? 대학에서 폭넓은 기초학문을 섭렵하여 튼튼한 뿌리를 내린 사람이라야 더 큰 잠재력을 가질 수 있는 것입니다. 실무능력이야 기본 자질이 있는 사람이라면 1년 이내에 배울 수 있는 것인데, 기업은 이 1년간 드는 비용을 장기투자라 생각해야 할 것입니다. 당장 써먹을 수 있는 인재만을 원한다면 굳이 대학졸업생을 찾을 필요가 없습니다. 기능인 양성기관을 설치하면 됩니다.

대학에서 철학서와 역사서를 읽고 문학작품을 통하여 인생의 깊이를 사색하며 인문학적 교양을 쌓은 사람은 잠재적 실무능력 이외에 알파가 더 있습니다. 이 알파의 중요성을 기업이 알아야 할 것입니다.

## 육상경기와 기초학문

| 2009, YTN

지난 8월 24일, 제12회 세계육상선수권대회가 독일의 베를린에서 막을 내렸습니다. 육상선수권대회는 올림픽경기, 월드컵경기와 더불어 세계 3대 스포츠대회로 일컬어지는 중요한 행사입니다. 이 대회가 열리는 동안 TV 시청자 수가 올림픽을 능가할 만큼 인기 있는 운동경기이기도 합니다. 그런데 한국은 총 141개의 메달이 걸린 이 대회에 고작 9개 종목 19명의 선수를 파견했다고 합니다. 초라한 선수단 규모보다 더 충격적인 것은 이 대회에서 한 개의 메달도 따내지 못했다는 사실입니다. 한국 육상의 현주소를 보는 듯하여 가슴 한구석이 찡하게 아파옵니다.

전문가들의 견해에 의하면 육상은 모든 운동경기의 기본이 된다고 합니다. 즉 축구, 농구, 야구, 배구 등 어느 경기에서나 필요한 지구력, 순발력, 근력(筋力), 스피드, 유연성, 민첩성을 기르기 위해서는 육상경기를 통하여 기본을 다져야 한다는 말입니다. 그런대도 우리나라의 육상선수와 지도자들은 육상경기 활성화를 위한 장기적인 대책은 마련하지 않고 오직 국내대회인 전국체전에만 열중한다고 합니다. 전국체전에서 메달을 따면 돌아오는 포상금 때문이겠지요. 육상과 같은 기본 종목의 발전을 위해서는 장기적이고 지속적인 투자가 필요한데 당장 눈앞에 보이는 가시적인 성과에만 집착하고 있으니 답답한 노릇입니다.

어디 육상경기만 그렇겠습니까? 어느 분야에서나 기초가 중요하다는 것은 두말할 필요가 없는 일입니다. 이웃 나라 일본은 노벨상 수상자를 18명이나 보유하고 있습니다. 그중 13명이 자연과학 분야에서 수상했는데 물리학상이 7명, 화학상이 5명, 의학 생리학상이 1명입니다. 모두 기초과학을 연구해서 노벨상을 받았습니다. 물리학, 화학, 수학 등은 모든 자연과학의 기초가 되는 학문으로 말하자면 운동경기에서의 육상과 같은 것입니다. 그런데 우리나라는 자연과학 분야에서 단 한 명의 노벨상 수상자도 배출하지 못했습니다. 그러고 보니 세계육상선수권대회에서 한 개의 메달도 얻지 못한 사실과, 자연과학 분야에서 한 명의 노벨상 수상자도 배출하지 못한 사실이 전혀 무관한 일이 아닌 듯싶습니다.

왜 이런 현상이 빚어졌을까요? 기초를 소홀히 한 결과입니다. 기초과학의 뿌리를 굳게 내리지 않고 어떻게 응용과학이 꽃필 수 있겠습니까? 지금 대학에서는 물리학과, 화학과, 생물학과, 수학과에 지원하는 학생 수가 점점 줄어들고 있습니다. 수도권의 대학에서조차 수학과를 폐과(廢科)한 경우가 있습니다. 인문사회과학도 사정은 비슷합니다. 인문과학의 기초는 철학, 역사학이고 사회과학의 기초는 경제학일 터인데 이런 기초학문을 학생들은 외면하고 있습니다.

이런 와중에 기업체들은 '당장 써먹을 수 있는 맞춤형 인재'를 양성해 달라고 대학에 요구하고 있습니다. 학생들의 취업을 걱정하지 않을 수 없는 대학들은 기업의 요구를 외면할 수 없어 '채용 조건형 계약학과'니 '재교육형 계약학과' 등을 신설하고 있습니다. 이런 추세가 계속된다면 대학의 기초학문은 입지가 더욱 좁아질 수밖에 없을 것입니다.

육상경기 선수들과 그 지도자들이 육상경기 육성에 적극성을 보이지 않으면 앞으로도 세계육상선수권대회에서 '노 메달 국가'로 남을 것이고, 대학의 학생들과 학교 당국이 기초학문 육성에 전력투구하지 않는다면 앞으로도 '노벨 수상자 없는 국가'로 남을 수밖에 없을 것입니다.

## 과거시험과 수학능력시험

| 2010, 다산포럼

고려 광종이 중국인 쌍기(雙冀)의 건의를 받아들여 과거제도를 실시한 이래 과거시험은 이씨조선이 망할 때까지 인재 선발 방법으로 부동의 지위를 누려왔다. 그러나 이씨조선 중기 이후 과거제도는 많은 폐단을 야기시켰다. 이 중에서 근본적인 문제는 과거시험의 답안 작성 방법에 있었다. 과거시험 답안은 매우 까다롭고 엄격한 형식적 틀에 맞추어 작성하도록 제도화되어 있었다. 이 과거시험용 글을 공령문(功令文)이라고 하는데 응시자들은 이것을 익히기 위해 수십 년을 허비해야만 했다. 공령문은 실용적인 글도 아니고 학문에 도움이 되는 글도 아니다. 오로지 과거시험을 위한 글일 뿐이다. 막상 합격하고 나면 아무짝에도 쓸모없는 글이지만, 과거를 통하지 않고는 출세할 수 있는 길이 없기 때문에 오로지 공령문에만 매달리게 된 것이다.

이 폐단을 가장 신랄하게 지적한 분이 다산 정약용이다. 그는 「오학론(五學論)」에서 말하기를 "지금 천하의 총명하고 슬기 있는 자를 모아놓고 한결같이 모두 과거라는 절구에다 던져 넣어 찧고 두드려 대서, 오직 깨어지고 문드러지지 않을까 두려워하니 어찌 슬프지 않으리오"라 했다. 그는 또 과거의 해독이 홍수나 맹수보다 더하다고 하면서, 만일 과거시험에 들이는 시간과 노력을 학문에 쏟는다면 그 사람은 능히 주자(朱子)가 될 수 있을 것이라 말했다. 더 나아가 일본에는 과거제도가 없기 때문에 문학이 동쪽 오랑캐 중에서 뛰어나고 무력도 중국과 대항할 만하며 나라의 규모와 기강이 잘 정돈되어 조리가 있다고 말했다.

현재 시행되고 있는 수학능력시험을 과거시험에 비유한다면 지나친 비약일까? 해마다 50만 명이 넘는 학생들을 "수능이라는 절구에다 던져 넣어 찧고 두드려 대는데", 과연 수능을 위한 공부가 공부의 정도인지 한번 생각해 볼 필요가 있다.

나는 오래전에 현행 수능시험의 전신인 학력고사의 국어과 출제위원으로 몇 번 차출된 적이 있다. 그때 나는 지문의 분량이 너무 많은 것에 놀랐다. 주어진 시간에 지문을 읽기도 벅찬데 언제 문제를 풀겠느냐는 의문이 들었다. 물론 교과서에 있는 지문은 굳이 읽지 않아도 되겠지만 교과서 이외의 지문도 상당히 포함된 터라 이런 우려를 이야기했더니 동료 출제위원들의 말은 '학생들이 지문을 읽지 않고 바로 문제를 푼다'는 것이었다. 4지선다형 객관식 문항에 길들여져 있기 때문에 주어진 시간에 충분히 문제를 풀 수 있다는 말이었다. 이쯤 되면 학생들은 '문제 풀고 점수 따는 기계'가 되어버린 것이 아닌가? 수능에 출제된 시(詩)에 관한 문제를 그 시를 쓴 시인 자신이 한 문제도 맞추지 못했다는 일화가 현행 수능시험의 현주소를 말해주고 있다.

이런 시험을 치르기 위해서 그 많은 시간과 노력을 들여야 하고 막대한 사교육비까지 지출해야만 하는가? 물론 불합리한 과거시험을 통해서도 훌륭한 인재는 선발되기 마련이며, 수능시험을 통해서도 우수한 학생은 좋은 성적을 받게 마련이다. 그러나 다산의 말처럼 그런 시험에 들인 시간과 노력이 아깝다는 것이다. 미국의 오바마 대통령이 한국의 교육수준을 높이 평가했다지만, 한국의 학생들이 '수능형 인간'으로 전락한다는 사실을 안다면 아마 생각을 달리했을 것이다.

다산을 비롯한 양심적인 학자들의 지적에도 불구하고 과거제도는 없어지지 않았다. 그래서 다산도 제자들에게 과거에 응시하라고 권유했다. 그 길밖에 없었기 때문이었다. 수능도 마찬가지이다. 국가적인 차원의 개선책이 마련되지 않는 한, 이 땅의 젊은 학생들은 비생산적인 수능의 구렁텅이에서 벗어나지 못할 것이다.

# 다시 한자와 영어에 대하여

| 2010, 다산포럼

비극적인 천안함 사태가 일어난 지 5개월이 지났다. 50여 명의 꽃다운 젊은이를 희생시킨 천안함 사건은, 민족과 이데올로기, 분단과 전쟁 등 우리에게 참으로 많은 것을 생각하게 해주었다. 당시 나는 신문기사를 읽으면서 천안함 사건의 본질과는 직접적인 관련이 없는 또 한 가지 문제를 생각하고 있었다. 바로 한자(漢字) 문제였다.

당시 신문에 보도된 천안함 관련 용어는 거의 한자어였다. '초계함', '함수', '함미', '정조시간' 등의 용어가 계속 반복되었다. 그런데 대부분의 신문은 한자를 병기하지 않고 그냥 한글로만 표기하고 있었다. 과연 이래도 되는 것인가? 함수, 함미, 정조 시간의 뜻은 대강 짐작이 갔지만 '초계함'이 무슨 뜻인지 알 수가 없었다. 그래서 사전을 찾아 봤더니 '哨戒艦'으로 나와 있었다. '哨'는 망을 본다는 뜻이고 '戒'는 경계한다는 뜻이니 결국 초계함은 적의 습격에 대비하여 망을 보고 경계하는 임무를 맡은 군함이다. 직접 전투에 참가하여 교전을 벌이는 전함(戰艦)과는 성격이 다르다는 것을 알았다.

세종대왕이 한글을 창제한 후에도 한글과 한자는 적어도 500년 이상 공존해 왔고 우리말 어휘의 70% 이상이 한자의 도움을 받아 형성되었다. 그래서 지금도 한자의 도움 없이는 그 뜻을 이해하기 어려운 낱말이 수두룩하다. '초계함'이 그 한 예이다. '정조 시간'도 '停潮時間'이라 병기해주면 '바다의 조수(潮水)가 정지되는 시간'이라는 뜻을 쉽게 알 수 있다. '함수(艦首)'와 '함미(艦尾)'도 마찬가지이다. 물론 '함수'를 '뱃머리'로, '함미'를 '배꼬리'로 표기하면 된다. 또 마땅히 그래야 한다. 그러나 초계함, 정조 시간 등은 섣불리 우리말로 옮기기가 쉽지 않다. 우리말로 옮긴다 하더라도 말이 길어진다.

이런저런 이유로 해서 우리는 여전히 한자어로 된 어휘를 사용하지 않을 수 없다. 텔레비전이나 라디오의 일기예보 시간에 "오늘은 박무가 끼이겠습니다"라는 말을 자주 듣는데 '박무'는 '薄霧' 곧 엷은 안개라는 뜻이다. 최근에는 '종북 단체'라는 말이 자주 쓰인다. '북한을 추종하는 단체'라는 길게 늘어지는 말 대신에 즐겨 사용하고 있다. 또 해운대 해수욕장에서 흔히 일어난다는 '이안류'도 순 한글로 바꾸기가 어려운 용어이다. 수영 종목의 하나인 '접영'도 마찬가지이다. 우리가 박무, 종북 단체, 이안류, 접영 등의 용어를 계속 사용하려면 薄霧, 從北團體, 離岸流, 蝶泳 등의 한자를 반드시 병기해야 한다. 왜냐하면 이 어휘들은 원래 한자에서 유래되어 한자를 보아야만 그 뜻을 알 수 있기 때문이다.

요사이 궁금한 것 중의 하나는 '미소금융'의 '미소'이다. 처음에는 '微笑'라 생각했다. 즉 서민을 미소 짓게 하는 금융의 뜻으로 여겼다. 그런데 영어로 표기된 말을 보니 'smile bank'라 하지 않고 'smile microbank'로 되어 있다. 그렇다면 미소금융이라는 용어에 'micro'의 뜻이 포함되어 있어야 하는데 아무리 추리해 보아도 해결할 수가 없다. 어디에도 미소금융의 한자어는 찾아볼 수가 없다. 그냥 한글과 영어만 있을 뿐이다. 서민을 위한 소액대출을 해주는 은행을 미소금융이라 한다고 가볍게 이해하고 넘길 수도 있지만 이런 은행을 왜 미소금융이라 명명했는지 그 유래를 알아야 할 권리도 국민들에게 있다.

또 한 가지 괘씸한 것은 미소금융의 표기에 한글과 영어만 있고 한자는 없다는 사실이다. 영어와 한자 중에서 어느 언어가 한글과 더 친연성(親緣性)이 있는가? 영어를 많이 사용하면 할수록 한글이 위축되지만 필요한 만큼의 한자를 사용하는 것은 한글을 더욱 살찌운다는 사실을 알아야 한다.

## 명의名醫와 명교사名教師

| 2010, 다산포럼

병을 잘 고쳐주는 의사를 명의라 한다. 어떻게 해야 병을 잘 고칠 수 있는가? 병을 잘 고치려면 전공 분야에 대한 탁월한 지식과 기술이 있어야 할 것이다. 그러나 이것만으로 명의가 될 수 있을까? 아마 그렇지 않은 듯하다. 정형외과 의사로서 '고관절' 분야에서 세계적인 명성을 얻고 있는 서울성모병원 김용식 교수의 인터뷰 기사가 모 일간지에 실렸는데 다음과 같은 대목이 매우 인상적이었다. 그는 "어떤 의사가 명의입니까?"라는 질문에 이렇게 대답했다.

> 명의란 없어요. … 굳이 말하면 진짜 명의는 환자들과 아픔을 같이 해야죠. 그런 면에서 보면 명의란 많지 않아요. 환자에게 잠 잘 잤느냐, 아프진 않으냐 이런 것도 물어봐야 답이 나오죠. 그런데 요즘 젊은 의사들은 전부 수치만 가지고 염증이 있네 없네, 온도가 얼마네 따집니다. 환자와 공감대가 없으면 치료가 잘 안 돼요. 심지어 환자의 가족 사항이나 경제 사정도 공유를 해야죠. … 병원 사회사업팀에 얘기해 치료비 깎아줄 방법이 없나 이런 것까지 고민해야 진정한 의사라 할 수 있지요.

이러한 자세로 진료에 임하기 때문에 김 교수에게 명의란 칭호가 주어졌을 것이다. 로봇이 아닌 인격체로서의 의사가 또 다른 인격체인 환자와 인간적으로 교감할 수 있어야 명의가 된다는 말이다. 김 교수는 대학 강단에서도 명교수일 것이라는 확신이 든다. 아니, 그가 중·고등학교 교사가 되었더라도 명교사(名教師)라는 명성을 누렸을 것이다. 의사로서의 그가 환자를 대하는 마음가짐으로 교단에서 학생을 가르친다면 훌륭한 스승이 되고도 남음이 있을 것이기 때문이다.

최근 경기도 의회를 통과한 '학생 인권 조례'를 보면서 착잡한 마음을 금할 수 없다. 경기도 학생 인권 조례의 제3조에는 학생의 인권 보장 원칙을 "이 조례에서 규정하는 학생의 인권은 학생이 인간으로서의 존엄성을 유지하고 행복을 추구하기 위하여 반드시 보장되어야 하는 최소한의 권리"라 명시하고 있다. 그러므로 이 조례는 학생이 '최소한의 권리'도 보장받지 못할 정도로 인권을 침해당하고 있다는 것을 전제로 만들어진 것이다. 도대체 학교 당국과 교사에 의해서 학생들의 인권이 얼마나 많은 침해를 받았기에 이런 조례가 만들어졌을까? 이런 조례를 만들 만큼 학생의 인권이 침해를 받은 것이 사실이라면 그 책임은 순전히 교사의 몫이다. 왜 이 시대의 교사들은 훌륭한 스승이 되지 못하고 학생 인권 조례의 규제를 받아야 할 만큼 타락했는가? 훌륭한 스승의 부재(不在)가 우리를 슬프게 한다.

그런데 조례에 제시된 학생 인권 침해의 구체적 내용을 보면 의아한 생각이 들기도 한다. 여기에는 학생의 인권을 보장하기 위한 합리적인 조항이 많이 들어있다. 그러나 가령 교외에서의 이름표 착용, 체벌, 두발의 길이나 복장에 대한 규제, 휴대폰 소지 금지, 소지품 검사 등이 학생 인권 침해의 사례로 열거된 것에 대해서는 재고의 여지가 있다고 본다. 초·중등학교의 학생들은 대부분이 미성년자이다. 당연히 미성년자의 인권도 충분히 보장되어야 한다. 하지만 미성년자이기 때문에 어느 정도의 제한은 불가피하다고 생각한다. 미성년자는 자기 판단에 따라 일을 처리할 능력이 부족한 자이기 때문에 교사의 지도가 필요하다. 교사의 지도가 필요한 이런 일까지 조례로 금지하는 것은 지나치다는 느낌이 든다.

아마 김용식 교수 같으면 학생들에게 필요에 따라 때로 체벌도 하고 두발이나 복장에 관해서도 잔소리를 했을 것이라는 생각이 든다. 의사가 환자의 아픔을 공유하듯이 교사가 학생을 진심으로 교육하고자 한다면 체벌이나 두발, 복장 등은 부차적인 문제이지 굳이 조례를 제정해서까지 이를 규제할 필요가 없을 것이다.

## 이헌조李憲祖 회장님

| 2010, 다산포럼

이헌조 회장은 우리나라의 대표적 기업의 하나인 LG전자그룹의 회장을 역임한 전형적인 CEO이다. 이분이 최근 사재(私財) 70억 원을 희사했다. 한 개인이 70억이라는 거액을 희사했다는 사실만으로도 놀라운 일이지만, 기업경영과는 아무런 관계가 없는 순수 학술 단체에 희사했다는 것이 더 놀라운 일이다.

이 회장이 희사한 학술단체는 국학계의 원로인 이우성(李佑成) 선생이 성균관대학교에서 정년퇴직한 후 개인적으로 조그마한 연구실을 열어 후학을 지도하고 있는 그야말로 구멍가게 수준의 초라한 단체이다. '실시학사(實是學舍)'라는 이름의 이 연구실에 이 회장은 한국 실학(實學) 연구에 써달라며 70억을 아무런 조건 없이 희사한 것이다. 그래서 거액을 기탁받은 실시학사는 '재단법인 실시학사'를 설립하여 한국 실학 연구에 대한 지원 사업을 시작하고 있다.

이렇게 많은 돈을 기부하고도 세상에 알려지기를 원하지 않는 이 회장을 굳이 거론하는 이유는, 작금의 우리나라 학문 풍조와 교육제도에 대하여 느끼는 바가 있기 때문이다.

지금 우리나라 대학은 더 이상 학문을 연마하는 상아탑이 아니다. 기업의 경영자들은 신입사원으로 입사해서 당장 써먹을 수 있는 '맞춤형 인재'를 요구하고 대학 당국은 이 장단에 맞춰 춤을 추고 있는 형국이다. 이런 상황에서 학생들은 취업에 당장 도움이 되지 않는 기초학문을 외면하고, 학교 당국은 '교육 수요자'인 학생들의 요구에 따라 기초학문의 '공급'을 축소하거나 폐지하고 있다. 그래서 대학은 수요 공급의 원칙에 따라 지식을 팔고 사는 '시장 교육'의 장(場)이 되어버렸다.

그러나 교육은 시장 경제의 지배로부터 한 걸음 비켜나 있어야 한다는 것이 나의 생각이다. 학생이 원하지 않더라도 가르쳐야 할 것은 가르쳐야 한다. 이른바 '수요자 중심의 교육'을 한답시고 모든 대학에서 필수과목을 폐지한 것도 교육의 정도가 아니라고 본다. 기업의 경영자들이 '당장 써먹을 수 있는 인재'를 요구하면 그에 맞게 직업학교나 기술학교를 설립하면 된다.

또 당장 써먹을 수 있는 인재만을 요구하는 기업 경영자들의 태도도 이해할 수 없다. 대학에서 철학, 경제학, 물리학, 화학, 생물학 등 기초학문을 착실히 공부한 학생이라면 당장 써먹을 수는 없을지 몰라도 장기적으로 회사 발전에 밑거름이 된다는 사실을 왜 모르는지 답답할 뿐이다.

눈앞의 실효성만을 추구하다 보면 큰 것을 놓치기 마련이다. 느긋하게 기다릴 줄 알아야 한다. 교육의 효과는 당장 나타나는 것이 아니다. 특히 인문학을 비롯한 기초학문의 경우는 느긋하게 기다려야만 그 결실을 볼 수 있다. 일본이 1949년 이래 14명의 노벨 과학상 수상자를 배출한 것은 결코 우연이 아니다. 노벨 과학상은 대부분 기초과학 분야에서 수상자가 결정된다. 일본은 GDP 대비 2% 선의 연구개발비를 꾸준히 투자한다고 한다. 금방 효과가 나지 않더라도 꾸준히 투자한 결과가 14명이라는 수상자를 배출한 것이 아니겠는가.

이헌조 회장만 하더라도 그는 철학과 출신이다. 또한 한학(漢學)에도 상당한 식견이 있어 한시(漢詩)를 창작할 정도로 조예가 깊다. 이런 폭넓은 인문학적 소양을 갖추고 있었기에 LG라는 대기업을 성공적으로 이끌 수 있었을 것이다. 누구보다 기업경영의 현실을 잘 알고 있을 이 회장이 순수 인문학 분야인 한국 실학 연구에 70억 원을 투자한 데에는 그분 나름의 깊은 철학이 있었을 것이고 그 철학을 우리는 매우 존경스럽게 생각한다. 그리고 정부가 학술 진흥 정책을 수립함에 있어서 이 회장의 이러한 철학을 타산지석(他山之石)으로 삼기를 기대해 본다.

# 스승의 날에 삼강오륜三綱五倫을 생각하다

| 2011, 다산포럼

올해도 어김없이 스승의 날이 돌아왔다. 스승의 날은 스승의 은혜를 기린다는 취지에서 1963년에 제정되어 해마다 계속되다가 1973년부터 10여 년 동안 폐지되었는데, 학부모들이 교사에게 건네는 '촌지(寸志)'가 사회문제로 비화되었기 때문이었다. 1982년에 부활되어 지금까지 '날'로서 존속되고 있지만 아직도 크고 작은 잡음이 끊이지 않고 있다. 이날 하루를 교장의 재량에 의하여 아예 휴업하기도 하고 수업을 하더라도 스승의 날 행사를 갖지 않는 학교도 있는가 하면 심지어 카네이션 꽃의 교내 반입을 금지하는 학교도 있다. 이렇게 처참하게 상처받은 스승의 날이 또 돌아왔다. 이 시점에서 삼강오륜을 되돌아본다.

삼강오륜은 옛 선비들의 윤리강령이었다. 군위신강(君爲臣綱), 부위자강(父爲子綱), 부위부강(夫爲婦綱)이 삼강인데, 이는 가부장적(家父長的)인 상명하복(上命下服)을 강요하는 강령으로 오늘날에는 그 시효가 지난 것이다. 그러나 군신유의(君臣有義), 부자유친(父子有親), 부부유별(夫婦有別), 장유유서(長幼有序), 붕우유신(朋友有信)의 오륜은 아직도 부분적으로는 유효한 일면이 있다. 이 오륜은 고대사회에서 인간관계를 임금과 신하, 부모와 자식, 남편과 아내, 어른과 아이, 친구와 친구의 다섯 가지 유형으로 범주화하여 각각 지켜야 할 덕목을 제시한 것이다. 그 당시에는 이 다섯 가지를 가장 중요한 인간관계라 여긴 것이다.

현대 사회에서는 인간관계의 유형이 이보다 훨씬 더 많을 것이다. 회사에서의 사용자와 노동자와의 관계, 직장에서의 상사와 부하와의 관계, 학교에서의 선생과 학생의 관계, 국제화 시대에 따른 다른 인종과의 관계 등등을 들 수 있다. 이들 인간관계에서 지켜야 할 덕목을 모두 제시하자면 오륜을 넘어 육륜, 칠륜 … 십륜까지 제정되어야 할지 모른다.

이 중에서 스승의 날을 맞아 특히 절실하다고 느껴지는 것이 스승과 제자의 관계 정립이다.

고도로 산업화된 현대 사회에서 사람들은 물질만능주의에 빠져 도덕적 가치를 중요한 것으로 생각지 않고 있다. 한편으로는 IT 기술의 발달로 인한 극도의 개인주의가, 더불어 살아가는 이웃과의 소통을 단절시키고 있다. 학생들도 예외가 아니어서 인성(人性)이 나날이 황폐화되어가고 있다. 인성이란 '인간의 성품'인데 인간이 인간다운 성품을 지니지 못하고 있는 것이다. 인간이면서 짐승보다 못한 인간이 점점 늘어나고 있다. 그래서 인성교육의 중요성이 대두되고 있다.

이 인성교육의 최후의 보루가 학교교육이다. 사회 어느 곳에서도 올바른 인성교육을 시키지 않는다. 학생들에게 인성을 교육하는 직접 담당자는 교사이다. 그런데 지금 교사와 학생의 관계가 정상이 아니다. 우리 사회가 아무리 도덕 불감증에 빠져있더라도 학교만큼은 도덕성을 유지해야 하는데 현실이 그렇지 못하다. 교사는 직업적으로 학생을 대하고 학생은 교사를 더 이상 존경하지 않는다. 오늘날 학교에서 벌어지고 있는 일들을 보면 학교가 더 이상 교육의 장이 아니라는 느낌이 들 정도다.

답답한 나머지 엉뚱한 생각을 해본다. 오륜의 윤리 강령에 사제관계를 규정하는 항목 하나를 첨가하는 것이 어떨까? 부질없는 생각이지만 첨가할 수 있다면 "사제유정(師弟有情)"이 어떨는지? 가정을 제외하고 학생들이 가장 많은 시간을 보내는 곳이 학교인데 학교의 구성원인 교사와 학생 사이에 훈훈한 정이 넘쳐흘러야 교육이 제대로 이루어질 수 있을 것이다. 선생은 사랑의 정으로 학생을 지도하고 학생은 존경의 정으로 선생을 대할 때에만 교육의 단초가 마련될 수 있지 않을까. 이 각박하고 살벌한 사회에서 학교만이라도 정이 넘치는 훈훈한 공간이 되어야 하지 않겠는가. 그래야만 교사와 학생 모두가 설레는 마음으로 스승의 날을 맞을 수 있을 것이다.

## 손글씨

| 2011, 다산포럼

지금은 마흔 살이 된 큰아들놈이 초등학교에 다닐 때 연필깎이를 사달라고 조르는 것을 끝내 거절했던 기억이 난다. 나는 어른들로부터 '연필을 예쁘게 깎아야 공부도 잘한다'는 말을 들어왔던 터라 기계로 깎지 말고 직접 손으로 정성스레 깎아 쓰라고 설득하느라 진땀을 뺐었는데 지금 생각해 보니 그야말로 요순시대의 옛이야기가 되어버렸다.

지난 6월, 교육과학기술부와 국가정보화전략위원회는 '스마트교육 추진 전략'을 발표했다. 이 '전략'에 의하면 2015년까지 초, 중, 고교의 교과서가 디지털화된다. 기존의 교과서뿐만 아니라 각종 참고서, 문제집, 사전, 보충학습 자료가 모두 개인용 컴퓨터에 저장된다. 종이책이 없어지고 공책이나 연필, 지우개, 필통도 필요가 없어진다. 학생들은 등교할 때 달랑 컴퓨터 하나만 들고 가면 된다. 정부가 이런 '전략'을 수립한 이유는, 학생들의 가방 무게를 줄여주고, 국가 경쟁력을 향상시키기 위한 것이라 한다. 2025년까지 국가 경쟁력을 세계 3위로 끌어올린다는 것이 정부의 복안이다.

그러나 생각해 보자. 책가방 무게가 그렇게 큰 문제가 된다면 학생들의 사물함을 활용하는 등의 다른 방법이 얼마든지 있을 수 있다. 국가 경쟁력 문제는 보다 깊이 생각해야 한다. 끝없는 정보의 바다 위에 떠있는 단편적인 지식 사이를 메뚜기처럼 이리저리 옮겨 다니며 검색하는 컴퓨터를 통한 지식 사냥이, 오래 집중하고 깊이 사색하는 능력을 저하시키고 인간 고유의 창의적 사고를 방해한다는 사실은 널리 알려진 일이다. 정부가 내세우는 '국가 경쟁력'이 무엇을 의미하는지 알 수 없지만, 초등학교 때부터 컴퓨터식 사고를 강요하는 것이 과연 장기적 안목으로 볼 때 진정한 국가 경쟁력 향상에 도움이 될 수 있을까? 아무래도 그렇지 않을 것 같다.

학교가 어디 지식만 전달하는 곳인가? 학생과 선생의 인격적인 부딪침을 통해서 교육이 이루어지는 곳이 교실이 아닌가? 급속한 산업화에 따른 청소년들의 도덕 불감증을 치유할 수 있는 곳은 그래도 학교밖에 없다. 학교는 학생은 묻고 선생은 답하는 가운데 사람 냄새가 나야 할 곳인데, 사람 냄새는 나지 않고 기계 소리만 가득한 삭막한 디지털 교실에서 어찌 도덕적 불감증이 치료될 수 있겠는가? 학생과 선생 사이의 최소한의 예의마저 사라진 지금, 디지털 교과서가 이를 더욱 부채질하는 것은 아닐까?

이번 '스마트교육 추진 전략'에서 전체적 맥락으로 보면 작은 문제일 수 있지만, 연필로 상징되는 필기도구의 실종이 나에게는 더욱 충격적이다. 이 '전략'에 따르면 손글씨가 사라진다. 손으로 글씨를 쓸 필요가 없는 것이다. 글씨에는 그것을 쓴 사람의 혼이 담겨있다. 얼마 전 모 일간지에서 초등학교 학생을 대상으로 손글씨를 쓰게 했더니 차마 읽을 수 없을 정도로 엉망이더란 기사를 읽은 적이 있다. 이런 판국에 '전략'이 실행되면 학생들의 손글씨가 어떠하리라는 것은 뻔한 일이다.

중국 당나라 때에는 과거시험에서 인재를 선발하는 기준으로 '신언서판(身言書判)'을 적용했다고 한다. 신언서판이란 용모, 언어, 글씨, 판단력을 말하는데 그중에 '書' 즉 글씨가 들어있다. 글씨가 그만큼 중요하다는 말이다. 연필을 예쁘게 깎아서 공책에 또박또박 써 내려가면 성격도 차분해지고 참을성과 집중력도 길러진다. 미친듯한 속도전의 시대에 학생들의 인성을 자연스럽게 길러주는 데에는 손글씨만 한 것도 없다는 생각이 든다.

일흔 살이 된 나는 지금 컴퓨터로 이 글을 작성하고 있지만 적어도 초, 중, 고교에서만이라도 손으로 글씨를 쓸 수 있는 훈련을 해야 하리라고 생각한다. 교실에서 책 대신 컴퓨터 모니터를 보며 연필 대신 마우스를 이리저리 움직이는 학생들, 이들은 살과 피를 가진 인간인가 아니면 잘 길들여진 로봇인가.

## 빗나간 사랑

| 2012, 다산포럼

이 세상에 '사랑'만큼 아름답고 숭고한 말이 또 있을까? 부모와 자식 간의 사랑, 이웃 간의 사랑, 남녀 간의 사랑은 이유 여하를 불문하고 지고지순(至高至純)한 것이다. 사랑의 대상이 사람이 아닌 경우에도 사랑의 가치는 변하지 않는다. 출신 학교에 대한 사랑, 민족에 대한 사랑, 국가에 대한 사랑은 어느 누구도 그 가치를 훼손할 수 없다.

사랑은 이렇게 절대적인 선(善)이지만 때로는 빗나갈 때도 있다. 도덕적으로 도저히 용납할 수 없는 남녀 간의 사랑은 빗나간 사랑이고, 자기 나라를 지나치게 사랑한 나머지 배타적인 국수주의(國粹主義)에 빠진 사랑도 빗나간 나라 사랑이다. 자식을 너무도 사랑해서 캥거루처럼 늘 품에 품고 다니는 엄마나, 자식의 주위를 맴돌면서 자식의 행동을 일일이 감시하고 지시하는 이른바 '헬리콥터 맘'의 사랑도 빗나간 자식 사랑이다. 이 빗나간 사랑의 결과는 결코 바람직하지 못하다. 빗나간 남녀 간의 사랑은 당사자를 파멸로 이끌고 배타적인 국수주의는 조국의 발전에 기여할 수 없으며 헬리콥터 맘의 사랑은 결과적으로 자식을 망치게 된다.

내가 이렇게 사랑 타령을 늘어놓는 것은 광화문 편액의 글씨를 두고 벌어지는 최근의 논란 때문이다. 편액의 글자를 '光化門'으로 해야 할 것인가 '광화문'으로 해야 할 것인가를 놓고 양측 주장이 지금 팽팽히 맞서고 있다. '光化門'을 주장하는 '한국한자교육추진총연합회' 진태하 이사장의 논리는 "광화문은 새로 짓는 게 아니라 복원이므로 현판도 당연히 원래대로 한자로 써야 한다"는 것이고, 이에 맞서 한말글문화협회 이대로 대표는 "光化門은 역사 속에 있는 죽은 현판이다. (한글) 광화문은 오늘날 살아있는 현판이고 우리의 상징이고 자랑"이라 주장한다. 나아가 "1968년부터 걸렸던 한글 현판을 뗀 일은 역사 파괴다. 한글 현판은 민주정치의 상징이다"라 주장하기도 했다. 이 문제에 대한 의견을 수렴하기 위해 열렸던 공청회는 막말까지 오간 끝에 난장판이 되고 말았지만 결국은 한글 전용을 둘러싼 해묵은 논쟁의 재연이다.

이대로 대표가 한글 편액을 주장하는 것은 한글을 사랑하기 때문일 것이다. 대한민국 국민으로서 한글을 사랑하지 않는 사람은 없다. 그 과학적 우수성이 세계적으로 인정된 한글은 우리 민족문화의 금자탑임에 틀림없다. 이러한 한글을 사랑하지 않는 사람은 대한민국 국민이 아니라고 해도 과언이 아니다. 그러나 복원된 고궁의 편액을 한글로 바꾸는 것이 과연 참된 한글 사랑일까? 그렇게 함으로써 한글이 얼마나 발전하겠는가?

정말로 한글을 사랑한다면, 청소년들이 사용하는 외계어(外界語) 같은 인터넷 언어나 사회 지도층 인사들도 가세한 맞춤법을 무시한 막말부터 바로잡는 것이 우선되어야 할 것이다. '가카 새끼'와 같은 말이 아름다운 한글을 얼마나 파괴하고 있는가! 또한 무분별한 외래어 남용도 한글의 발전을 저해하는 주범이다. 보라, 거리의 간판 절반 이상이 영어로 되어 있다. 이런 문제들을 제쳐두고 기껏 원래 한자로 쓰여 있던 고궁의 편액을 굳이 한글로 바꾸자는 것은 아무리 생각해도 무리한 주장인 듯하다. 역사적인 문화유산은 원형 그대로 보존하고 그 바탕 위에서 새로운 것을 창조하려는 자세가 옳지 않은가?

공공장소에서 아이들이 고함지르고 방자하게 굴어 주위의 빈축을 사는데도 사랑스럽다는 표정으로 그저 바라보고만 있는 부모들의 빗나간 자식 사랑은 결국 자식의 장래를 망친다. 무조건 한글이어야 한다는 맹목적인 한글 사랑도 사랑이 아니라고 할 수는 없지만 한글의 발전에 별로 도움이 되지 않는 빗나간 사랑이 아닐까?

## 교장 선생님의 은혜

| 2012

내가 숭문고등학교 영어 교사로 부임한 해가 1971년 3월이었는데 거기엔 곡절이 있었다. 나는 대학을 졸업한 후 명성여고에 재직하다가 나와 같은 해에 명성여중으로 부임한 서울 문리대 국문과 출신의 후배 황명자와 연애 끝에 결혼을 하게 되었다. 같은 학교에서 교사끼리 결혼을 했으니 부득이 아내를 다른 학교로 보내야 했다. 마침 명성여고 심태진 교장 선생님이 주선을 하셔서 평소 친분이 있는 서기원 교장 선생님의 숭문중학교로 가게 되었다.

숭문으로 전직한 아내가 첫아들을 출산한 것이 계기가 되어 내가 숭문으로 가리라고는 생각지도 못했다. 숭문에서는 아내에게 넉넉한 출산 휴가를 주었다. 이것은 그 당시로서는 파격적인 대우였다. 여학교에 있으면서 내가 보아온 바로는 출산한 여교사에게 주어지는 휴가는 1개월이었다. 게다가 대리 강사를 본인이 조달해야 했고 대리 강사의 급여도 본인이 지불하는 것이 관례였다. 그만큼 교사의 처우가 열악한 시절이었다. 그런데 숭문에서는 1개월이 넘는 휴가를 주었을 뿐만 아니라 선배 국어 교사들이 아내의 수업을 나누어 맡아 주어서 대리 강사를 구할 필요도 없었다. 참으로 큰 은혜를 입은 것이다.

너무도 고마운 마음에서 나는 '남편' 자격으로 감사하다는 뜻을 전하기 위하여 교장 선생님을 찾아뵈었다. 교장실에서 만난 선생님의 첫인상은 무척 온화하고 겸손했던 것으로 기억된다. 그런데 수인사가 끝나자 선생님은 뜻밖의 말씀을 하셨다. 나도 숭문학교로 오라는 것이었다. 명성에서 같이 근무할 수 없어 아내를 숭문으로 보냈는데 나를 오라고 하신 말씀을 나는 건성으로 들었다. 도저히 있을 수 없는 일이라 생각했기 때문이었다. 그런데 그 후 몇 차례나 전화를 하셔서 집요하게 나의 숭문행을 권유하셨다. 요지는 '부부가 함께 있으면 여러 가지로 편리하고 좋지 않겠느냐'는 말씀이었다. 숭문에는 또 다른 부부 교사가 근무한 적이 있다는 말씀도 하셨다. 동국대학교 재단 산하의 불교 학교인 명성학교에 새로 교장으로 부임한 진경이란 스님과 갈등을 빚고 있어서 명성으로부터 마음이 떠나 있었던 터에 교장 선생님의 간곡한 권유도 있고 해서 나는 결국 숭문으로 오게 되었다.

어떻게 보면 나와 아내가 특혜를 받았음에도 불구하고 나는 숭문에 재직하는 동안 교장 선생님의 심기를 몹시 불편하게 해드렸다. 그때는 정규 수업이 끝난 후 중요 과목의 보충수업이 일반화되었는데 학생들로부터 받은 보충수업비의 지급에 석연치 않은 점이 있다고 해서 나는 동료 교사들을 '선동'하여 몇 번의 스트라이크를 일으켰다. 한창 젊은 나이에 반골 기질이 있었던 나는 직원 조회 석상에서 참으로 거침없는 만용(蠻勇)을 부려 선생님을 괴롭혔다. 이것은 학교가 발칵 뒤집힐 만큼 큰 사건이었다.

그럼에도 불구하고 선생님은 나를 따뜻하게 품어주셨다. 그 일이 있은 지 몇 년 후 나는 뒤늦게 전공을 바꾸어 대학원 국문과에 진학하게 되었는데 학교에서는 모든 편의를 제공해 주었다. 일반적으로 사립학교에서는 교사들의 대학원 진학을 반기지 않았다. 더구나 나처럼 전공을 바꾸어 대학원에 진학하는 교사를 반길 리가 없었을 터인데도 나는 학교 측의 배려로 수업을 1, 2, 3교시로 당겨서 하고 퇴근을 할 수 있었다. 덕분에 나는 매일 오전 11시 조금 지난 시간에 학교를 나와 대학교로 가게 되었다. 이것은, 학문을 통해 자기발전을 하려는 교사들을 전폭적으로 지원하겠다는 선생님의 투철한 교육관이 있었기에 가능한 일이었다. 나중에 들은 이야기이지만 숭문에서 교사로 재직하다가 대학교수로 진출한 분이 수십 명이었다고 한다. 그만큼 교장 선생님은 공부하는 사람을 좋아하셨다.

선생님이 나에게 베푼 은혜는 그뿐 아니었다. 대학원에 다니는 동안 나를 따로 불러서 등록금에 보태라고 '금일봉'을 주시기도 했고, 교재 연구를 열심히 한다고 해서 우수 교사로 선정되어 격려금을 받기도 했다. 당시의 사립학교 풍토에서 이런 일은 매우 드문 경우에 속한다. 한평생 교육 현장의 중심에 계시면서 인재를 양성하고 인재를 양성함으로써 교육의 질을 높이려는 선생님의 교육철학이 없었다면 불가능한 일이었을 것이다. 그러나 내가 대학원 석사과정을 채 마치기도 전에 선생님은 갑자기 세상을 떠나셨다. 한국 교육계의 큰 별이 떨어진 것이었다. 선생님의 부재(不在)가 얼마나 큰 슬픔이었는가를 그때 비로소 절감할 수 있었다.

그 후 나는 석사과정을 마치고 박사과정에 다니던 중 대학교 교수직을 얻어 숭문을 떠나게 되었다. 30여 년 대학에 재직한 후 정년퇴직한 지금, 돌이켜 보면 선생님께서 나에게 베풀어주신 은혜가 산처럼 높다는 것을 새삼 느끼게 된다. 그리고 선생과 학생과의 최소한의 예의마저 실종된 오늘날 학교 현장의 일그러진 모습을 보고 있노라면, 그토록 인성교육(人性教育)을 강조하시던 선생님이 너무도 그리워진다.

# 노벨상의 계절

| 2012, 다산포럼

주자(朱子)는 유학의 경전인 『대학(大學)』을 삼강령(三綱領)과 팔조목(八條目)으로 정리했다. 삼강령은 명명덕(明明德), 친민(親民), 지어지선(至於至善)이고, 팔조목은 격물(格物), 치지(致知), 성의(誠意), 정심(正心), 수신(修身), 제가(齊家), 치국(治國), 평천하(平天下)이다. 이것은 유학의 이상적 목표와 그것을 실현하는 방법을 순서에 따라 밝힌 글이다. 삼강령, 팔조목에 대해서는 후대에 무수한 논란이 있어 왔지만 이 중 팔조목에 대한 다산(茶山)의 해석이 흥미롭다. 다산은 팔조목 중에서 성의, 정심, 수신을 먼저 해야 할 본(本)이라 하고 제가, 치국, 평천하를 나중에 이루어지는 말(末)이라고 했다. 그리고 격물, 치지는 이를 실천하는 방법으로 보았다. 개인이 마음가짐을 바르게 하여 수양을 한 후에라야 집안을 거느리고 국가를 다스리고 천하를 평정할 수 있다는 말이다.

『대학』의 이 구절을 새삼 떠올리는 것은 해마다 이맘때면 발표되는 노벨상 수상자 때문이다. 금년에도 일본은 야마나카 신야 교수가 노벨 생리·의학상을 수상했다. 이로써 일본은 자연과학 분야에서 16명의 노벨 수상자를 보유하게 되었다. 2백 수십 명의 노벨 과학상 수상자를 배출한 미국이야 그렇다 쳐도, 우리보다 별반 뛰어날 것도 없는 일본이 16명의 수상자를 배출하는 동안 우리나라는 한 명의 수상자도 내지 못했다. 솔직히 말해서 '배가 아프다'. 그 이유를 여러 측면에서 찾을 수 있겠지만 많은 사람들이 지적한 바와 같이 기초과학이 튼튼하지 못한 데에 근본적 원인이 있는 것은 분명하다. 일본은 GDP의 2%를 기초과학 연구에 지속적으로 투자한다고 한다. 이러한 투자가 결실을 맺은 것이다.

우리나라는 어떠한가? 이른바 학부제의 전면적 실시 이후 대학에서는 학생들이 물리학, 화학, 생물학 등 기초과학을 외면하고 응용과학 분야에만 몰린다고 한다. 교육 당국에서는 '수요자 중심 교육'의 원칙에 따라 이러한 현상을 방치하고 있다고 해도 과언이 아니다. 그러나 기초가 든든하지 못한 응용은 사상누각(砂上樓閣)일 뿐이다.

자연과학 분야에서만 기초가 중요한 것은 아니다. 입체파 화가 피카소의 초기 그림은 놀랍도록 사실적이다. 이렇게 회화의 기본을 충분히 습득했기 때문에 그가 대성할 수 있었을 것이다. 노래의 경우에도 기본적인 발성법을 터득해야 훌륭한 가수가 될 수 있는 것이지, 요란한 율동을 앞세워 가사 전달도 제대로 안 되는 노래를 부르는 이른바 K-Pop 가수들의 인기가 아무리 높다 해도 이들의 인기는 일시적인 현상일 뿐이다. 운동경기는 어떠한가? 모든 운동경기의 기본은 육상이다. 야구나 농구나 축구는 육상을 기본으로 한 응용 경기라 할 수 있다. 육상의 기본기를 갖추지 못하면 응용 경기에서 크게 성공할 수 없을 것이다. 인문과학의 경우도 마찬가지이다. 철학, 문학, 경제학, 어학 등의 기초학문이 부실한 가운데에서 위대한 사상가가 나오기 어려울 뿐 아니라 경영학 등 응용학문의 발전에도 일정한 한계가 있을 수밖에 없다.

이제 우리도 학문에 대한 시각을 바꿀 필요가 있다. 기초학문에 대한 정부 당국의 지원을 획기적으로 늘려야 하는 것은 물론이고 지원 방식과 연구업적 평가의 기준도 바뀌어야 한다. 기초학문의 성과는 단시일에 이루어지지 않는다. 때로는 진득하게 기다릴 필요가 있는 것이 기초학문의 속성이다. 지금과 같이 1년 단위로 업적을 평가하여 단기성과를 강요해서는 기초학문의 발전을 기대하기 어렵다. 기초학문의 총체적 부실을 더 이상 방치해서는 안 될 것이다.

『대학』에서 말했듯 본(本)이 먼저 확립되어야 말(末)이 이루어질 수 있는 것이다. 그런 의미에서 "본(本)이 어지럽고서 말(末)이 다스려지는 법은 없을 것이다[其本亂而末治者否矣]"라는 『대학』의 구절은 지금도 여전히 유효하다. 학문에 비유하자면 본은 기초과학이고 말은 응용과학이다.

# 다시 한글날을 맞으며

| 2013. 다산포럼

지난 10월 9일은 567돌을 맞는 한글날이다. 해마다 한글날을 맞이하지만, 올해의 한글날이 특별한 것은, 1949년 법정 공휴일인 국경일로 지정된 이래 1991년 법정 공휴일에서 제외되었다가 다시 법정 공휴일의 지위를 회복한 해이기 때문이다. 그래서 정홍원 국무총리는 한글날 경축사에서 "문화융성의 중요한 토대가 바로 말과 글"임을 강조하고 "한글을 더욱 아름답게 발전시키기 위한 범국민적 언어순화 운동이 필요하다"고 말했다.

실제로 "범국민적 언어순화 운동이 필요"할 만큼 한글은 지금 갈가리 찢겨져 있다. "주문하신 커피 나오셨습니다", "이 옷 색상이 예쁘시죠?" 등 부적절한 경어(敬語)가 남발되고 있다. "안돼"를 "안대"로, "괜찮은데"를 "갠춘한데"로, 쓰는 등의 맞춤법 파괴 현상도 심각하다. 맞춤법이란 한글을 바르게 쓰기 위한 규범이다. 이 규범을 지키지 않는다고 해서 형사적 처벌을 받지는 않지만, 대한민국 국민이 이렇게까지 한글을 학대해도 되는 것일까?

이른바 인터넷 줄임말도 가관이다. "갠소(개인 소장)", "금사빠(금방 사랑에 빠지는 사람), "버카충(버스카드 충전)", "여병추(여기 병신 하나 추가요)"와 같은 기괴한 낱말들이 버젓이 인터넷상에서 활개를 치고 있다. 물론 줄임말은 어느 시대에나 있을 수 있는 일이고 또 언어는 언중(言衆)의 기호와 시대에 따라 변화하고 발전할 수 있는 것이지만, 위와 같은 인터넷 준말 신조어들은 아무리 생각해도 '아름다운 한글'과는 거리가 멀다. 과연 세종대왕이 이런 현상을 본다면 어떻게 생각하실까?

이밖에도 한글에 상처를 내고 한글을 아프게 하는 것들이 있다. 바로 무분별한 외래어, 외국어의 남용이다. 여기에는 영어가 주류를 이루는데

"스푼", "키" 등의 일상어는 말할 필요도 없고 "어젠다", "버블세븐지역", "클러스트" 같은 외래어가 거리낌 없이 사용되고 있다. 나아가 상품 광고 문구에는 "too attractive", "unite all originals" 처럼 영어를 직접 사용하기도 한다. 외래어 사용은 각급 행정기관이 선도하고 있다는 느낌도 든다. "청렴 Happy Call 서비스", "그린스타트 네트워크 구축" 등은 모 지자체의 정책 홍보 문구이다. 또 "맨붕"이나 "악플"과 같은 국적 불명의 말이 있는데 이것을 한글 낱말이라 할 수 있을까?

이런 사정은 이웃 나라 중국과는 아주 대조적이다. 중국은 이르면 내년부터 대학 입학시험에서 영어 과목을 없애거나 점수 비중을 축소할 예정이라고 한다. 중국 교육 당국이 영어 비중을 축소하려는 것은, 자국민들이 영어는 중시하면서 모국어인 중국어를 경시하는 풍조를 바꿔보려는 의도라고 한다. 여기에다 디지털 기기의 보급으로 중국어를 쓸 줄 모르는 사람이 증가하자 당국이 특단의 조치를 내린 것이다. 또한, 중국은 GDP, WTO와 같은 영어 줄임말도 방송용어로 사용할 수 없게 했는데, "영어 약어의 지나친 사용이 중국어의 순수성을 훼손한다"는 것이 그 이유이다. "WTO"라 쓰고 말하는 것과 "世界貿易機構"로 쓰고 말하는 것과는 장기적으로 보면 많은 차이가 난다. 이처럼 중국인의 모국어 사랑과 모국어에 대한 자부심은 대단하다. 일부 지역에서는 초등학교 3학년 이하의 학생들에게 영어 교육을 금지하는 방안도 추진 중이라 하니, 유치원 시절부터 영어를 가르치고 사립 초등학교에서 영어 몰입 교육까지 시키는 우리나라와는 너무나 대조적이다. 그저 부럽기만 하다.

사람이 언어를 만들었지만, 그 언어를 장기간 사용하는 과정에서 거꾸로 언어가 사람을 만들어간다. 사람은 언어를 통하여 사고하고 행동하며 이 사고와 행동이 축적되어 문화를 형성한다. 정 총리의 말처럼 "문화융성의 중요한 토대"가 되는 한글을 더 이상 오염시키지 않는 것이 한글을 창제하신 세종대왕에 대한 우리의 도리일 것이다.

## 한자문맹漢字文盲

| 2014, 『인천일보』

모 일간지의 새해 1월 1일 자에는 '한자문맹 벗어나자'란 제하의 기획물이 연재되기 시작했다. 여기에는 국어 어휘의 70%, 학술 용어의 90% 이상을 차지하는 것이 한자어이기 때문에 한자를 배워야 한다는 극히 원론적인 이야기부터, 화학과(化學科)에 다니는 대학생이 학과 이름을 '火學科'로 쓰는 등 어처구니 없는 일화가 많이 소개돼 있다. 그중의 압권은 D교수의 말이었다. "한 제자가 서류를 떼러 동사무소에 갔는데 직원이 '지장도 괜찮다'고 하니 '지장도 안 가져왔는데요'라 했다"고 한다. 지장(指章)이 손가락 도장임을 모른 탓에 생긴 참으로 생뚱맞은 일이다.

1970년 한글 전용 정책이 전면적으로 시행되어 초·중·고 교과서에서 한자를 완전히 추방(?)한 이래 44년이 흘렀다. 이 기간 한글 전용, 한자 병용, 한자 혼용 등에 대해 수많은 논의가 있어왔다. 이 자리에서는 좀 더 실질적인 각도로 이 문제에 접근해 보고자 한다.

어떤 아버지가 초등학생 아들을 데리고 바닷가를 거닐며 나누는 대화를 가정해 보자. "아빠 저게 뭐예요?" "응 저건 방파제야." "방파제가 뭔데요?" "방파제는 파도를 막아주는 둑이야." 이후 그 아들은 '방파제'라는 낱말을 익혔겠지만 호기심이 많은 아이라면 '그 구조물을 왜 방파제라 했을까'라는 의문을 품었을 것이다. 이런 호기심이 지적 능력 향상의 첫걸음이다. 여기서 '防'과 '波'와 '堤'의 뜻을 가르쳐주면 그 호기심은 자연히 풀린다. 이뿐만 아니라 '방한복(防寒服)'과 '방풍림(防風林)' 같은 낱말의 뜻을 습득하는 데에도 도움이 된다.

또 다른 장면을 가정해 보자. 어떤 어머니가 초등학생 딸과 함께 새로 복원된 숭례문을 둘러보며 "저게 숭례문이야"라 알려주면 딸은 속으로 '숭례문? 왜 하필 숭례문이야. 발음도 고약한데'라고 중얼거릴 법하다. 이 대목에서 '崇'과 '禮'의 뜻을 풀이해 '예를 숭상한다'는 뜻임을 가르치면 비로소 납득할 것이다. 한 걸음 더 나아가 옛사람들은 인(仁) · 의(義) · 예(禮) · 지(智) 중에서 '禮'가 남쪽에 해당된다고 믿었기 때문에 서울 남쪽에 있는 남대문을 숭례문이라 이름 지었다는 사실까지 알려주면 금상첨화(錦上添花)일 것이다. 동대문의 이름이 '흥인지문'이라는 단순 사실을 아는 것과, '仁'이 동쪽에 배속되기 때문에 '仁을 일으킨다(興)'는 뜻으로 붙인 이름임을 아는 것과 상당한 차이가 있다. 이런 과정을 통해서 사고력이 향상되고 이것은 학습에서 매우 중요한 요소이다. 한글과 한자는 씨줄과 날줄처럼 서로 얽혀 있어서 분리할 수 없는 숙명적인 관계를 맺고 있다.

여기서 한글 전용론의 허와 실을 한번 짚어보자. 귀 · 코 · 목의 병을 치료하는 병원을 이비인후과라 하는데, 한글 전용을 주장하는 사람들은 그냥 '이비인후과'로 표기해야 한다고 주장한다. 그러나 생각해 보라. '이비인후과'는 '耳鼻咽喉科'라는 한자어 없이는 아무런 의미를 갖지 못한다. 이비인후과를 '귀 · 코 · 목 병원'식으로 바꾸지 않고 한자음만으로 '이비인후과'라 표기하는 것이 과연 진정한 한글 전용의 길일까? 수영경기 종목의 하나인 '蝶泳'을 그냥 '접영'으로만 표기한다고 해서 한글 전용이 달성되는 것은 결코 아니다. '耳' '鼻' '咽喉' '蝶' 등의 한자를 가르치지 말아야 하는 이유를 알 수 없다.

물론 학생들의 학습 부담이 늘어날 수 있다. 그러나 공부하는 학생에게는 어느 정도 학습 부담을 지워야 한다. 그리고 한자 학습의 부담은 영어 학습 부담에 비하면 오히려 가볍다. 한글 전용론자들이 왜 무분별한 영어 사용에 대해서는 입을 다물고 한자 사용에 대해서만 거칠게 비난하는지도 이해할 수 없다. 영어는 한글과 아무런 친연성(親緣性)이 없는 반면 한자는 한글과 불가분의 관계에 있지 않은가? 이제는 '한자를 쓰지 않는 것이 애국하는 일'이라는 잘못된 생각을 바꿀 때가 됐다고 생각한다.

## 교육감 후보가 갖출 자격

| 2014, 『인천일보』

지난 4월 16일에 일어난 '세월호' 참사는 전 국민의 가슴을 너무나 아프게 했다. 특히 수학여행 길에 희생된 250명이 넘는 안산 단원고등학교 2학년 학생은 우리를 더욱 참담하게 했다. 그 싱그러운 젊음을 활짝 꽃피워보지 못하고 불귀의 객이 된 학생들은 온 국민의 가슴을 갈가리 찢어 놓았다. 또한 선장을 비롯한 승무원들의 부도덕한 행동과 갈팡질팡하는 정부 당국의 사고 처리 방식은 온 국민을 분노에 떨게 했다.

그러나 국민들이 언제까지나 비탄에 잠겨 분노할 수만은 없다. 어떤 형태로든 사건은 마무리될 것이고, 사건이 마무리되면 곧 6·4 지방선거가 닥친다.

이번 지방선거는 각 지자체의 수장(首長)과 지방의회 의원을 뽑는 중요한 선거다. 그런가 하면 이에 못지않게 중요한 것은 각 시·도 교육감을 선출하는 일이다. 교육감은 해당 시·도의 초·중등학교 교육에 관한 전권을 행사할 수 있는 막강한 자리이다. 지난 2010년부터 교육감 직선제가 실시되면서 그 권한은 더욱 강화됐다.

이렇게 막중한 자리인 만큼 교육감 선거제도에 대해서도 논란을 빚어 온 게 사실이다. 직선제의 폐단을 없애기 위해 선거 공영제를 도입하자는 의견, 지방자치 단체장 러닝메이트제로 하자는 의견, 아예 간선제로 돌아가자는 의견 등이 다양하게 제기됐다. 교육감 선거제도를 둘러싼 논란에서 이보다 더 본질적인 것은 교육감 후보의 자격 문제이다. 후보자의 교육경력 유무가 논의의 핵심 쟁점이다. 지난 1990대 초반만 해도 후보자의 교육경력이 20년 이상이어야 했다. 그러던 경력 요건이 이후 법 개정을 통해 계속 축소돼 지금은 아예 없어졌다. 즉, 교육경력이 없어도 교육감에 출마할 수 있게 된 것이다.

이에 대해 '교육계 바깥에서 교육을 모르는 사람이 교육감으로 돼도 좋은가'라는 우려의 목소리가 일어왔다. 급기야 국회에서는 지난 2월에 지방 교육 자치법 개정안을 의결해 이번 6·4 지방선거 이후부터는 교육감 후보 자격 요건에 3년 이상의 교육경력을 넣기로 했다. 이 개정안에 대한 반대 의견도 있지만 나는 개정안에 찬성한다. 찬성할 뿐만 아니라 자격 요건을 좀 더 강화했으면 좋겠다는 생각도 해본다. 초·중·고등학교 교사 경력이 있어야 후보가 될 수 있도록 하자는 것이다. 이것이 무리한 자격 요건이라면 적어도 초·중·고교 중 한 곳의 교사 경력은 갖도록 해야 한다. 그래야만 교육현장의 문제점을 정확히 파악할 수 있기 때문이다.

그런 의미에서 초·중·고교 교사 경력이 없는 대학교수들도 교육감 후보로 되기에는 부족하다고 본다. 대학에만 재직한 교수들은 초·중등 교육의 실상을 모르기 쉽다. 좀 다른 얘기지만 노무현 대통령과 이해찬 총리 시절에 김진표 전 경제부총리를 교육부총리에 임명한 적이 있었다. 노 대통령은 그때 이렇게 말했다. "우리 대학은 경쟁 시대를 맞아 개혁·개편되고 선진화해야 한다." "대학은 바로 산업이고 산업화해야 한다."

'대학을 산업화해야 한다'고 말할 만큼 교육에 대해 무지(無知)한 대통령과 역시 교육경력이 전혀 없는 총리가 교육과는 무관한 '산업일꾼'을 교육부의 수장으로 임명했다. 물론 그 결과는 참담한 실패로 끝났다. 대학을 산업체처럼 운영함으로써 건전하고 바람직한 교육이 이뤄지기를 바라는 일은 애초에 불가능했던 것이다.

교육감도 마찬가지이다. 교육경력을 가진 교육계 내 인물을 뽑아야 지방 교육의 정책 방향이 빗나가지 않을 것이다. 지금 우리나라 초·중등 교육이 심각한 위기에 놓여있음은 누구나 다 알고 있는 일이다. 교실은 붕괴되고 학교폭력이 날뛰며 교권은 추락했다. 상처투성이인 초·중등 교육에서 아픈 곳을 치유해 무너진 공교육을 시급히 재건해야 한다.

그러기 위해선 현장에서 다년간 경험을 쌓은 교육자이면서 확고한 교육 철학을 지닌 인사가 교육감으로 뽑혀야 마땅하다. 이번 6·4 지방선거에서는 어쩔 수 없더라도 앞으로는 교육감 선거제도와 후보 자격 문제에 대해 더 개선된 방안이 나오기를 기대한다.

## 올바른 교육을 기대하며

| 2014, 『인천일보』

5월 15일, 다시 맞는 스승의 날은 여전히 쓸쓸했다. 세월호 참사로 꽃다운 단원고 학생 수백 명을 잃은 참사가 겹쳐서 금년 스승의 날은 유난히 더 쓸쓸했다. 스승의 날이 쓸쓸한 이유는 학교 안팎의 분위기가 스승을 스승으로 대우하지 않고 교사들 스스로도 교직에 대한 자긍심을 상실했기 때문일 터이다.

이런 분위기 탓인지 명예퇴직으로 교단을 떠나는 교사가 해마다 늘어난다고 한다. 올해 2월 기준으로 초·중·고교 교사의 명퇴 신청자가 5,172명이라고 하는데, 이는 2012년의 3,579명과 2013년의 4,202명보다 훨씬 증가한 숫자다. 이와 같은 추세라면 8월의 2학기 신청자를 합해 금년 명퇴 신청자가 8,000명이 넘을 것이라고 한다. 과거에는 정년을 채우고 명예롭게 떠나는 교사가 대부분이었다. 그렇게 떠나는 것을 당연하고 떳떳한 일로 여겼다. 그러나 이제는 명퇴 신청자가 너무 많아서 서로 경쟁을 해야 할 상황에까지 이르렀다. 정년과 함께 떠나는 것을 명예롭게 여기는 게 아니라 정년이 되기 전에 떠남을 명예로 여기게 된 것이다. 그래서 명칭도 '명예'퇴직이다. 참으로 서글픈 현상이다. 우리나라 교육현실이 어쩌다가 여기에까지 이르렀는가?

모 일간지 보도에 의하면 한국교총이 전국의 초·중·고교 교사를 대상으로 '명예퇴직이 증가하는 원인을 무엇이라 생각하는가'라는 질문을 했는데, 94.9%가 '교육환경 변화에 따른 어려움'이라고 답했다고 한다. 그중에서 '교육환경의 어떤 변화 때문에 명예퇴직이 증가한다고 생각하는가'라는 질문에는 '학생인권조례 등으로 학생지도가 어려워지고 교권이 추락해서'라고 답한 비율이 70.7%에 달했다고 한다.

학생지도가 어려워지고 교권이 추락한 원인을 전적으로 학생인권조례 때문이라고 할 수는 없지만, 일부 몰지각한 학생과 학부모가 학생인권조례를 악용함으로써 교사들의 사기를 떨어뜨린 것은 사실이다.

역시 모 일간지에 게재된 어느 명퇴 교사의 증언은 충격적이다. "엎드려 자는 학생을 깨웠다가 학생과 학부모에게 왜 깨우느냐라는 소리를 들었다." "머리 치렁치렁하고 담배 피우는 학생의 발바닥을 때렸다가 고소를 당했다. 학교에 있다간 내가 죽을 것 같아서 그만두었다."

물론 이것이 학교 현장의 일반적인 현상은 아니다. 그러나 예외적으로 일어나는 일일지라도 교사들이 받는 충격은 크다. 내가 만난 교사들로부터 "수업시간 중에 잠을 자거나 다른 짓을 하는 학생은 그냥 모른 체 내버려두는 게 속 편하다"는 자조적(自嘲的)인 말을 자주 듣는다. 이것은 심각한 문제이다. '모른 체 내버려둠'은 관심을 갖지 않는다는 것인데, 이 '무관심'이야말로 교육의 가장 큰 적이라고 생각한다. 이런 무관심 속에서는 올바른 교육이 절대 이뤄질 수 없다. 차라리 학생인권조례에 저촉되더라도 그 학생에게 체벌을 가하는 게 훨씬 더 교육적이다.

어느 국제 연구기관이 지난 2013년에 조사한 바에 의하면 우리나라의 교사 존경도는 11%로 세계 21위라고 한다. 국민들은 교사를 존경하지 않고 교사들은 교직에 애정을 갖지 않는 이런 상황은 분명 한국 교육의 위기이다. 건전한 도덕질서가 무너지고 온갖 불법이 난무하는 이 혼탁한 시대에 청소년들에게 인성(人性)을 일깨워줄 수 있는 최후의 보루는 그래도 학교밖에 없다. 학교가 제 기능을 발휘하기 위해서는 우선 교사가 제자리를 굳건히 지켜야 한다.

그런가 하면 교사들로 하여금 교단을 등지게 한 '교육환경의 변화'에 교사들도 완전히 자유로울 수는 없다. 교사들도 일정한 몫의 책임을 져야 한다. 스승의 날에 학부모의 학교 출입을 막기 위해 감시원까지 두는 이 살벌하고 씁쓸한 광경이 더 이상 없기를 바란다. 그래서 진심으로 스승의 은혜를 기리고 감사하는 스승의 날이 되기를 바란다.

## "교육독립선언"

| 2017, 다산포럼

문재인 정부 출범 100일이 지났다. 문재인 정부는 지난 100일 동안 국정 전반에 걸쳐 실로 의욕적인 개혁 의지를 보여주었다. 이 개혁 의지가 성공적인 결실을 맺기를 간절히 바란다. 그러나 가장 근본적 문제인 교육개혁에 대해서는 아직 구체적인 방향이 설정되지 않은 듯 보이기 때문에 이 자리에서 몇 가지 제언을 하고자 한다.

교육문제는 워낙 복잡하여 전체를 한꺼번에 다 다룰 수 없다. 여기서는 희망철학연구소가 2016년 11일 12일에 개최한 학술포럼 '2016 교육독립선언-한국 교육에 대한 철학적 성찰'에서 공포한 '교육 독립선언'을 화두(話頭)로 삼아 주로 한국 대학교육의 문제점들을 짚어보려고 한다. '교육 독립선언'(이하 '선언'이라 표기한다)은 문재인 정부 출범 전에 발표된 것이긴 하지만 아직도 유효하다고 생각되기 때문이다.

'선언'은, 한국 사회가 총체적 난국(難局)에 처했는데 여기에는 교육의 혼란이 적지 않은 원인을 제공해 왔다고 말한다. 그리고 교육이 이처럼 혼란스럽고 황폐해진 근본 원인을 정권과 자본에 종속된 교육의 구조적 모순에서 찾았다. '선언'은 정권에 종속된 교육의 실상을 이렇게 말한다.

> 교육은 백년지대계(百年之大計)이다. 교육은 정치 권력의 변화에 따라 흔들려서는 안 된다. 정권의 향방에 따라 교육 정책이 이리저리 휘둘리고, 정권의 시각에 따라 교육 내용을 달리하는 오늘의 모습은 한국 사회의 후진성을 적나라하게 보여준다.

그렇다. '국가백년대계'가 정권이 바뀔 때마다 바뀌어서는 안 된다. 교육의 효과는 금방 나타나는 것이 아니기 때문에 장기적인 안목에서 교육 정책을 수립해야 한다. 지금과 같이 단기적, 계량적, 획일적 성과를 독촉하고 나아가 취업률로 대학을 평가하는 현 상황에서는 참다운 대학교육의 미래를 담보할 수 없다. '선언'에서 지적한 바와 같이 "정권에 따라 BK, HK, ACE, 프라임 사업 등으로 대학을 흔들고, 학생들을 경쟁과 이기주의로 내모는" 근시안적 정책으로는 백년대계를 세울 수 없다.

그래서 '선언'은 "교육부를 행정부에서 독립된 기구로 재편성하고 교육 수장을 시민의 자유 선거를 통해 선출할 것을" 제안하고 있는데 문재인 정부가 한번쯤 귀 기울여 볼 만한 제안이라 생각한다.

자본에 종속된 교육은 두 가지 형태로 나타난다. 하나는, 정부가 재정지원을 미끼로 대학을 흔드는 것이다. 대학은 정부의 '하사금(下賜金)'을 따내기 위해서 사활을 걸고 있다. 대학교육이 나아가야 할 방향은 뒷전이고 오직 교육부의 입맛에 맞추는 일에만 전력을 경주한다. 그래야 돈을 받을 수 있기 때문이다.

또 하나는, 이른바 '맞춤형 교육'이다. 맞춤형 교육이란 거대 자본을 가진 대기업의 요구에 맞추는 교육이다. '산학협력'이란 이름으로 포장된 이 맞춤형 교육은 진정한 의미의 교육이라 할 수 없다. 이는 먼 앞날을 내다본 교육이 아닌 인스턴트식 즉석 교육이어서 백년대계와는 거리가 멀다. 이것은 마치 공장에서 상품을 생산하듯 기업이 당장 써먹을 수 있는 인재를 주문생산하는 것과 같다. '선언'에서 "우리 시대의 교육은 통조림 공장에서 제품을 생산해 내듯 학생들을 찍어내고 있고, 교수들 역시 패키지 교육의 가이드로 전락해 있다"고 한 이 말도 문재인 정부가 귀담아들어야 할 것이다. 자본주의 사회에서 대학이라고 자본과 무관할 수는 없겠지만 대학이 자본에 휘둘려서는 안 될 일이다.

2005년 노무현 대통령은 "대학은 산업이고 산업이 되어야 한다"고 말하며 경제 전문가인 김진표 씨를 교육부 장관에 임명한 적이 있다. 노무현 대통령의 적통을 이어받은 문재인 대통령과 문재인 정부의 출범과 함께 국정기획자문위원장에 임명된 김진표 씨 그리고 경영학을 전공한 김상곤 교육부 장관이 2005년의 잘못된 교육 정책을 되풀이하지 않기를 바랄 뿐이다.

## '김영란법' 이야기

| 2017, 다산포럼

지금으로부터 60여 년 전의 일이다. 내가 초등학교에 다닐 때 어느 명절날 부친께서 술 한 병을 주시면서 담임 선생님께 갖다드리라고 하셨다. 통칭 '정종'이라 불렀던 2리터짜리 청주 술병이었는데 나는 그걸 들고 교무실로 가서 담임 선생님께 전해드렸다. 고등학교에 다닐 때에는 살아있는 닭 한 마리를 들고 담임 선생님 댁으로 찾아간 적도 있었다. 그때 선생님 댁에서 선생님과 함께 한동안 세상 돌아가는 얘기를 나누었던 기억이 난다. 그 시절엔 명절날 선생님에게 조그마한 정성을 표하는 것을 당연한 도리라 여겼다. 그런 시절이 있었다.

지금은 세상이 많이도 바뀌었다. 스승의 날 카네이션 꽃 한 송이도 개인적으로 드릴 수 없게 되었다. 이른바 '김영란법' 때문이다. 이 김영란법과 관련해서 씁쓸한 사건이 있었다. 나에게는 초등학교 3학년과 1학년에 다니는 두 명의 손녀가 있다. 지난 10월 초, 내가 쓴 책이 출간되었기에 손녀들의 담임선생에게 우편으로 우송했다. 그리고 다음과 같은 간단한 편지도 동봉했다.

> OOO 선생님께
>
> OOO 할아버지입니다. 여느 할아버지와 마찬가지로 OO는 저에게 둘도 없는 손녀입니다. 그동안 잘 가르쳐 주셔서 감사합니다. OO가 착한 짓 하면 칭찬해 주시고 나쁜 짓 하면 매를 들어서라도 꾸짖어 주십시오. 그래서 건전한 가치관을 가질 수 있도록 지도해 주시면 고맙겠습니다. 마침 제가 쓴 책이 출간되어 보내드립니다.

그런데 며칠 후 책이 되돌아왔다. 담임 선생이 손녀를 시켜 나의 며느리에게 책을 돌려보낸 것이다. 순간 나는 야릇한 감정에 휩싸였다. 결코 유쾌한 기분은 아니었지만 그렇다고 딱히 불쾌한 기분도 아니었다. 내가 김영란법을 몰랐던 것은 아니었다. 그러나 정가 18,000원의 책을 저자가 직접 보내는 것이 무슨 범법행위를 저지르는 것은 아니라 생각했었다. 또 별다른 청탁을 한 것도 아니고. 하지만 그런 생각이 잘못이었다.

얼마 후에 며느리로부터 들은 바로는, 두 선생님은 받은 책을 어떻게 해야 할지를 두고 의논한 끝에 돌려보내기로 결정했다고 한다. 아마 김영란법에 관한 매뉴얼을 검토했을 것이다. 나는 두 분 선생님의 결단을 존중하면서 김영란법을 다시 한번 되돌아보게 되었다.

꽃 한 송이도 개인적으로 선물하지 못하게 한 김영란법이 왜 만들어졌는가? 그동안 학교를 휘젓고 다닌 대한민국 아줌마들의 치맛바람이 얼마나 거세었던가! 값비싼 선물을 뇌물로 바치면서 자기 자식만 잘 봐 달라는 극성 학부모들의 행태는 마땅히 없어져야 할 적폐임에 틀림없다. 꽃 한 송이의 선물마저 금지한 것은 그러한 적폐를 청산하기 위한 하나의 상징적 조치라는 생각에 이르렀다.

다른 한편으로 나도 반성을 했다. 담임 선생이 책을 받았다면 아무래도 손녀들에게 눈길이라도 한 번 더 주지 않았을까? 은연중에 그걸 바라고 내가 책을 보낸 것이리라. 생각이 여기에 미치자 나를 반성하도록 이끌어준 두 분 선생님이 고마웠다. 그러나 이런 반성은 지극히 논리적인 반성이지, 가슴 한구석엔 여전히 씁쓸한 응어리가 남아 있었다. 그리고 초등학교 시절에 내가 선생님께 술 한 병 갖다 드린 일과 고등학생 때 선생님 댁에 닭 한 마리 갖다 드린 일이 자꾸만 떠올랐다. 그때엔 미풍양속이던 것이 지금은 범법행위가 된 현실이 서글펐다.

선생님께 꽃 한 송이 드리는 것까지 법으로 규제해야 할 만큼 세상이 이토록 각박해졌는가. 사제(師弟)간의 관계가 어쩌다가 이 지경에까지 이르렀는가. 분한 생각도 들고 슬픈 생각도 든다. 그러나 어쩌랴, 현실이 그런 것을.

눈에 넣어도 아프지 않을 나의 손녀들을 가르쳐주신 선생님들에 대한 고마움을 표할 방법이 없을까, 나는 곰곰이 생각해 본 끝에 결론을 내렸다. 학년이 끝나고 종업식을 한 후에 되돌려받은 책을 다시 갖다 드리기로 마음먹었다. 그때는 직무와 관련 없는 시기여서 법에 저촉되지 않으리라 생각한 것이다. 보잘것없는 책 한 권 전달하는 일이 왜 이렇게도 어려운가.

## '어드리프트'·'독전'

| 2018, 다산포럼

세종대왕이 한글을 창제한 이래 지금 한글은 최대의 위기를 맞고 있다. 우리나라 국민이 한글을 통하여 서로 의사를 소통하기 어렵게 된 것이다. 젊은이들이 사용하는 외계어(外界語) 같은 인터넷 언어는 접어두고라도, 분명히 한글로 표기되어 있지만 도저히 의사소통이 안 되는 말과 글이 많다.

영화 제목에서 이런 현상이 가장 두드러진다. 예를 들어보자. '어드리프트', '서치', '배틀쉽' 등은 국내에서 개봉된 외국 영화의 제목인데 영화의 원제목인 'adrift', 'searching', 'battle ship'을 영어 발음 그대로 옮겨놓은 것이다.(searching은 그대로 옮긴 것도 아니지만) 이를 보고 그 뜻을 알 수 있는 사람이 몇이나 되겠는가. 왜 '표류', '수색', '전함(戰艦)'으로 번역하지 않는지 이해할 수가 없다. 거꾸로 가정해서 '봄날'이란 제목의 우리나라 영화가 있다고 치자. 이 영화를 미국에서 상영할 때 'spring day'로 표기하지 않고 'bomnal'로 표기하는 일이 있을 수 있겠는가. 이창동 감독의 영화 '시'를 'poetry'가 아닌 'si'란 제목으로 상영하는 데 동의할 사람은 아무도 없을 것이다.

우리는 외래어도 아닌 외국어를 무분별하게 남용하고 있다. 영화의 제목은 그 영화의 얼굴이다. 적어도 제목은 영화의 내용을 요약한 것이거나 내용을 암시하는 것이어야 한다. 영화 제목을 '원스 어폰 어 타임 인 베니스' 따위로 다는 것은 영화를 보려는 관객을 우롱하는 짓이고 나아가 한글을 파괴하고 학대하는 행위이다. 영어 원문을 병기하는 경우는 그나마 다행이지만 그냥 한글로만 표기한 경우가 많다. 앞의 영화 제목도 'once upon a time in Venice'란 영어 표기는 광고판에 없었다. '원스 어폰 어 타임 인 베니스'란 제목을 보고 이 영화의 내용을 짐작할 수 있을까? '어느 날 베니스에서' 또는 '그 옛날 베니스에서' 정도의 제목을 붙여 주면 얼마나 좋을까.

우리나라 영화 제목도 마찬가지이다. 시내버스 외벽에 '독전'이란 영화 광고를 본 적이 있다. 도대체 저게 무슨 뜻일까? '毒箭[독화살]'일까, '督戰[전쟁을 독려하다]'일까……. 분명히 한글로 쓰여 있었지만 그 뜻을 알 수가 없었다. '독전'의 한자를 병기했으면 짐작할 수 있을 터인데 한 자도 없다. 나중에 겨우 '毒戰[독한 전쟁]'이라는 사실을 알아내었다. 영화사에서 '독한 전쟁' 또는 '지독한 전쟁'이라 하지 않고 '독전'이라 했을 때에는 반드시 한자를 병기해야 한다. 물론 한글 전용주의자들은 이 경우에도 한자 병기를 반대할 것이다. 한글 전용주의자들에게 묻는다, '과연 이런 경우에도 한글로만 표기하는 것이 옳은가?'

인명이나 지명의 경우에도 그렇다. 나는 지하철 5호선을 주로 이용하는데 역 이름을 유심히 본다. 다행히 5호선 지하철에는 역명에 한자 표기가 있어서 지명의 유래를 짐작할 수 있다. '오목교(梧木橋)'역을 지날 때는 이곳에 오동나무로 만든 다리가 있었거나 오동나무가 많았던 곳임을 짐작할 수 있고, '마곡(麻谷)'역에서는 옛날 여기에 삼나무가 많아서 한때는 '삼골'로 불렸으리라 생각했다. 한자 표기가 없으면 '오목교'를 '오목한 모양의 다리'로, '마곡'을 '악마의 계곡'으로 오해할 수도 있었을 것이다. 지명을 '참새길'이나 '돌길' 등 순수한 우리말로 표기한 경우를 제외하고는 모두 유래가 있다. 우리는 그 유래를 알 권리가 있다. 지방국도를 지나다 보면 이정표의 지명 표기가 한글로만 적혀있다. 이것은 그 지명의 유래를 알고 싶은 우리의 권리를 박탈하는 것이다.

최근 불교 중앙종회에서 학력위조, 사유재산 은닉 등의 혐의로 탄핵당한 조계종 총무원장 설정 스님의 경우에도 '설정'의 한자가 병기되어야 한다. 일반인의 이름도 그렇지만 특히 스님들의 법명에는 깊은 뜻이 있다. 왜 법명을 '설정'으로 했는지 그 뜻이 무엇인지 우리는 알 권리가 있다. 그냥 한글 '설정'만으로는 아무런 의미가 없다.

세종대왕이 창제한 거룩한 한글을 우리 국민이 사랑해야만 한다. 시내버스에는 '숙박에서 액티비티까지'라는 광고문이 붙어있고, 어느 지상파 TV 방송국에서는 '마이 리틀 뉴스데스크', '오늘의 가장 핫한 뉴스'란 제목의 방송이 나가고 있는데 한글로만 표기했다고 해서 이것을 한글 사랑이라고 할 수 있겠는가? 진정한 한글 사랑이 무엇인지 우리 모두가 깊이 생각해 볼 필요가 있다.

## 교육부 장관의 자격

| 2018. 다산포럼

더불어민주당 유은혜 의원이 우여곡절 끝에 사회부총리 겸 교육부 장관에 임명되었다. 교육부 장관 임명을 둘러싸고 교원단체, 학부모단체, 야당의 거센 반발이 있었는데 대통령은 이런 반발에도 불구하고 임명을 몰아붙인 것이다. 이를 보고 몇 가지 생각을 해본다.

우리나라 역대 정부 중에 교육을 중시하지 않은 정부는 없었다. 정권 출범 초기에 대통령들은 한결같이 교육의 중요성을 절절히 강조하곤 했다. 교육이 '국가 백년지대계(國家百年之大計)'인 만큼 교육의 중요성은 아무리 강조해도 지나친 일이 아니다. 문재인 대통령이 교육부 장관을 부총리급으로 격상시킨 것도 교육을 중요시했기 때문일 것이다. 그러나 대통령이 교육을 중시한다고 교육이 바로 서지는 않는다. 교육 정책을 총괄하고 집행하는 사람은 교육부의 수장이다. 그러므로 대통령은 교육부 장관을 심사숙고하여 임명해야 한다.

그런데 역대 정부의 교육부 장관 임명을 보면 정권 출범 시의 초심을 의심할 수밖에 없는 경우가 많았다. 교육과는 무관한 정치인을 임명하기도 하고, '대학이 산업화되어야 한다'고 외치면서 경제 전문가를 교육부 장관에 임명하기도 했다. 또 교육학을 전공한 교수나 대학 총장을 임명하기도 했으나 모두 실패로 끝났다. 어떤 대학 총장 출신의 장관은 취임 일성으로 'IT와 영어교육에 교육의 목표를 두겠다'고 황당한 발언을 하기도 했다.

교육부 장관이라면 교육의 본질에 대한 뚜렷한 소신을 가지고 교육에 대한 큰 틀의 그림을 그릴 수 있어야 한다. 이 '큰 틀의 그림'이 바로 '국가 백년지대계'이다. 교육의 효과는 단시일에 나타나는 것이 아니다. 백년 앞을 내다보고 설계를 해야 한다. 기껏 IT나 영어교육을 강조하고 대학을 산업화시키려는 근시안적 안목으로는 교육을 바로 세울 수 없다.

내 개인적으로는, 초·중등학교와 대학에서의 교육경험을 두루 갖추고 긴 안목의 교육철학을 가진 인사가 교육부의 수장이 되는 것이 가장 이상적이라 생각한다. 물론 이런 인물을 찾는 것이 쉽지 않을 것이다. 차선책으로는 적어도 초·중등학교의 교직 경력이 있는 인물이어야 한다. 초·중등학교의 교직 경력이 없는 대학교수가 장관이 되는 것은 바람직하지 못하다. 도덕적 가치를 실현할 수 있는 건전한 민주시민을 양성하는 것이 교육의 목표라고 볼 때 이 목표를 제대로 달성할 수 있는 교육의 장(場)은 유치원을 포함한 초·중등학교이다.

범위를 더 좁히면 유치원과 초등학교가 가장 중요하다. 이 시기의 경험은 앞으로의 인성(人性)과 가치관의 형성에 결정적인 영향을 미친다. 비유하자면 유아기의 교육은 백지(白紙)에 그림을 그리는 것과 같다. 어떤 그림을 그리느냐에 따라 그 아이의 미래가 결정된다. 그리고 그림을 그려주는 사람이 교사이다. 물론 후천적으로 바뀌기 어려운 타고난 성격이 있기 마련이지만 교사의 지도 여하에 따라 상당 부분 달라질 수 있다. 우리 어른들은, 초등학교 시절 선생님의 말 한마디가 사소한 일상의 습관에서부터 가치관의 형성에 이르기까지 자신에게 얼마나 큰 영향을 미쳤는지를 기억하고 있을 것이다.

그러므로 유치원과 초·중등학교가 '교육'의 중심이 되어야 한다. 대학교는 이런 의미에서의 교육이 이루어진다기보다 전문 지식을 전수(傳授)하는 곳이라는 성격이 강하다. 또 대학생은 이미 어느 정도의 가치관이 형성되어 있어 교화(敎化)가 쉽지 않다. 진정으로 백 년 앞을 내다보는 교육을 생각한다면 유치원과 초·중등교육을 획기적으로 재정립해야 한다. 더 이상 유치원을, 맞벌이 부부가 잠시 아이를 맡기는 곳쯤으로 생각해서는 안 된다. 최근에 불거진 사립유치원 사태 이후 몇 가지 법안이 발의되고 있는데 이것만으로는 안 되고 보다 근본적인 개혁이 이루어져야 한다.

또 개인적인 생각이지만 최고의 인격을 갖춘 훌륭한 인사가 유치원과 초등학교 교원이 되어야 한다. 지금처럼 20대의 젊은 교사가 아닌, 풍부하게 인생을 경험한 중후한 교사가 아이들을 가르쳐야 한다. 대학교수는 인격보다 전문 지식을 가졌느냐의 여부가 더 중요하다. 현역 국회의원으로 있는 어느 인사가 과거 교육부 장관 시절에 나이 많은 교사를 죄인 취급하듯 퇴직시킨 일이 있었는데 이것은 크게 잘못한 일이다. 이런 생각을 해본다. 각급 학교 교원의 임금체계를 크게 바꾸어서 유치원과 초등학교 교원을 가장 우대하고 그 다음으로 중·고등학교 교원, 그 다음으로 대학교수 순서로 하면 어떨까? 그렇게 하면 정말 훌륭한 교사가 유치원과 초등학교에 모이지 않을까?

교직 경험이 전혀 없는 유은혜 장관이 과연 이러한 교육 문제를 제대로 풀어갈 수 있을지 두고 볼 일이다.

## '선생님'이냐 '쌤'이냐

| 2019, 다산포럼

금년 초 서울시 교육청은 '서울교육 조직문화 혁신방안'을 발표했는데 이 중 수평적 호칭제가 눈길을 끈다. 학교 현장에서 구성원 상호 간의 호칭을 '쌤'이나 '님'으로 통일하자는 방안이다. 이렇게 되면 '교장 선생님'을 '교장 쌤' 또는 '교장님'으로, '담임 선생님'을 '담임 쌤' 또는 '담임님'으로 불러야 하는데 어색하기 짝이 없다. 통상적으로 사용해 온 김 선생님, 이 선생님도 '김 쌤' 또는 '김 님', '이 쌤' 또는 '이 님'으로 불러야 하는가? 이 방안에 따르면 학생들도 국어 선생님을 '국어 쌤'으로 수학 선생님을 '수학 쌤'으로 부르게 된다.

그러나 이 수평적 호칭제가 각계각층의 거센 반발에 부딪혀 여론이 악화되자 서울시 교육청은 한발 물러섰다. 특히 학생들이 선생님을 '쌤'으로 부르는 것에 대한 거부감이 심해서, 이 호칭은 사제간이 아니라 교직원 상호 간의 호칭에만 적용된다고 물러선 것이다. 후에는 이마저도 학교의 자율에 맡기기로 한발 더 물러섰다. 이 문제에 대하여 조희연 교육감은 "최근 교권 추락이 크게 우려되는 현실 속에서 수평적 조직문화 개선 정신이 충분히 부각되지 않고 호칭 문제만 제기되어 안타깝다"는 소회를 밝혔다.

조희연 교육감은 여전히 '수평적 조직문화 개선'에 대한 미련을 버리지 못하고 있는 듯한데 나는 여기서 두 가지 문제를 지적하고 싶다. 첫째는, 지금 초·중등학교에서 조직의 수평화가 그렇게 절실하냐는 것이다. 학생과 교사의 관계는 절대로 수평화되어서는 안 되고, 교사 상호 간의 관계도 꼭 개선해야 할 만큼 수직적이라 보기 어렵다. 기업체에서의 부장과 평사원의 관계처럼 학교에서의 부장과 평교사의 관계는 그렇게 수직적이지 않은 것이다. 설령 다소 수직적인 면이 있더라도 '쌤'으로

부름으로써 그 관계가 수평화될 수 있는지 의문이다.

둘째는 호칭의 의미에 관한 문제이다. '선생(先生)'은 역사적으로 다양한 용도로 사용되었지만 우리의 전통문화에서는 최고의 존칭이었다. 아무에게나 선생이란 호칭을 붙일 수 없고 퇴계나 율곡, 다산과 같이 학덕이 높은 분에게만 붙일 수 있는 호칭이다. 이것은 일본에서도 마찬가지인 것으로 알고 있다. 비록 지금은 '선생'이란 호칭의 의미가 많이 퇴색했으나, 학생이 자기를 가르치는 스승에게는 존경의 마음을 담아 당연히 선생이라 불러야 옳다고 생각한다.

'쌤'은 일종의 비속어(卑俗語)가 아닌가? 더구나 조 교육감의 말처럼 "교권 추락이 크게 우려되는 현실"에서는 더더욱 '쌤'과 같이 상스러운 말을 삼가야 할 것이다. 교권의 추락을 포함하여 초·중등학교에서 해결해야 할 교육의 본질적인 문제들이 산적해 있는 현시점에서 시급히 다루어야 할 사안이 아닌 것으로 보이는 '조직문화 혁신'에 매달리는 이유를 알 수 없다. 우리 교육을 바로 세우기 위해서 수평적 조직문화가 꼭 필요한지 의문이다. 또 '선생님'이란 호칭 때문에 교육의 질이 훼손되는지, 호칭을 '쌤'으로 바꿈으로써 교육의 질이 개선되는지도 여전히 의문으로 남는다.

'선생님' 호칭과 관련해서 대학 구성원 간의 호칭 문제도 한번 짚어본다. 현재 대학에서 학생들은 자기를 가르치는 교수를 '교수님'으로 부르는데 나 개인적으로는 이 호칭이 못마땅하다. '교수'는 존칭이 아니라 '의사', '변호사', '공무원'과 같은 직업 명칭이다. '교수'에 '님' 자를 붙여 '교수님'이라 해도 존칭이 되지 못한다. 이건 마치 '의사님', '공무원님'이라 부르는 것과 같다.

그래서 나는 대학에 재직할 때 우리 학과의 학생들이 나를 '선생님'이라 부르도록 타일렀다. "나를 조금이라도 존경하는 마음이 있으면 선생님으로 불러라. 교수님이라 부르면 대답도 하지 않고 돌아다보지도 않을 것이다"라 말해 주었다. 내가 존경받고 싶어서가 아니다. 존경받고 싶다고 남이 나를 존경하는 것도 아닐뿐더러 나를 존경해달라고 강요해서도 안 되는 일이다. 다만 '교수님'을 존칭으로 잘못 알고 있는 학생들을 깨우치고 싶었기 때문이다. 또한 교수님이란 명칭은 어딘지 딱딱하고 사무적인 느낌을 주는 반면에 선생님이란 명칭은 훨씬 부드럽고 친근하게 다가온다. 선생님! 이 얼마나 다정한 말인가. 이건 나만의 개인적인 기호일까?

## 아! 테스 형

| 2020, 다산포럼

2020년 최대의 화제는 단연 나훈아이다. 지난 9월 23일 방송된 '2020 한가위 대기획 대한민국 어게인 나훈아' 콘서트에서 그는 2시간 30분 동안 약 30곡의 노래를 불러 국민들을 열광의 도가니 속으로 몰아넣었다. 이날 시청률이 40%라고도 하고 29%라고도 하는데 29%라고 해도 이는 놀라운 시청률이다. 사람들은 왜 이토록 그의 노래에 열광하는 것일까? 그가 부른 노래 중에서 가장 많은 갈채를 받은 것은 〈테스 형〉이다. 그는 직접 가사를 쓰고 작곡을 하고 노래를 부르는 이른바 '싱어송라이터'로 알려져 있다. 이 노래가 사람들의 심금을 울린 데에는 그의 가창력에 기인한 바가 크겠지만 그에 못지않게 그가 쓴 노랫말도 중요한 몫을 차지하고 있다.

"어쩌다가 한바탕 턱 빠지게 웃는다 / 그리고는 아픔을 그 웃음에 묻는다"로 시작되는 이 노래의 주제는 '아픔'이다. 이어지는 "아! 테스 형 세상이 왜 이래 왜 이렇게 힘들어 / 아! 테스 형 소크라테스 형 / 사랑은 또 왜 이래"에서 이 아픔의 정체가 드러난다. 그의 아픔은 세상에 대한 아픔이고 사랑에 대한 아픔이다. 그리고 마지막의 "아! 테스 형 소크라테스 형 / 세월은 또 왜 저래 / 먼저 가본 저세상 어떤가요 테스 형 / 가보니까 천국은 있던가요 테스 형"에서 이 아픔은 세월에 대한 아픔까지 품는다.

그는 세상이 아프고 사랑이 아프고 세월이 아픈 이유를 '테스 형'에게 묻고 있는 것이다. 흔히 대중가요가 개인적인 정서를 노래하는데 그치고 마는데 나훈아는 개인의 정서를 넘어서 어지러운 세상, 덧없는 인생에 대한 깊은 고뇌를 노랫말 속에 담았다. 70세가 넘은 노인에게서 풍기는 연륜의 깊이를 느낄 수 있다. 〈사랑은 눈물의 씨앗〉을 불렀을 때보다 훨씬 성숙하고 무르익은 나훈아를 우리는 만나게 된다.

붓글씨도 쓰고 유화(油畵)도 그린다는 그는 확실히 예술가적 재능을 지니고 있다. 〈테스 형〉의 가사는 잘 짜여진 한 편의 시와 같다. 아픔-세상-사랑-세월로 이어지는 가사의 맥락도 그렇거니와 "그저 와준 오늘이 고맙기는 하여도 / 죽어도 오고 마는 또 내일이 두렵다"라든가 "너 자신을 알라며 툭 내뱉고 간 말을 / 내가 어찌 알겠소 모르겠소 테스 형"과 같은 구절 또한 반짝이는 훌륭한 시구(詩句)라 할 수 있다. "아! 테스 형"이란 반복구(反復句)에서도 그의 시적 재능이 드러나 있다. '아! 공자 형' '아! 퇴계 형'이라 했으면 얼마나 어색했을까?

우리가 그의 노래에 열광하는 것은 일차적으로 가수로서의 실력 때문일 것이지만 그 이면에는 자기만의 삶의 자세와 철저한 장인정신이 뒷받침되어 있다. 그는 1996년 일본 오사카 공연의 말미에서 '쾌지나칭칭나네' 후렴구 앞에 '독도는 우리 땅 누가 뭐래도 우리 땅'이라는 노랫말을 넣어서 열창했다고 한다. 한일 문제가 날카로웠던 때 일본 땅에서 이렇게 노래한다는 것은 여간한 배짱과 신념과 용기가 없이는 불가능한 일이다. 당연히 극우단체로부터 협박 전화를 받았지만 '죽이려면 죽여봐라'며 버텼다고 한다.

그는 정부가 주는 훈장을 사양했는데 그 이유로 "세월의 무게도 무겁지만 가수라는 무게도 엄청나게 무겁습니다. 그런데 그 훈장의 무게까지 제가 어떻게 견딥니까?"라 말했다. 훈장을 사양한 것도 예사롭지 않은 일이지만 '가수라는 무게'를 엄청나게 여겼다는 말에서 노래에 대한 그의 애정 또한 예사롭지 않다는 걸 읽을 수 있다. 삼성 이건희 회장의 생일잔치에서 노래를 불러달라는 요청을 거절한 것, 1992년 당시 여당인 민주자유당의 국회의원 공천 제의를 거절한 것, 2020년 2월 대구의 코로나 방역을 위해 3억 원을 기부한 것 등의 사건만 봐도 그가 걸어온 삶의 궤적이 어떠했는지 알 만하다. 이번 KBS 공연에 출연료를 받지 않았다고 하니 그가 예사롭지 않은 인물임이 분명하다.

70이 넘은 나이에도 여전한 가창력을 자랑하는 노래하는 시인 나훈아 씨의 건승을 기원한다.

## 고진감래苦盡甘來

| 2021, 다산포럼

2021년 새해를 맞은 이때, 지난 한 해를 돌이켜보면 다사다난(多事多難)이라는 말밖에 떠오르지 않는다. 참으로 사건도 많았고 어려움도 많았던 한 해였다. 그 많은 사건과 어려움 중에서도 전 국민에게 가장 큰 고통을 안겨준 것은 코로나19였다.

2021년 1월 4일 현재까지 전 세계 코로나19 확진자는 8,550만 3,722명이고 사망자는 185만 829명이다. 우리나라는 같은 기간에 6만 4,264명의 확진자와 981명의 사망자가 나왔다. 14세기에 유럽 인구의 3분의 1인 2,000만 명의 목숨을 앗아간 흑사병과, 1918년에 발병하여 몇 개월 사이에 2,000만 명을 희생시킨 스페인 독감엔 미치지 못하지만 21세기 들어서 맞는 최대의 재앙임에 틀림없다.

이렇게 일찍이 겪어보지 못한 사태를 당하여 국민들은 말할 수 없는 고통을 견디고 있다. 전 국민이 마스크를 쓰고 다니는 진풍경이 벌어지고 있으며 사회적 거리 두기로 인해 소상공인들은 엄청난 경제적 위기에 처해 있다. 폐업하는 가게들이 속출하고 있는 것이다. 각급 학교의 학생들은 학교에 가지 못하고 집에서 화상 수업을 받고 있다. 특히 친구들과 어울려 뛰어놀아야 할 초등학교 학생들이 집 안에 갇혀있어야 하는 현실이 안쓰럽기 짝이 없다.

또 일 년이나 계속되는 코로나19 사태를 헤쳐 오면서 국민들은 극도의 피로감을 느끼고 있다. 사회적 거리 두기로 인한 '언택트'와 '비대면'이 일상화되어 버린 결과는 어떠한가? 신체활동의 제약으로 대인관계가 단절됨으로써 많은 사람들이 고립감과 불안, 막연한 두려움에 휩싸여 있다. 이른바 '코로나 블루'이다. 정부 기관과 각 자치단체는 '코로나 블루'를 겪는 이들을 위한 상담센터를 운영하고 있는 실정이다. 코로나

19 바이러스의 퇴치와 함께 정신적 방역 또한 중요한 과제로 대두된 것이다.

우리나라는 인구 대비 확진자 수나 사망자 수에 있어서 미국이나 유럽보다 사정이 나은 편인데 여기에는 국민들의 적극적인 협조와 의료진들의 영웅적인 헌신이 있었다. 미국에서는 대통령부터 마스크 쓰기를 거부했으며 유럽에서는 '마스크 쓰지 않을 자유를 달라'며 시위를 하기도 했지만 우리는 일부 몰지각한 사람들을 제외하고는 전 국민이 한마음으로 방역에 협조했다.

우리 국민은 자랑스러운 국난극복의 역사를 가지고 있다. 멀리 갈 것도 없이 1907년의 국채보상운동이 이를 말해준다. 일제의 식민정책에 대항해서 온 나라 사람들이 이 운동에 참여했다. 결국은 실패로 끝나고 말았으나 상층 계급뿐만 아니라 노동자, 농민을 비롯해서 인력거꾼, 기생에 이르기까지 혹은 담배를 끊고 혹은 머리털을 깎으면서 이 운동에 동참했다. 어디 그뿐인가, 가까이는 우리가 1997년 외환위기 때 금 모으기로 세계를 놀라게 한 적도 있었다.

이런 국민의 저력이 이번에도 나타나고 있다. 증가하는 확진자를 수용할 병상이 부족해지자 민간병원인 경기도 평택의 박애병원이 자발적으로 치료 전담 병원으로의 전환을 자청하여 140개 치료 병상을 확보했다. 이어서 안산의 세화병원이 뒤따랐고 다른 몇 개의 병원도 치료 전담 병원으로의 전환을 추진 중이라 한다. 대기업은 사내 연수원을 생활 치료센터로 내놓는가 하면 경기대학교와 고려대학교는 학교 기숙사를 생활 치료센터로 사용하게 했다. 또한 가수 나훈아 씨가 코로나19 치료를 위해 3억 원을 희사했고 가수 송가인 씨도 억대의 성금을 기부했다고 한다. 이렇게 전 국민이 한마음으로 뜻을 모으고 있으니 머지않아 코로나19를 물리칠 수 있을 것이라 생각한다.

그러나 우리 국민들이 아무리 방역수칙을 잘 따른다 해도 그것만으로는 코로나19 이전의 일상으로 돌아가기는 어렵다. 코로나19가 전 세계적으로 확산되고 있기 때문에 우리만의 노력에 한계가 있는 것이다. 유일한 방법은 백신의 개발인데 다행히 몇몇 백신의 유효성이 입증되어 긴 어둠의 터널을 벗어나려는 빛이 보인다. 고진감래(苦盡甘來)라 하지 않았던가. 어려움을 이겨내면 즐거움이 오는 법이다. 친구들과 모여 술도 한잔하고, 가족들과 외식도 하고, 해외여행도 할 수 있는 날이 올 것이라 기대한다. 희망을 갖자.

## 신지도薪智島·신지섬薪支苫

| 2022, 다산포럼

1800년 정조 임금이 갑자기 사망하자 곧 신유옥사(辛酉獄事)가 일어나는데 이로 인해 다산은 서교 즉 천주교를 믿었다는 죄로 1801년 2월에 경상북도 장기(長鬐)로 유배되고 형 정약전도 같은 죄목으로 전라남도 신지도(薪智島)로 유배된다. 1801년 7월, 장기에서 유배생활을 하던 다산은 신지도에 있는 형을 그리워하며 다음과 같은 시를 썼다.

| | |
|---|---|
| 신지섬 아스라이 멀고 멀지만 | 眇眇薪支苫 |
| 분명히 이 세상에 있는 섬이라 | 分明在世間 |
| | |
| 수평으로 궁복해에 연접해 있고 | 平連弓福海 |
| 비껴서 등룡산을 마주해 있네 | 斜對鄧龍山 |
| | |
| 달이 져도 소식 한 자 들리지 않고 | 落月無消息 |
| 뜬구름만 저 혼자 갔다가 돌아오네 | 浮雲自往還 |
| | |
| 언젠가 지하에서 다시 만나면 | 他年九京下 |
| 우리 형제 얼굴에 웃음꽃 피리 | 兄弟各歡顏 |

「가을날 형님을 그리며(秋日憶舍兄)」란 제목의 시이다. 정약용, 정약전 두 형제의 우애는 남달랐다. 특히 아우는 형을 스승처럼 존경하고 따랐다. 멀리 떨어져 유배생활을 하면서 언제 만날지 모르는 형을 그리워하는 다산의 애절한 심경을 잘 나타낸 시이다.

이보다 내가 이 시에 주목하는 것은 첫 구절의 '신지섬(薪支苫)'이란 낱말 때문이다. '신지섬'은 '신지도(薪智島)'를 말하는데 다산은 '島'를 '苫'으로 표기했다. 智를 支로 표기한 것은 다산의 착각일 수 있겠다. '苫'의 독음은 '점' 또는 '섬'이다. 위의 시는 오언율시로 한시 작법상 제1구의 끝 글자가 측성(仄聲)이어야 하는데도 평성(平聲)인 苫을 썼다. 한시 작법에 맞게 측성인 島를 써서 薪智島라 표기하면 될 것을 굳이 苫(섬) 자를 쓴 것은 우리말의 고유음을 살리고 싶었을 것이라 생각한다. 아마 당시의 사람들은 이 섬을 '신지도'라 하지 않고 '신지섬'이라 불렀을 것이다. 다산의 다른 시 「천우기행(穿牛紀行)」에서도 강원도의 남이섬을 '南怡苫'으로 표기했다. 이것도 당시에 사람들이 이 섬을 '남이도'라 하지 않고 '남이섬'이라 불렀기 때문일 것이다.

이밖에도 다산은 「제가장화첩(題家藏畫帖)」에서 "변상벽은 특히 고양이 그림으로 알려져 세상에서는 그를 변고양이라 부른다[卞尙璧特以畫貓稱 世謂之卞古羊]"라 하여 '고양이'를 '古羊'으로 표기했다. 사람들이 변상벽을 보고 '변묘(卞貓)'라 하지 않고 '변고양이'라 불렀기 때문에 우리의 고유음을 써서 현장감을 살리기 위한 의도로 보인다. 다산의 글에서 이런 예를 자주 볼 수 있는데 이는 그가 「노인의 즐거움[老人一快事]」에서 "나는야 조선사람 / 조선시 즐겨 쓰리"라 했을 때의 '조선시(朝鮮詩)' 정신과 일맥 상통한다. 그는 비록 한자를 빌려서 시를 쓰지만 조선사람이 조선 땅에서 조선사람의 정서를 조선식으로 나타내고자 했던 것이다. 한자로 시를 쓰는 주제에 조선시 운운하는 것이 우습게 보일지도 모르지만 이 문제는 또 다른 논의가 필요한 사항이다.

다산의 시대로부터 200여 년도 넘게 지난 오늘날 우리는 어떤가? 우리는 언어생활에서 한국적인 정신을 너무 무시하고 있다는 생각이 든다. 이혼 후 자녀의 양육비를 지급하지 않는 부모를 꼭 '배드 파더스'라 해야 하는가? 대통령 부인 김정숙 여사의 피라미드 방문을 두고 '버킷리스트를 채우기 위한 졸업여행'이라 비꼰다거나 '한국은행이 기준금리를 인상함에 따라 은행으로의 머니무브가 빨라질 전망'이라 보도하는 등의 행태를 보면 외래어 남용이 도를 넘었다. 이런 현상은 각종 언론기관이 주도하고 있는데 얼마 전 모 일간지의 필자 소개란에 글쓴이를 '푸드 라이터'라 표기한 것을 보았다. '음식 평론가'쯤으로 표기하면 될 것을 왜 굳이 이렇게 써야 하는가?

'데이케어', '워라벨' 등 이런 예는 헤아릴 수 없이 많다. 지금 '키', '스푼'에 밀려 '열쇠', '숟가락' 등의 말을 사용하는 사람은 많지 않을 것이다. 이 아름답고 정겨운 우리말 열쇠, 숟가락 등은 머지않아 사전에만 수록되는 사어(死語)가 될 것이 확실해 보인다. 다산 선생이 이 사태를 보신다면 과연 어떤 처방을 내리실까?

## 교권침해 보험

| 2022, 『국민일보』

최근 모 일간지에서 '교권침해 보험 드는 선생님들'이란 제목의 기사를 읽고 적지 않은 당혹감을 느꼈다. 도대체 생경하기 짝이 없는 교권침해 보험이란 무엇인가? 암에 걸릴 것에 대비해서 암 보험에 들 듯이 교권침해에 대비해서 드는 것이 교권침해 보험일 터이다. 그러면 어떤 것이 교권침해인가? 그 신문 기사에 의하면 "교육 활동 중 폭행, 협박, 명예훼손, 성폭력 범죄나 부당한 간섭 등"을 당하는 경우를 예로 들었다.

지금 각급 학교에서는 교사들이 보험에 들 정도로 교권침해가 심각하다고 한다. 초등학교의 어느 여교사는 수업을 방해하는 고학년 남학생에게 주의를 줬다가 "지X하네 X발"이라는 욕설을 듣고 극심한 스트레스에 시달렸다고 한다. 이렇게 훈계하는 여교사를 '아줌마'라 부르는 등의 학생 폭언 이외에도 교사의 지도 방식에 불만을 품은 학부모가 교무실로 찾아와 교사를 폭행하는 사례까지 있다고 하니 교권침해 보험이라는 상품이 나올 만하다는 생각이 든다.

보험회사도 영리 기관이기 때문에 수익성이 없으면 상품을 출시하지 않는다. 보험회사가 교권침해 보험을 상품으로 내놓았다는 것은 그만큼 교권침해 사례가 많았기 때문일 것이다. 뿐만 아니라 2019년 1월에 1,559명이었던 가입자 수가 3년 만에 6,833명으로 늘어났다. 이것은 해마다 교권침해 사례가 증가하고 그로 인한 교사들이 피해가 심각하다는 것을 의미한다.

학교가 왜 이렇게 되어버렸나? 현대 사회가 물질을 숭상하고 정신적 가치를 가볍게 여긴 결과 많은 청소년들은 가치관의 진공상태에 빠져 도덕 불감증을 앓고 있다. 무엇이 옳은 일이고 무엇이 옳지 않은 일인지 판단을 하지 못하고 있는 것이다. 그리하여 청소년들의 심성은 극도로 황폐해져 반인륜적인 범죄가 도처에서 일어나고 있다.

이렇게 길을 잃고 헤매는 청소년들을 바르게 이끌 수단은 그래도 교육밖에 없다. 교육에도 여러 가지 형태의 교육이 있을 수 있지만 그중에서 학교교육이 선도적 역할을 해야 한다. 학생이 아침 8시에 등교해서 오후 4시에 하교한다고 가정하면 학생들은 하루 8시간을 학교에서 생활한다. 이것은 가족과 함께 보내는 시간과 맞먹는다. 그러니 여기서 인성을 기르는 교육이 이루어져야 한다. 사회가 아무리 혼란스럽더라도 학교는 그 혼란으로부터 청소년을 보호하는 마지막 보루가 되어야 한다.

학교의 주체는 교사이다. 교장도 아니고 학생도 아닌 교사가 교육을 이끄는 주체이다. 그런데 이 교사의 지위가 흔들리고 있다. 앞서 살펴보았듯이 교권이 심각하게 침해당하고 있는 것이다. 걸핏하면 교사에게 폭언하고 걸핏하면 대들고 걸핏하면 휴대전화로 신고하는 교육현장에서 아예 '무관심이 상책'이라는 자조적(自嘲的)인 목소리도 나온다고 한다. '무관심이 증오보다 더 무섭다'는 말이 있다. 교사가 학생에게 무관심하다는 것은 교사가 교육을 포기한다는 말과 같다. 이것은 교사의 직무유기이다. 이런 상황에서 학교교육이 정상적으로 이루어질 수 없다.

한국교총에서 교사들을 대상으로 실시한 한 설문 조사에서 '현재 교직 생활에 만족하고 행복한가?'라는 질문에 35.7%가 '그렇다'라 답했다고 한다. 또 '다시 태어난다면 교직을 선택하겠는가?'라는 질문에 '그렇다'고 답한 비율이 31%였다고 한다. 이것은 무엇을 의미하는가? 학교교육에서 교육의 주체이어야 할 교사의 마음이 학교를 떠났다는 것이다. 물론 이렇게 된 원인이 버릇없는 학생들에게만 있지는 않고 보다 복합적인 여러 요인이 작용했을 것이다.

그러나 한 가지 분명한 사실은 지금 학교교육 즉 공교육이 무너지고 있다는 것이다. 공교육이 무너지면 사교육이 이를 대신할 수 있을까? 절대로 그렇게 될 수 없다. '사교육'은 명칭만 교육이지 교육이 아니다. 사교육 기관은 지식 장사를 하는 영리 기관이다. 그런데 지금 사교육의 덩치가 점점 커지고 있다. 사교육비 부담 때문에 출산을 꺼리는 사태에까지 이르렀다. 우리는 공교육을 살리는 데에 국가의 모든 역량을 집중해야 한다. 그런데도 오는 3월 9일에 실시되는 대통령 선거에 출마한 후보자 누구도 공교육을 살리자는 공약을 내지 않고 있다. 앞으로는 공교육이 정상화되어 교권침해 보험 같은 상품이 없어지기를 바란다.

## 국악의 현주소

| 2022. 『국민일보』

지난 4월 중순부터 국악계가 한바탕 시끄러웠다. '2022년 개정 음악과 교육과정 시안'이 발표되자, 전국 국악 교육자 협의회, 한국 국악협회 등 국악 관련 130여 개 단체가 성명을 내고 새 교육과정 시안의 부당함을 성토했던 것이다. 5월 15일에는 '국악 교육의 미래를 위한 전 국악인 문화재'가 열렸는데 여기서 트로트 가수 송가인까지 나서서 울먹이며 국악 교육의 정상화를 호소했다.

이번 사태의 발단은 이렇다. 교육부가 발표한 '개정 음악과 교육과정' 시안에 국악 관련 내용이 빠졌다는 것이다. 새로운 교육과정이 발표되면 각 교과목마다 '성취기준'이란 항목이 제시되는데 이것이 학교의 수업과 평가 그리고 교과서 편찬의 가이드라인이 된다. 이 성취기준에 따라 교과서가 편찬되고 일선 학교의 수업이 이루어진다. 그런데 개정 음악과 교육과정 시안에는 6개 항목의 성취기준 속에 국악에 관한 내용이 하나도 없다는 것이다. 즉 음악 과목의 성취기준에는 그 속에 국악의 어떤 요소와 개념을 학습해야 하는지도 제시되어야 하는데 그것이 없다는 것이다.

이를 보고 국악인들은 새 교육과정 시안이 서양음악 위주로 편성되어 국악이 배제되거나 축소되었다고 반발했다. 이에 대해 교육부 관계자는 "2022년 개정 음악과 교육과정에서 국악 내용은 삭제되거나 축소되지 않았다"라 말하고, 새 교육과정 시안 연구팀은 "국악 내용의 삭제가 아니라 교육학적 설계 원리 및 새로운 문서 양식으로 통합, 재배치되는 것"이라 항변했다. 그러나 교육부 측의 이러한 해명에도 불구하고 새 교육과정이 서양음악 위주로 편성되었다는 혐의를 피하기는 어려울 것으로 보인다. 시안 개발 연구진 대부분이 서양음악 전공자로 구성된 점만 보아도 그렇다. 또 기존 교육과정의 성취기준에 들어있던 '음악 요소와 개념 체계표'도 이번에 빠졌는데 여기에는 자진모리, 중모리, 시김새, 한배 등등 국악의 고유 용어를 서양음악의 용어와 구분해서 명시했었다. '음악 요소와 개념 체계표'를 삭제한 것은, 세계 보편성과 편의성을 이유로 국악 고유 용어를 서양음악 기준의 공통 음악용어로 일원화하려는 시도이다. 이런 사안이 국악계의 반발을 산 것이다.

1945년 광복 이후 우리나라 초·중등학교의 음악 교육은 서양음악 중심으로 이루어졌던 것이 사실이다. 그러다가 2015년의 개정 음악과 교육과정에서 국악이 약 30% 정도의 비중을 차지하게 되었는데 이제 다시 2015년 이전으로 돌아간다고 생각한 국악인들이 들고일어난 것이다. 국악인들의 반발이 거세어지자 교육부는 5월 16일 "국악계의 우려를 반영해 개정 교육과정 성취기준에 국악 관련 내용이 들어가도록 1차 연구 최종 보고서에 반영했다"고 입장을 밝혔다. 그리고 장단(長短)이나 율명(律名) 등 국악 고유 용어가 적힌 '음악 요소와 개념 체계표'도 삭제하지 않고 두기로 했다고 밝혔다.

이번 사태를 보면서 나는 착잡한 심경을 금할 수 없었다. 우리는 음악뿐만 아니라 거의 모든 분야에서 서양 일변도의 교육을 받아왔고 압도적인 서양문화의 영향을 받으며 자라왔다. 다행히 지금은 여러 분야에서 우리 고유의 문화를 찾아보자는 움직임이 일어나고 있다. 서양의 문화가 아무리 우수하더라도 그것을 맹목적으로 받아들여 편식하는 것이 세계문화의 발전을 위해서도 결코 바람직하지 않다는 자각이 일어난 것이다. 문화는 민족과 지역에 따라 다양하다. 그리고 문화는 그 다양함으로 인해서 상호 영향을 미치면서 발전해간다. 생각해 보라, 모든 사람의 얼굴이 꼭 같듯이 모든 문화가 획일적이라면 얼마나 단조롭고 또 지루할 것인가!

음악만 해도 그렇다. 서양음악이 들어오기 전 우리는 적어도 천여 년 동안 국악을 연주하고 향수(享受)해 왔다. 국악에는 우리만의 가락과 흥이 배어있다. 이것은 세계의 다른 어느 나라도 가질 수 없는 우리 고유의 개성이다. 그리고 이 개성은 존중되어야 한다. 우리나라 사람과 서양 사람의 얼굴은 다르다. 그저 다를 뿐이지 어느 얼굴이 더 우수하다고 말할 수 없다. 마찬가지로 국악과 서양음악은 그 질적 우수성을 따질 수 없다. 그러므로 세계 보편성이라는 잣대로 국악 고유의 용어를 서양음악 기준의 공통용어로 일원화하려는 시도도 재고되어야 마땅하다. '가장 민족적인 것이 가장 세계적이다'라는 평범한 말을 되새길 필요가 있다.

## 한글날에 돌아본 한글의 현주소

| 2022, 『국민일보』

지난 10월 9일은 576돌을 맞는 한글날이었다. 새삼 말할 필요도 없이 한글은 우리가 세계에 자랑할 수 있는 기념비적인 유산이다. 그러므로 우리는 마땅히 이 자랑스러운 유산을 잘 가꾸고 발전시켜야 할 의무가 있다. 최현배 선생도 '한글날 노래' 가사 1절에서 "한글은 우리 자랑 문화의 터전 / 이 글로 이 나라의 힘을 기르자"라 말했다.

그런데 현재 대한민국 국민들은 과연 한글을 자랑스러운 문화의 터전으로 여기고 있는가? 또 한글로 우리나라의 힘을 기르려 하고 있는가? 실망스럽게도 그렇지 못한 듯하다. 한글은 지금 천대받고 괄시받으며 심각한 위기에 처해있다. 위기에 처한 한글의 현주소를 한번 살펴본다.

먼저, 인터넷상에서 청소년들이 주고받는 문자를 보자. "왜 글케 운동 열씨미 하세요?" "다 같이 술 먹고 놀고 넘 재미써." "금욜에 만나자." "담에 굴 머그러 오자." 이쯤 되면 한글 맞춤법은 아무런 의미가 없다. 맞춤법이란 글을 쓸 때 지켜야 할 일정한 규칙이다. 사람들이 저마다 아무렇게나 글을 쓴다면 사회적으로 큰 혼란이 일어날 것이다. 그래서 맞춤법이 만들어진 것인데 이런 맞춤법을 청소년은 아예 무시하고 있다. 그리고 청소년들에게는 이런 대화가 조금도 이상하지 않은 일상이 되어 있다. 이건 한글을 학대하는 행위다. 세종대왕이 한글을 창제한 뜻을 받들어 모름지기 한글을 사랑하고 가꾸어야 할 터인데 이렇게 한글을 무시하고 학대하고 있는 것이 오늘날 한글의 현주소다.

한글이 처한 위기의 또 다른 국면은 무분별한 '외국어' 남용이다. 외국어와 외래어는 다르다. 외래어는 컴퓨터, 버스, 피아노, 커피처럼 외국으로부터 들어와 한국어에 동화되어 한국어처럼 사용되는 어휘인 반면에 외국어는 한국어와 이질적인 생경한 다른 나라의 언어이다. 지금 우리는 이 외국어를 남발하고 있는데 두 가지 형태로 나타난다.

첫째는 외국어를 한글로 표기하는 경우이다. 며칠 전 모 일간지에 SK의 전면 광고가 실렸는데 내용 일부를 소개하면 이렇다. "우리에게도 스윗, 지구에게도 소-스윗" "플로깅으로 지구에 달콤하게 줍줍" "라벨은 떼고 스윗함은 남기고" 등인데 이것은 SK가 펼치는 '어스윗어스 캠페인'의 문구이다. '어스윗어스'가 무슨 뜻인지는 조그맣게 써놓은 영문을 보고 알았다. 'Earth with Us'로 '우리와 함께하는 지구'쯤으로 해석할 수 있다. 이 광고문의 표기는 한글로 되어있지만 이것을 한국어 문장이라 볼 수 있을까?

둘째는 외국어(주로 영어)를 그대로 쓰는 경우이다. 현대 자동차가 어느 일간지에 낸 전면 광고를 보자. 상단에 "CASPER The Essential"이란 영문 밑에 "필요한 모든 것을 담은 최적의 케이스 탄생" 문구가 있고 중앙의 자동차 사진 3면에 "Convenience" "Safety" "Design"이라 쓰여 있다. 이것은 미국에서 발간하는 신문에나 게재될 광고가 아닌가? 내가 사는 아파트 관리 사무소 입구에는 'control office'라 쓰여있다. 이밖에도 거리의 간판이나 안내판을 보면 온통 외국어투성이다. 어느 상점의 창문에는 'Monday Closed'라 쓰여있기도 하고 우리나라 영화 제목을 '리멤버'라 붙이기도 한다.

언어는 인간이 만든 것이지만 거꾸로 언어는 그 언어를 사용하는 사람의 사고 양식을 지배한다. 우리가 영어로 말하고 영어로 쓰는 행위가 빈번해지면 우리의 사고와 행동은 우리도 모르게 미국인을 닮아간다. 그리하여 점차 민족의 정체성을 잃어갈 것이다. 세종대왕이 오늘의 이 현상을 본다면 뭐라고 하실까? 한덕수 국무총리가 한글날 기념식에서 "정부는 … 공공언어에서 불필요한 외국어 사용을 줄이고 쉬운 우리말로 바꿔 나가겠다"고 한 말이 일회적인 행사용 발언이 아니기를 바란다.

## 연암 박지원의 '조선풍朝鮮風'

| 2022, 다산포럼

조선 시대의 지식인들은 대부분 한자로 문자생활을 영위했다. 이렇게 중국의 문자인 한자로 저술을 하고 한자로 편지를 쓰는 등의 문자생활을 하다 보면 자신도 모르게 중국 문화에 젖게 된다. 일상적으로 사용하는 문자가 사용자의 의식에 깊은 영향을 미치는 데다가, 한자의 본고장인 중국의 문화는 질적으로나 양적으로 압도적이어서 쉽사리 그 자장(磁場)으로부터 벗어나기 어렵다. 우리나라의 경치 좋은 곳에 정자를 짓고 주련(柱聯)에 '대명산천(大明山川)' '숭정일월(崇禎日月)'이라 써 붙이는 것은 다 이런 이유 때문이다.

중국 문화의 영향을 가장 많이 받은 분야는 문학이다. 우리의 옛 선인들은 시문(詩文)을 지으면서 중국의 시문을 모범으로 삼았다. 중국의 시문 중에서도 시에서는 성당(盛唐)의 시를, 문(文)에서는 한(漢)나라의 문을 교과서 삼아 필사적으로 이를 닮으려고 노력했다. 그리하여 한당(漢唐)의 시문을 얼마나 닮았는가에 따라 작품의 우열이 판가름 나곤 했다. 이런 풍토에서 중국 지상주의를 비판하고 나선 인물이 있었으니 연암(燕巖) 박지원(朴趾源)이 그중의 한 명이다. 그는 장편 시 「증좌소산인(贈左蘇山人)」에서 이렇게 노래했다.

……

| | |
|---|---|
| 눈앞에 참다운 맛 들어있는데 | 卽事有眞趣 |
| 어찌하여 먼 옛일 끌어야 하나 | 何必遠古抯 |
| 한 · 당이 지금 세상 아닌 바에는 | 漢唐非今世 |
| 풍요(風謠)는 중국과 다르고 말고 | 風謠異諸夏 |
| 반고(班固)나 사마천(司馬遷)이 다시 난대도 | 班馬若再起 |

예전 반 · 마(班馬) 결단코 아니 배우리 決不學班馬

……

이 시에서 '눈앞 일[卽事]'은 '먼 옛일[遠古]'과 대립되어 있으며 먼 옛일은 구체적으로 한·당을 가리킨다. 한·당은 시간적으로 먼 옛날일 뿐 아니라 공간적으로도 먼 곳이다. '눈앞 일'은 시간적으로 먼 옛날이 아니고 공간적으로도 멀지 않은 지금, 여기의 일 즉 당대 우리나라의 일이다. 구태여 먼 옛날의 한·당을 끌어올 필요 없이 지금, 여기의 우리나라 일에 충실하여 작품을 쓰면 된다는 말이다.

이와 같은 연암의 사상이 극명하게 드러난 글이 「영처고서(嬰處稿序)」이다. 『영처고』는 이덕무(李德懋)의 문집인데 「영처고서」는, 이덕무의 시가 옛사람의 시를 닮지 않아 전아(典雅)하지 못하고 시시콜콜한 시속의 일을 즐겨 다루었기 때문에 볼 만한 것이 없다는 세인의 비난에 대한 답변 형식의 글이다. 연암은 이렇게 말했다.

> 지금 무관(懋官: 이덕무의 자)은 조선 사람이다. 산천과 기후가 중국과 다르고 언어와 풍속도 한당(漢唐)의 시대가 아니다. 그런데도 만약 작법을 중국에서 본뜨고 문체를 한당에서 답습한다면, 나는 작법이 고상하면 할수록 그 내용이 비루해지고, 문체가 비슷하면 할수록 그 표현이 더욱 거짓이 됨을 볼 뿐이다.

세인들의 비난은 이덕무의 시가 한당을 본받지 않았다는 데 기인한 것인데, 연암은 오히려 그 점을 높이 평가한 것이다. 나아가 그는

> 우리나라가 비록 구석진 나라이긴 하지만 역시 천승(千乘)의 나라이고 신라와 고려가 비록 넉넉지 못하나마 아름다운 풍속이 많았다. 그러

니 그 방언(方言)을 문자로 옮기고 그 민요를 운율에 맞춘다면 저절로 글이 이루어져 진기(眞機)가 발현될 것이다. 옛것을 도습하지 않고 남의 것을 빌려오지 않더라도 지금 우리의 눈앞에 많은 일들이 펼쳐져 있는 것이다. 바로 이 시가 그렇다.

라 하여 이덕무의 시를 극찬하고 "이 시를 '조선의 국풍'이라 불러도 될 것이다"란 말로 끝맺음을 했다. 이덕무의 시를 '조선의 국풍'이라 불러도 될 것이란 말은, 그의 시를 『시경』의 반열에 올려놓은 것이다. 여기서 우리는, 한자로 문자생활을 하면서도 중국 문화에 매몰되지 않고 조선인으로서의 자기 정체성을 지키려는 연암의 실학사상을 엿볼 수 있다.

## 선생님과 나와 다산

| 2022, 『선생님을 그리며』

나는 학부 영문학과를 졸업한 후 영문학에 뜻이 없어 방황하다가 졸업한 지 10년 만에 대학원 국문학과에 입학했다. 석사과정에 입학해서 국문학 관계 논문들을 읽어 나가던 중에 벽사(碧史) 선생님의 논문 한 편이 눈에 띄었다. 「실학파의 문학과 사회관」이란 논문이었는데 머리말에서, 애초에 연암의 소설과 다산의 시를 다루려고 했으나 연암 소설만 다루게 되었다고 말씀하시고 다산 시의 성격을 간단히 소개한 후 "다산 시의 연구는 우리에게 부하(賦荷)된 중요한 책무의 하나"라고 말씀하셨다. 이 글을 읽고 나는 『목민심서』, 『경세유표』의 저자로만 알았던 다산이 시에 있어서도 만만찮은 업적을 남겼다는 사실을 처음 알게 되었고 이후 다산의 시는 나의 석사학위와 박사학위 논문의 주제가 되었다.

이렇게 선생님은 다산 시의 중요성을 일깨움으로써 늦게 들어선 나의 학문의 길에 무언(無言)의 길잡이가 되어 주셨다. 이후에도 나는 다산을 매개로 하여 선생님과 더 가까워졌다. 1978년에 나는 고등학교 영어 교사로 재직하면서 「다산 시 연구」로 석사학위를 받았다. 이어서 『한국한문학연구』에 「다산의 조선시에 대하여」란 논문을 발표했다. 이를 읽은 선생님은 칭찬해 주시며 나에게 다산연구회 가입을 권고하셨다. 당시 다산연구회는 현직 대학교수 10여 명이 매주 한 번씩 모여 『목민심서』를 강독, 번역하고 있었다. '불감청 고소원(不敢請固所願)'이라 했던가 나는 내 주제를 망각하고 덥석 가입해 버렸다. 고등학교 교사의 신분으로 다산연구회의 말석을 더럽히게 되었으니 지금 생각하면 선생님의 배려가 참으로 하해(河海)와 같았다. 선생님과 나와 다산은 점점 더 깊은 관계망을 형성해 갔다.

나는 1979년에 대구 계명대학교 한문교육과의 전임으로 가게 되었는데 이것도 선생님이 전적으로 도와주신 덕분이었다. 그다음 해에 선생님은 나를 성균관대학교 한문교육과로 불러주셨다. 내가 성균관대학교에 부임하던 1980년 초는 박정희 대통령이 암살된 후에 민주화 운동이 봇물처럼 터지던 때였다. 대학교도 학원 민주화를 외치며 학생들이 연일 시위를 벌이고 있었는데 계엄군과 학교 당국은 학생들을 무자비하게 탄압했다. 어느 대학에서는 깡패까지 동원해서 학생들을 무참히 짓밟았다.

그러던 4월 초 어느 날 선생님은 조용히 나를 부르셨다. 대학교수로서 학생들의 희생을 더 이상 보고만 있을 수 없어서 교수 361명 명의로 성명서를 발표하기로 했다는 말씀과 함께 그 성명서 초안을 나에게 부탁하셨다. 아마 이 시국선언은 모든 걸 선생님이 주도하셨던 것 같다. 이 중요한 문건을 선생님은 왜 나에게 부탁하셨을까? 선생의 글을 대필(代筆)할 수 있어야 진정한 제자가 될 수 있다는 생각에서 며칠에 걸쳐 초안을 만들어 드렸다. 그러면서 나도 서명하겠다고 했더니 학과를 지킬 사람이 있어야 한다며 말리셨다. 이 초고를 선생님이 수정, 가필하셔서 4월 24일 '361 교수성명서'를 직접 낭독하셨고 얼마 지나지 않아 계엄 당국에 연행되어 교수직에서 해임되었다. 지금 생각해 보면, 성균관대학교에 갓 부임한 30대의 풋내기에게 그 중요한 문건의 초안을 부탁하신 것은, 다산을 공부하고 있던 내가 다산의 정신으로 초안을 만들 것이라 믿었기 때문이 아닐까? 나는 이 일을 그 후 한 번도 발설하지 않았는데, 2007년 학생들과 중국을 여행하던 중에 선생님께서 술자리에서 말씀하셨다고 해서 비로소 지금 공개하는 것이다.

1981년에 나는 참으로 무모하게도 다산 시를 번역하여 『다산 시선』이란 이름으로 출간했다. 석사학위를 받은 후 다산 시의 매력에 빠져 이를 널리 알리고 싶은 마음에서 번역에 착수했지만 애초에 나의 능력 밖의 일이었다. 아마 젊은 패기가 아니었다면 엄두를 내지 못했을 일이었다. 나는 해직당해 댁에 계시는 선생님을 찾아가서 번역 중 모르는 사항을 여쭙고 지도를 받았다. 댁에서 같이 점심 식사를 하면서 아침부터 저녁까지 머물면서 물어보는 나의 질문에 친절하게 가르쳐 주신 덕분에 어설픈 책이나마 나올 수 있었다. 다산을 매개로 하여 또 한번 선생님의 은혜를 입은 것이다.

『다산 시선』을 출간하고 나서 나는 박사학위 논문을 준비하고 있었다. 다산의 시를 좀 더 깊이 있게 연구하기 위해서는 시 이외에도 다산의 철학 사상, 정치 경제 사상 등을 폭넓게 알아야 하는데 그게 여간 어려운 일이 아니었다. 이런저런 고민을 하고 있을 때 선생님은 그런 나의 마음을 헤아리신 듯 가만히 책 한 권을 보여주셨다. 북한에서 발행한 책으로 8명의 학자가 다산에 관해서 쓴 논문을 모은 연구서였다. 그 당시만 해도 북한의 다산 연구는 우리를 훨씬 앞서 있어서 이 책은 상당히 수준 높은 연구서였다. 반공 정책의 서슬이 시퍼렇던 시절이라 북한 서적은 구경조차 할 수 없었는데 선생님이 해직당한 후 일본 동양문고 초청으로 9개월간 일본에 계실 때 구입하신 것이었다. 나는 선생님으로부터 이 책을 빌려와서 아내를 시켜 대학 노트에 전부 베껴 쓰게 하고 돌려드렸다. 그때는 그 방법밖에 없었다. 자칫 잘못하면 선생님까지 해를 당하기 때문이었다. 나는 학위논문을 작성하면서 이 책으로부터 많은 도움을 받았다. 그러고 보면 공교롭게도 이번에도 선생님과 나 사이에 다산이 있었다.

근 40여 년간 선생님을 가까이 모시면서 나는 수많은 은혜를 입었다. 선생님이 계셨던 성균관대학교와 내가 다녔던 대학교가 달랐고 또 내가 학부에서 영문학을 전공했기 때문에 선생님과는 제도적인 틀 안에서의 사제관계를 맺지는 못했다. 그러나 전공을 바꾼 후의 나의 학문의 8할은 선생님의 영향력 아래에서 이루어졌다고 해도 과언이 아니다. 그만큼 선생님은 나에게 절대적인 존재였다. 선생님으로부터 입은 은혜가 어디 학은(學恩)뿐이겠는가. 크고 작은 일상사에서도 선생님은 많은 은혜를 베푸셨는데 여기 일일이 거론할 수 없을 정도이다. 지금 나는 선생님이 나에게 주신 시 한 수를 보고 있다.

만리장성 위에서 함께 구름 밟았고 萬里城頭共躡雲
정양문 밖에서 서로 헤어졌는데 正陽門外手相分

여장엔 아직도 술 한 병 남아있어 旅裝尙有一壺酒
서쪽 양관 나서면서 거듭 그대 생각나네 西出陽關重憶君

「敦煌中夜不能寐憶止山」 즉 「돈황 밤중에 잠 못 이루고 지산을 생각한다」는 제목의 시이다. 지산(止山)은 나의 호이다. 1989년 북경에서 퇴계학 국제학술회의가 열렸는데 그때 선생님과 나를 포함한 수십 명이 학회에 참석하고 함께 만리장성을 관람한 후 두 패로 나뉘어 한 패는 돈황 쪽으로 가고 또 한 패는 서안 쪽으로 가게 되었다. 선생님은 돈황 쪽을 택하셨고 무슨 이유인지 모르지만 나는 서안 쪽으로 갔다. 위의 시는 북경에서 헤어진 후 돈황에 도착해서 나를 생각하며 쓰신 시이다. 내가 술을 좋아하는 것을 익히 알고 계셨기 때문에 여장 속의 술을 보고 내 생각을 하신 것이다.

나는 이 시를 이동익(李東益) 씨에게 부탁하여 모필로 쓰게 하고 이를 두 폭 가리개로 만들어 지금 내 개인 연구실에 놓아두고 아침저녁으로 보고 있다. 선생님은 내 곁을 영원히 떠나셨지만 이 가리개를 볼 때마다 선생님의 넘치는 정을 느낄 수 있다. 선생님은 저토록 넘치는 사랑을 주셨는데 살아계실 때 나는 선생님에게 그 사랑에 얼마나 보답을 했던가. 생각하면 송구스러운 마음뿐이다.

## 왜 인문학인가?

| 2022, 『국민일보』

4차 산업혁명 시대를 맞아 이공계의 첨단 기술 분야가 각광을 받고있는 반면에 인문사회 분야는 갈수록 위축되고 있다. 교육부의 통계에 따르면, 전국 4년제 대학의 공학 계열 학과는 2012년에 1333개였던 것이 2021년에는 1446개로 8.5%가량 늘어난 반면 같은 기간에 인문계 학과는 962개에서 807개로 16%가량 줄었다.(3월 4일 자 중앙일보 기사 참조) 줄어든 학과는 이른바 '문사철(文史哲)'로 불리는 문학, 역사, 철학 관련 학과들이다. 이들 학과가 퇴출된 이유는 졸업생들의 취업률이 낮아서 학생들의 선호도가 떨어진다는 것이었다. '소비자 중심의 교육'을 강조하는 교육계에서 소비자인 학생이 싫어하는 학과를 존속시킬 이유가 없다.

그런데 푸대접받고 있는 이 문사철 학과가 인문학의 핵심을 이룬다. 인문학이란 무엇인가? 거칠게 말하면 '인간을 인간답게 해주는 학문'이라 할 수 있다. 전통시대에는 인간답지 못한 인간을 금수(禽獸)에 비겼다. 그러므로 인문학은 사람으로 하여금 금수와 같은 짓을 하지 못하도록 해주는 역할을 했다. 즉 '사람의 탈을 쓴 짐승'이 되지 않기 위해서 끊임없이 인문학적 소양을 길러야 했던 것이다.

이러한 인문학의 기능은 오늘날에도 여전히 유효하다. 온갖 비도덕적이고 비인간적인 범죄 사건이 일어나는 이 시대에 인간이 금수로 전락하는 것을 막아주기 위해서 과거 어느 때보다 더 절실히 인문학적 소양이 요구된다. 인문학적 소양은, 문학 작품을 읽고 역사를 공부하고 철학적 사색을 함으로써 우리가 올바르게 살아갈 수 있는 길을 모색하는 바탕이 된다. 그러므로 인문학적 소양은 인간이 금수로 전락하는 것을 막아줄 뿐만 아니라 올바른 삶을 지향하는 모든 인간 활동의 기본 동력이 된다고 할 수 있다.

가장 비근한 예로 각종 재판에서의 판사의 활동을 살펴보자. 재판에서 판사의 판결은 절대적이어서 판사의 판결에 따라 피고인의 운명이 결정된다. 그래서 판사는 판결을 내리기 위해 법조문을 꼼꼼히 살펴보고 이전의 판례를 샅샅이 검토함으로써 최대한 판결의 공정성을 기하려고 노력한다. 판사는 응당 기존의 판례를 참고하고 법조문에 따라 판결해야 할 것이다. 그러나 이것은 결코 간단하지 않다. 우선 해당 사건에 적용할 법조문이 없는 경우가 있을 수 있다. 아무리 법이 많아도 인간의 행동을 모두 규율하지는 못하기 때문이다. 그만큼 인간의 행동 양태는 다양한 것이다. 이럴 때에는 비슷한 판례나 법조문의 도움을 받아서 판사의 재량에 따라 판결할 수밖에 없다.

또 해당 사건에 적용할 법조문이 있고, 비슷한 판례가 있더라도 사람이 저지른 일이라 사건마다 차이가 있어 역시 판사의 재량이 개입할 여지가 있다. 우리는 판사가 '정상을 참작하여' 판결하는 경우를 흔히 보는데, 같은 형량에 처할 사건이라도 경우에 따라 정상을 참작하는 것 역시 판사의 재량에 달려있다. 이러한 판사의 재량이 합리적이고 도덕적이어야 할 것임은 말할 필요도 없다. 합리적이고 도덕적인 재량권을 행사하기 위해서는 판사의 인문학적 소양이 필요하다. 법률적 지식만 가지고는 안 된다.

이 글에서는 판사의 판결이라는 하나의 예를 들었지만, 인문학적 소양은 인간 생활의 폭넓은 공간에 두루 필요하다. 과학기술이 고도로 발달한 오늘날에는 또 다른 측면에서 인문학적 소양이 요구된다. 바로 기계로부터 인간을 지키는 일이다. 지금 인공지능(AI)은 가공할 만한 속도로 발전하고 있다. 이 인공지능은 여러 면에서 특히 산업, 의료 분야에서 인간 생활을 무척 편리하게 해주고 있다. 뿐만 아니라 우리의 일상생활에서도 AI의 활용도가 점차 확대되고 있다. 이대로 가다가는 기계가 인간이 하는 모든 일을 대신해주는 시대가 도래할지도 모른다.

그러나 김명주 서울여자대학 교수의 말처럼 'AI는 양심이 없다.' 양심이 없는 AI가 인간을 대신하여 판단하고 결정하는 사태를 계속 조장해야 하는가. 인공지능 기술이 계속 발전한다면 인간이 기계의 노예가 되는 날이 올 것이다. 기계로부터 인간을 지키기 위해서도 우리는 인문 정신, 인문학적 소양으로 철저히 무장해야 할 것이다. "인공지능이 인류의 종말을 불러올 수 있다"고 경고한 스티븐 호킹의 말을 되새길 필요가 있다.

# 2부

# “낭만에 대하여”

## 인문 · 사회 · 철학

## 자연의 반격

| 2005, 다산포럼

인도네시아의 지진과 해일로 인한 사망자 수가 2005년 1월 1일 현재 15만 명에 이른다고 한다. 앞으로 더 정확한 통계가 나오면 사망자 수가 50만 명에 달할 것이라는 보도도 있다. 피해 지역이 더운 지방이어서 전염병이라도 창궐하면 얼마나 많은 사람들이 더 희생될지 알 수 없다고도 한다. 처참하게 파괴된 가옥들, 가족을 잃고 울부짖는 사람들, 길가에 쌓여있는 시체 더미들을 보노라면 지옥이 따로 없다는 생각이 든다. 그리고 자연의 위력 앞에는 인간이 얼마나 왜소한 존재인가라는 사실을 실감하게 된다.

이번 사태를 계기로 나는 자연과 인간에 대하여 여러 가지 생각을 하게 되었다. 인간도 따지고 보면 자연의 일부가 아닌가? 자연계의 수많은 생명체 중의 하나에 불과한 것이 인간이다. 자연계의 모든 생명체는 생성과 소멸의 순환과정을 거친다. 자연의 일부인 인간도 생성과 소멸의 과정을 거치지 않을 수 없다. 생·로·병·사(生老病死)의 과정이 그것이다. 사람은 누구나 태어나서 병들거나 늙어서 죽는다. 이것이 자연의 순환과정이고 자연의 자기 정화능력(淨化能力)이다. 이러한 정화능력에 의한 순환과정에 따라서 낡은 것은 소멸하고 새로운 것이 탄생하는데 이것이 자연의 섭리이다.

그런데 언제부터인가 인간은 이 자연의 섭리에 도전하기 시작했다. 발달한 과학 기술을 무기로 하여 자연을 정복하고자 했던 것이다. 인간은 자연의 질서를 따르지 않고 자연을 개조하려는 야심적인 계획을 세웠다. 그 결과 인간은 실로 엄청난 성과를 거두었다. 교통과 통신 수단의 발달로 지구가 좁혀졌으며 각종 기계의 발명으로 인간의 생활은 더없이 편리해졌다. 겨울에도 춥지 않게 지낼 수 있고 여름에도 시원하게 살 수 있게 되었다. 무엇보다 여러 가지 의약품의 개발로 인한 질병의 퇴치는 인간의 수명을 연장시켰고 노화(老化)의 속도를 더디게 했다. 어디 그뿐인가, 먹거리도 풍성해져서 사계절 식품을 언제 어디서고 사서 먹을 수 있다.

이 모든 편안함과 풍성함은 자연을 정복하고 개조한 대가로 얻어진 것이다. 어떻게 보면 인간의 역사는 자연을 정복한 역사라고도 말할 수 있다. 실로 인간은 이 지구상에서 위대한 정복자로 군림해 왔다. 그리고 이러한 정복의 무기는 기술이었다. 기술은 독자적인 법칙과 원리에 의하여 무한히 발전하는 속성을 지니고 있다. 기술은 인간이 만들었지만 일단 만들어진 기술은 인간의 통제를 벗어나 앞으로만 나아간다. 기술은 결코 후퇴하는 법이 없다. 이렇게 발달한 기술력을 과신(過信)한 인간은 드디어 자연의 순환 질서를 근본적으로 바꿀 수도 있다는 오만한 생각까지 하게 되었다.

그러나 지금까지 일방적으로 정복당하기만 하던 자연이 반격을 시작하고 있다. 남극대륙의 빙하가 녹고 지구의 오존층이 엷어진다고 한다. 여름에 때아닌 한파가 몰아치고 여름 같은 겨울 날씨가 계속되는 등의 기상 이변이 속출하고 있다. 이 모든 것이 인간이 자초(自招)한 재앙이고 인간에 대한 자연의 앙갚음이다. 편리함만을 추구하는 인간 행동의 부산물인 각종 공해 물질이 지구를 병들게 하고 있다.

이보다 더 가공할 재앙은 세균들의 역공(逆攻)이다. 의학자들은 인간의 기술로 다스릴 수 없는 '슈퍼 박테리아'의 출현을 예고하고 있다. 이미 에이즈, 조류 독감, 광우병 등이 기세등등하게 인간을 공격하고 있다. 생각해 보라. 풀만 먹고 사는 소에게 동물의 뼈를 갈아서 먹였으니 그 소가 정상적일 수 있겠는가? 그리고 그 소의 고기를 먹는 인간인들 어찌 무사할 수 있겠는가? 마당에서 뛰놀며 모이를 쪼아 먹는 것이 닭의 본성인데, 움직일 수도 없는 닭장에 가두어 '알 낳는 기계'로 만들었으니 한

마리가 병에 걸리면 수천, 수만 마리가 한꺼번에 떼죽음을 당하는 것이 아닌가? 그리고 자기들을 '알 낳는 기계'로 만든 보복으로 인간들에게도 그 병을 옮기고 있는 것이다.

여름철에 나는 딸기를 겨울에도 먹고 싶어 하고, 늙어가는 것을 자연의 질서로 받아들이려 하지 않고, 병에 걸려 죽을 수도 있다는 사실을 인정하지 않으려는 인간의 오만함이 드디어 인간 배아(胚芽) 복제를 시도하는 등 신(神)의 영역에 속하는 일에까지 도전하고 있다. 그러나 기술을 앞세운 인간의 도전이 이제 한계에 이르렀다는 생각이 든다. 생활을 편리하게 하기 위하여 만든 여러 가지 도구가 도리어 생활을 불편하게 하는가 하면 그 부작용으로 지구의 생태계가 서서히 파괴되고 있다. 물고기가 살 수 없고 풀이 살 수 없는 환경에서는 결국 인간도 살 수 없는 것이다.

그렇다고 해서 우리가 기술 이전의 시대로 되돌아갈 수는 없다. 기술은 자기 발전의 법칙에 따라 계속 발전하게 마련이기 때문이다. 그렇다면 어떻게 해야 하는가? 인간의 욕망을 줄이고 자연의 질서를 겸허하게 받아들여 자연과 공존하는 길을 모색해야 할 것이다. 그렇게 하지 않으면 엄청난 자연의 재앙을 피할 수 없을 것이다. 인도네시아의 지진과 해일에서 보았듯이 자연은 인간의 기술력을 뛰어넘는 엄청난 파괴력을 가지고 있다. 인도네시아 지진과 해일은, 인간도 결국은 한 줌 흙으로 돌아간다는 평범한 진리를 우리에게 다시금 일깨워준 사건이라고 하겠다.

## '팬택'의 삼강오륜

| 2005, 다산포럼

신문보도에 의하면 팬택앤큐리텔이라는 기업이 직장인으로서 갖춰야 할 자세와 행동규범을 담은 '팬택 삼강오륜'이란 교육용 책자를 펴냈다고 한다. 이 책자를 직접 보지 못해서 구체적인 내용은 알 수 없지만 신문 기사의 내용을 그대로 옮기면 이렇다.

먼저 팬택인이 지켜야 할 세 가지 도리인 삼강(三綱)은 기본예강(基本禮綱: 팬택인의 기본예절), 상위하강(上爲下綱: 부하에 대한 상사의 예절), 하위상강(下爲上綱: 상사에 대한 부하의 예절)으로 되어 있다.

오륜(五倫)은 수신유품(修身有品: 몸가짐과 마음가짐에는 품격이 있어야 함), 화인유례(話人有禮: 타인과 언어가짐에서 예를 다함), 수장유덕(首長有德: 지휘자는 결단력, 통찰력, 인덕, 품격이 있어야 함), 수명유성(受命有誠: 업무를 수행함에 있어 정성을 다해 수행함), 의전유경(儀典有敬: 공경함을 다해 상사를 섬김)으로 구성되어 있다.

팬택이 무슨 업종의 기업체인지 모르지만 이 기사를 읽고 우선 흐뭇했다. 살아남기 위하여 살벌한 경쟁을 해야 하는 직장생활에 무언가 포근하고 아늑한 느낌을 주는 듯해서 반가웠다.

물론 '팬택 삼강오륜'의 내용이 포근하고 아늑하다는 말은 아니다. 다만 현대인에게 잊혀져 가는 삼강오륜이라는 용어를 오늘에 되살리려는 시도 자체가 일종의 향수를 불러일으킨다는 점에서 반갑다는 것이다. 이 기회에 삼강오륜의 의미를 다시 한번 생각해 보고 '팬택 삼강오륜'의 문제점을 짚어보고자 한다.

유학(儒學)에서 가장 중요한 개념은 인(仁)인데, 다산 정약용은 仁을 '人'과 '二'의 합성어로 보았다. 즉 '두 사람'이라는 뜻이다. 이 말은 仁이, 사람과 사람과의 관계에서 성립하는 개념임을 나타낸다. 사람과 사람

사이에는 무수한 형태의 관계가 맺어질 수 있는데 이 다양한 인간관계의 가장 이상적인 형태가 바로 仁이라는 것이다.

이러한 인간관계를 다섯 가지로 범주화하고 각각의 최고 덕목을 제시한 것이 오륜(五倫)이다. 즉 아버지와 아들[父子], 임금과 신하[君臣], 남편과 아내[夫婦], 어른과 아이[長幼], 친구와 친구[朋友]의 다섯 가지를 당시에는 인간관계의 대표적인 유형으로 여겼다.

그리고 각 유형에서 최고의 덕목을 친(親), 의(義), 별(別), 서(序), 신(信)으로 설정한 것이다. 그리고 다산에 의하면 이 친, 의, 별, 서, 신을 실천하는 것이 곧 仁이다.

물론 고도로 산업화된 오늘의 관점에서 보면 인간관계의 유형을 이 다섯 가지로 한정할 수는 없을 것이다. 기업체의 사용자와 노동자[勞使], 직장의 상사와 부하[上下], 학교의 선생과 제자[師弟] 등등도 중요한 인간관계가 될 것이다. 그러나 비록 인간관계의 유형이 바뀌더라도 사람이 살아가는 세상에서 인간관계를 중요시한 그 기본정신은 현대에도 여전히 유효하다고 생각한다.

오륜이 『맹자』에서 처음으로 언급된 반면, 삼강은 유가의 경전에 직접 나타나지 않는다. 또한 그 내용도 현대에 되살릴 만한 요소가 없다. "임금은 신하의 벼리요[君爲臣綱], 부모는 자식의 벼리요[父爲子綱], 남편은 아내의 벼리[夫爲婦綱]"라는 말속에는 신하와 자식과 아내의 무조건적인 복종을 강조하는 뜻이 내포되어 있다. '벼리'는 도덕적인 기준 또는 법칙을 지칭하는 말이다.

전통적인 삼강오륜은 봉건시대의 윤리강령이다. 그러나 그 기본정신을 계승하여 새롭게 해석할 여지가 없는 것도 아니다. 그런 의미에서 '팬택 삼강오륜'은 일단 새로운 시도라 할 만하다. 하지만 기왕에 삼강오륜이라는 용어를 사용했으면, 원래의 삼강오륜의 틀을 유지하면서도 현대적인 내용을 담을 수 있도록 좀 더 세심한 배려가 필요하다고 본다. 그리고 최소한의 한문 어법에 맞는 말을 만들어야 할 것이다.

예를 들어 "下爲上綱"은 "상사에 대한 부하의 예절"이 아니고, '아랫사람이 윗사람의 벼리'라는 뜻이다. "上爲下綱"도 마찬가지이다. 오륜에 있어서도 어색하고 생경한 용어가 눈에 띈다. 여기서 일일이 지적할 겨를이 없지만 모처럼의 참신한 시도에 흠이 가지 않을 세련미가 요구된다.

미국의 경제 주간지 비즈니스위크 최근호는 팬택이 세계 이동통신 시장에서 새로운 강자로 부상하고 있다는 기사를 실었다고 한다. 이 기사의 내용이 사실이라면 그것은 '팬택 삼강오륜'을 제정할 정도로 정도(正道)경영을 강조하는 기업이념과 전혀 무관하지는 않을 것이란 생각을 해본다.

## 집단 '술 소송'

| 2005, 다산포럼

'알코올 소비자 권리보호 센터' 소속 회원 59명이 국가와 (주)진로를 상대로 최근 거액의 '술 소송'을 제기했다고 한다. 이들은 대부분 알코올 중독으로 사망한 사람의 유가족, 알코올 중독 환자와 그 가족들이라고 한다. 이들의 소장 내용을 요약하면 이렇다.

첫째, (주)진로는 소비자의 생명과 신체에 소주가 얼마나 위험한지를 알려줄 책임이 있는데도 현재 소주병에는 "알코올 중독을 유발할 수 있다"는 모호한 경고문구만 담겨 있어 술이 실제로 얼마나 유해한지 알려주지 않았다.

둘째, (주)진로는 술병에 적정 음주량을 표기하지 않아서 소비자가 술을 알맞게 조절하여 마시지 못하게 함으로써 술로 인한 피해자를 양산하고 있다.

셋째, 국가는 술이 국민 건강에 막대한 영향을 미친다는 것을 알면서도 술의 판매, 제조에 아무런 규제를 하지 않아서, 국민을 보호해야 하는 국가로서의 의무를 다하지 않았다.

이들은 지난해 10월에도 보건복지부와 주류회사를 상대로 17억 원의 손해배상 청구 소송을 냈다가 취하한 바 있다고 한다. 그때 왜 소송을 취하했는지는 알 수 없다. 그리고 이번에는 왜 청구 액수를 왜 2억 7천만 원으로 줄여서 소송을 냈는지도 알 수 없다.

어쨌든 "술로 인한 국가적 손실을 막기 위하여 소송을 냈다"는 이들의 주장에 일리가 있다는 느낌과 함께 술에 대하여 다시 한번 생각해 볼 필요가 있다는 생각이 든다.

인간의 기호식품으로 담배와 함께 술만큼 말이 많은 식품도 드물 것이다. 중국의 역사서인 사마천(司馬遷)의 『사기(史記)』에 다음과 같은 기록이 나온다.

> 하늘에 제사 지내고 사당에 제사 지내는 데에 술이 아니면 (신령이) 흠향(歆饗)하지 않을 것이고, 임금과 신하, 친구 사이에도 술이 아니면 의리가 두터워지지 않을 것이고, 싸움을 하고 서로 화해하는 데에도 술이 아니면 성사되지 않을 것이다.

이렇게 술은 인간이 사는 세상에서 꼭 있어야만 하는 존재로 인식되어 왔다. 술은 인간관계를 부드럽게 해줄 뿐만 아니라 인간과 신(神)을 맺어주는 역할도 해왔다. 술 없이 제사 지내는 일은 상상할 수 없는 일이다. 또한 『한서(漢書)』에 "술은 백약(百藥)의 으뜸이고 아름다운 모임의 좋은 짝이다"라는 기록이 나온다. 술이 병을 다스리는 최고의 약이 된다는 말이다.

이만하면 술의 효능을 짐작할 만하다. 말하자면 술은 인간과 역사를 같이하면서 인간의 슬픔과 기쁨을 함께 나눈 인간의 오랜 벗인 셈이다.

그러나 술은 두 개의 얼굴을 가지고 있다. 앞서 인용한 『사기』의 기록에서도 술의 공덕을 찬양하고 나서 "술은 일을 성공시키기도 하고 실패하게도 하니 함부로 마셔서는 안 된다"라는 경고를 덧붙이고 있다. 알코올 중독자는 술을 함부로 마셔서 실패한 자들이다.

이렇게 술을 함부로 마셔서 실패한 자들이 지금 소송을 제기하고 있는 것이다. 우리는 여기서 냉정하게 생각해볼 필요가 있다. 술을 함부로 마셔서 실패한 것이, 함부로 마신 사람의 책임인가 술 제조회사 또는 국가의 책임인가?

엄격히 말하면 양쪽에 다 책임이 있다고 해야 할 것이다. 그렇다면 한쪽이 일방적으로 다른 쪽에 책임을 전가할 수 없다. 문제는 적정 음주량을 표기하지 않았다는 것인데, 소송 당사자들은 일일 적정 음주량이 "소

주 4잔, 맥주는 3캔과 1/3 정도"라는 분석도 함께 제시했다고 한다. 그러나 적정 음주량은 사람에 따라 다르다.

함부로 마시고 많이 먹어서 나쁜 것은 술뿐만 아니다. 콜라를 함부로 마시고 햄버거를 많이 먹는 것도 건강을 해친다. "술로 인한 국가적 손실을 막기 위하여 소송을 냈다"는 당사자들의 충정(衷情)에는 어느 정도 공감하지만, 우리 국민과 희로애락을 함께 해온 소주에만 죄를 씌우려는 것에 대해서는 한편으로 못마땅한 느낌을 지울 수 없다.

## 돈은 신神인가

| 2005, 다산포럼

최근 신문에는 돈을 둘러싸고 일어나는 불미스러운 일들이 연일 보도되고 있다. 양윤재 서울시 행정2부시장이 청계천 주변 재개발과 관련하여 거액의 뇌물을 받은 혐의로 구속되었고, 현대 자동차와 기아 자동차 노조 간부들이 돈을 받고 이른바 '취업장사'를 한 사실이 드러났다. 한국노총의 이남순 전 위원장과 권오만 사무총장 역시 관련 업체로부터 거액의 리베이트를 받은 혐의로 구속되었다.

뿐만 아니라 과거에 대통령인 형의 위세를 업고 무소불위의 권력을 행사했던 전경환 씨는 외자 유치를 미끼로 건설업체로부터 7억 원을 사취(詐取)하고 잠적하여 돈에 관한 한 아직도 건재함을 과시하고 있다.

도대체 돈이 무엇이길래 인간은 이토록 돈에 집착하는가? 여기서 중국 진(晉)나라 때의 은자(隱者)인 노포(魯褒)가 쓴 「전신론(錢神論)」이란 글이 생각난다. "돈[錢]의 모양 됨이 하늘과 땅의 형상을 지녀 안은 네모나고 밖은 둥글다"는 서두부터 심상찮다. 당시의 돈은 둥근 모양에 네모난 구멍이 있는 엽전인데 그 모양이 하늘과 땅의 형상을 지닌 것과 같다고 했다.

하늘은 둥글고 땅은 네모났다는 이른바 '천원지방설(天圓地方說)'이 당시의 우주관이었기 때문이다. 이렇게 돈을 천지(天地)와 맞먹는 비중을 가진 것으로 묘사했다. 그러니 돈의 위력이 대단할 수밖에 없다. 노포는 또 이렇게 말했다.

> (돈은) 날개가 없는데도 날아다니며 발이 없는데도 걸어다닌다. … (돈은) 위태로운 것을 편안하게 할 수 있고 죽은 것을 살릴 수 있으며, 귀한 것을 천하게 할 수 있고 살아 있는 것을 죽일 수 있다.

이쯤 되면 돈을 천지에 비유한 이유를 알 만하다. 같은 글에서 그는 "돈이 없다면, 날개 없이 날려고 하며 발 없이 걸어 다니려고 하는 것과 다르지 않다"고 말했다. 이 말을 뒤집으면, '돈이 있다면 날개 없이도 날 수 있고 발 없이도 걸을 수 있다'는 말이 된다. 그래서 그는 돈을 "신물(神物)"이라 했다. 돈이 곧 신(神)이라는 말이다.

전경환 씨야 원래 그런 사람이라 치더라도, 대학교수 출신인 양윤재 부시장과 도덕성을 생명으로 내세우는 노동조합 간부들이 돈 앞에서 추락하는 모습을 보면 과연 돈이 신이라는 생각이 든다. 인간이 만든 돈이 고유의 힘을 지니고 독자적으로 행동하여 드디어는 인간의 신앙의 대상이 되고 숭배의 대상이 되어버린 것이다.

전두환, 노태우 두 전직 대통령의 비자금 숨기기는 '전신(錢神)'의 가장 대표적인 예이다. 돈 앞에서는 대통령을 지낸 사람으로서의 체면을 생각할 여지가 없다. 왜냐하면 신(神)이 대통령보다 더 높기 때문이다. 2천억 원을 숨겨놓은 사람이 "내 재산은 29만 원밖에 없다"고 말할 만큼 뻔뻔스러울 수 있는 것은 그가 전신(錢神) 앞에 복종하지 않을 수 없었기 때문이다.

고려 중기의 문인인 임춘(林椿)은 「공방전(孔方傳)」이라는 소설을 썼는데 돈을 의인화한 작품이다. '孔方'은 둥글고 네모났다는 뜻으로, 「전신론」에서 노포(魯褒)가 돈에게 붙여준 돈의 자(字)이자 돈의 별명이다. 이 작품에서 임춘은 돈 때문에 인간이 어떻게 타락했는가를 역사적으로 살피고 결국은 후환을 없애기 위하여 주인공인 孔方, 즉 돈을 없애야 한다고 했다.

그러나 임춘의 주장대로 돈을 없앨 수는 없는 일이다. 자본주의 시대에 살고 있는 우리에게 돈을 없앤다는 것은 실현 불가능한 망상에 불과하다. 임춘의 주장도 정말 돈을 없애자는 것이 아니라 돈의 폐해를 강조한 말일 것이다.

요컨대 돈을 신격화(神格化) 하는 데에서 오는 폐단은 어떤 방법으로든 막아야 할 것이다. 이렇게 보면 마르크스의 물신론(物神論)은 아직도 유효한 이론이 아닌가! 19세기 마르크스의 물신론과 3세기 노포의 전신론의 우연의 일치가 흥미롭다.

## 인간이 복제된다면

| 2005, 다산포럼, 원제 「스너피(snuppy)의 교훈」

황우석 교수 연구팀이 다시 한번 세계를 놀라게 했다. 동물 복제 중에서도 가장 어렵다는 개를 복제하는 데에 성공한 것이다. 금년 5월의 배아 줄기세포 연구로 학계의 비상한 주목을 받은 바 있는 황 교수 팀이 또 한번의 쾌거를 이룬 것이다. 이로써 황 교수 팀은 세계 생명 복제 기술의 최강자임이 입증되었다. 참으로 장한 일이 아닐 수 없다.

그러나 황우석 교수에게 아낌없는 박수를 보내면서도 한편으로는 짙은 우려를 금할 수 없다. 이러한 연구가 결국엔 인간 복제로 이어질 것이기 때문이다. 황 교수는 기자회견에서 "영장류 복제는 안 할 예정"이라고 분명히 밝혔지만, 황 교수의 연구를 바탕으로 미래의 누군가가 인간을 복제하지 않으리라는 보장이 없다. 또 황 교수는 "앞으로 1세기 안에는 복제 인간이 없을 것"이라 말했는데 이 말은 '앞으로 1세기 후에는 복제 인간이 나타날 수도 있다'는 말에 다름 아니다.

과학 기술은 인간의 의지와 관계없이 그 자체의 독자적인 논리에 의해서 무한히 발전하게 마련이다. 그렇기 때문에 황 교수의 업적은 황 교수의 의도와 상관없이 이미 인간 복제의 기틀을 마련해 놓은 셈이 된다. 개의 복제가 인간의 복제로 이어지리라는 것은 필연적인 사실이다. 과학 기술에 후퇴란 있을 수 없기 때문이다.

만일 인간이 복제된다면 이 세계는 어떻게 될까? 인간 복제가 가능한 사회에서 사람들은 과연 어떤 유형의 복제 인간을 원할까? 아버지와 같은 아들, 어머니와 같은 딸이 복제되기를 원하는 사람도 있을 것이다. 그러나 그보다는 지능이 우수한 사람, 외모가 수려한 사람, 재능이 뛰어난 사람으로 복제되기를 원하는 사람이 훨씬 더 많을 것이다. 이렇게 모든 면에서 우수한 인간이 양산되면 인류가 지금까지 이루어 놓은 가치체계가 일시에 무너진다.

생각해 보라, 모든 사람이 천재이고 모든 남자가 미남이고 모든 여자가 미녀인 세상을. 또 성악을 지망하는 여자가 모두 조수미같이 노래를 잘 부르고 투수를 지망하는 남자가 모두 박찬호같이 공을 잘 던지는 인간으로 복제된다면 이 세상이 어떻게 되겠는가?

이렇게 되면 음악 콩쿠르나 야구 경기 자체가 성립되지 않을 것이다. 다양한 신체조건과 능력을 가진 사람들이 조화를 이루며 살아가는 것이 인간 세상이다. 이 과정에서 희로애락(喜怒哀樂)의 감정이 생기는 것이고 이 희로애락이야말로 인간을 인간이게끔 하는 가장 기본적인 요소이다. 복제된 우등인간들만 사는 세상에서는 이러한 희로애락이 있을 수 없다.

황 교수의 말대로 개 복제를 인간의 난치병 치료에만 이용한다 하더라도 문제가 없는 것은 아니다. 모든 생명체는 태어나서 늙거나 병들어서 죽게 마련이다. 죽고 나면 또 새로운 생명체가 태어난다. 이것이 자연의 순환과정이다. 이 순환과정을 거침으로써 자연은 정화되고 새로워진다. 인간도 자연의 일부인 이상 거대한 자연의 순환에서 예외일 수 없다. 진시황을 비롯한 수많은 권력자들이 불로장생(不老長生)의 꿈을 추구했지만 모두 허황하고 무모한 짓이었음이 입증되었다.

다만 병들지 않고 오래 사는 것은 누구도 부정할 수 없는 인간의 본질적인 욕망이다. 그러나 이 기본적인 욕망마저도 이제는 자제해야 할 때가 되지 않았나 싶다. 즉 지금 인간이 누리고 있는 평균수명으로 만족할 줄 알아야 할 때가 온 것이다. 좀 더 오래 살고 싶은 인간의 욕망이 개를 복제하는 기술을 개발했고 그것이 인간 복제로 발전하리라는 것은 너무도 뻔한 사실이기 때문이다. 인간 복제가 가져올 가공(可恐)할 사태를 감안한다면 조금 일찍 죽는 것쯤은 감수할 수 있을 법한 일이라 생각된다. 아까운 사람이 병들어 일찍 죽는 것은 애석한 일이지만 그런 애석한 일이 일어나는 곳이 또한 인간다운 인간 세상이 아니겠는가?

## 인문학을 어떻게 할 것인가?

| 2006, 다산포럼

2월 16일 자 중앙일보는 "이공계 위기라더니… 인문대는 더 심각"이라는 제목의 기사를 1면 머리글로 실었다. 서울대를 비롯한 대부분의 대학에서 학생들이 인문계를 기피하고, 입학의 편의를 위해서 인문계에 들어간 후에도 법대, 경영대 등으로 전과하는 학생이 많다는 내용이었다. 지방대학은 사태가 더 심각해서 철학과, 역사학과 등을 폐과하는 대학이 늘고 있다는 내용도 함께 실었다.

또 최근에는 서울대의 유안진 교수가 정년을 1년 남기고 명예퇴직을 신청했다는 기사가 보도되었다. "가르치는 것에 대한 열정이 사라졌다"는 것이 퇴직의 이유였다. 서울대 국문학과의 이병근 교수도 몇 년 전, "대학이 재미가 없어서…"라는 말을 남기고 명예퇴직했다. 이외에도 인문계 교수들의 명예퇴직이 최근 부쩍 늘어나고 있다. 이 글을 쓰고 있는 나도 명예퇴직의 유혹에 시달리고 있다. 이렇게 학생들도 인문계를 기피하고, 인문계 교수들도 "열정이 사라져" 명예퇴직을 신청하는 것이 오늘날 대학 인문계 학과의 현실이다.

이러한 현상의 원인은 매우 복잡하다. 그리고 그 해결 방안도 간단히 제시될 수 있는 성질의 것이 아니다. 지금까지 이른바 '인문학의 위기'에 대하여 수많은 논의가 있어 왔음에도 불구하고 학생들은 여전히 인문학을 외면하고, "가르치는 것에 대한 열정"을 잃어버리는 교수들이 나날이 늘어나는 현실이 이를 증명해 준다.

그래서 지금은 인문학에 대한 보다 근본적인 성찰이 필요한 때라고 생각한다. 인문학이 무엇이며 인문학이 왜 필요한지에 대한 본원적인 검토가 진지하게 이루어져야 한다. 인문학(人文學)은 인문(人文)을 연구하는 학문이다. 그러면 인문은 무엇인가? 인문이란 용어가 최초로 사용된 출전은『주역(周易)』이다.『주역』「비괘(賁卦)」의 단사(彖辭)에 이렇게 씌어 있다.

> 천문(天文)을 관찰함으로써 사시(四時)의 변화를 살피고, 인문(人文)을 관찰함으로써 천하를 교화시킨다. (觀乎天文 以察時變 觀乎人文 以化成天下)

정자(程子)는 인문을 "인리(人理)의 질서"라 해석했다. 인리란 인간의 도리이다. 그러므로 "인리의 질서"는 인간으로서의 도리를 수행하기 위한 질서라 말할 수 있다. 이 질서가 인간사회를 유지하는 기본 법칙이다. 천문을 연구하는 학문이 천문학이듯 이러한 인문을 연구하는 학문이 바로 인문학이다.

그리고 '文'이란 글자는 원래 무늬 또는 문채의 뜻을 가지고 있다. 이 무늬는 사물 고유의 속성이 겉으로 드러난 것이다. 하늘의 무늬[天文]는 해와 달과 별이다. 해와 달과 별이라는 무늬가 없으면 하늘이라 할 수 없다. 해와 달과 별은 하늘을 하늘이게끔 해주는 하늘 고유의 무늬이다. 마찬가지로 인간에게도 인간 고유의 무늬[人文]가 있다. 그러므로 인간인 이상 인간 고유의 무늬인 인문이 있어야 한다. 인문이 없으면 인간이 아니고 짐승과 다름없는 존재가 되어 버린다.

그러면 인간의 고유 무늬는 과연 어떠한 것인가? 공영달(孔穎達)은 시서예악(詩書禮樂)을 인문이라고 했다. 이때의 시서예악은 포괄적인 개념이다. 말하자면 인간의 윤리와 행동규범을 규제하는 전거로서의 대표성을 지니는 개념이다. 시서예악은 인간만이 지닐 수 있는 인간 고유의 무늬이다. 종합해서 말한다면, 인문학은 인간에 대한 학문이고 인간의 삶의 질에 대한 학문이다. 결국 인문학은 인간다운 삶에 대한 탐구를 목적으로 하는 학문이라 정의할 수 있다.

호랑이에게는 호랑이의 무늬가 있고 기린에게는 기린의 무늬가 있듯이 인간에게는 인간의 무늬가 있다. 이 인간의 무늬를 연구하는 학문이 인문학인데, 요즈음 학생들이나 정책 입안자들이나 모두 인문학을 외면하고 있다. 따라서 인문학을 연구하고 가르치는 교수들도 흥미를 잃고 교단을 떠나고 있다. 이렇게 되면 인간의 무늬가 퇴색하여 언젠가는 인간이 호랑이나 기린의 무늬를 뒤집어쓸지도 모른다.

## 영원한 성대인成大人

| 2006, 신연철 교수 추모 문집

'부촌 선생' 하면 언제나 떠오르는 것이 학생처장 시절의 분주하던 모습이다. 어둡고 긴 80년대에는 거의 일상사처럼 학생들의 데모가 일어났는데, 성균관대학교도 예외가 아니어서 매년 데모로 시작해서 데모로 한 해가 저물곤 했다. 그 엄혹했던 시절에 부촌(신연철 교수의 호) 선생은 학생처의 일을 맡아 그야말로 동분서주하면서 일을 처리해 나갔다.

학생운동에 대처하는 부촌 선생의 기본입장은 어디까지나 학생 중심의 문제 해결이었던 것으로 기억된다. 어느 대학이나 마찬가지였겠지만 학생처장은 군사정부 당국의 압력과 교수들의 불만과 학생들의 거센 항의라는 3중의 고통에 시달리기 마련이었다. 그 때문에 학생처장직은 기피의 대상이었다. 그 어려운 시기에 부촌 선생은 학생처장직을 맡아 한편으로는 정부의 눈치를 살피면서 또 한편으로는 교수들의 불만을 누그러뜨리고 다른 한편으로는 학생들을 달래가며 참으로 슬기롭게 문제를 해결해나갔다. 그래서 당시 선생님을 보면 늘 안쓰러운 마음을 금할 수 없었다. "무엇 때문에 저렇게 사서 고생을 하실까?"라는 생각이 들었던 것이다. 지금 돌이켜보면 어렴풋이 그 이유를 알 것도 같다.

첫째는 애교심(愛校心) 때문이었을 것이다. 성균관대학교를 졸업한 사람이라면 누구나 학교를 사랑하는 마음이 없을 수 없겠지만 부촌 선생의 애교심은 남달랐다. 하루 종일, 거의 밤늦게까지 학생들과 교수들에게 시달리고 당국의 감시를 받아가면서 그 힘든 일을 감내한 것은 학교일을 당신의 일처럼 여긴 애교심 없이는 불가능한 것이라 생각된다. 아마, 훗날 선생을 그렇게 힘들게 했고 급기야는 선생의 생명까지 빼앗아간 당뇨병도 그 시절의 고생이 안겨다 준 부산물이 아닌가 생각된다.

선생의 애교심은 정년퇴임 후에도 변치 않았다. 작고하시기 1년 전쯤일까, 선생은 평생 동안 박봉을 털어 모은 귀중한 고서화(古書畵)들을 성대 박물관에 기증하셨다. 자녀들에게 물려주어도 되고 팔아서 자신의 치료비에 보태어 써도 될 일인데, 선생은 아무런 대가 없이 수많은 고서화들을 모교에 기증하신 것이다. 성대 박물관을 맡고 있는 나는 지금도 전시실 한 코너에 진열되어 있는 기증품들을 보면서 가끔 선생에 대한 추억을 떠올리고 있다. 그리고 이렇게 생각해본다, '과연 나라면 저런 고가(高價)의 서화들을 조건 없이 기증할 수 있을까?'라고.

둘째는 학생에 대한 애정 때문이었을 것이다. 연일 데모가 일어나고 학생들이 당국에 연행되는 과정에서 선생은 철저히 학생을 보호하려는 자세로 일관했다. 학생을 처벌하라는 당국의 압력이 아무리 거세어도 버틸 수 있는 데까지 버티었다. 그리고 때로는 옛날 육군사관학교 교관 시절에 맺었던 군인 인맥을 십분 활용하여 연행된 학생들을 빼내 오기도 했고 처벌의 수위를 낮추어 주기도 했다는 말을 들은 적이 있다. 학생을 사랑하는 스승으로서의 본분이 선생으로 하여금 그토록 힘든 일을 견디게 했으리라 생각한다.

나는 선생의 제자도 아니고 후배도 아니다. 같은 학교의 동료라기엔 나이 차이가 많다. 그러면서도 나는 선생과 비교적 가까이 지냈다. 선생과 나를 잇는 조그마한 끈이 있었기 때문이다. 나는 경북고등학교를 졸업하고 대학시험에 실패한 후 1년 동안 불법(?)으로 인천에 있는 제물포고등학교에 다닌 적이 있었는데, 부촌 선생이 바로 그 학교 졸업생이었다. 그 당시 제물포고등학교의 전설적인 교장 길영희 선생님 밑에서 학교를 다녔다는 인연으로 선생은 나를 예뻐해 주셨다. 한때 내가 교내에서 어려운 처지에 있었을 때에는 나를 위해 노력을 해주셨고, 학생회 간부 수련회 등의 행사가 있을 때에도 나를 데리고 가서 같이 밤을 새워 술을 마신 적이 있었다.

술 애기가 나왔으니 말이지만 선생은 술을 무척 좋아하셨다. 술자리는 절대 1차, 2차로 끝내는 일이 없어 3차, 4차, 5차로 끝없이 이어졌다. 젊은 나도 감당하기 어려울 지경이었다. 아마 선생은 학생처의 스트레스를 술로 푼 것이 아니었나 생각된다. 자고로 술을 좋아하는 사람치고 악한 사람이 없다고 했던가. 선생은 술을 좋아하는 만큼이나 사람을 좋아했다. 그래서 선생에겐 적이 없었다. 선생은 너무나 인간미가 넘치는 분이었고 도저히 미워할 수 없는 분이었다. 그래서 지금도 모두들 선생을 그리워하는 것이 아닐까.

지금 선생은 우리 곁에 없지만 성균관대학교 교정 곳곳에 선생의 체취가 배어 있다. 선생이야말로 영원한 성대인(成大人)이라 불러도 좋을 듯싶다.

## 기계문명의 득과 실

| 2006, 다산포럼

현대는 기계문명의 시대라 해도 과언이 아니다. 과학 기술의 발달과 더불어 기계도 끊임 없이 진화하여 현대인의 일상생활에서 기계가 차지하는 비중은 거의 절대적이다. 그 대표적인 것이 자동차와 컴퓨터와 휴대폰인데 이것들은 이미 생활필수품이 되어버렸다. 이제는 기계 없이 살 수가 없게 되었다. 그런데 이 기계는 인간에게 편리함을 제공해 주기도 하지만 또 한편으로는 우리의 삶을 속박하기도 한다. 과연 기계란 무엇일까?

'機械(기계)'라는 낱말이 온전하게 등장하는 최초의 문헌은 『장자(莊子)』「천지(天地)」편일 것이다. 공자의 제자인 자공(子貢)이 어느 날 길을 가다가 밭에 물을 주고 있는 노인을 만났다. 그 노인은 우물의 수면까지 내려가는 길을 파고 항아리에 물을 담아 와서 밭에 뿌리고 있었는데, 노력에 비해서 대단히 비효율적이었다. 그래서 자공이 두레박 만드는 법을 가르쳐주고 시험해 보라고 권유했다. 그랬더니 노인은 그의 선생님으로부터 들었다며 "기계를 가진 자는 반드시 기계를 쓸 일이 있게 되고 기계를 쓸 일이 있는 자는 반드시 기계에 사로잡혀 무엇을 꾀하는 마음이 생긴다[有機械者 必有機事 有機事者 必有機心]"라 말했다. 그리고 이어서 '기계에 사로잡혀 무엇을 꾀하려는 마음[機心]'이 생기면 인간의 순수한 본성이 안정되지 못한다고 하면서 두레박의 사용을 거절했다. 여기서 두레박이 일종의 기계인 셈이다.

장자 사상 전반의 맥락에서 이해해야 이 이야기의 완전한 뜻을 읽을 수 있겠지만, '기계를 가진 자는 반드시 기계를 쓸 일이 있게 된다'는 말은 문자 그대로 받아들여도 좋을 것이다. 자동차를 가지면 반드시 자동차를 쓸 일이 있고, 휴대폰이나 컴퓨터를 가진 자도 반드시 그것을 쓸 일이 있게 된다. 그리고 기계를 쓰다 보면 어느덧 그 기계에 사로잡히게 된다. 현대인이 자동차와 컴퓨터와 휴대폰에 사로잡혀 그것들의 노예가 되어버린 것이 엄연한 현실이 아닌가?

이렇게 기계에 사로잡힌 마음을 "기심(機心)"이라 하는데, 이는 정상적인 '사람의 마음[人心]'이 아닌 '기계의 마음'을 뜻한다. 이 말이 후대에는 '교묘하게 남을 속이려는 마음' 또는 '남을 해치려는 마음'의 뜻으로 널리 사용되었다. '機' 자에는 '거짓', '나쁜 책략'의 뜻도 포함되어 있기 때문이다. 어쨌든 '기심'은 좋지 않은 마음을 가리키는데 그 어원은 '기계'에서 나왔다.

오늘날 가장 가공할 기계는 군사용 무기이다. 그중에서 핵탄두를 실어 나를 수 있는 미사일 때문에 지금 세계가 시끄럽다. 북한이 대포동 2호 미사일을 발사한 것이다. 군사용 무기는 원래 사람을 살상할 목적으로 고안된 기계이다. 이 기계를 가진 자는 이 기계를 쓸 일이 있게 되고 이 기계를 쓸 일이 있게 되면 이른바 '기심'이 생기게 마련이다. 어떻게 하면 더 효과적으로 더 많은 사람을 죽일 수 있을까 하는 마음이 바로 '기심'이다. 이건 '인심'이 아니다.

컴퓨터가 인간의 사고 패턴을 바꾸어 놓고 있다. 뿐만 아니라 컴퓨터에 의한 조직적 범죄로 인하여 얼마나 많은 사람들이 직·간접적으로 피해를 입고 있는가? 자동차가 내뿜는 공해 물질이 지구를 병들게 하고 있다. 소름 끼치는 최첨단 무기의 개발로 인간은 언제 죽을지 모를 위험에 처해있다. 이 모든 것이 기계로 말미암은 재앙이 아니겠는가?

자꾸만 앞으로 나아가려는 기술의 속성상 오늘의 기계문명을 과거로 되돌릴 수는 없겠지만 이쯤해서 우리는, 두레박의 사용을 거절한 노인의 마음을 한번쯤 진지하게 살펴볼 필요가 있지 않을까?

## 컴퓨터라는 괴물

| 2006, 다산포럼

한강에 거대한 돌연변이종 물고기가 나타나 사람들을 해친다는 내용의 영화 〈괴물〉이 장안의 화제가 되고 있다. 이 영화를 보면서 문득 컴퓨터 생각이 떠올랐다. 인간의 편리함을 위해서 인간이 만든 컴퓨터가 괴물로 변신하고 있는 것은 아닐까? 이대로 가다간 인간의 힘으로 제어할 수 없는 괴물로 변할 것이 틀림없어 보인다.

이런 생각을 하다가, 연세대 의과대학 신의진(申宜眞) 교수가 쓴 조선일보 8월 11일 자 아침 논단의 글을 보고 깨닫는 바가 많았다. 신 교수는 학회 참석차 프랑스 파리에 머물면서 너무 느린 인터넷 때문에 짜증이 나서 사용을 포기했다고 했다. 이에 대한 프랑스 측 학회장의 공식 설명을 옮긴 신 교수의 글을 그대로 인용해 본다.

> 프랑스도 정부 차원에서 전국에 초고속 인터넷을 보급하는 사업을 수년 전 시도했으나 많은 학자들의 반대로 인해 주춤하고 있다는 것이다. 빠른 인터넷 접속이 필요한 연구소나 비즈니스 센터 이외의 지역까지 초고속 인터넷 보급이 확산되면 불건전한 정보로부터 아이들을 보호할 수 없고 정신적으로 취약한 사람들이 중독되는 현상을 막을 수 없다며 정부의 정책을 강력하게 반대했다고 한다.

확인해 보지는 않았지만 프랑스에서는 초등학교 학생들에게 컴퓨터 사용을 금한다는 이야기를 들은 적이 있다. 어릴 때부터 컴퓨터에 의존하게 되면 정상적인 지능 발달과 사고의 형성에 지장을 준다는 것이 그 이유였다. 중학교 때부터 배워도 결코 늦지 않다고 판단한 듯하다. 또 수년 전 이야기이지만, 프랑스의 어느 유력 신문사 기자가 아직도 e-mail

주소를 갖고 있지 않은 사실에 놀랐다는 한국 기자의 글을 읽은 적도 있었다.

우리는 어떤가? 산간벽지는 물론 외딴 섬에 이르기까지 초등학교에 정부가 앞장서서 초고속 인터넷을 보급하고 있다. 그 결과 우리 청소년들의 인성(人性)이 어떻게 바뀌고 있는가는 자녀를 둔 부모라면 누구나 알고 있을 것이다. "초고속"에 길들여진 아이들에게 인내심이 사라졌다. 클릭해서 조금만 늦어도 짜증을 낸다. 무한 질주하는 속도전에서는 속도만이 유일한 미덕이다. 이렇게 속도만을 추구하다 보니 참을 줄을 모르고 즉흥적인 행동을 하게 된다. 아파트의 층간 소음 때문에 이웃을 살해하는 행동도, 군대 생활의 불편함을 견디지 못해 총기로 상관을 죽이는 행동도 참을 줄 모르는 조급성 때문에 일어나는 사건이다. 참는 것은 다른 동물이 가지지 못한 인간의 커다란 미덕인데 인간은 이 미덕을 상실해 가고 있다.

컴퓨터로 친구를 사귀고 컴퓨터로 물건을 사고팔며 컴퓨터로 책을 읽고 컴퓨터의 가상 인물과 연애하고 사이버 공간에서 여행하면서 모든 정보와 지식을 컴퓨터를 통해 얻는 동안 컴퓨터는 인간 사고의 유형을 바꾸어 놓고 있다. 깊이 사색하여 문제의 본질에 접근하려는 인간 본연의 모습이 퇴색하고 있다. 아마 앞으로는 '사색'이라는 어휘가 사라질지도 모르겠다.

컴퓨터와 휴대폰을 비롯한 IT 제품들이 인간의 본성을 변화시키고 나아가 인간을 지배하고 있다. 인간이 만든 기계지만 인간은 이 기계에 종속되어 있다. 보라, 컴퓨터와 휴대폰이 없으면 인간이 얼마나 불안해하는가를. 이제 IT는 인간의 통제를 벗어나 서서히 괴물로 탈바꿈하고 있다. 이 괴물이 인류를 꼼짝하지 못하게 조여 올 날이 오지 않으리란 보장이 없다. 늦은 감이 있지만 지금부터라도 우리는 프랑스의 IT정책을 타산지석(他山之石)으로 삼아야 할 것이다.

한강에 나타난 괴물은 다행히 퇴치할 수 있었지만 괴물로 변신한 컴퓨터는 퇴치 불가능한 슈퍼 괴물이 될 것이다.

## 넘치는 건강 정보

| 2007, 다산포럼

얼마 전에 한 동료 교수로부터 이런 이야기를 들은 적이 있다. 시골에 사시는 노부모님이 모처럼 상경하셔서 바닷가로 모시고 가 싱싱한 왕새우를 대접해 드렸더니 별로 반기는 기색 없이 한 마리를 겨우 잡수시더라는 것이다. 왜 많이 드시지 않느냐고 물으니 새우에 콜레스테롤이 많기 때문이라는 것이었다. 평소에 콜레스테롤 수치가 높은 분이었다면 몰라도 80세 가까이 건강하게 살고 계시는 분들이었는데 이렇게까지 건강을 챙기시는 것을 보고 마음속으로 조금 놀랐다고 한다. 그리고 그러한 부모님들의 마음을 헤아리지 못한 자신을 반성했다는 말도 덧붙였다.

요즈음 신문, 잡지, TV, 라디오 등에 각종 건강 정보가 넘쳐나고 있다. 특히 음식에 관한 정보는 단골 메뉴이다. 무슨 음식은 어디에 좋고 무슨 음식은 어디에 나쁘다는 식의 정보가 쏟아지고 있다. 물론 음식에 관한 정보를 정확히 알아서 적절히 섭취하는 것은 적극 권장할 일임에 틀림없다. 건강하게 살고 싶고 더 오래 살고 싶은 것은 노인과 젊은이를 막론하고 인간의 원초적인 본능일 것이다. 그러나 각종 매스컴의 지나친 건강 정보는 자칫 '건강 신드롬'을 초래할 위험성이 있다. 아니 우리 사회에는 이미 건강 신드롬이 만연해 있다고 봐야 한다. 위의 '왕새우 사건'이 그 한 예이다.

게다가 발달한 생명공학과 의학은 인간에게 장밋빛 꿈을 안겨주고 있다. "인간의 영생은 불가능한 것이 아니라, 과학 기술의 성과를 감안하면 시간문제일 뿐이다"라 단언하는 학자가 있는가 하면 "노화(老化)는 숙명이 아니라 치료할 수 있는 만성질환이다"라고 확신하는 학자도 있다. 그리하여 장차 "늙지도 않고 죽지도 않는 신인류(新人類)"가 출현한다는 것이다. 그러나 이것은 어디까지나 꿈일 뿐이다. 설령 그 꿈이 현실화된다 하더라도 그 결과는 가공할 사태를 초래할 것이다. 늙지도 않고 죽지도 않는 인간들로 가득 찬 지구를 상상해 보라. 얼마나 끔찍한 일인가. 태어나서 성장하다가 노쇠하여 소멸하고 또 다른 생명이 태어나는 순환이 자연의 질서가 아닌가. 이 신진대사의 질서를 거역하면 자연은 인간에게 커다란 재앙을 내릴 것임에 틀림없다.

질병 없이 건강하게 사는 것은 참으로 좋은 일이다. 그러나 건강을 위해서 쏟아내는 정보 자체에도 문제가 있다. 모두가 100% 검증된 확실한 정보는 아니라는 점이다. 녹차의 강력한 항산화 작용이 위암이나 직장암 발생을 감소시킨다는 보고가 있는가 하면, 녹차를 많이 마시면 위염이 생기기 쉽다는 보고도 있다. 토마토의 라이코펜 성분이 전립선암 발생 위험을 35% 줄인다는 보고가 있는 반면(1995년 코호트 연구), 전립선암과는 아무 관련이 없다는 보고도 있다(2006년 코호트 연구). 이렇게 검증되지 않은 정보에 따라 사람들은 일희일비(一喜一悲)하며 건강 신드롬의 대열에 끼어든다.

『장자(莊子)』「천지(天地)」편에 이런 대목이 있다. 요(堯)임금이 화(華) 땅을 시찰할 때 그곳의 봉인(封人: 국경을 지키는 사람)이 요임금에게 오래 살고 부유해지고 자식이 많기를 빈다고 하자 요임금은 이 모두를 사양했다. 그 이유를 물으니 "자식이 많으면 걱정이 많고 부유하면 귀찮은 일이 많으며 오래 살면 욕된 일이 많다"라 대답했다는 이야기이다. 이것은 물론 『장자』 사상 전체의 맥락에서 파악해야 하겠지만 문면(文面)의 뜻만으로도 일정한 교훈을 주고 있다.

그렇다. 이것저것 가려서, 먹고 싶은 것도 참으며 오래 살면 "욕된 일"이 많게 마련이다. 그러니 이제는 현재 우리가 누리는 평균수명에 만족하고 그 이상의 것은 신(神)의 영역으로 돌리는 것이 어떨까? 그러니 왕새우도 가끔은 먹어도 되지 않을까? 장차 어느 날 왕새우에도 노화방지 성분이 들어있다는 의학적 보고가 나오지 않으리란 법이 없지 않은가.

## 선비들의 여름 나기

| 2007, 『창비 주간 논평』

짜증스러운 더위가 기승을 부린다. 물리적인 더위도 견디기 힘든데 금년 여름엔 마음의 더위 또한 만만치 않다. 대통령이 되겠다고 나선 이른바 범여권의 20여 명이나 되는 인사들이 벌이는 '여름 리그'와, 한나라당의 '빅 2'가 벌이는 이전투구(泥田鬪狗)식의 폭로전이 이 여름의 더위를 더욱 견디기 힘들게 하고 있다. '이랜드'와 세브란스 병원 노조의 파업을 바라보는 우리의 마음도 말할 수 없이 덥다. 그러나 무어니 해도 이번 여름에 우리를 가장 덥게 한 것은 아프가니스탄에 억류되어 있는 인질들이다. 이슬람교와 기독교, 봉사와 선교, 미국과 테러리스트, 이런 것들을 생각하면 숨이 막힐 정도로 더워진다. 그래서 잠시 더위를 식힐 겸해서 옛 선비들의 여름 나기를 엿보기로 했다.

1549년의 어느 여름날, 남명(南冥) 조식(曹植) 선생은 경상남도에 있는 감악산(紺岳山) 속 시내에서 목욕을 하고 있었다. 예나 지금이나 더위를 피하는 방법으로 목욕만 한 것이 없었을 것이다. 목욕을 마치고 나서 남명은 다음과 같은 시를 읊었다.

| | |
|---|---|
| 사십 년 쌓여온 온몸의 허물을 | 全身四十年前累 |
| 맑은 못의 천 섬 물로 다 씻어버리리 | 千斛淸淵洗盡休 |
| 혹시나 오장에 티끌이 남았다면 | 塵土倘能生五內 |
| 지금 당장 배를 갈라 물에 흘려보내리라 | 直今刳腹付歸流 |

「욕천(浴川)」이란 제목의 시인데 천인벽립(千仞壁立)의 기상을 가졌다는 남명의 정신세계가 잘 드러나 있는 섬뜩한 시이다. 남명은 평소에도 늘 칼을 차고 다녔다고 하는데 그 칼의 용도가 무엇인지 짐작할 만하다.

이런 마음가짐이라면 어떤 여름도 덥지 않게 보낼 수 있지 않을까?

753년을 전후한 어느 여름날, 중국의 시선(詩仙) 이백(李白)은 안휘성(安徽省)의 산속에 있었다. 25세에 청운의 뜻을 품고 고향인 촉땅을 떠나 중원에서 방랑 생활을 하다가 42세가 되어서야 장안에서 조그마한 벼슬을 얻었는데, 그것도 잠깐, 당시의 실력자인 고력사(高力士)와 양귀비의 모함을 받아 쫓겨나서는 다시 천하를 주유하던 중 이 산속으로 들어와 여름을 보내고 있었다. 여기서 그는 「여름날 산속에서[夏日山中]」라는 시를 썼다.

| | |
|---|---|
| 흰 깃털 부채를 흔들기도 귀찮아 | 懶搖白羽扇 |
| 푸른 숲 속에서 웃통을 벗고 | 裸袒青林中 |
| 두건마저 벗어서 바위에 걸어두니 | 脫巾挂石壁 |
| 드러낸 이마를 솔바람이 씻어내네 | 露頂洒松風 |

인간과 세상에 환멸을 느끼고 정신적 자유를 추구하며 거리낌 없이 행동했던 그에게 웃통과 두건을 벗어던지는 것쯤은 아무런 문제가 되지 않았다. 웃통과 두건을 벗어던진 것은 물론 더위 때문이었겠지만, 그렇게 함으로써 자신을 속박하는 이 세상의 모든 질곡(桎梏)을 벗어던지는 시원함도 만끽했을 것이다. 이백은 이렇게 무더운 여름을 보내고 있었다.

이백이 산속에서 여름을 보내고 있었다면 연암(燕巖) 박지원(朴趾源)은 더위를 피하기 위하여 산으로부터 도시로 나와 있었다. 연암은 35세 되던 해인 1771년 무렵 황해도 금천군의 연암골에 조그마한 집을 짓고 수시로 이곳과 서울을 드나들었는데 1772년경에 쓴 「수소완정하야방우기(酬素玩亭夏夜訪友記)」에서 그해의 여름 생활을 이렇게 말하고 있다.

당시 나의 가족은 광릉(廣陵: 연암의 처가가 있는 곳)에 있었다. 나는 평소에 몸집이 비대해 더위를 못 견디는 데다, 초목이 무성하여 여름에는 모기가 많고 논에는 개구리가 밤낮 쉬지 않고 울어대는 게 괴로워 해마다 여름철이 되면 늘 서울 집에서 더위를 피했다. 서울 집은 몹시 좁기는 하나 모기나 개구리, 초목의 괴로움이 없었다.

남들이 더위를 피해 산속으로 가는 것과는 달리 연암은 산에서 나와 서울에서 여름을 보내고 있었다. 그는 좁은 서울 집에서 무엇으로 소일했던가? "갈수록 게으름에 익숙해져서 경조사도 폐하고 혹 며칠씩 세수도 않고 혹 열흘간 망건도 쓰지 않고" 지냈다고 했다. 그러면서 잠이 오면 자고 깨면 책을 보거나 글을 쓰기도 하고, 막 배운 양금(洋琴)을 타기도 하고 어쩌다 친구가 술이라도 보내오면 마시고 취하기도 하면서 여름을 난다고 했다.

무엇을 해야겠다는 목표를 두지 않고 몸이 시키는 대로 마음이 시키는 대로 유유자적하게 지내면서 행랑채의 상민(常民)과 실없는 농담을 주고받는 것이 연암의 피서법이었던 것이다. 그러는 동안 연암의 이용후생학(利用厚生學)이 영글고 있었을 것이다.

다산(茶山) 정약용(丁若鏞) 선생은 1804년의 어느 여름날, 술을 마시고 있었다. 1804년은 다산이 강진으로 유배된 지 4년째 되는 해였다. 그는 나라 걱정, 백성 걱정에 번민과 울분을 달래기 위해 술을 마시면서 「여름날 술을 마시며[夏日對酒]」라는 1060자에 달하는 장편 시를 썼다. 다산은 이 시에서 전정(田政), 군정(軍政), 환곡(還穀)의 폐단, 불합리한 신분제도와 과거제도 등 이조 후기의 모순을 남김없이 묘사하고 있다.

시의 중간중간에 "생각하면 가슴 속이 끓어오르네 / 술이나 들이켜고 진(眞)으로 돌아가리", "두어라 말아라 술이나 마시자 / 백 병 술이 장차는 샘물같이 되리라", "깊이깊이 생각하니 애간장이 타들어 / 부어라 다시 또 술이나 마시자"와 같은 구절이 들어있는 것으로 보아, 여름날 견디기 힘든 마음의 더위를 술로 달래며 이 시를 썼던 것 같다.

옛 선비들의 여름 나기를 돌이켜 보며, 선비 축에 끼이지도 못하면서 선비인 양 하는 내 자신을 되돌아본다. 현실과 이상 사이에 어중간하게 다리를 걸치고서 때로는 대책 없이 분노하기도 하고 때로는 적당히 타협하기도 하며 그럭저럭 살아가고 있는 내가 부끄러울 뿐이다. 이 여름이 가고 찬바람이라도 불면 다시 한번 정신을 가다듬어야지.

## 창조적 자본주의

| 2007, 다산포럼

미국 마이크로소프트 회사의 빌 게이츠 회장, 그는 우리 시대의 우상이다. 그가 6월 7일 하버드 대학을 중퇴한 지 34년 만에 명예 졸업장과 명예 법학박사 학위를 받았다. 이날 졸업식장에서 행한 그의 연설이 세간의 화제가 되고 있다. 그는 내년부터 사업에서 완전히 물러나, 2000년 자신과 부인의 이름을 따서 설립한 '빌&멜린다 게이츠 재단'에서 지구상에 만연하는 질병과 가난으로 인한 불평등을 퇴치하는 일에 전념할 것이라고 한다. 빌 게이츠가 누구인가! 그는 올해로 11년째 연속 미국 최고부자의 자리를 차지하고 있다. 그런 그가 사업에서 손을 떼고 세계의 불평등을 없애는 일에 전념하겠다고 선언했다. 평범한 기업인으로서는 좀처럼 하기 어려운 결단이다. 그래서 졸업식장에서 행한 그의 연설이 많은 사람들을 감동시켰다고 한다. 과연 '위대한 개인'임에 틀림없다.

세계의 불평등을 없애기 위해서 그가 내세운 방안이 이른바 "창조적 자본주의"이다. 창조적 자본주의의 내용을 구체적으로 밝히진 않았지만 그 대강의 내용은 이렇다. 즉 "기업이 시장에서 이윤을 추구하고 정치가 표를 추구하는 방식으로 가난한 사람의 필요를 충족시키는 방안"이 바로 창조적 자본주의라는 것이다. 그렇게 한다면 심각한 불평등에 시달리는 사람들을 도울 수 있고 이 세상의 불평등을 줄여나갈 수 있다는 것이다.

그러나 빌 게이츠의 '위대한' 발상에 경의를 표하면서 한편으로는 그것이 과연 실현 가능한 발상인가에 대해서는 일말의 회의를 품지 않을 수 없다. 인류가 자본주의 체제를 수립한 이래 부닥친 가장 심각한 문제가 바로 부(富)의 양극화에 따른 불평등이다. 자본주의는 시장경제 원리에 의한 무한경쟁을 그 속성으로 하고 있기 때문에 경쟁에서 탈락한 개인이나 국가는 가차 없이 도태되기 마련이다. 이를 막기 위해서 수정자본주의 등의 방안이 고안되었지만, 지금도 지구상에는 10억 명 이상의 사람들이 하루 1달러도 안 되는 돈으로 살아가고 있다. 빈부격차가 줄어들지 않고 있는 것이다.

그런데 빌 게이츠는 "기업이 이윤을 추구하는 방식으로 가난한 사람들의 필요를 충족시키는 방안" 즉 창조적 자본주의로 이러한 불평등을 없앨 수 있다고 했다. 그것이 어떻게 가능한지 모르겠다. 가난한 사람들이 필요로 하는 것은 가난으로부터 벗어나는 일인데 이 일을 기업이 하자는 것이다. 기업은 이윤의 추구가 유일 최대의 목표이다. 만일 기업으로 하여금 이 일을 하게 하려면, 기업에 인센티브를 주어 너도나도 경쟁적으로 이 사업에 뛰어들게 하는 수밖에 없는데 과연 그러한 일이 가능한 것일까? '빌&멜린다 게이츠 재단'에서 펼칠 사업을 지켜보는 수밖에 없다. 그가 "창조적 자본주의"로 이 세계의 불평등을 없앨 수 있다면 아마 칼 마르크스를 능가하는 위대한 인물이 될 것이다.

자본주의 체제 안에서 자본주의의 병폐를 치유하겠다는 발상 자체에 문제가 있는지도 모른다. 부(富)의 양극화에 따른 불평등이 자본주의 체제의 속성으로부터 필연적으로 파생되는 결과라면 이 불평등을 극복하는 방안을 자본주의 밖에서 찾을 법도 하다. '자본주의는 영원한 체제인가? 과연 자본주의는 인류가 고안해 낸 지고지선(至高至善)의 체제인가?'에 대하여 진지하게 검토해 볼 필요가 있지 않을까?

이 세계의 불평등을 해소하는 일은 어느 개인이나 단체의 노력만으로 이루어지는 것이 아니다. 테레사 수녀의 헌신적인 봉사에도 불구하고, 연말연시면 으레 나타나는 구세군의 자선 남비에도 불구하고, 해마다 투자하는 대기업의 불우이웃 돕기 성금에도 불구하고 가난한 사람은 여전히 가난하다. 길거리에서 구걸하는 걸인에게 돈 한 푼 던져준다고 걸인이 없어지는 것은 아니다. 빌 게이츠의 창조적 자본주의가 혹시라도,

세상에서 누릴 것 다 누리고 사는 사람의 낭만적인 발상이 아니기를 바랄 뿐이다.

## 동물복지

| 2007, 다산포럼

최근 '동물복지'가 논란의 대상이 되고 있다. 유럽연합(EU)과의 자유무역협정(FTA) 과정에서 EU 측이 통상조건 가운데 하나로 동물복지 문제를 제기했기 때문이다. 교역대상이 되는 식용 동물의 권리를 보호해 달라는 것이다. 사실상 우리나라는 동물복지에 관한 한 사각지대에 있었다. 이와 관련하여 한국동물복지협회가 지난해 발표한 우리나라 돼지 농가의 돼지 사육 실태조사 보고서는 가히 충격적이다.

> 번식용 어미 돼지는 '스톨'이라고 불리는 폭 60cm, 길이 200cm의 금속 틀에서 산다. 평생 한쪽 벽만 보고, 앉았다 일어서는 동작만 할 수 있다. 생후 230~240일쯤부터 '교배당하기' 시작해 114일 임신하고서 새끼를 낳고 다시 교배당한다. 새끼 돼지는 생후 10여 일쯤 지나면 송곳니와 꼬리가 잘려나간다. 마취는 하지 않는다. 돼지 10마리 중 3마리가 질병으로 숨을 거둔다. (조선일보, 2007년 12월 11일 자)

아무리 동물이지만 인간이 이렇게까지 잔인할 수 있을까 하는 생각이 들었다. 움직일 수 없는 좁은 공간에서 '알 낳는 기계'로 살다가 폐계(廢鷄)가 되어 통닭집으로 팔려가는 닭들의 슬픈 운명도 돼지와 별반 다를 게 없다.

그래서 서구에서는 일찍부터 다양한 동물 권익 보호 운동이 일어났다. 예컨대 닭 한 마리당 닭장의 넓이를 늘리고 도축 48시간 전에는 닭을 학대하지 말아야 한다든가, 도축장 안에서 가축을 옮길 때 가축이 걷는 속도보다 빠른 속도로 운반하는 것을 법으로 금지한 것 등이 그것이다.

그중에서 1876년 세계 최초로 '동물 학대 방지법'을 제정한 영국의 농장 동물 복지위원회가 1996년에 제정한 '동물의 5대 자유'가 그 결정판이라 할 수 있다. 5대 자유란 ① 갈증, 배고픔, 영양결핍으로부터의 자유 ② 불편함으로부터의 자유 ③ 고통, 상처, 질병으로부터의 자유 ④ 정상적인 행동을 표현할 자유 ⑤ 두려움과 스트레스로부터의 자유이다.

고통받으면서 사육되고 비참하게 죽어가는 동물들을 생각하면 이 '동물의 5대 자유'가 일면 타당성이 있다는 느낌이 들면서도 어쩐지 개운하지 못하다는 느낌 또한 떨쳐버릴 수 없다. 이 정도의 자유라면 인간에게 적용해도 별 무리가 없어 보인다. 하루 1달러 미만으로 살아가는 사람이 세계 인구의 6분의 1인 10억 명에 달한다고 한다. 이 10억 명의 극빈층이 과연 이러한 '5대 자유'를 누리고 있을까? 아마도 그렇지 못할 것이다.

인간과 가축은 어떤 관계에 있는가? 가축이란, 원래 야생에서 살던 것을 인간이 이용하기 위하여 길들여 기르는 동물이다. 때로는 인간의 노동력을 덜어주기도 하고, 때로는 식량을 제공하기도 하고 또 때로는 털과 가죽으로 인간의 몸을 따뜻하게 해주기도 한다. 이렇게 가축은 인간에게 있어서 이용의 대상이다. 그렇기 때문에 가축을 학대해도 좋다는 말은 물론 아니다. 인간의 생활을 풍요롭게 해주는 가축을 학대한다는 것은 인간으로서의 도리가 아니다. 뿐만 아니라 가축도 엄연한 생명체이다. 생명의 존엄성은 인간이나 가축이나 마찬가지로 중요하다.

그러나 인간과 가축을 놓고 볼 때 인간이 더 우선시되어야 하지 않을까? 영국의 한 동물보호 단체가 어느 종합병원에 보낸 편지에서, 그 병원이 흰쥐를 실험용으로 계속 사용하면 병원을 폭파하겠다는 협박을 했다고 한다. 동물 사랑이 지극한 나머지 동물을 인간보다 더 우선시한 경우이다.

EU의 사람들이 한국에서 수입된 닭고기를 먹으면서 '이 닭은 어떻게 길러졌을까? 이 닭이 도축되기 48시간 전에 학대받지는 않았을까?'라는 생각을 하기 전에, 질병과 굶주림으로 죽어가는 10억 명 이상의 인간에 대한 애정을 먼저 가졌으면 하는 바람이다.

## 세계화 시대의 민족문화

| 2008, YTN

20세기 말부터 지금에 이르기까지 지구촌의 가장 중요한 화두는 세계화였습니다. 세계화란 무엇입니까? 세계가 한 가족이 되자는 것입니다. 교통수단의 발달과 정보통신 기술의 향상으로 세계가 좁혀진 이 마당에 세계화는 역사의 필연적 추세라는 것이 세계화를 주장하는 사람들의 논리입니다. 미국이 주도하고 있는 세계화의 이면에는 음험한 경제적 침략의 의도가 숨어있는 것이지만, 여기서는 경제적 문제를 잠시 접어두고 문화적 측면에서 한번 생각해 보도록 하겠습니다. 과연 세계화와 민족문화가 양립할 수 있을까요?

어느 민족이나 그 민족 특유의 문화를 가지고 있습니다. 민족마다 인종이 다르고 언어가 다르고 지리적인 환경이 다르고 거기에 따라 생활양식이 달랐던 만큼 각 민족은 그 나름대로의 문화를 독자적으로 형성해 왔습니다. 이 독자적 민족문화는 그 민족의 개성이라고 말할 수 있습니다. 말하자면 그 민족만이 창조할 수 있는 독특한 성격의 문화입니다. 따라서 각 민족의 개성적인 문화는 그것대로 마땅히 존중되어야 합니다. 사람의 경우에도 사람마다 각기 다른 개성을 지니고 있는데 그 개성을 존중해 주는 것이 민주주의의 원칙입니다.

원래 이 세상 만물은 다르게 탄생했습니다. 같은 꽃이라 해고 빨간 꽃, 노란 꽃이 있으며, 같은 나무라 해도 침엽수도 있고 활엽수도 있습니다. 마찬가지로 같은 사람이라 해도 피부가 흰 사람도 있고 검은 사람도 있으며, 잘생긴 사람도 있고 못생긴 사람도 있습니다. 또 야구를 잘하는 사람, 노래 잘 부르는 사람도 있고 수학 문제를 잘 푸는 사람도 있습니다. 여기에 우열은 없습니다. 즉 수학 문제 잘 푸는 사람이 노래 잘하는 사람보다 더 우수하다고 말할 수 없는 것입니다. 사람마다 각기 다른 재능과 다양한 개성을 유지하며 조화롭게 살아가는 것이 인간 세상입니다.

문화도 마찬가지로 다양성이 필요합니다. 유네스코가 우리나라의 판소리와 강릉 단오제를 세계 무형 문화유산으로 지정한 것도 각국 문화의 다양성을 인정했기 때문일 것입니다. 판소리와 강릉 단오제는 우리나라 고유의 문화적 개성의 산물인데 이것을 보호하고 보존할 가치가 있다고 판단한 것입니다. 임권택 감독의 영화 〈취화선〉이 세계인의 주목을 받은 것도 한국의 독특한 문화적 개성을 표현했기 때문이 아니겠습니까? 그리고 여기에도 우열은 없습니다. 우리나라의 판소리와 미국의 재즈는 그저 다를 뿐, 어느 것이 더 우수한 문화라 말할 수 없습니다.

지금 맥도널드 햄버거가 세계인의 입맛을 '세계화'시키고 있습니다. 영양학적 우수성을 세계적으로 인정받고 있는 김치와 된장을 우리나라 어린이들이 외면하고 있습니다. 또한 영어가 지구촌의 언어를 '세계화'시키고 있습니다. 우리나라만 해도 영어 조기교육의 열풍으로 이른바 '기러기 아빠'가 양산되고 영어 몰입교육이 거론되는가 하면 영어를 공용어로 채택하자는 주장까지 나오고 있습니다. 이런 와중에서 한글의 위상은 점점 위축되고 있습니다.

이렇게 김치와 된장을 버리고 햄버거를 먹어서 입맛을 세계화시키고 영어 몰입교육을 해서 언어를 세계화시키는 등의 현상이 계속된다면 우리 민족의 개성과 정체성은 소멸될 것입니다. 민족의 개성과 정체성이 소멸된 대가로 우리가 얻는 것은 우리 모두가 세계인이 되는 일일 터인데 이렇게 해서 얻는 세계인의 자격이 과연 바람직한 일인지 깊이 생각해 보아야 할 것입니다.

세계문화를 이루는 각국의 문화는 다양합니다. 이 다양한 문화들이 각자의 개성을 유지하면서 조화를 이룰 때 세계문화는 풍성해집니다. 그러므로 우리가 우리 문화를 가꾸고 보존하는 것이 세계문화의 풍요로움에 기여하는 일이 될 것입니다.

## 대나무를 보는 두 가지 시각

| 2008, 다산포럼

대나무는 매화, 난초, 국화와 더불어 4군자로 일컬어진다. 중국 송나라 때 임포(林逋)는 결혼도 하지 않고 항주 서호(西湖)의 고산(孤山)에 혼자 살면서 '매처학자(梅妻鶴子)' 즉 매화를 아내로 삼고 학을 자식으로 삼았다는 이야기가 전할 만큼 매화를 사랑했다. 우리나라의 퇴계(退溪) 선생도 매화를 무척 사랑하여 매화를 꼭 '매형(梅兄)'이라 부르며 매형과 대화하고 매형과 주고받은 시를 여러 편 남겼다. 난초도 굴원(屈原)의 「이소(離騷)」에 등장한 이래 고결한 선비의 상징이 되었고, 국화는 도연명이 술만큼이나 사랑했던 꽃이다.

대나무도 예외가 아니어서 왕희지(王羲之)의 아들 왕휘지(王徽之)는 집 주위에 대나무를 심어놓고 "어찌 하루인들 이 군자가 없을 수 있으리오[何可無一日此君]"라 하여 대나무를 '이 군자[此君]'라 불렀다. 이로부터 '차군(此君)'은 대나무의 별칭이 되었다. 소동파(蘇東坡)도 "대나무가 없으면 사람을 속되게 한다[無竹令人俗]"는 시구를 남겼다. 이렇게 '매형', '차군'으로 의인화될 정도로 사군자는 옛날부터 선비들의 생활과 밀접한 관계를 맺어왔다.

그런데 최근 서양에서 이 사군자 중 대나무가 각광을 받는다고 한다. 국내 일간지에 의하면 미국의 시사 주간지 뉴스위크가 "환경단체와 건축가들이 친환경 주택의 원자재나 바닥 및 가구의 소재로 대나무에 주목하고 있다"는 기사를 실었다고 한다. 즉 대나무는, 이산화탄소를 흡수해 산소를 배출하는 기능이 다른 나무보다 35% 정도 더 뛰어나서 친환경적이고, 좌우나 상하로 당기는 힘에 견디는 능력이 강철보다 우수하고 압착(壓搾)에 저항하는 힘이 콘크리트보다 강해서 건축자재로 적합하다는 것이다.

뿐만 아니라 프레임이 대나무로 된 자전거까지 등장했는데, 탄소섬유 프레임의 자전거보다 충격과 떨림을 잘 흡수해서 장거리 주행의 피로감을 덜어준다고 한다. 그래서 프린스턴 대학의 사이클 선수인 닉 프레이는 최근 대나무 자전거를 구입했다고 한다. 뉴스위크는 이런 현상을 "대나무 혁명(bamboo revolution)"이라 부르고 있다.

이와 같이 서양인들이 대나무를 보는 시각은 철저히 실용적이다. 반면 동양인들이 대나무를 보는 시각은 다분히 정신적이다. 중당(中唐)의 시인 백거이(白居易)가 쓴 「양죽기(養竹記)」에는 대나무의 미덕을 네 가지로 들고 있다. 첫째 뿌리가 단단하여[固] 뽑히지 않고, 둘째 성질이 곧아서[直] 기울지 않고 똑바로 서 있으며, 셋째 속이 비어서[空] 욕심을 버리고 남을 받아들일 수 있고, 넷째 마디[節]가 정절(貞節)을 상징한다는 것이다. 이 고[固], 직[直], 공[空], 절[節]은 모두 군자가 본받아야 할 정신적인 덕목이다.

이 중 대나무가 지닌 가장 두드러진 특징은 '공'과 '절'이다. 온갖 욕망으로 가득 찬 마음을 비움으로써만 그 자리에 진리를 받아들일 수 있다는 것을 대나무는 가르쳐 준다. 또 마디와 마디 사이는 막혀 있어서 서로 넘을 수 없다. 넘을 수 없다는 것을 알면 자기의 자리에서 자기가 지켜야 할 것을 지키게 된다. 이것이 군자가 배워야 할 덕목이다. 예절(禮節), 절개(節槪), 절조(節操), 정절(貞節) 등의 어휘에 대나무 마디를 뜻하는 '節' 자가 들어가는 이유가 여기에 있다.

서양인은, 강철보다 강하고 콘크리트보다 단단한 대나무의 속성을 발견하고 건축자재로 활용할 생각을 하는 반면에 동양인은, 비바람에도 꺾이지 않는 대나무를 보고 군자의 절개를 생각한다. 이렇게 볼 때 서양인은 물질적인 실용을 중시하고 동양인은 정신적인 수양을 중시한다고 할 수 있다. 실용을 중시하는 서양인이 대나무의 공(空)과 절(節)을 보지 못하는 것은 당연한 일인지 모른다.

새로 출범한 이명박 정부가 지나치게 실용을 추구한 나머지 자칫 정신의 황폐함을 초래하지나 않을지 걱정이 되기도 한다.

## '아주 멍청한 신神'

| 2008, 다산포럼

얼마 전 일간지에서 다음과 같은 기사를 읽은 적이 있다.

> "이제 더 이상 '전쟁과 평화'(러시아 문호 톨스토이의 장편소설)는 못 읽겠다." 미국 미시간대 의대 교수이자 블로거(blogger)인 브루스 프리드먼(Friedman)은 최근 이런 고충을 주변에 털어놨다. 그는 "인터넷에서 수많은 단문(短文) 자료들을 훑다 보니, 생각하는 것도 '스타카토(staccato · 짧게 끊어서 연주)' 형이 됐다"며 "블로그에서도 3~4단락이 넘는 글은 이제 부담스러워 건너뛰게 된다"고 하소연했다. 오늘날 지식인들조차 인터넷에 얼마나 길들여졌는지를 보여주는 단면이다. (조선일보, 2008년 6월 19일 자)

"인터넷에 길들여졌다"는 것은 무엇을 뜻하는가? 인터넷에 중독되었다는 것을 뜻한다. 마치 마약에 중독되듯 인간은 이제 인터넷이 없으면 살 수 없다고 생각한다. 인터넷의 여러 기능 중에서도, 수많은 정보를 순식간에 찾아주는 검색기능에의 의존도가 점점 높아지고 있다. 인간은 이제 정보를 얻기 위하여 책을 뒤질 필요도 없고, 얻은 정보를 분석하기 위하여 깊이 생각할 필요도 없어졌다. 인터넷에 모든 정보가 다 들어있고 그 정보의 분석 결과까지 들어있기 때문이다. 세계 최대의 검색엔진 구글(google)의 창업자인 세르게이 브린은 "세계의 모든 정보를 우리의 뇌 혹은 그보다 더 영리한 인공두뇌에 직접 연결시키는 것"을 목표로 삼았다고 한다.

앞에서 인용한 일간지의 같은 기사에는 미국의 기술 문명 비평가인 니컬러스 카의 인터넷 비판 글이 함께 소개되어 있는데 매우 흥미롭다.

카는 「구글이 우리를 바보로 만든다?」라는 글에서, 구글을 포함한 "인터넷 업체들이 가장 꺼리는 것은 한가롭게 한곳에 머물러 천천히 읽어 내려가거나, 골똘히 사색에 잠기는 것"이라 말했다. 왜냐하면 우리가 인터넷 망을 옮겨 다니는 속도가 빠를수록 그들은 더 많은 수익을 올릴 수 있기 때문이다.

이렇게 해서 인터넷에 중독된 인간의 두뇌는 "골똘히 사색에 잠기는" 기능을 상실해간다. "나는 생각한다. 고로 나는 존재한다"라는 데카르트의 명제가 이제는 "나는 검색한다. 고로 나는 존재한다"로 바뀌어야 할 판이다. 이것은 실로 엄청난 변화이다. 아니 변화가 아니고 혁명이다.

인간의 문화와 제도를 가장 크게 변화시킨 것이 산업혁명일 터인데 이른바 'IT 혁명'은 산업혁명보다 몇십 배나 큰 파괴력을 지니고 있다. 인터넷은 인간의 사유방식을 근본적으로 변혁시키고 있다. 이렇게 가다가는 지금까지의 인류와는 다른 '신종(新種) 인류'가 탄생할지도 모른다. 니컬러스 카는 이런 신인류(新人類)를 '팬케이크 인간'이라 부르고 있다. 즉 넓고 풍부한 사유의 공간이 사라지고 팬케익처럼 '얇고 납작한 인간'이 되어버린다는 것이다.

인터넷의 순기능을 굳이 부정하자는 것은 아니지만, 적어도 초등학교 학생들만이라도 인터넷 공간에 떠있는 수많은 파편적인 정보의 바다에 빠뜨리지 말았으면 한다. 인터넷에서 검색하여 과제물을 제출하는 일에 일찍부터 길들여지면 그야말로 '얇고 납작한 인간'으로 전락해버리고 말 것이다. 우리 자녀들의 인간적인 부피에서 사유의 공간이 축소되어 얇고 납작한 인간이 되기를 바라는 사람은 아무도 없을 것이다. 또한 속도를 생명으로 하는 인터넷에 길들여지면 인간의 성격도 경박하고 조급한 방향으로 흘러, 참고 인내하는 인간의 미덕도 사라질 것이다.

이탈리아의 언어학자이며 소설가인 움베르토 에코는 "인터넷은 신(神)이다. 하지만 아주 멍청한 신이다"라 말했다고 한다. 이 세상의 모든 정보를 무엇이든 빠르게 제공한다는 점에서 신적인 존재이지만 '아주 멍청한 신'이라고 말한 에코의 말을 깊이 음미해 볼 필요가 있다.

## 미국의 어느 백혈병 소년

| 2008, YTN

미국 워싱턴주 시애틀 근처에서 살다가 지난 11월 21일 세상을 떠난 11살 소년 브렌든 포스터의 이야기가 잔잔한 감동을 불러일으키고 있습니다. 그는 2005년 8월에 백혈병이란 진단을 받고 치료를 받아왔는데, 얼마 전 의사로부터 "앞으로 살 날이 2주밖에 남지 않았다"는 통고를 받고 주위 사람들에게 자신의 마지막 소원을 밝혔다고 합니다. 통원치료를 위해 병원을 오가며 목격한 거리의 노숙자들에게 음식을 나눠주고 싶다는 것이었습니다. 이 이야기를 전해 들은 이웃 사람들이 200개의 샌드위치를 만들어 노숙자들에게 나눠주었다고 합니다. 소년이 직접 나서서 나눠주기에는 병세가 너무 악화되어 이웃들이 대신해서 소년의 소원을 들어준 것입니다.

이 이야기가 방송을 타고 미국 전역에 알려지면서 사람들이 앞다투어 노숙자 돕기에 나섰다고 합니다. 이를 전해 들은 소년은 가족들에게 "하늘나라에 가서는 천사가 되어 더 많은 일을 하겠다"는 유언을 남기고 숨을 거두었다고 합니다. 11살 소년의 맑은 동심이 모든 사람들의 가슴에 '나눔'의 불씨를 지피고 떠난 것입니다. 각박한 이 세상에서 참으로 아름답고 감동적인 이야기가 아닐 수 없습니다. 천진난만한 소년이 죽기 전에, 하고 싶고 먹고 싶고 보고 싶은 일도 많았을 터인데, 굶고 있는 노숙자들에게 먹을 것을 나눠주고 싶다는 이 소년의 마지막 소원은 사람들의 심금을 울리고도 남음이 있습니다.

이제 소년은 갔습니다. 그리고 소년이 지핀 '나눔'의 불씨는 당분간 꺼지지 않을 것입니다. 마땅히 꺼지지 않아야 합니다. 우리는 이 소년의 유지(遺志)를 결코 저버려서는 안 될 것입니다. 어떻게 해야 소년의 유지를 저버리지 않게 될까요? 이번 일을 계기로 해서 '나눔'의 선행을 더욱 확산시켜야 될까요? 물론 그렇습니다. 가진 자가 가지지 못한 자에게 자기가 가진 것을 나누어 주고 베푸는 것은 인간이 지닌 가장 값진 미덕 중의 하나일 것입니다. 인간 아닌 다른 동물들은 절대 그렇게 하지 않습니다.

그러나 냉철하게 다시 한번 생각해 볼 필요가 있습니다. 우리가 개인적으로 더 많이 나누고 더 많이 베풀면 이 세상의 헐벗고 굶주리는 사람들이 없어질까요? 해마다 12월이 되면 구세군 냄비의 종소리가 울리고 불우이웃을 돕기 위한 성금이 모입니다. 그런대도 불우한 이웃의 숫자는 줄어들지 않고 있습니다. 인간이 지구상에서 수천 년 동안 '나눔'을 실천해 왔지만 가난한 사람들은 여전히 존재해 왔습니다. 우리가 덜 나누어서 이렇게 된 것일까요?

가난한 사람을 보고 불쌍히 여기는 것은 개인적인 동정심이고, 개인적인 동정심에 바탕한 나눔에는 한계가 있습니다.

이것은 사회체제의 문제이지 개인적인 동정심의 문제가 아닙니다. 2007년 미국 농무부의 통계에 의하면 미국인 중 3,600만 명이 끼니 걱정을 하는 처지라고 합니다. 세계에서 가장 부유한 나라라고 하는 미국에 왜 이렇게 가난한 사람이 많은지 그저 놀라울 따름입니다. 백혈병 소년을 계기로 해서 많은 미국 사람들이 '나눔'의 실천에 동참하고 있습니다만 이것만으로는 결코 3,600만 명의 끼니 걱정을 해결할 수 없을 것입니다. 보다 중요한 것은 모든 사람들에게 '가난하지 않을 권리'를 부여하는 일입니다. 이미 가난할 수 있도록 내버려두고 뒤에 가서 나눔의 동정심을 베푼다고 해서 가난이 없어지는 것은 아닙니다. 백혈병 소년의 유지를 진정으로 받드는 일이 어떤 것인지 깊이 생각해 볼 일입니다.

# 치타슬로

| 2008, YTN

치타슬로(Cittaslow)는 이탈리아어인데, 영어의 슬로우 시티(Slowcity)에 해당하는 말입니다. 우리말로 옮기면 '느린 도시'라는 뜻입니다. 1999년에 이탈리아의 몇 개 소도시가, 느리게 살기를 생존전략으로 선택하여 네트워크를 결성한 후 지금은 세계 10개국의 100여 개 도시가 이 치타슬로 국제연맹에 가입해 있다고 합니다. 그리고 본부는 역시 이탈리아의 작은 도시인 오르비에토에 두고 있습니다.

치타슬로는 이름 그대로 느리게 사는 것을 미덕으로 삼는 도시입니다. 현대는 속도전의 시대입니다. 무한 속도전의 경쟁 속에서 능률과 효율만 중시하는 각박한 삶을 반성하고 '느림' 속에서 인간다운 삶을 찾아보자는 운동이지요. 이 운동이 큰 호응을 얻어 세계 각국의 도시들이 다투어 치타슬로 국제연맹에 가입 신청을 하고 있다고 합니다. 그러나 가입 조건이 꽤 까다롭습니다. 우선 인구가 5만 명 이하이어야 하고 패스트푸드점이나 대형 마트, 대량 운송수단 등이 없어야 합니다. 그리고 전통의 보존과 생태주의적인 삶을 위한 환경이 갖추어 져야 합니다.

우리나라도 담양, 장흥, 신안, 완도가 가입 신청을 해서 국제연맹 심사단이 방한하여 실사를 마쳤다고 합니다. 그 결과는 금년 11월 말경에 발표된다고 하는데 실사단의 반응이 매우 호의적이라고 합니다. 그런데 재미있는 사실은, 미국에는 치타슬로가 하나도 없다는 점입니다. 그리고 더 재미있는 사실은, 일본의 20개 도시가 신청을 해서 모두 보류되었다는 점입니다. '일본의 도시들은 너무나 미국화되어 있어서 전통의 유지가 어렵다'는 것이 보류된 이유였다고 합니다. 미국의 도시들과 미국화 되어있는 일본의 도시들이 '느림'과는 거리가 먼 '빠름'을 그 속성으로 하고 있다는 증거가 된다고 하겠습니다.

현대문명의 최첨단을 걷고 있는 미국의 속성이 '빠름'이란 것은 짐작하고도 남을 일입니다. 최근 미국에서는 '뉴요커 증후군'이란 말이 생겼다고 합니다. 세계 최대 도시인 뉴욕 사람들의 일반적인 행태를 지칭하는 말일 터인데, 뉴욕타임스는 이 증후군의 특징을 "빨리 걷고 빨리 말하며, 미로(迷路)로만 보이던 뉴욕의 지하철이 상당히 합리적으로 보이고, 자주 냉소적이 되며, 인내심이 줄어드는 것"으로 보도했습니다. 이러니 미국과 미국화된 일본에 치타슬로가 없는 것이 당연하다는 생각이 듭니다.

우리는 미국과 일본을 타산지석(他山之石)으로 삼아야 하겠습니다. 자동차가 과속으로 달리면 사고를 내게 마련입니다. 마찬가지로 우리가 속도에만 집착하면 어느 땐가는 치명적인 사고를 당할 위험이 있습니다.

이제 학생들은 정성스럽게 연필을 깎아서 공책에 필기하는 습관을 기를 필요가 있습니다. 주부들은 햇반이나 즉석 매운탕과 같은 패스트 푸드 대신, 손수 만든 반찬 한 가지라도 밥상에 올리는 정성이 필요합니다. 자동차와 휴대폰이 빠르고 편리하긴 하지만 그것에 길들여지면 종국에는 인간이 기계의 노예가 되어버립니다. 생각해 보세요. 컴퓨터나 자동차가 고장났거나 휴대폰을 잃어버렸을 때 사람들은 얼마나 당황해 합니까? 인간이 인간적인 삶을 살아야지 기계에 종속된 삶을 살아야 되겠습니까?

빠른 것이 좋긴 하지만 빠른 것만 좋은 것은 아닙니다. 이제는 '느림의 미학'을 생각해 보아야 할 때라 생각됩니다.

## 심산 김창숙과 김수환 스테파노

| 2009, 다산포럼

명동의 기적. 김수환 추기경을 애도하는 인파가 4일간 40만 명에 달했다고 한다. 새벽 6시부터 자정 무렵까지 강추위에 떨며 4, 5시간을 기다려야 추기경의 마지막 모습을 잠깐 볼 수 있을 뿐인데, 이렇게 많은 사람들이 다녀간 것을 '명동의 기적'이라 불러도 좋을 듯싶다.

사람들은 왜 이렇게 추기경에게 열광하는 것일까? 어린 시절, 자라면 장사를 해서 25세에 가정을 꾸리고 30세에는 어머니에게 인삼을 사드리겠다는 소박한 꿈을 지녔던 소년이 47세의 나이로 세계 최연소 추기경이 되어 그동안 걸어왔던 성직자로서의 큰 걸음이 사람들에게 깊은 감동을 주었을 것이다.

나 개인적으로는 추기경의 인간적인 풍모가 가슴에 와 닿았다. 추기경은 회고록에서 이렇게 말했다. "결혼해서 오순도순 살면 얼마나 좋을까 하는 생각도 해봤다. 굴뚝에서 저녁밥 짓는 연기가 모락모락 피어오르는 시골 오두막집 풍경, 얼마나 정겨운 풍경인가." 추기경인들 어찌 인간적인 고뇌가 없었을까. 이런 인간적인 고뇌를 솔직하게 털어놓는다는 것이 결코 쉬운 일이 아니었을 것이다. 그분은 또 추기경 임명 소식을 전해 들었을 때의 감회를 이렇게 술회하기도 했다.

> 추기경 임명 통보를 받는 순간 자리의 높고 낮음을 떠나 한국 교회가 세계 교회에서 인정받았다는 사실이 가장 기뻤다. … 그러나 한편으로는 '도망갈 길이 정말 막혔구나' 하는 생각이 떠나지 않았다. … 일본 유학, 사제 서품, 주교 임명 등 신상에 어떤 변화가 일어날 때마다 결국에는 그 변화를 받아들이면서도 마음 한구석에서는 '도망갈 방법이 없을까'라는 궁리를 떨치지 못했다.

물론 '도망간다'는 것이 성직자의 길을 포기한다는 뜻은 아니었을 것이지만 이 얼마나 솔직한 고백인가. 이런 인간적인 면모 때문에도 사람들은 그에게 이끌렸을 것이다. 그동안 신문과 인터넷에 소개된 수많은 일화 이외에 비교적 덜 알려진 이야기 한 토막을 여기서 소개하고자 한다.

몇 년 전 성균관대학교의 심산사상연구회에서 추기경에게 심산상(心山賞)을 수여하기로 결정한 일이 있었다. 이 상은 독립투사이자 성균관대학교의 설립자인 심산(心山) 김창숙(金昌淑) 선생의 업적을 기려서 제정한 상인데, 수상자 선정 과정에서 적지 않은 내부의 진통이 있었다. 심산 선생은 저명한 유학자이다. 유학자인 심산 선생 이름으로 주는 상을 기독교인이 받아서 되겠느냐는 논란이 있었던 것이다. 우여곡절 끝에 수상자를 추기경으로 결정하고 추기경의 의사를 타진한 결과 추기경은 수상을 흔쾌히 수락하셨다.

그런데 심산상을 수상한 사람은 심산 선생의 기일(忌日)에 묘소를 참배하는 것이 관례로 되어 있었다. 묘소를 참배하려면 유교식으로 절을 해야 하는데 추기경에게 그걸 강요할 수는 없었다. 그러나 추기경은 거리낌 없이 절을 했고 모두들 놀랐다. 후일 기독교계에서 이것이 문제가 되자 추기경은 "이 어른이 살아계셨다면 마땅히 찾아뵙고 절을 했어야 하는데 돌아가셨으니 묘소에서 절을 하는 것이 당연하지 않은가"라 말했다고 한다. 참으로 감동적인 말씀이 아닐 수 없다.

추기경으로부터 받은 감동은 여기서 끝나지 않았다. 성균관대학교의 심산사상연구회는 교수들의 자발적인 모임이어서 재정이 넉넉하지 못했다. 교수들의 회비와 기타 찬조금으로 운영하던 터라 그때 상금이 고작 700만 원이었다. 이런 사정을 간접적으로 전해 들으셨는지 추기경께서는 후일 사람을 시켜서 조그마한 상자를 보내왔는데 그 안에는 상금 700만 원에 300만 원을 더한 1천만 원의 돈이 들어 있었다.

추기경은 이런 분이었다. 그분에게는 유교와 기독교의 장벽은 아무런 문제가 되지 않았다. 사람이 사는 세상에서 사람들에게 아낌없는 사랑을 베풀고 가셨기에 오늘 이 땅의 사람들이 그토록 그분의 선종(善終)을 아쉬워하는 것이라 생각한다.

## 찰스 다윈을 위하여

| 2009, YTN

금년으로 찰스 다윈 탄생 200주년을 맞습니다. 그가 쓴 『종의 기원』은 인류 문명사에 엄청난 공헌을 했습니다만 특히 종교 문제에 커다란 파문을 일으켰습니다. 다윈 이후에, 인간은 신의 창조물이라는 '창조론'이 대세이던 학계에, 자연선택을 통한 진화의 과정을 거쳐 인간이라는 새로운 종(種)이 탄생했다는 '진화론'이 도전장을 던진 것입니다. 창조론과 진화론의 대립은 아직도 계속되고 있습니다.

한 가지 재미있는 사실은, 다윈 탄생 200주년을 기다리기라도 한 듯이 영국에서 '종교 반대 버스광고'가 등장한 것입니다. 금년 초, 영국의 무신론자들은 1인당 5파운드 모금 운동을 벌여 모은 14만 파운드(2억 8,000만 원)로 버스와 지하철에 "아마도 신은 없을 것이다. 이제 걱정을 멈추고 인생을 즐겨라"라는 광고를 냈다고 합니다. 이 광고가 효과를 본 탓인지 스페인, 이탈리아 등지에서도 비슷한 버스광고로 이 운동에 동참하고 있다고 합니다. 반종교 광고가 점차 확산되어가자 기독교 단체는 "신은 존재한다. 예수와 더불어 당신의 인생을 즐겨라"라는 버스 광고로 반격을 시작했다는 뉴스가 보도되었습니다.

종교를 가지고 안 가지는 것은 개인의 자유입니다. 또 종교를 가지는 경우에 어떤 종교를 가지느냐 하는 것도 개인의 자유에 속하는 일입니다. 그리고 저는 어떤 종교도 믿지 아니해서 잘 모르긴 합니다만 모든 종교는 적어도 사랑과 자비의 정신을 바탕으로 하고 있다고 생각합니다. 그러나 인류의 역사를 돌이켜 보면 반드시 그렇게 진행되었다고 보기 어렵습니다. 우리는 '종교'의 이름으로 자행된 '비종교적'인 사례를 수없이 보아왔습니다. 멀리는 십자군 전쟁과 30년 전쟁이 그렇고 가까이는 크로아티아, 보스니아 내전과 수단 내전이 그렇습니다. 종교가 다르다는 이유만으로 대량학살이 자행된 것입니다. 만일 신이 인간을 창조한 것이라면 이 지구상의 인간이 모두 신의 창조물인데 어찌 '우리의 신'과 '너희의 신'이 따로 있을 수 있겠습니까?

범위를 좁혀서 살펴보면, 유대교도와 기독교도와 이슬람교도는 다 같은 아브라함의 자손들입니다. 또 여호아와 알라라는 다른 이름으로 불려지지만 꼭 같은 하나님을 섬기는 사람들입니다. 그런대도 서로 원수가 되어 죽고 죽이는 싸움을 계속하는 이유를 알 수 없습니다. 이것은, '이웃을 내 몸같이 사랑하라'는 예수의 말씀이나 '알라는 자비로우시고 자애로우시다'라는 이슬람의 신앙고백과는 다릅니다. 이슬람 내부에서도 시아파와 수니파로 나뉘어 끔찍한 살육을 저지르는 행위는 또 무엇입니까?

지난 3월 15일, 아라비아 반도 남쪽의 나라 예멘에서 고대 유적지인 시밤을 관광하던 한국인 4명이 폭탄 조끼를 입은 18세 이슬람 청년에 의해 살해되었습니다. 이 사건이 발생하기 전 알카에다의 지휘관이 어떤 인터뷰에서 "성스러운 땅 아라비아 반도에 발을 딛는 이교도 관광객도 모두 서방 십자군 세력의 첩자이며, 우리의 합법적 공격 목표"라고 말했다는데 아마도 한국인에 대한 테러는 이 발언과 무관하지 않을 듯합니다.

물론 이 사건이 순수한 종교적인 이유만으로 일어났다고 보기는 어렵습니다. 이스라엘과 팔레스타인 전쟁, 미국의 이라크 침공 등 국제 정치적인 문제가 복합적으로 얽혀있다고 보아야 할 것입니다. 그러나 다윈 탄생 200주년을 계기로 해서 우리는 종교와 신의 문제를 다시 한번 진지하게 성찰해 볼 필요가 있다고 생각합니다.

## 바이러스의 침공

| 2009, YTN

멕시코에서 발생한 돼지 인플루엔자가 전 세계를 공포에 떨게 하고 있습니다. 4월 13일 첫 환자가 발생한 지 2주 만인 27일 현재 사망자가 150명을 넘어서자 멕시코 정부는 전국의 각급 학교에 휴교령을 내렸다고 합니다. 이 질병은 멕시코뿐만 아니라 미국, 캐나다, 스페인, 뉴질랜드 등 세계 곳곳으로 확산되고 있다고 합니다. 중증 급성 호흡기 증후군(SARS)과 조류 인플루엔자의 공포가 채 가시기 전에 또 신종 바이러스가 생긴 것입니다. 돼지 인플루엔자는, 사람 인플루엔자와 조류 인플루엔자가 돼지 몸 안에서 변종을 만들어 사람에게 감염시킨 것이라 합니다.

원래 동물 인플루엔자는 같은 종(種) 사이에서만 전염되는 것인데 언제부터인가 종간(種間)의 벽을 넘으면서 변형되어 새로운 바이러스로 진화한 것입니다. 후천성 면역 결핍 증후군(AIDS)도 침팬지에서 발견되는 바이러스가 인간으로 옮아온 것이라는 학설이 유력합니다. 이렇게 인수(人獸) 공통의 전염병이 등장하게 된 원인은 아직 분명하게 밝혀진 바 없습니다. 그러나 한 가지 분명한 사실은, 자연 생태계의 질서가 교란된 것이 그 원인일 수 있다는 것입니다.

동물에게는 동물의 영역이 있고 인간에게는 인간의 영역이 있습니다. 동물은 인간의 침해를 받지 않고 자연의 질서에 따라 자유롭게 살아가야 합니다. 그런데 인간이 동물의 영역을 침범한 데에 문제가 있습니다. 동물들은 그들의 영역에서 그들의 생존 법칙에 따라 생활해야 하는데 그들의 세계에 인간이 개입하면서 그 나름의 질서가 교란되고 이 과정에서 동물 바이러스가 인간에게 전이된 것이라 생각합니다. 단순히 전이된 것에 그치지 않고 무서운 변형 바이러스로 탈바꿈한 것이 돼지 인플루엔자와 같은 형태로 나타난 것입니다.

인간도 자연의 일부인 이상 자연의 질서를 거역해서는 안 됩니다. 인간의 욕망을 충족시키기 위해서 자연을 훼손하면 자연도 앙갚음을 하게 마련입니다. 겨울에도 따뜻하게 지내고 여름에도 시원하게 지내며, 원래 걸어 다니도록 만들어진 다리를 쓰지 않고 자동차에 의존하는 현대인의 생활도 반자연적(反自然的)이라 할 수 있습니다. 그 결과가 어떠합니까? 이산화탄소의 과잉 배출로 대기의 온도가 높아지면서 남극과 북극의 얼음이 녹는다고 하지 않습니까? 이것이 자연의 앙갚음입니다. 각종 화학물질로 오염된 쓰레기가 강과 바다와 토양을 더럽히고 있습니다. 이렇게 해서 강과 바다와 토양이 자정능력(自淨能力)을 상실하면 그것에 의존하여 살아가는 인간도 더 이상 존재할 수 없습니다. 인류 종말의 날이 올 것입니다.

더 오래 살기 위해서, 더 편안해지기 위해서 인간이 저지른 반자연적인 행위를 이쯤 해서 멈추는 것이 어떻겠습니까? 여름 더위에 땀을 좀 흘리면 어떻습니까? 겨울에 꼭 딸기를 먹어야 합니까? 인간의 수명도 더 이상 연장할 필요가 있을까요?

인간이 자연의 질서를 거역하면 돼지 인플루엔자보다 훨씬 더 위험한 바이러스가 인간을 위협할 것입니다. 바이러스가 아닌 일반 세균 중에서도 어떤 항생제로도 다스릴 수 없는 슈퍼 박테리아가 출현했다고 합니다. 인간이 이들 세균이나 바이러스와의 전쟁에서 꼭 이기리란 보장이 없습니다. 그러니 인간은 자연 앞에서 오만해서는 안 되고 겸허하게 자연의 질서를 받아들여야 합니다.

# 세계 기록유산 동의보감

| 2009, YTN, 원제 「동의보감」

우리나라 의학서인 『동의보감』이 지난 7월 31일 유네스코 세계기록유산에 등재되었습니다. 이를 두고 대한한의사협회와 대한의사협회가 서로 상반된 성명을 발표했습니다. 한의사협회는 "우리나라 한의학의 정통성과 우수성을 세계가 인정한 것"이라 한 반면에, 의사협회는 "동의보감은 '투명인간이 되는 법', '귀신을 보는 법' 등 오늘날 상식에는 맞지 않는 내용이 많다"는 요지의 담화를 내놓고, 세계기록유산 등재는 동의보감을 역사적 유물로만 평가한 것이라 말하여 그 의학적 가치를 부정했습니다. 한의학계와 서양 의학계의 해묵은 반목이 재연된 듯한 느낌입니다.

나는 의학을 모르는 사람이기 때문에 무어라 말할 수 없지만 개인적으로 겪은 조그마한 경험담 한 가지를 말씀드리겠습니다. 나는 1993년에 6개월 간 북경사범대학에 연구교수로 있었습니다. 그때 장(腸)이 나빠 고생하는 나를 위해서 어떤 친구가 중국 한의사 한 명을 소개해 주었습니다. 그 친구 말에 의하면 북경 중의학원(中醫學院) 교수로 있다가 정년 퇴임한 분인데 중국 10대 한의사 중의 한 명이라고 했습니다. 진료를 받으러 가서 이런저런 얘기를 나누는 가운데 그분으로부터, 자기가 대학에 다닐 때 『동의보감』으로 공부했다는 말을 들었습니다. 그리고 그 당시 중국에는 『동의보감』만큼 체계적으로 저술된 한의학 서적이 없었다고 했습니다. 막연하게 말로만 듣던 『동의보감』의 가치를 한의학의 본고장인 중국에서 인정한다는 사실에 약간의 자부심을 느꼈던 기억이 납니다.

『동의보감』을 평가절하하는 사람들은 이 책이 "중국 의서의 짜깁기에 불과하다"고 말합니다. 그러나 중국 의학서가 세계기록유산에 등재되지 못한 것을 보면 『동의보감』을 단순히 짜깁기로만 볼 수 없다는 생각이 듭니다. 또 그 한의사가 대학 시절에 교재로 삼아 공부했다는 말이 사실이라면 적어도 1900년대 중반까지 이 책이 중국에서 읽혔을 터이니 『동의보감』을 "역사적 유물"로만 평가할 수도 없다고 생각합니다.

『동의보감』의 세계기록유산 등재를 계기로 나는 한 가지 제안을 하고자 합니다. 한의학과 서양의학이 서로 협력하는 일입니다. 한의학과 서양의학은 각각의 장단점을 가지고 있습니다. 인간의 질병을 치료하고 수명을 연장시킨 서양의학의 눈부신 발전을 부정할 사람은 아무도 없을 것입니다. 그러나 대증요법(對症療法)에 의존하는 서양의학에도 일정한 한계가 있다고 생각합니다. 사람의 몸은 매우 복잡한 구조를 가진 유기체입니다. 서양의학이 어느 한 부분의 병증을 신속하게 치료하는 데에는 탁월한 효과를 발휘하지만 인체를 유기체로 파악하는 데에는 다소 소홀하다는 느낌이 듭니다. 내과 의사는 이비인후과에 무관심하고 안과 의사는 산부인과에 관심을 가지려 하지 않습니다. 또 같은 내과라도 순환기, 소화기, 호흡기 등으로 세분되어 있어서 의사들은 자기 전공영역에만 전념합니다. 그러나 인간의 몸이 유기체이기 때문에 눈과 내장과 목 등의 기관들은 서로 연관되어 있습니다.

한의학은 특정 부위의 질병을 신속하게 치료하는 데에는 말할 수 없이 취약합니다. 그 대신 인체를 유기적인 통일체로 보고 종합적으로 치료한다고 합니다. 서구의 의사들이 이른바 '대체의학'에 관심을 갖기 시작한 것도 이런 한의학적 관점과 무관하지 않으리라 생각합니다. 물론 음양오행설에 근거하여 진단하고 치료하는 등의 비과학적인 관습은 마땅히 시정되어야 할 것입니다.

이렇게 장단점을 가지고 있는 한의학과 서양의학이 협력해서 서로의 장점을 살리고 단점을 보완해 나가는 것이 의학을 한 단계 더 발전시키는 길이라고 생각합니다.

# 디지털 사막

| 2009, YTN

미국 IT 산업의 중심지인 실리콘밸리 지역의 한 고등학교에서 최근 의미 있는 실험을 했다고 합니다. 이 학교에서는 학생들에게 12시간 동안 모든 디지털 기기를 끄고 지내도록 했다고 합니다. 휴대전화, MP3 플레이어, 컴퓨터, 비디오 게임기, DVD, TV 등을 모두 끄고 12시간을 생활하도록 했으니 학생들은 그야말로 '디지털 사막'을 경험한 것입니다.

이 '디지털 사막'을 체험한 초기에는 학생들이 다소 안절부절못했지만 차츰 시간이 흐르면서 새로운 변화가 나타나기 시작했다고 합니다. 즉 평소 잘 안 읽던 책을 꺼내드는 학생도 있었고 세차(洗車)를 하는 학생도 있었고, 휴대전화 문자 메시지를 보낼 수 없었기 때문에 서로 마주보고 대화하는 학생들이 늘었다는 것입니다. 이것이야말로 디지털 세계에서는 사막이지만 인간 세계에서는 오아시스가 아니겠습니까?

18세기 영국에서 시작한 산업혁명이 인류의 문명사를 바꾸어 놓았듯이 지금 일어나고 있는 IT 혁명도 인간 생활을 근본적으로 바꾸고 있습니다. 아니 산업혁명보다 몇십 배나 큰 위력을 가지고 인간의 생활양식과 사고의 패턴을 변화시키고 있습니다. 그리고 이 변화의 뒤편에는 어두운 그림자가 드리워져 있습니다. 디지털 기기는 말하자면 양날의 칼인 셈이지요. 잘만 쓰면 이로울 수 있지만 잘못하면 손을 베일 수도 있는 칼날입니다.

일본의 오사카에서는 금년 3월부터 초·중학생들에게 휴대전화를 가지고 등교하는 것을 금지하고 고교생들에게는 반입을 허용하되 교내 사용을 금하기로 했는데, 학교와 학부모들은 이 조처를 환영한다고 보도되었습니다. 휴대전화를 통한 외설 정보와 언어폭력, 금품요구와 집단 괴롭힘 등의 폐해를 잘 알고 있었기 때문일 것입니다. 일본은 이를 오사카뿐만 아니라 전국적으로 확대 실시할 예정이라고 합니다. 휴대전화가 없으면 불안해하면서 일종의 정신적 공황상태에까지 이르는 요즈음 청소년들을 보면 충분히 이해가 가는 일입니다. 심지어 '휴대전화 엘보'도 생긴다고 하지 않습니까? 우리나라에서도 지난달 정부가 '인터넷 중독과의 전쟁'을 선포했습니다. 우리나라 전체 청소년의 2.3%인 16만 8,000여 명이 인터넷 중독 고위험군이고 12%인 86만 7,000여 명이 잠재 위험군이라 하니 정부의 이번 조치는 뒤늦은 감이 있으나 다행한 일이라 하겠습니다.

저는 휴대전화를 쓰지 않고 자동차 운전을 못 합니다. 평생 하는 일이 책 읽고 글 쓰는 사람인지라 기본적인 컴퓨터 타자(打字)는 배웠습니다. 휴대전화와 자동차가 없다는 것이 결코 자랑스러운 일이 아닐 뿐 아니라 불편한 점도 없지 않습니다. 그래서 한때는 휴대전화를 가져볼까 하는 생각도 해보았습니다만 이제는 오기(傲氣)로 버티고 있습니다. 그런 저를 주위에서는 석기시대 사람이라고 놀리기도 합니다. 그러나 휴대전화와 자동차가 없어도 아직은 견딜 만합니다. 우리가 디지털 기기를 없앨 수는 없겠지만 그래도 기계의 종속으로부터 해방되어 인간다운 자유를 누리려는 최소한의 노력은 해야 하지 않겠습니까?

12시간의 '디지털 사막'으로부터 귀환한 학생들이 다시 접한 세계를 과연 '오아시스'라 부를 수 있을까요? 당장은 오아시스일지 모르지만 결국 더 넓고 험한 인간의 사막, 정서의 사막을 초래하지 않으리라고 누가 보장하겠습니까?

## 압구정의 유래

| 2009, YTN, 원제 「압구정」

서울 강남구 압구정동에 있는 공립학교인 '구정' 중·고등학교가 다음 달부터 '압구정' 중·고등학교로 교명이 바뀐다고 합니다. 나는 평소에 '구정' 중·고등학교라는 명칭을 못마땅하게 여겼던 터라 일단 잘된 일이라는 생각이 듭니다. 애초에 압구정동에서 개교했기 때문에 동내 이름을 따서 붙인 이름인데 '압' 자는 빼고 '구정' 중·고등학교라 한 것은 말이 안 되는 처사였습니다. 옛 성균관이 있던 자리에서 성균관의 전통을 이어받아 개교한 성균관대학교를 '성' 자는 빼고 '균관' 대학이라 불러서야 되겠습니까?

그런데 교명을 바꾼 이유가 재미있습니다. 금년 12월부터 서울 지역에서 시행되는 고교 선택제에 대비하여 학교의 브랜드 가치를 높이기 위해서 이름을 변경했다는 것입니다. 하기야 부자들이 사는 화려한 동내이고 '로데오 거리'가 있는 패션 일번지로서의 압구정동이란 명칭은 상당한 브랜드 가치를 지닐 만합니다. 하지만 진작 바꾸었어야 할 교명인데도 이제 와서 브랜드 가치 운운하는 학교 당국자들의 처사에서 얄팍한 장삿속을 보는 것 같아 서글픈 생각이 듭니다.

이참에 압구정의 내력을 한번 살펴보기로 하겠습니다. 알려진 대로 압구정은 세조 때의 권신(權臣) 한명회(韓明澮)가 한강변에 세운 정자입니다. 한명회가 누구입니까? 과거시험을 통해 입신하지 못하고 수양대군을 도와 단종을 폐위시킨 공로로 영의정에까지 오른 사람입니다. 뿐만 아니라 사육신을 제거하여 단종 복위운동을 좌절시키는 데에 결정적인 역할을 한 자입니다. 이렇게 해서 세상의 부귀영화를 마음껏 누렸지만 그에게는 남모를 콤플렉스가 있었습니다. '팔삭둥이'라는 세간의 손가락질과 떳떳치 못한 자신의 정치적 행각이 늘 마음의 부담이 되었던 것입니다. 그래서 그가 만년에 세운 정자가 압구정(鴨鷗亭)입니다.

'鴨鷗'는 갈매기와 친하게 어울린다는 뜻인데 『열자(列子)』라는 책에 이런 이야기가 있습니다. 배를 타고 강에서 고기를 잡아 생활하는 어부가 있었는데 하루는 갈매기들이 뱃전에 가득히 내려앉아 어부와 어울려 놀았습니다. 이를 신기하게 여긴 어부가 집에 가서 아버지에게 그 사실을 말하니 아버지가 "내일은 그중에서 한 마리를 잡아 오라"고 말합니다. 그래서 그 다음 날 강에 나갔으나 갈매기들이 한 마리도 오지 않았다는 이야기입니다. 갈매기를 잡겠다는 마음이 어부에게 있었기 때문이지요. 이렇게 남을 해치려는 마음을 기심(機心)이라고 합니다. 기심을 버려야 갈매기와 친할 수 있습니다. 기심을 버리자면 상당한 내공을 쌓아야 하므로 이것은 옛 선비들이 동경해 마지않던 매우 높은 경지입니다.

한명회가 정자 이름을 압구정이라 한 것은 갈매기가 날아와 친하게 어울린다는 뜻으로, 자신은 남을 해칠 마음이 없고 세속의 부귀영화를 초월한 사람이라는 것을 과시하기 위함이었습니다. 정자를 지어놓고 그는 많은 인사들을 초청하여 호화로운 연회를 베풀고 또 시도 짓게 했습니다. 김종직(金宗直) 같은 사람도 한명회의 권력에 못 이겨 그를 찬양하는 시를 지었을 정도로 그의 세력은 대단했습니다. 그는 압구정이라는 이름의 뜻과는 달리 자신의 권력과 부를 과시하기 위한 장소로 정자를 이용하는 등 폐단이 많았기 때문에 성종 임금은 압구정을 헐어버리라고 명했습니다. 성종의 명에 따라 정자가 헐렸는지에 대한 자세한 기록은 없습니다.

이런 내력을 안다면 압구정동이라는 명칭을 그리 자랑할 것만은 아니라는 생각이 듭니다. 브랜드 가치야 오늘날의 기준에 따른 것이겠지만 압구정이라는 명칭을 내세우려면 그 명칭의 유래에 대해서도 한번쯤 생각해 볼 필요가 있지 않겠습니까?

## 산문은 밥이요 시는 술이다

| 2009, 다산포럼

중국 청나라의 문인 오교(吳喬)는 산문과 시의 차이를 다음과 같이 말했다. 즉 산문과 시가 나타내고자 하는 뜻[意]을 쌀에 비유한다면, "산문은 쌀로 밥을 짓는 것에 비유할 수 있고 시는 쌀로 술을 빚는 것에 비유할 수 있다. 밥은 쌀의 형태가 변하지 않지만 술은 쌀의 형태와 성질이 완전히 변한다"고 했다. 참으로 절묘한 비유이다. 밥을 먹으면 배가 부르고 술을 마시면 취한다. 밥은 인간의 생존을 위한 필수적인 영양소이지만 술은 마시지 않아도 살아갈 수 있다. 그러나 사람이 어찌 밥만으로 살 수 있으랴. 때로는 얼큰한 취향[醉鄕]의 경지가 밥보다 더 절실한 것이 인간의 삶이다. 그래서 우리가 시를 쓰고 시를 읽는 것이 아닐까. 시는 우리를 취하게 하기 때문이다.

술은 인간의 역사와 궤를 같이한다. 시의 역사도 술의 역사만큼 유구하다. 술이 있는 곳에 늘 시가 있었다. 술의 양조법과 종류가 달라도 술은 술이듯이, 시의 형태와 기법이 아무리 다양해도 시는 시이다. 이렇게 시와 술은 오늘날에도 변함없이 인간의 다정한 벗으로 남아있다. 이러한 시가 지금 바야흐로 전성시대를 맞이한 느낌이 든다. 중앙일보가 매일 시 한 편씩 소개하는 '시가 있는 아침' 코너가 1998년 1월에 연재를 시작한 이래 금년으로 11년째를 맞아 곧 3,000여 편을 돌파할 예정이고, 조선일보가 2008년 1월부터 파격적인 지면을 할애하여 연재한 '현대시 100년, 시인 100명이 추천한 애송시 100편'이 독자들의 뜨거운 호응을 끌어내었다. 또한 이 100편을 묶어 출판한 시집 『어느 가슴엔들 시가 꽃피지 않으랴』가 2008년 하반기에만 5만 부 이상 팔렸다고 한다. 뿐만 아니라 고 박경리의 유고시집 『버리고 갈 것만 남아서 참 홀가분하다』는 이미 10만 부를 돌파했고, 신경림의 『낙타』, 안도현의 『간절하게 참

철없이』도 1만 부 이상이 판매되었다고 한다.

서울의 송파구에서는 이미 금년 3월에 '시가 꽃피는 봄날'이란 주제로 시 낭독회를 개최했고, 강남구에서도 4월 한 달간 '시 따라 희망 찾아'를 주제로 시 축제 행사를 열고 있다고 한다. 또한 법무부 교정본부 교화방송센터는 서울구치소 등 전국 47개 교정시설에서 매달 돌아가면서 시 낭독회를 개최하고 있다. 이밖에도 각종 시 행사가 만발하다.

도대체 시가 무엇인가? 고은 시인은 "아침에 시 한 편 읽는 일은 눈물 없이 메마른 눈에 눈물이 고이게 하고 맨얼굴에 미소를 그려주는 일"이라 했다. 눈물과 미소는 슬픔과 기쁨이다. 그렇다, 시는 인간을 슬프게도 하고 기쁘게도 한다. 논리로 기쁘게 하고 논리로 슬프게 하는 것이 아니라 가슴에 호소하는 것이 시이다. 이제야 시를 술에 비유한 이유를 알 것 같다. 술을 가슴으로 마시지 머리로 마시지 않는다.

그러고 보니 시인들의 작품에선 잘 익은 술 냄새가 난다. 정희성의 시에서는 담백한 백세주 맛이 나다가도 30년 된 발렌타인의 격조 높은 향기가 난다. 신경림의 시를 읽으면 중국의 명주인 분주(汾酒)에 취한 듯하다. 거역할 수 없는 분주의 그 맛과 향기. 고은의 시에는 그가 즐겨 마시는 소주 맛이 배어있고 이시영의 시는 독하지 않으면서 은은히 취하는 일본 술 사케와 같다. 그런가 하면 김혜순의 시는 깔끔한 데킬라 같은 맛이 나면서도 한편으로는 난해(難解)한 술 소흥주(紹興酒) 같기도 하다. 처음 마시는 사람에게 그 속내를 쉽게 드러내지 않지만 마시면 마실수록 그 맛에 홀려버리는 술이 소흥주이다.

이 지구상에 인간이 살아가는 한 시인들은 아름다운 술을 빚는 마음으로 시를 쓸 것이고, 사람들은 아름다운 술을 마시는 마음으로 시를 읽을 것이다.

## 결혼은 만화인가?

| 2009, 다산포럼

「오감도(烏瞰圖)」의 작가 이상(李箱)이 그의 친구 박태원의 결혼식 방명록에 남긴 축하 메시지가 발견되어 화제가 되고 있다. 신문에 보도된 전문은 다음과 같다.

> 結婚(결혼)은 卽(즉) 慢畵(만화)에 틀님업고 慢畵의 實演(실연)에 틀님업다. 慢畵實演의 眞摯味(진지미)는 또다시 慢畵로 — 輪廻(윤회)한다.

* 한자음은 필자가 붙였음.

이상이 생각하기에 결혼은 만화가 틀림없는데, 신랑, 신부가 만화에서나 보던 장면을 오늘 실제로 연기하고 있다는 것이다. 그 당시의 통념으로 만화는, 삶의 진실을 진지하게 표현하지 않고 다소 과장되고 우스꽝스럽게 표현한 매체로 인식되었을 터인데, 만화를 실제로 연기하는 당사자들이야 진지한 자세로 결혼에 임하지 않을 수 없었을 것이다. 이 진지한 자세가 또 만화라는 것이다. 참으로 시니컬한 이상다운 독설이다.

결혼은 언제나 축복의 대상이다. 그러나 결혼생활을 겪어본 사람들은 결혼을 축복의 대상으로만 보지는 않았다. 16세기 프랑스의 철학자인 몽테뉴는 "결혼은 새장과 같은 것이다. 밖에 있는 새들은 쓸데없이 그 속으로 들어가려 하고, 속에 있는 새들은 쓸데없이 밖으로 나가려고 애쓴다"라 하여 결혼이 결국 환상에 불과하다고 했다. 또 근대 러시아의 소설가 메레즈코프스키는 말하기를 "늘 현명한 인간이 되고 싶으면 결코 결혼하면 안 된다. 결혼이란 것은, 미꾸라지를 잡으려다가 뱀이 들어있는 자루 속에 손을 집어 쳐넣는 꼴이 되는 것이다. 결혼할 정도라면 중풍에 걸리는 편이 오히려 낫다"라고 하여 결혼을 매우 부정적으로 보았다. "초혼은 의무요, 재혼하는 사람은 바보요, 세 번째 결혼하는 사람은 미치광이이다"라는 네덜란드의 속담이나, "부부는 전생의 원수끼리 만난다"는 우리나라의 농담도 모두 결혼생활의 어려움을 나타내는 말들이다.

사실상 한 남자와 한 여자가 만나서 한 지붕 아래에서 수십 년을 함께 산다는 것이 그리 쉬운 일은 아닐 것이다. 공자는 『논어(論語)』에서 "오직 여자와 소인은 기르기가 어렵다. 가까이 하면 불손해지고 멀리하면 원망한다[唯女子與小人爲難養也 近之則不孫 遠之則怨]"라 했고, 당나라 시인 백거이(白居易)는 「태항로(太行路)」라는 시에서 "사람으로 태어나서 부인이 되지 말라 / 한평생 고락이 타인에서 비롯되네[人生莫作婦人身 百年苦樂由他人]"라 노래했다. 이렇게 서로를 보는 근본적인 시각이 다른 남자와 여자가 부부가 되어 함께 살아가기는 어려울 것이다. 최근에 나온 『화성에서 온 남자, 금성에서 온 여자』라는 책에서 말하는 것처럼 남자와 여자는 서로 다른 행성에서 온 이질적인 존재인지도 모른다.

그러나 그렇다고 해서 결혼을 하지 않는 것이 과연 옳은 일인가? 이 세상의 모든 생명체는 암컷과 수컷이 짝지어 살아가게 되어있다. 그것이 자연의 이치이다. 또 사람으로 태어나서 결혼하여 자식 낳고 사는 것이 사람으로서의 도리가 아닌가? 결혼생활의 어려움은 그것대로 또한 삶의 일부분으로 받아들일 수는 없을까? 부부가 함께 오래 살면 얼굴도 닮는다는데 이렇게 서로 닮은 부부가 해로(偕老)하며 사는 모습이 실로 아름답지 아니한가.

'결혼은 필수가 아닌 선택이다'라 외치는 젊은이들에게 말한다. "이상의 말과 같이 결혼이 만화같이 보일는지는 모르지만, 40년 결혼생활을 한 나의 경험으로 볼 때 결혼은 결코 만화가 아니다."

## 회색 도시

| 2009, 다산포럼

노인 인구가 갈수록 증가하고 있다. 65세 이상을 노인이라 하는데 노인 인구 비율을 보면 2000년에 7.2%이던 것이 2008년에 10.3%가 되었고 2020년이면 17.7%, 2040년이 되면 32%가 될 것이라고 한다. 고령화가 매우 빠른 속도로 진행되고 있는 셈이다. 이런 속도라면 2026년경에는 노인 인구가 20% 이상이 되는 초고령 사회에 진입할 것이라는 전망이다. 노인 인구가 많아진다는 것은, 그만큼 의료기술이 발전하고 국민의 영양 상태가 좋아졌다는 것을 의미하고 또 이것이 한 국가의 선진화의 기준이 된다는 점에서 환영할 만할 일임에 틀림없다.

그러나 노인이 많아서 좋은 점도 있고 불편한 점도 있다. 전통사회에서 특히 동양 사회에서 노인은 존경의 대상이었다. 중국에서는 지금도 국민을 "노백성(老百姓)"이라 부르는데 이것은 백성을 존중하고 소중하게 여긴다는 뜻이다. 또 존경한다는 의미에서 선생을 "노사(老師)"라 부른다. 젊은 선생도 "노사"라 부른다. 우리나라에서도 마찬가지이다. 퇴계(退溪)를 더 높여 부를 땐 "퇴로(退老)"라 하고 목은(牧隱)을 "목노(牧老)"라 한다. 이렇게 늙을 '老'자는 나이가 많다는 뜻 이외에도 인품과 덕망이 높다는 뜻으로 사용되었다. 노인을 존중하는 이런 아름다운 전통은 아직도 남아 있다. 버스나 지하철에 경로석이 마련되어 있고, 노인은 지하철을 무료로 승차할 수 있으며 공원 입장료, 의료비 등에서 노인은 우대를 받는다.

옛날에 노인이 존경의 대상이 된 것은 아마 노인 인구가 적었기 때문이었을 것이다. 환갑 때까지만 살아도 오래 살았다고 해서 축하연을 베풀었으니 65세 이상 노인 인구는 극히 드물었을 것이다. 여기에다 풍부한 인생 경험을 바탕으로 한 생활의 지혜까지 갖추었을 가능성이 많으니 존경하지 않을 수 없었을 것이다. 하지만 그 시대에도 노인이 지탄의 대상이 되는 경우가 있었다. 다름 아닌 '노욕(老欲)' 때문이다. 모두 다 그런 것은 아니지만 늙으면서 생기는 끝없는 탐욕, 이것은 분명 노인의 치명적인 결함이다.

지금은 노인이 존경의 대상이라기보다 다소 귀찮은 존재로 여겨지는 것이 사실이다. 노인 인구가 너무 많고 또 너무 오래 살기 때문이 아닐까? 이런 추세라면 올해 태어나는 아이는 서른 살이 되면 노인 1명을, 마흔 살이 되면 노인 1.2명을 부양해야 할 것이라 한다. 지금도 노인 의료비가 전체 의료비의 31%를 차지한다고 한다. 젊은 사람들은 결혼을 기피하고 또 결혼하더라도 자식 낳는 것을 꺼려하는데 점점 더 많은 노인들이 생명을 연장해가고 있으니 노인이 사회적 부담이 될 수밖에 없는 것이다.

프랑스의 작가 베르나르 베르베르가 쓴 「황혼의 반란」이라는 소설에 보면, 노인이 사회적 골칫거리가 되어 CDPD(휴식, 평화, 안락의 센터)라는 기관에 강제로 끌려가 주사를 맞고 생을 마감하는 장면이 나온다. 물론 공상 소설이지만 참으로 끔찍한 이야기이다. 에이지퀘이크(agequake) 즉 '노령지진'을 예고하는 사회학자도 있다고 한다. 고령화 사회에 대비하여 정부에서 여러 가지 사회적 안전장치를 마련하고는 있지만 정말 '노령지진'이라도 일어난다면 큰일이 아닐 수 없다. 지진이 어디 인위적인 노력으로 피할 수 있는 것인가?

낡은 것은 소멸하고 새로운 것이 태어나는 자연의 신진대사가 활발하게 일어나야 건강한 사회가 될 텐데, 지금 우리 사회는 우중충한 회색빛으로 물들어 있다. 생기발랄한 초록빛이 아닌 잿빛 회색 도시, 이건 분명 바람직한 사회가 아닐 것이다. 그러면 어떻게 해야 하나? 베르나르의 소설에서처럼 일정 연령 이상의 노인들에게 의료 공급을 중단할 수도 없는 노릇이고……. 이 글을 쓰고 있는 나도 70을 바라보는 노인임을 밝혀둔다.

## 살풍경殺風景

| 2009, 다산포럼

살풍경이란 말은 ‘풍경을 죽이다’ 또는 ‘풍경을 감소시키다’는 뜻으로, 분위기에 걸맞지 않는 행동이나 풍류를 모르는 사람의 엉뚱한 말과 행동을 가리킬 때 쓰이는 말이다. 요즘 유행하는 ‘썰렁하다’는 말이 이에 해당될 것이다. 이 용어는 중국 당나라의 시인 이상은(李商隱)이 지은 「잡찬(雜纂)」이란 글에서 유래된 것이다. 이제 그중에서 몇 가지를 소개한다.

• 유춘중재(游春重載) : 봄놀이 가면서 (먹을 것을) 잔뜩 싣고 간다는 뜻인데, 봄 경치를 즐기려 가는 것인지 먹고 마시기 위하여 가는 것인지 모를 이런 나들이를 살풍경하다고 규정했다.

• 태상포석(苔上鋪席) : 이끼 위에 방석을 깐다는 뜻으로, 바위에 나 있는 아름다운 이끼 위에 방석을 깔고 앉는 사람의 멋대가리 없는 행동을 살풍경하다고 했다.

• 월하파화(月下把火) : 달 아래에서 불을 밝힌다는 것인데, 환한 달빛 아래에서 등불 또는 횃불을 밝힌다는 것은 풍류와는 거리가 먼 사람의 행동임에 틀림없다.

• 기연설속사(妓筵說俗事) : 기생 잔치에서 세속적인 이야기를 한다는 것이다. 기생이 있는 흥겨운 잔치 자리에서 분위기와 동떨어진 이야기를 해서 좌중을 썰렁하게 만든다는 뜻으로 지금도 흔히 볼 수 있는 살풍경한 장면이다.

• 자학소금(煮鶴燒琴) : 거문고를 불태워 학을 구워 먹는 것으로 살풍경의 백미(白眉)라 할 만하다. 천년을 산다는 학은 고고한 선비의 상징이고 거문고는 이러한 선비의 둘도 없는 짝이다. 그런데 거문고를 태워 학을 구워 먹다니…….

이상은의 '살풍경'이 사람들의 관심을 끌자 후대에 이 살풍경의 목록이 추가되었다. 황윤교(黃允交)는 '속살풍경(續殺風景)'이라 할 수 있는 글에서, 북치고 나팔 불면서 즉 풍악을 잡히며 산을 유람한다는 고취유산(鼓吹遊山), 소나무 숲에 측간을 만든다는 송림작측(松林作厠) 등을 살풍경 목록에 추가했다. 또 이런 항목도 있다. 명산벽상제시(名山壁上題詩)로, 이름난 산의 절벽에 시를 써놓는 행위를 살풍경하다고 했다. 자기가 왔다 갔다는 기록을 남기기 위해서 아니면 자기의 시재(詩才)를 과시하기 위해서 아름다운 경치를 훼손한다는 것이다. 그러나 이것은 금강산 만폭동 자라 바위 위에 새겨진 '조선의 영광 민족의 자랑 김정일'이란 붉은 글자에 비하면 훨씬 덜 살풍경하다.

살풍경한 장면은 오늘날도 얼마든지 볼 수 있다. 중국 사천성 미산현(眉山縣)에는 소동파(蘇東坡) 삼부자를 모신 삼소사(三蘇祠)가 있는 탓에 '삼소주(三蘇酒)'란 술이 있고 '동파독서실(東坡讀書室)'이란 간판도 눈에 띈다. 하지만 '동파사료(東坡飼料)'란 상표는 분명 살풍경하다. 다산(茶山)이 유배되었던 전라남도 강진 읍내에 있었던 '다산 다방'도 말할 수 없이 살풍경하다.

어디 그뿐이랴. 맞선 보는 자리에서 부동산 얘기만 늘어놓는 철없는 예비신랑, 음식점에서 매운탕을 시켜놓고 '맵지 않게 해주세요'라고 주문하는 점잖은 양반, 데이트 중에 군대 얘기에만 열을 올리는 씩씩한 젊은이의 행동 또한 현대판 살풍경의 한 예로 기록될 만하다. 뭐니 뭐니 해도 오늘날 가장 살풍경한 것은 시도 때도 없이 터지는 휴대폰 소리일 것이다. 그중에서도 엄숙한 장례식장에서 울려 퍼지는 '날 좀 보소 날 좀 보소' 멜로디의 휴대폰 신호음은 이 시대 최악의 살풍경이라 할 만하다.

팍팍한 도시 생활 속에서 우리는 좀 더 여유를 가지고 살 수는 없을까? 풍경을 죽이는 것이 아니라 풍경을 살리는 풍류와 낭만이 다시금 아쉬운 시대에 우리가 살고 있다는 생각이 우리를 우울하게 한다.

## 이 찬란한 가을엔 편지를 쓰자

| 2009, 다산포럼, 원제 「이 찬란한 가을에」

가을도 이제 끝 무렵에 접어들었다. 꽃보다 아름다운 단풍이 천지를 현란하게 물들이고 노란 은행잎이 아스팔트의 색깔을 바꿔놓고 있다. 그러나 도시인들의 삶은 이 찬란한 가을을 마음껏 즐기지 못하고 있다. 보라, 아침 출근 시간의 시내버스 안 승객들은 반 이상이 졸고 있다. 이들에게는 하루를 시작하는 희망찬 아침이 아니라, 또다시 고된 일상이 기다리는 숨 막히는 아침이다. 먹고 살기 위한 힘겨운 고투가 시작되는 아침인 것이다.

하지만 생활의 무게가 아무리 어깨를 짓눌러도 이승에서의 아름다운 삶을 이렇게 보낼 수는 없지 않은가? 바쁘게 돌아가는 하루의 일과에서 조그마한 틈을 내어 편지를 써보면 어떨까? 옛사람들은 가을에 편지를 썼다. 중국 당나라 시인 위응물(韋應物)이 친구에게 보낸 시(詩)로 쓴 편지 한 수가 생각난다.

때마침 가을밤, 그대가 그리워서 懷君屬秋夜
서늘한 하늘 아래 시 읊으며 거닌다오 散步詠凉天
빈 산, 솔방울 떨어지는 소리에 空山松子落
깊이 사는 그대 또한 잠 못 이루겠지요? 幽人應未眠

위응물이 친구인 구단(邱丹)에게 보낸 시인데, 친구는 그때 벼슬을 버리고 임평산(臨平山)에 은거하고 있었다. 어느 가을날 밤 위응물은 임평산에 은거하고 있는 친구가 몹시 그리워 잠을 못 이루고 이리저리 거닌다고 했다. 그리고 친구 또한 이 가을밤에 솔방울 떨어지는 소리까지 들으며 잠 못 이루리라고 상상한다. '그도 응당 나를 그리워하고 있으리라.' 이러한 그리움을 20자의 시로 써서 보낸 것이다. 아무런 수식도 기교도 없는 담박한 시이지만 두 사람의 우정이 짙게 배어있는 시이다. 그래서 이 시가 그토록 후인들의 사랑을 받았을 것이다.

우리도 누구나 한 사람쯤은 그리운 대상이 있을 것이다. 이 가을엔 그 그리운 사람에게 편지를 써보자. 헤어진 첫사랑의 연인도 좋고 오랫동안 만나지 못한 친구도 좋고 떨어져 살고있는 형제자매도 좋다. 그러면 세속에 시달린 마음이 차분히 가라앉을 것이다. 옛사람들은 벼루에 먹을 갈아서 붓으로 썼을 것이다. 먹을 가는 동안은 그리운 사람의 얼굴을 떠올리는 즐거운 시간이었을 것이다. 지금은 붓이 아닌들 어떠랴. 연필도 좋고 볼펜도 좋다. 그러나 컴퓨터 워드프로세스로 찍어서 보내진 말자. 컴퓨터로 작성한 글에는 기계의 냄새가 묻어있게 마련이다. 그리운 사람에겐 기계의 냄새가 아닌 사람의 냄새를 실어 보내야 하지 않겠는가!

위응물처럼 꼭 시로 쓸 필요도 없다. 문장이 매끄럽지 않아도 좋다. 글씨가 서툴러도 좋다. 그리운 사람에게 그리운 마음을 진솔하게 이야기하면 저절로 시가 되는 법이다. 이렇게 편지를 쓰는 동안에는 팍팍한 일상사로부터 잠시나마 벗어날 수 있을 것이다. 그리고 상상해 보라. 공과금 납부 고지서나 백화점 판촉 광고물로 가득 차 있던 우편함에, 어느 날 뜻하지 않은 사람으로부터 온 편지를 발견했을 때의 기쁨이 어떠할까.

해마다 찾아오고 해마다 떠나가는 가을. 그냥 왔다가 그냥 떠나가는 가을의 뒷모습이 너무나 쓸쓸하지 않은가. 올해도 또 이렇게 떠나보내야 하는 가을이 너무나 아쉽지 않은가. 이 찬란한 가을엔 그리운 사람에게 편지를 쓰자. e-mail이나 휴대폰 문자 메시지가 아닌, 육성(肉聲)이 배어있는 그리운 정을 육필(肉筆)에 실어 보내자.

## 인간과 술

| 2009, YTN

대학가에서는 해마다 신학기가 되면 신입생 환영회가 열리고 신입생 환영회장에서의 음주로 인하여 크고 작은 사고가 일어납니다. 금년도 예외가 아니어서, 2월 28일 새벽에는 인천 모 대학 1학년 김 모(20) 군이 강원도 평창군 면온리 H콘도 4층 베란다에서 떨어져 숨졌다고 합니다. 또 3월 4일 0시에는 강원도 강릉시 강릉 모 대학의 신입생 박 모(19) 군이 기숙사 앞 땅바닥에 피를 흘린 채 숨져 있는 것이 발견되었다고 합니다. 두 사건 모두 신입생 환영회에서 술을 너무 많이 마신 나머지 추락사한 것으로 보입니다. 참으로 안타까운 일입니다.

도대체 술이 무엇입니까? 기호식품으로서 인간과 가장 오랫동안, 가장 밀접한 관계를 맺어온 것이 술입니다. 그리고 가장 말이 많은 것도 술입니다. "술은 악마의 피다"라는 영국 속담이 있는가 하면, 불교 경전에는 "술은 번뇌의 아버지요 더러운 것들의 어머니다"라는 구절이 있습니다. 나아가 "전쟁, 흉년, 전염병 이 세 가지를 합쳐도 술이 끼치는 손해와 비교할 수 없다"라고 말한 사람도 있습니다. 그러나 술이 부정적으로만 평가된 것은 아닙니다. 중국의 고전인 사마천(司馬遷)의 『사기(史記)』에 이런 말이 나옵니다.

> 하늘에 제사 지내고 사당에 제사 지내는 데에 술이 아니면 (신령이) 흠향(歆饗)하지 않을 것이고 임금과 신하, 친구 사이에도 술이 아니면 의리가 두터워지지 않을 것이며, 싸움을 하고 서로 화해하는 데에도 술이 아니면 성사되지 않을 것이다.

『한서(漢書)』에서도 "술은 백약(百藥)의 으뜸이고 아름다운 모임의 좋을 짝이다"라 하였습니다. 말하자면 술은 인간관계를 부드럽게 하고 인간과 신(神)을 맺어줄 뿐만 아니라 병을 다스리는 최고의 약이 된다는 말입니다. 이렇게 술은 인간과 역사를 같이하면서 인간의 슬픔과 기쁨을 함께 나눈 인간의 가장 오래된 벗으로 인식되기도 했습니다.

저는 누구보다 술을 사랑합니다. 일 년 중 360일은 술을 마십니다. 수십 년 동안 술은 저의 가장 친한 벗이었습니다. 지금도 술을 마시면서 이 글을 쓰고 있습니다. 수십 년 동안 별 탈 없이 술과 친구 관계를 유지할 수 있었던 것은 무엇보다 내가 친구인 술을 사랑하기 때문입니다. 좋은 벗은 서로를 존경하고 사랑하지 학대하지 않습니다. 신입생 환영회에서 냉면 그릇에 소주를 가득 부어 '원샷'을 강요하는 따위는 술을 사랑하는 것이 아니라 술을 학대하는 짓입니다. 이렇게 해서는 결코 술과의 우정을 이어갈 수 없습니다. 사람에 따라 주량이 큰 사람도 있고 작은 사람도 있고, 그때그때의 기분에 따라 술을 마시고 싶을 때도 있고 마시고 싶지 않을 때도 있는 법인데 이런 개인적인 사정을 무시하고 일률적으로 술을 강요하는 것은 술에 대한 모독입니다. 이렇게 되면 모독을 당한 술이 인간을 배반합니다. 더 이상 벗이 되기를 거부하는 것이지요. 신입생 환영회에서의 죽음은 모독당한 술이 인간에게 보복을 한 것입니다.

사람이 언제나 초롱초롱한 이성의 세계에서만 살 수는 없습니다. 때로는 달콤한 일탈(逸脫)을 꿈꾸기도 하는 것이 인간이 아니겠습니까? 이럴 때 술은 더없이 좋은 벗이 될 것입니다. 이렇게 좋은 벗인 술과 참다운 우정을 나누기 위해서는 술을 존중하고 사랑하는 자세를 가져야 하리라고 생각합니다.

## 담배에 대한 단상

| 2010, 한국고전번역원 고전포럼

최근 담배에 대한 논란이 뜨겁다. 지난달 22일, 우리나라 금연운동의 '맹장'인 서울대 의대 박재갑 교수가 '대통령께 드리는 공개청원'을 발표했다. 박 교수의 금연운동은 새삼스러운 것이 아니다. 그는 2000년 국립암센터 초대 원장을 맡은 이후 '암센터 전 직원 금연 선언(2002)', '대학입학 전형 때 비흡연자 우대 제안(2003)', '담배 판매 금지 법안 입법청원(2006)' 등을 통하여 지속적인 금연운동을 펼쳐왔다.

그는 담배를 '독극물'로 단정했다. 이런 독극물의 판매를 허용한다면 국가가 국민에게 사기를 치는 것과 다름없다고 했다. 나아가 그는 담배가 마약보다 중독성이 심하기 때문에, "국가가 국민들을 담배 중독에 빠뜨려 놓고 그걸 통해 한 해 7조 원의 세금 수입을 올리는 지금의 상황은 마약 장사로 떼돈을 버는 조직 폭력배가 하는 짓과 다름 없다"고 주장했다. 그가 이번에 발표한 청원의 요지는, 정부가 10년 후인 2020년까지 담배의 제조, 판매를 금지하겠다고 약속하라는 것이었다. 그러면서 그는 "담배 없는 세상 만드는 데 인생을 바칠 것"이라는 결의를 밝혔다.

앞으로 국가가 담배의 제조, 판매를 금지시키라는 그의 주장에 나는 전적으로 동의한다. 박 교수의 주장대로 담배가 독극물이라면 그 제조, 판매를 금지하는 것은 지극히 당연하다. 사실상 박 교수의 지속적인 금연운동 덕분에 많은 사람들이 담배를 끊고 있다. 담배 피울 수 있는 공간도 현저히 줄어들었다. 이제는 담배 피우는 사람을 야만인 보듯이 한다. 그럼에도 불구하고 여전히 담배라는 '독극물'을 들이키는 사람들이 있는데 나도 그중의 하나이다. 그러니 이 '독극물'로부터 사람을 보호하는 길은 박 교수의 계획대로 국가가 담배의 제조, 판매를 금지하는 수밖에 없다. 박 교수의 소원대로 '담배 없는 세상'이 되면 담배가 아무리 그리워도 피울 수 없을 것이기 때문이다.

그러나 앞으로 담배 없는 세상에서 살아갈 사람들을 위해서, 그리고 나의 오랜 벗이었던 담배와 영원히 이별할지도 모르는 이 마당에서 담배에 대한 약간의 사설(辭說)을 널어놓지 않을 수 없다. 그렇게 정들었던 담배와 무덤덤하게 초초히 헤어질 수는 없는 일이 아닌가! 담배를 가장 좋아했던 사람 중의 하나인 중국의 임어당(林語堂)은 담배를 '니코틴 부인'이라 칭하고 이 "니코틴 부인에 대한 충성을 끊으려고 애쓰는 것은 어리석은 짓"이라고 말한 바있다.

담배가 우리나라에 전래된 것은 약 400여 년 전인 광해군 때인 것으로 추정된다. 남쪽에서 왔다고 해서 남초(南草)라 불리다가, 신비한 약효가 있는 것으로 인식되어 남령초(南靈草)로도 불렸다. 또한 술처럼 사람을 취하게 한다 하여 연주(煙酒)로, 차(茶)처럼 피로를 해소시켜 준다고 해서 연다(煙茶)로 일컬어지기도 했다. 한번 맛보면 잊을 수 없다 하여 상사초(相思草)라는 별명을 얻기도 했고, 근심을 잊게 해준다고 하여 망우초(忘憂草)라는 별명도 가지고 있다.

그래서 그런지 담배는 민간에 빠른 속도로 전파되었다. 초기 애연가 중의 한 사람인 계곡(谿谷) 장유(張維, 1587~1638)는 『계곡만필(谿谷漫筆)』에서 "우리나라에는 20년 전에 이 물건(담배)이 들어왔는데, 지금은 위로 공경(公卿)으로부터 아래로 가마꾼과 나무꾼, 목동에 이르기까지 피우지 않는 자가 없을 정도이다"라 말했다. 계곡의 담배 사랑은 각별했던 모양이다. 이덕리(李德履)의 「기연다(記煙茶)」에 이런 기록이 있다.

> 계곡은 담배를 몹시 즐긴 사람이었다. 선원(仙源) 김상용(金尙容)이 일찍이 인조 임금께 "전하께서는 장 아무개를 데려다 쓸 만한 사람이라고 말씀하셨습니다. 하지만 담배를 피우지 말라는 신의 경계에도 불구하고 그는 끝내 끊지 못했습니다. 이것은 그가 쓸 만한 사람이 아니라는 하

나의 증거입니다"라고 아뢴 적이 있었다. 사실 계곡은 선원의 사위였다. 늘 선원의 꾸중을 듣고 담배를 끊으려 했지만 끊지를 못했다. 그래서 자기 저서에 그 사실을 적은 것이다. 비변사 청사 안에서 담뱃대를 가로 물기 시작한 것은 계곡부터라고 세상에는 전해온다.

계곡이 장인의 꾸중을 듣고도 이 '독극물'을 끊지 못했기 때문인지 그는 52세로 짧은 생을 마쳤다. 계곡 이후의 애연가로는 이옥(李鈺, 1760~1815)이 단연 돋보인다. 그는 담배를 좋아하는 데에 그치지 않고 『연경(煙經)』이라는 저서까지 남겼다. 그는 이 책에서 연초의 재배에서부터 담배의 원산지와 전래, 담배의 성질, 담배의 제조 공정과 사용법, 흡연 도구, 흡연의 멋과 효용 등에 이르기까지 58조에 걸쳐 담배에 관한 모든 것을 기록해 놓았다. 과연 그의 담배 사랑이 지극하다 하겠다. 이 책의 서문을 보면 그가 어느 정도의 애연가였는가를 알 수 있다.

> 우리나라에 담배가 전해진 지도 또한 장차 2백 년이 된다. … 꽃에 취하고 달을 삼키듯 하니 담배에는 술의 오묘한 이치가 있으며, 푸른 것과 붉은 것을 불에 사르니 향(香)의 뜻이 서려있고, 은으로 만든 그릇과 꽃무늬가 새겨진 통이 있으니 차(茶)의 운치가 있으며, 꽃을 재배하여 향기를 말리니 또한 진귀한 열매와 이름난 꽃과 비교해도 손색이 없다 하겠다.

이렇듯 "하루라도 차군(此君)이 없으면 안 된다"고 할 만큼 "담배에 벽(癖)이" 있었던 그는 55년이라는 길지 않은 삶을 살았다. 역시 '독극물'을 애호했던 탓일까? 국가가 담배의 제조, 판매를 금해야 한다는 박재갑 교수의 주장과는 달리 국가가 담배를 적극 권장한 사례가 있다. 바로 정조(正祖) 임금이다. 지금과 마찬가지로 그 당시에도 담배에 관해서 찬반

양론이 분분했던 모양인데 이 와중에서 정조는 결연히 담배 예찬론을 펼쳤다. 그는 신하들에게 내린 책문(策問)에서 자신의 경험을 예로 들어 담배의 이로움을 조목조목 개진하며 "담배를 금지하자는 것은 무슨 이유인가? 쓰기에 유용하고 사람에게 유익하기는 차나 술보다 낫다고 말할 수 있지 않은가?"라 말했다. 그는 나아가, 하늘이 사람을 사랑하는 마음에서 이 풀(담배)을 내려보냈는데 하늘을 도와 정치를 하는 임금은 마땅히 만백성들에게 담배의 혜택을 두루 받을 수 있도록 해야 한다고 천명했다. 그러한 정조도 49세에 급사(急死)했으니 이 또한 '독극물'의 해독 때문인가?

한편 이러한 '독극물'을 애용하면서도 비교적 장수한 사람도 있다. 늘 파이프를 입에 물고 살았던 영국 수상 처칠은 92세까지 살았고, 세수할 때에도 한 손에 담배를 들었고 결혼식 주례 설 때에도 담배를 피웠다는 공초(空超) 오상순(吳相淳) 시인, 하루에 담배 10갑을 피웠다는 그는 70세에 작고했는데 당시로서는(1963년 작고) 장수한 편에 속한다. 평생 담배를 즐긴 소설가 박경리 여사는 83세에 폐암으로 작고했고 담배의 대명사 임어당은 82세까지 살았다. 80을 넘겨 살았으면 비록 폐암으로 죽었더라도 그것을 굳이 담배라는 '독극물' 때문이라 말할 필요가 있을까?

요즈음처럼 담배 피운다고 코너에 몰려 구박만 받고 살다 보니 슬며시 부아가 치밀어 오기도 한다. 이 세상에 나쁜 것이 담배뿐만 아닐 터인데 왜 담배만 가지고 이 난리들인지. 담배 연기보다 몇백 배나 더 해롭다는 자동차의 매연(煤煙)은 어떤가? 매연 없는 자동차를 만들 수 없다면 국가가 자동차의 제조, 판매를 금지해야 마땅하지 않은가? 인체에 백해무익하다는 백설탕이나 콜라도 마찬가지이다. 또 '중독성'을 놓고 보더라도 컴퓨터 게임의 중독성이 담배의 중독성에 못지않을 것이다. 컴퓨터 게임에 중독되어 생후 3개월 된 아이를 굶겨 죽인 부부도 있고, 게임을 말린다고 어머니를 살해한 청년도 있었다. 청소년들의 심신(心身)

을 황폐하게 만들고 있는 인터넷 중독의 심각성을 안다면 이 또한 제조, 판매를 금지해야 할 것이다.

“국가가 국민에게 사기를 치는 것과 다름없다”, “국가는 마약 장사로 떼돈을 버는 조직 폭력배가 하는 짓과 다름없다”는 등의 막말을 하면서까지 “담배 없는 세상”을 만들려고 그토록 애쓰는 박재갑 교수에게 경의를 표하면서 한편으로는 박 교수가 전생(前生)에 담배와 무슨 악연(惡緣)이라도 맺은 것은 아닐까 하는 생각이 들기도 한다.

* 이 글을 쓰는 데에 『完譯 李鈺全集』(실시학사 고전문학연구회, 휴머니스트, 2009)과 『연경, 담배의 모든 것』(안대회 역, 휴머니스트, 2008) 두 책의 도움을 받았음을 밝혀둔다.

## 나그네 설움

| 2011, 다산포럼

중국의 조선족 여인들은 남편을 '나그네'라 부른다. 왜, 그리고 언제부터 그렇게 불렀는지 이유는 분명히 알 수 없다. 몇몇 조선족 동포에게 물어보아도 시원한 대답을 듣지 못했다. 내 생각으로는, 중국으로 이주한 사람들의 고달픈 역사가 '나그네'라는 말 속에 녹아있는 것 같다. 일제 시대에 중국으로 이주한 사람들은 낯선 이국땅에서 힘겨운 생활을 이어갔을 것이다. 혹은 생계를 유지하기 위해서 또 혹은 독립운동을 하느라 남자들은 늘 밖으로 떠돌아다녔고 이런 남편을 나그네라 부르지 않았을까?

여인들은 같이 있어 주지 못하는 남편을 나그네라 부르며 원망했을지 모르지만 그런 생활을 할 수밖에 없는 남자들 또한 마음이 편할 리 없었을 것이다. 1940년에 발표된 백년설의 노래 〈나그네 설움〉은 지금 들어도 가슴이 저려온다.

오늘도 걷는다마는 정처 없는 이 발길
지나온 자욱마다 눈물 고였다
선창가 고동 소리 옛님이 그리워도
나그네 흐를 길은 한이 없어라

나그네는 항상 서러운 존재이다. 조국을 떠나 이국땅에서 사는 것 자체가 나그네 생활인데 그곳에서도 떠돌아다녀야 하니 그 서러움이 어떠하리라는 것은 능히 짐작할 수 있는 일이다. 백년설의 노래는 조국을 잃고 떠도는 우리 민족의 서러움과, 가족을 떠나 정처 없이 발길을 옮겨야 하는 남편의 서러움을 동시에 노래한 것이 아닐까?

이런 생각을 하고 있노라니 2011년 대한민국의 남자들 처지가 문득 떠오른다. 지금 이 땅의 남편들이 나그네처럼 처량하다는 생각이 든다. '이사를 갈 때에는 제일 먼저 자동차에 타고 있어야 한다, 아니면 마누라가 예뻐하는 강아지를 꼭 껴안고 있어야 한다. 그래야 버림받지 않고 같이 갈 수 있다'는 등의 유머가 남자들의 위신을 한없이 추락시키고 있다. 정년퇴직 후에 집에서 밥 세 끼를 먹는 남편을 '삼식이 새끼'라 하고 세 끼 다 밖에서 먹는 남편을 '영식 님', 한 끼만 먹는 남편을 '일식 씨', 두 끼 먹는 남편을 '이식 놈'이라 한단다. '삼식이'라는 물고기가 있다고 한다. 그래서 '삼식이 새끼'라 불리는 것만으로도 다행인 것이, 여차하면 냄비 속에 들어가 매운탕감이 될지도 모른다는 말도 있다. 물론 우스갯소리이겠지만 떨떠름한 느낌을 떨칠 수 없다. 한평생 가족을 먹여 살리기 위해서 힘들게 일하다 퇴직한 후에 아내로부터 푸대접 받고 자식들로부터도 소외당하는 우리 남편들의 처지가 서러움을 안고 살아가는 나그네 신세가 되고 말았다.

이른바 '기러기 아빠'는 또 어떤가? 월급의 대부분을 아내와 자식이 있는 외국으로 송금하고 혼자 쓸쓸히 살다가 일 년에 한두 번 기러기처럼 날아가서 가족을 만나고 돌아오는 기러기 아빠야말로 문자 그대로 나그네이다. 밥도 하고 빨래도 하며 외롭게 생활하다가 끝내 가족에 대한 그리움을 이기지 못해 스스로 목숨을 끊는 사람도 있다고 한다. 나그네 생활에 지쳐서 정처 없는 발길을 접은 것이다.

이런 일이 우리 사회의 보편적인 현상이 아니란 것을 잘 알고 있다. 그러나 남편들의 위치는 점점 위축되고 아내들의 위세가 점점 높아지는 것이 엄연한 현실이다. 남자는 왜 나그네가 되어야만 하는가? 전통적인 가부장적(家父長的) 사회에서 자행된 남성들의 횡포에 대한 대가를 지금 받고 있는 것인가? 그렇다고 하더라도 남자를 영원한 나그네로 묶어두는 것은 인류의 발전을 위해서 결코 바람직한 일은 아닐 것이다. 현시점에서 한 가정에서의 남편의 위치, 아버지의 위치를 정립하는 일은 남녀 평등의 차원을 떠나서 한번쯤 생각해 볼 일이 아닌가 한다.

## 디지털 금욕

| 2012, 다산포럼

최근 일간지에서 흥미 있는 서평을 하나 읽었다. 『로그아웃에 도전한 우리의 겨울』이란 제목의 책인데, 미국 뉴욕대학교의 미디어 생태학 박사인 저자 수잔 모샤트 여사가 14세, 15세, 18세 난 세 자녀와 함께 호주 남서부의 외딴 마을에 있는 집에서 스마트폰, 아이팟, 컴퓨터, 게임기, TV 등 모든 디지털 기기의 스위치를 끈 채 6개월간 생활한 체험담이다. 이 별난 실험을 하게 된 동기는 "컴퓨터 스크린에 진짜 삶(Real Life)을 차단당한 채 살아가는 아이들의 모습이 걱정스러웠기" 때문이라고 말했다. 그리고 그렇게 하는 것이 "온 가족이 정화(淨化)되기 위한 길"이라고 여겼다는 것이다. 6개월에 걸친 '디지털 금욕'의 결과는 성공적이었다. 아이들은 신문 읽기와 책 읽기 일기 쓰기를 통해서 집중력이 향상되었고, 컴퓨터 스크린 앞에서 하던 식사를 함께 함으로써 가족들과 깊은 대화를 나누며 친밀도가 증가되었다고 한다. 디지털 기기에 의해 오염된 삶이 "정화"되기 시작한 것이다.

나에겐 수잔 여사의 실험이 남의 일 같지 않았다. 우리도 마찬가지가 아닌가? 디지털 기기는 현대문명이 우리에게 가져다준 선물임에 틀림없다. 디지털에 의해서 일상생활의 모든 것이 빨라지고 편리해졌다. 그런데 이 '빠름'이 문제다. 사람들은 디지털 기기에 길들여져 어느덧 속도를 미덕으로 여기게 되었다. 사진을 찍을 때에도 찍힌 화면을 그 자리에서 보아야 하고, TV 채널도 손으로 돌리는 시간을 줄이기 위해 리모컨이 등장했다. 인터넷 접속은 빠를수록 좋다. 빠른 것이 좋긴 하지만 이렇게 미친 듯이 속도를 추구하다 보면 자동차와 마찬가지로 과속으로 인한 사고가 나게 마련이다.

이미 여기저기에서 크고 작은 사고가 발생하고 있지만 가장 심각한 사고는 인간 사고력의 저하이다. 무한 속도전의 와중에 휩쓸리게 되면 창조적 사고를 할 겨를이 없어진다. 기존의 지식을 머릿속에서 여유를 가지고 깊이 생각해야만 창조적 사고를 할 수 있는 여건이 마련되는 것인데, 손쉽고 빠른 인터넷식 지식 사냥만으로는 참다운 창조적 사고를 할 수 없다. 창조적으로 사고하려면 속도가 아닌 여유가 필요하다. '학자'를 뜻하는 영어 'scholar'의 그리스어 어원이 '여유'라는 의미를 가진 'scole'라고 한다. '여유'와 '학자'가 얼핏 관계없는 말 같지만 그렇지 않다.

독일의 철학자 임마누엘 칸트는 그가 태어난 도시를 한 번도 떠나지 않고 80여 년을 살았다. 대학에서 강의를 끝내면 집까지 산책을 하면서 그날의 철학적 사고를 정리했다고 한다. 말하자면 '여유로운' 이 산책길의 사색이 칸트 철학을 탄생시킨 것이다. 이런 상상을 해본다. '만일 칸트가 21세기 대한민국의 교수로 있다면 과연 그만한 철학적 업적을 남길 수 있었을까?' 1년 단위로 규격에 맞춘 논문을 생산해야 하는 지금의 제도화된 학문 풍토에서는 제아무리 칸트인들 위대한 업적을 내기 어려울 것이라 생각된다. 강요받지 않고 방해받지 않는 여유로운 산책길의 사색이 칸트 철학의 모태(母胎)가 아니었을까?

앞으로 들어설 세종시의 모든 학교는 이른바 '스마트 스쿨' 시스템으로 운영된다고 한다. 학생들은 책과 가방 없이 등교하고 모든 수업 과정은 전자 시스템으로 이루어진다. 예를 들어 학생이 등교해서 교실 문 앞에 서면 문은 자동으로 열리고 알림판에 "철수야 안녕, 오늘 체육 수업시간에 배구하는 것 알지?"라는 문자가 뜨는 식이다. 스마트 스쿨 구축에는 학교당 20억 원이 든다고 한다. 과연 이렇게 하는 것이 가장 효과적인 교육일까? 20억 원을 학교폭력 예방에 쓰는 것이 더 효과적이지 않을까?

온통 디지털이 지배하는 세상에서 집요한 디지털의 유혹을 뿌리치고 6개월이라는 짧은 기간이나마 '디지털 금욕'을 단행한 수잔 여사의 결단에 깊은 경의를 표하고 싶다.

## 서점의 죽음

| 2013, 다산포럼

지난달 모 일간지에는 우리나라 서점의 실태를 조사한 기사가 실렸다. 이 기사에 의하면 한국출판연구소에 의뢰해 전국 249개 시·군·구의 서점을 조사한 결과, 경북 영양군을 비롯한 4개 군은 서점이 하나도 없는 '서점 사망 지역'이고, 강원도 고성군을 비롯한 30곳은 서점이 1개뿐인 이른바 '서점 멸종 위기 지역'으로 파악되었다. 대도시도 예외가 아니어서 인구 5만 명당 서점이 1개 미만인 지역도 적지 않았다고 한다. 역시 한국출판연구소 자료에 의하면 1997년에 전국 5407개에 달하던 서점이 2011년에는 1752개로 줄었다고 하니 이대로 가다가는 머지않아 정말 서점이 '멸종'될지도 모른다는 생각이 든다.

서점의 위기를 실감할 수 있는 곳이 대학가이다. 대학가에 한두 개씩 있었던 서점들이 문을 닫고 지금은 그 자리에 미용실, 술집, PC방, 양장점들이 들어서고 있다. 대학가가 이럴진댄 다른 곳은 말할 필요도 없다. 한가하게 구경하고 책을 고를 수 있는 동네 서점이 사라진 지는 오래되었다. 한때 호황을 누리던 온라인 서점도 어렵기는 마찬가지라고 한다. 이른바 5대 온라인 서점 중에서 대교 리브로가 이미 폐업을 선언했고 나머지 온라인 서점의 폐업도 시간문제라는 시각이 지배적이다.

서점은 책을 판매하는 곳이다. 서점이 사라진다는 것은 책을 구매하려는 사람들이 사라진다는 것을 의미한다. 책이란 무엇인가? "좋은 책을 읽는 것은 과거의 가장 뛰어난 사람들과 대화를 나누는 것과 같다"는 데카르트의 말이나 "책 속에는 모든 과거의 영혼이 가로 누워있다"는 카알라일의 말을 굳이 빌리지 않더라도 책은 인간의 영혼을 살찌우는 가장 훌륭한 반려자이다. 중국 송나라의 정치가이자 문학가인 왕안석(王安石)도 이런 시를 남겼다.

가난한 자, 책으로 인하여 부유해지고 貧者因書富
부유한 자, 책으로 인하여 귀해지며 富者因書貴
어리석은 자, 책을 얻어 현명해지고 愚者得書賢
현명한 자, 책으로 인하여 이로워지니 賢者因書利
책 읽어 영화 누리는 것 보았지 只見讀書榮
책 읽어 실패하는 건 보지 못했네 不見讀書墜

책을 다소 공리적으로 평가한 느낌이 있긴 하지만, 그것을 읽음으로써 "부유해지고 귀해지며 현명해지고 이로워지는" 책을 사람들은 왜 멀리하는 것일까? 여기에는 여러 가지 원인이 있겠지만 책의 죽음을 부채질하는 가장 강력한 도전자는 인터넷이 아닐까? 사람들은 인터넷이 책을 대신할 수 있다고 생각한다. 그러나 인터넷은 단편적인 지식을 사냥하는 데에는 더없이 좋은 도구이지만 그곳은 지혜는 없고 지식만 가득한 공간이다. 또한 서점에서 향기를 풍기며 은근한 눈짓을 던지는 종이책의 다정함이 인터넷에는 없다. 인터넷을 통하여 과연 우리는 "과거의 가장 뛰어난 사람들과 대화를 나눌 수" 있겠는가?

지난 연말의 치열했던 대통령 선거 때 어느 후보도 독서의 중요성을 말하지 않았고, 죽어가는 서점을 살리겠다는 의지를 표명하지 않았다. 서점은 살아있어야 한다. 서점은 우리 마음의 고향 같은 곳이다. 서점이 존재한다는 자체만으로도 우리는 정신적 풍요를 느낄 수 있다. 그런 의미에서 나는 한 가지 제안을 하고 싶다. 시내버스에 국고보조금을 지급하듯이 서점에도 일정액의 국고보조금을 지급하라는 것이다. 또 하나 국제 슬로우 시티 본부에, 반드시 종이책을 파는 서점이 있어야 할 것을 지정 요건에 추가하기를 제안한다. 서점이야말로 '느리지만 멋진 삶'을 영위할 수 있는 최적의 요건이 아니겠는가.

## “비굴하고 능글맞게” 살기

| 2013, 『인천일보』

며칠 전 한 일간지에서 재미있는 기사를 읽었다. 평범한 가장(家長)의 생존법을 담은 책 『숨어서 보는 내 남편의 아찔한 일기장』의 저자 김종태(46) 씨와의 인터뷰 기사였다. 김 씨는 “이미 모계사회(母系社會)가 돼 버린 한국 사회에서 남편들이 살아남는 법은 비굴하고 능글맞아지는 수밖에 없다”고 말했다. 한 여자의 남편이자 두 딸의 아버지인 김 씨가 선택한 비굴과 능글은 엄마 중심으로 돌아가는 한국 가정에서 살아남기 위한 어쩔 수 없는 수단이란 것이다.

딸들에게 다가가 한마디라도 대화를 더 나누기 위해서는 비굴해져야 한다. 예를 들어 딸의 치마가 짧다고 말하고 싶을 땐 에둘러 “너 요사이 키가 많이 컸구나”라는 식으로 말해야 한다. 그렇지 않아도 엄마의 사주(使嗾)를 받은 딸들이 “아빠 전생에 머슴이었을 거야. 그래서 지금은 집안일에 손 하나 까닥하지 않잖아. 아빠 전생에 대장금이었을 거야. 전생에 대장금으로 얼마나 요리를 해댔으면 지금은 음식 만드는 데 손 하나 까닥 안 하잖아”라고 비아냥대는 판국인데, 아버지의 권위를 내세워 정공법으로 훈계라도 하면 집안에서 살아남을 수 없다는 것이다. ‘아친남’(아내 친구 남편)들에 비해 부부관계가 적다고 불평하는 아내에게는 “그거 다 대외용이야. 당신도 일주일에 일곱 번 한다고 해”라고 능글맞게 대꾸하는 게 김 씨의 생존법이다.

김 씨가 쓴 책을 읽어보지 않아서 김 씨가 이 책에서 말하려고 한 진정한 의도가 무엇인지 알 수는 없다. 그리고 인터뷰 기사에서 김 씨가 열거한 여러 가지 에피소드 중 어디까지가 사실이고 얼마만큼이 과장된 것인지도 모른다. 하지만 집안에서 아내와 아이들 눈치를 보며 기죽어 살아가고 있는 남편이 많아지고 있는 건 사실인 듯하다. ‘삼식이 새끼’

시리즈, 이사 갈 때의 남편 행동 요령 등 남편을 초라하게 만들고 남편을 비하하는 괴담 수준의 많은 이야기가 양산되는 것이 이를 말해준다. 그리하여 남자들은 점점 초라해지고 여자들은 점점 기세등등해지는 것이 작금의 현실이다. 바야흐로 '여인 천하'가 도래하려는 것인가.

여성들의 사회 진출이 많아지고 여권(女權)이 신장되는 것은 바람직한 일이다. '세상의 반쪽'인 여성들이 반쪽으로서의 권리를 행사하는 것은 아주 당연한 일이다. 지금까지 남성 우월주의에 의해 억압을 당해온 여성들이 남성들의 횡포에 맞서 싸우는 것도 권장할 만한 일이다. 그러나 그 방법과 과정이 문제다. 한 집안에서 남편을 주눅들게 해 주도권을 잡는 것이 과연 진정으로 여권을 신장시키는 일일까? 길거리 횡단보도에 설치된 보행 신호의 그림이 남자라고 해서 이의를 제기한 여성단체가 있었다. 또 중국 어느 여성단체는 한자에 '女'가 들어간 글자에 나쁜 뜻의 글자가 많다며 이를 고쳐야 한다고 주장하기도 했다. 생각해 보라. 보행 신호의 그림을 여자로 바꾼다고 해서, 한자의 형태를 고친다고 해서 여성의 권리가 더 확보되는 것은 결코 아니다.

출산과 육아로 고통을 받는 직장여성들의 근로조건 개선이라든지 기독교에서의 여성 담임목사 제한 철폐와 같은 더 큰 문제에 힘을 쏟아야지, '쪼잔하게' 집안에서 남편을 들볶아 길들이는 일에 매달려서야 되겠는가. 좋든 싫든 아직도 우리 사회에는 남성들이 더 많은 일을 하고 더 중요한 임무를 수행하고 있다. 이런 남성들이 퇴근하고 집에 돌아와 편히 쉬고 재충전을 할 수 있도록 내조하는 것도 여성이 담당해야 할 중요한 몫이 아닐까?

김종태 씨는 인터뷰 기사에서 자신이 집안에서 서열 7위라고 말했다. 아내와 두 딸, 애완견 백호, 거북이 2마리 다음이 자기 차례라는 것이다. 물론 이 말은 과장된 표현일 것이다.

세상의 어느 아내가 남편보다 거북이를 더 사랑하겠는가. 그러나 김

씨의 이 자조적(自嘲的) 푸념 속에서 오늘날 한국 가정에서의 남편 위상을 읽을 수 있다. 남편과 아내는 서열을 따지지 않는 공동 1위여야 하는데 점점 밀려나는 남편의 위상이 안타깝다. 이 땅의 남편들이여, 자신의 서열이 집안에서 몇 위에 해당하는지 한번쯤 점검해 보시라.

## 왜 '폭삭은 청춘'인가

| 2013, 『인천일보』

지금 50대 이상 사람들은 고등학교 시절, 국어 교과서에 실린 민태원(閔泰瑗)의 '청춘 예찬'이란 글을 읽었을 것이다. 화려하고 웅변적인 문체로 청춘을 예찬한 이 글은 이렇게 시작된다.

> 청춘! 이는 듣기만 하여도 가슴이 설레는 말이다. 청춘! 너의 두 손을 가슴에 대고, 물방아 같은 심장의 고동을 들어 보라. 청춘의 피는 끓는다. 끓는 피에 뛰노는 심장은 거선(巨船)의 기관과 같이 힘 있다. 이것이다. 인류의 역사를 꾸며 내려온 동력은 바로 이것이다. … 인생에 따뜻한 봄바람을 불어 보내는 것은 청춘의 끓는 피다. 청춘의 피가 뜨거운지라, 인간의 동산에는 사랑의 풀이 돋고, 이상(理想)의 꽃이 피고, 희망의 놀이 뜨고, 열락(悅樂)의 새가 운다.

그렇다. 싱싱한 청춘은 그 자체만으로도 아름답고 고귀하다. 민태원은 같은 글에서 청춘이 가진 가장 빛나는 특권은 높은 이상을 품는 데에 있다고 했다. 그는 "이상은 실로 인간의 부패를 방지하는 소금이라 할지니, 인생에 가치를 주는 원질(原質)이 되는 것"이라 했다. 그러므로 이상을 품지 않으면 청춘의 특권을 포기하는 것이고, 그러한 청춘이 많은 사회는 소금 없는 음식처럼 부패하기 마련이다.

지금 우리 주위 청춘들은 어떠한가? 한마디로 '끓는 피'가 없어 보인다. 청춘만이 가질 수 있는 끓는 피로 그들은 가끔 무모한 도전을 하기도 하고 거친 반항을 하기도 하며 쓰라린 좌절을 겪기도 하는데, 요즈음 청춘들은 이 끓는 피가 거세된 듯하다. 마치 길들여진 청춘이라고나 할까.

'청춘의 실책은 장년의 승리나 노년의 성공보다 믿음직한 것이다'란 말이 있듯이 청춘은 도전하고 반항하고 좌절하면서 성장하는 것이다. 모 일간지 신문 기자는 오늘날 청춘의 모습을 이렇게 쓰고 있다.

> 취재하려 돌아다니며 20대 젊은이를 심심찮게 만난다. 그런데 화끈하게 반항하는 20대와 마주치는 일은 좀처럼 없다. 대다수가 맥 빠질 만큼 다소곳하다. 부모와 학교와 사회가 시키는 대로 공부에 목매고 취업에 목맨다. 입사하면 회사 말도 잘 듣는다. 무슨 일이 있을 때 SNS로 좀 떠들긴 한다. 그러나 투덜대는 수준이지 '갈아엎자'고 정색하는 경우는 극히 드물다. 불온하지가 않다. (조선일보, 2013년 8월 15일 자)

'갈아엎자'는 패기도 없이 '맥 빠질 만큼 다소곳한' '불온하지 않은' 청춘이 지금 청춘의 모습이란 것이다. 가끔은 불온한 징후를 보이기도 하는 것이 청춘이 아닌가. 이 '불온하지 않은 청춘'을 이 기자는 '푹 삭은 청춘'이라 했다. '삭았다'는 것은 소금이 없어 부패했다는 말이다. 소금 역할을 하는 이상(理想)이 없으니 삭을 수밖에 없을 것이다.

이상을 상실한 채 반항할 줄도 모르는 서글픈 청춘은 가끔 자살로 생을 마감하기도 한다. 우리나라는 OECD 국가 중 청소년 자살률 1위라고 한다. 왜 이런 일이 벌어지는가? 이것을 청소년의 탓만으로 돌릴 수는 없지 않은가? 결국은 사회와 국가와 기성세대의 책임이 크다고 생각한다. 기성세대가 강요하는 살벌한 학업 경쟁으로 인한 숨 막히는 입시 스트레스와 물질만능주의의 사회 풍조로부터 청춘들을 해방시켜야 한다.

그리하여 청춘의 가슴에 끓는 피가 용솟음치게 해야 한다. 이것은 국가적 차원에서 이뤄져야 한다. 그렇지 않으면 국가 발전의 중요한 동력을 잃어버릴 것이다.

## 오래 산다는 것에 대하여

| 2013, 『인천일보』

좀 더 오래 살고 싶은 것은 모든 인간의 공통된 욕망이다. 그래서 지난 수천 년 동안 인간의 수명을 연장시키기 위한 노력이 전 세계적으로 이루어졌다. 우리나라도 예외가 아니어서 이제 당당히 장수국가 반열에 진입하게 됐다. 세계 10위권의 경제력을 바탕으로 한 영양 섭취와 의료기술 발전 등에 힘입어 현재 우리나라는 평균수명 81세로 세계 17위 장수국가다. 이런 추세가 계속된다면 2095년엔 평균 기대수명이 95.5세로, 세계 최장수국이 될 전망이다. 참으로 경하할 만한 일이다.

그러나 한편으론 이러한 현상을 마냥 기뻐할 수 없는 측면도 있다. '장수국가'가 된다는 것은 그만큼 노인 인구가 많다는 의미다. 우리나라는 빠른 속도로 노령화 국가로 접어들고 있다. '15세 미만 인구 대비 65세 이상 노령인구의 비율'을 나타내는 '노령화 지수'가 2013년 현재 83.3%라고 한다. 이렇게 노인 인구가 많아지면서 대두되는 가장 큰 문제는 국가의 복지부담 증가이다.

통계청 자료에 따르면, 현재는 생산가능인구(15~64세) 6명이 고령자 1명을 부양하는 형편이고 2050년에는 생산가능인구 1.4명이 고령자 1명을 부양하게 될 것이라고 한다. 의료비 지출도 만만치 않다. 2013년 현재 12.2%의 고령자가 국민 전체 의료비의 33.3%를 소비한다고 한다. 노인을 위한 사회적 지출이 적지 않다. 박근혜 정부가 기초노령연금 지급 문제로 난관에 봉착한 것을 보아도 국가의 복지 부담이 가볍지 않음을 알 수 있다.

개인적으로도 오래 사는 게 과연 축복을 받을 일일까? '수즉다욕(壽則多辱)'이란 말이 있다. '오래 살면 욕된 일이 많다'는 뜻이다. 오래 살다 보면 자식을 앞세우는 험한 꼴을 당하기도 하고, 치매나 암에 걸릴 확률도 높아진다. 옛날보다 치매나 암 환자가 증가하는 이유의 하나는 오래 살기 때문이다. 공자(孔子)는 노년에 이렇게 말했다.

> 심하도다, 나의 노쇠함이여! 오래되었도다, 내가 다시 주공(周公)을 꿈속에서 뵙지 못한 지도. (甚矣 吾衰也 久矣 吾不復夢見周公) (『논어』 '述而')

주공은 공자가 평소 흠모해 마지않던 이상적 인물이었다. 젊었을 때에는 꿈속에서 자주 주공을 만나 그와 같은 성인이 되리라는 결의를 다지곤 했는데, 노쇠한 지금은 꿈에서도 주공을 만나지 못함을 한탄하는 말이다. 누구나 이와 비슷한 경험을 했을 터이다. 젊었을 때는 꿈속에서 예쁜 여배우와 데이트도 하고, 때로는 대통령이 되기도 했는데, 늙으면 아예 그런 꿈조차 꾸지 않는다. 기력이 쇠했기 때문이다. 개인차가 있겠지만 일반적으로 노년에는 몸도 마음도 시들어 버린다. 공자와 같이 원대한 이상을 품은 성인도 그러했거늘 평범한 사람은 말할 나위도 없다. 『장자』에 이런 말이 있다.

> 사람은 태어나면 근심과 함께 살아간다. 장수하는 자는 정신이 흐린 상태에서 오래도록 근심하면서 죽지 않고 살아가니 이 얼마나 괴로운 일인가. (『장자』, '至樂')

이 구절은 노장사상(老莊思想) 전체의 맥락에서 이해해야 되겠지만, 이 말 자체로도 일면적인 진실을 지니고 있다. 노령에도 재력을 가지고 건강하게 살아가는 사람이 있지만, 지금 많은 노인이 이른바 '실버 푸어' 상태에서 고통스러운 노년을 보내고, 외롭게 살다가 고독사(孤獨死)를 하는 경우가 증가하고 있다. 이런 사람들은 70, 80세가 넘어서 사는 것 자체가 괴로움이다.

그렇다면 오래 살지 말아야 하는 것인가? 오래 살고 싶지 않아도 자살 이외에는 달리 방법이 없다. 또 오래 살고 싶은 욕망은 본능적 욕구여서 그 본능으로부터 벗어나기가 쉽지 않다. 그렇다면 생명공학이 획기적으로 발전해 늙어서도 젊음을 유지하는 비방을 기대하는 수밖에 없는 것일까? 노인 문제는 앞으로 인류가 풀어야 할 가장 중요한 과제임에 틀림없다.

## '게임 중독'을 규제하려는 이유

| 2013, 『인천일보』

이른바 '게임 중독법'을 둘러싸고 사회가 시끄럽다. 원래 이 법안은 지난 4월 새누리당 신의진 의원에 의해 발의된 바 있다. 정신과 의사 출신 신 의원이 발의한 '중독 예방·관리 및 치료를 위한 법률안'에는 게임을 알코올·마약·도박과 함께 중독 차원에서 관리하자는 내용이 담겨 있다. 그러다가 10월 7일 새누리당 황우여 대표의 국회 교섭단체 연설을 계기로 다시 화두에 올랐다. 황 대표 역시 게임을 알코올·마약·도박과 함께 4대 중독으로 규정하고 "이 4대 중독으로 괴로워 몸부림을 치는 개인과 가정의 고통을 이해·치유하고 환경을 개선함으로써 이 사회를 악(惡)에서 구해야 한다"고 주장했다. 이어 그는 국회에서 중독예방관리법의 조속한 제정과 함께 총리실 산하에 국가중독관리위원회를 두고 5년마다 중독 예방 관리 기본 계획을 세워 실태조사를 하는 등의 대책을 마련하자고 제안했다.

황 대표의 연설은 이후 불꽃 튀기는 논쟁을 촉발했고 아직도 결론이 나지 않았다. 법안에 찬성하는 쪽은 대부분 정신건강의학 전문가들이다. 이들은 게임이 마약처럼 중독성이 있고, 통제력을 상실하며, 과다한 게임에 대한 집착이 뇌에 영향을 미친다고 주장한다. 신의진 의원은 "게임에 중독된 뇌(腦)는 마약과 알코올에 중독된 뇌와 똑같다"고 말했다. 그래서 청소년이 게임에 중독되면 게임을 못하게 말리는 부모에게 칼을 들이대기도 하고, 온종일 게임만 하다가 돌연사를 하거나 자살하는 사태가 벌어질 뿐만 아니라 크고 작은 사건·사고가 게임 중독과 관련 있다는 게 이들의 견해이다.

반면 입법에 반대하는 쪽 주장은 다양하다. IT업체 경영자 출신인 강은희 의원은 "게임을 통해 스트레스를 해소할 수 있고 학습효과를 거두는 순기능도 많다"는 견해를 내놓았다. 이화여대 류철균 교수는 "정보화 혁명과 함께 게임은 매우 중요하고 영향력 있는 문화적 표현 양식이다"는 전제 아래 "게임의 문제는 뇌의 문제가 아니라 감정과 의지와 미감, 즉 마음의 문제"라고 하며 정신과 의사들의 진단과는 다른 견해를 피력했다.

입법에 가장 거세게 반발하는 쪽은 게임산업 종사자들이다. '한국 인터넷 디지털 엔터테인먼트협회' 남경필 의원은 "게임산업이야말로 박근혜 정부에서 추진하려는 창조경제 산업의 핵심"이라며 황 대표가 말한 '4대 중독'에서 게임은 빠져야 한다고 말했다. 급기야 이 협회는 11월 24일 성명을 내고 "게임은 우리나라 콘텐츠 수출의 60% 이상을 차지하고 10만 명이 종사하는 산업"이라며 "이를 중독산업으로 간주하고 규제하려는 것은 구한말 쇄국 정책이나 마찬가지이고, 대한민국 게임산업에 사실상 사망 선고를 내리는 행위"라며 강력 반발했다.

찬성하는 쪽과 반대하는 쪽 견해에는 모두 일리가 있다. 하지만 냉정하게 생각해 보자. 이 문제는 게임에 국한된 것이 아니라 인터넷 문화 전반의 문제이기도 하다. 게임을 포함한 인터넷 중독의 폐해는 이제 사회 문제로 떠오른 지 오래다. 젊은 주부가 어린 아이를 내버려둔 채 며칠이나 PC방에서 게임에 열중하다 자기 아이를 굶겨 죽인 일도 있었다. 문제의 심각성을 인식한 정부는 7개 부처 합동으로 2010년 3월에 대대적인 인터넷 중독자 예방·치료를 위한 교육에 나섰지만 지금까지 개선된 것은 없어 보인다. 오히려 중독자가 늘어가는 추세다.

결국 중독을 방지하기 위한 교육과 계몽에는 일정한 한계가 있음이 밝혀졌다. 그렇다면 더 높은 차원의 대책이 필요할 법도 하다. 우리는 무엇보다 게임 중독을 연구하고 중독자를 치료하는 진료 현장에서 일하는 정신건강의학 전문가들의 견해를 존중할 필요가 있다. "중독환자는 뇌 기능에 변화가 일어난 상태"라는 것이 이들의 공통된 주장이다. 이런 의미에서 '게임 중독법'은 필요하다고 본다.

이 법이 개인의 인터넷게임 활동을 규제하려는 게 아니라, 법안의 명칭 그대로 '게임 중독의 예방, 관리 및 치료를 위한 법률안'이기 때문에 더욱 그렇다.

## 선택적 금연구역을 만들자

| 2014, 『인천일보』

나이 칠십을 넘긴 우리 또래 중에서 술도 마시고 담배도 피우는 친구는 드물다. 건강을 위해서 술도 끊고 담배도 끊은 친구가 많다. 술은 그런대로 마시지만 담배를 끊은 친구가 특히 많다. 다행히 술도 마시고 담배도 피우는 친구를 만나도, 술잔을 기울이며 담배 한 대 피워 물 장소가 없다. 술집에서 담배를 피울 수 없기 때문이다. 흡연자들에 대한 압박이 점점 심해져 올해부터는 100제곱미터 이상의 음식점, 주점, 커피숍 등에서 흡연을 할 수 없게 된다. 이뿐만 아니라 지정된 거리나 버스정류장, 공원, 운동장 등 공공장소에서도 흡연을 금하고 있다. 이러한 금연구역은 앞으로 더욱 확대될 전망이다.

국가가 국민들의 건강을 염려하는 충정은 고맙게 받아들일 수 있지만 금연구역 확대에 따른 부작용도 적지 않다. 우선 흡연자들이 겪는 불편이 막심하다. 현행 2,500원짜리 담배의 경우, 1,550원이 각종 세금이라고 한다. 이렇게 담배 값의 62%를 세금으로 내고 있는 흡연자들의 흡연권도 흡연구역 지정 등을 통해 최소한으로 보호받을 권리가 있지 않은가? 금연구역만 확대하고 흡연구역을 많이 만들지 않는 것은 흡연자의 최소한 권리마저 무시하는 처사이다. 흡연구역은 62%의 세금에 걸맞은 쾌적한 시설이어야 한다. 또 금연구역 증가에 반비례해 중소 음식점, 주점 고객은 줄어든다고 한다. 소규모 요식업자들이 이 때문에 상당한 타격을 받고 있는 모양이다.

이런 문제를 해결할 수 있는 방안은 없을까? 민주당 이원욱 의원이 발의한 '선택적 금연구역' 제도가 하나의 대안이라고 생각한다. 선택적 금연구역 제도란, 사업주가 흡연식당(또는 주점)과 금연식당(또는 주점)을 선택하고 이를 사업장 입구에 게시해 고객으로 하여금 자유롭게 식당을 선택할 수 있게 하는 제도이다. 지난해 9월 이원욱 의원과 '골목상권 살리기 소비자연맹'이 여론조사 전문기관인 한국 인텔리서치에 의뢰해 성인 남녀 1,000명(흡연자 500명, 비흡연자 500명)을 대상으로 조사한 결과 72.2%가 선택적 금연구역을 찬성했다고 한다. 그만큼 이 제도는 흡연자와 비흡연자 모두 거부감 없이 받아들일 수 있다.

선택적 금연구역을 설정하면 흡연자, 비흡연자, 사업주 모두를 만족시키게 된다. 흡연자는 담배를 피우면서 더 이상 남의 눈치를 살피지 않아도 되고, 비흡연자는 간접흡연 피해를 받을 염려가 없고, 흡연식당을 선택한 사업주는 고객 감소를 우려할 필요가 없다. 그야말로 일석삼조(一石三鳥)의 효과를 얻을 수 있다. 만일 비흡연자가 이마저 반대한다면 더 이상 할 말이 없다. 아마도 이들은 어디서 피우든 담배 연기 자체가 지구의 공기를 오염시킨다고 생각하며 흡연을 범죄시하는 사람일 것이다.

정부가 금연구역을 확대하면서 금연정책을 강력히 밀어붙이는 일은 오로지 국민건강을 위해서일 것이다. 금연구역 지정의 근거인 법률이 '국민건강증진법'이다. 하지만 담배가 그토록 해로운 것이라면 담배 생산 자체를 금하는 것이 진정으로 국민 건강을 증진시키는 길이다. 정부는 왜 담배 제조·판매를 금지하지 못하는가? 아마도 막대한 세수(稅收) 때문일 것이라고 짐작된다. 세수 때문에 '백해무익한' 담배 제조·판매를 허용하면서도 기껏 금연구역 지정으로 국민의 건강을 위한다는, 생색만 낸다는 비난을 정부는 피할 수 없다. 이런 의미에서 국민건강보험공단은 담배회사가 아닌 국가를 상대로 흡연 피해에 대한 손해배상 소송을 제기하는 것이 합당하다.

이제 당국은 담배 제조·판매를 전면적으로 금하든지, 아니면 선택적 금연구역 제도 도입과 더불어 쾌적하고 안락한 흡연구역을 다수 설치하든지 두 가지 중에서 하나를 선택하는 게 옳다고 생각한다. 아울러 흡연자는 비흡연자를 위해 세심한 배려를 다해야 하며, 비흡연자는 흡연자를 야만시하거나 죄인시하는 태도를 버려야 한다.

## 마음을 비우자

| 2014, 『인천일보』

작고한 소설가 박경리와 박완서는 80세가 지난 즈음에 "다시 젊어지고 싶지 않다"고 말했다. 박경리는 "늙어서 편안한 게 좋다"고 했고, 박완서는 "하고 싶지 않은 것을 안 하고 싶다고 말할 수 있는 자유가 있어 좋다"고 했다. 두 사람 모두 아픈 개인사(個人史)를 지니고 있기 때문에 그 아픔이 있는 젊은 시절로 돌아가고 싶지 않으리란 짐작을 할 수도 있다.

젊어지고 예뻐지고 싶은 유혹은 본능에 가까운 여성들의 욕망이다. 이 유혹을 뿌리치고 당당히 "다시 젊어지고 싶지 않다"고 말할 수 있었던 두 사람은 마음을 비운 달관의 경지에 이른 듯하다. 그래서 그들의 노년이 더 아름다워 보인다. 최근 열한 번째 시집 『사진관집 이층』을 펴낸 신경림 시인에게서도 이러한 아름다움을 발견할 수 있다.

고향집 앞 느티나무가
터무니없이 작아 보이기 시작한 때가 있었다.
……
오랜 세월이 지나 고향엘 갔더니,
고향집 앞 느티나무가 옛날처럼 커져 있다.
내가 늙고 병들었구나 이내 깨달았지만,
내 눈이 이미 어두워지고 귀가 멀어진 것을,
나는 서러워하지 않았다.
다시 느티나무가 커진 눈에
세상이 너무 아름다웠다.
눈이 어두워지고 귀가 멀어져
오히려 세상의 모든 것이 더 아름다웠다. (「다시 느티나무가」)

어린 시절에 보았던 '고향집 앞 느티나무'를 어른이 되어 다시 찾았을 때 '터무니없이 작아 보이기 시작한' 경험은 누구나 겪었을 법하다. 그런데 어른이 되고도 '오랜 세월이' 더 지나 '눈이 어두워지고 귀가 멀어진' 몸으로 고향에 가서 본 느티나무는 다시 커져 있다. 눈이 어두워지고 귀가 멀어졌다는 것은 늙었다는 말인데, 시인은 "내 눈이 이미 어두워지고 귀가 멀어진 것을 / 나는 서러워하지 않았다"고 했다. 왜냐하면 "눈이 어두워지고 귀가 멀어져 / 오히려 세상의 모든 것이 더 아름다웠기" 때문이다.

'터무니없이 작아 보이는' 느티나무는 아름답지 않다. 크고 우람한 느티나무라야 아름답다. 늙어서야 느티나무가 다시 커져서 아름답게 보이는데, 늙음을 서러워할 필요가 없지 않은가. 늙음을 서러워하기는커녕 시인은 80세가 넘어서 유년 시절로 되돌아간 행복을 누린다. 유년 시절로 되돌아갔기 때문에 느티나무가 다시 크게 보인 것이다.

'다시 젊어지고 싶지 않다'고 말하며 늙음을 겸허히 받아들인 박경리와 박완서에 비해 신경림 시인은 늙음을 즐기면서 그 속에서 삶의 지혜를 발견해 간다. 그는 「별」이란 시에서 "나이 들어 눈 어두우니 별이 보인다"고 했다. 또 "탁한 하늘에 반짝반짝 별이 보인다 / 눈 밝아 보이지 않던 별이 보인다"라고 노래한다. '별'이 무엇인가? 별이란 다시 커진 느티나무처럼 아름다운 것이다. 눈이 어두워지고 귀가 멀어져야 느티나무가 커 보이듯, '나이 들어 눈 어두우니' 비로소 보이는 것이 별이다.

시인은 육신의 눈으로 볼 수 없고 육신의 귀로 들을 수 없는 것을 마음의 눈으로 보고 마음의 귀로 듣는다. 이것은 늙음이 가져다준 지혜이자 축복이다. 그러나 늙음이 모두에게 지혜와 축복을 가져다주지는 않는다. 80세가 넘었다고 해서 아무나 유년 시절로 되돌아갈 수 있지 않고, 아무에게나 별이 보이는 게 아니기 때문이다. 이글거리는 노욕(老欲)과 세속적 이해관계를 벗어나지 못한 노인에게는 결코 '별'이 보이지 않고, 어린 시절처럼 느티나무가 다시 커 보이지도 않을 것이다.

신경림 시인의 이번 시집은 우리에게 '어떻게 늙어야 하는가'에 대한 암시를 주고 있다. 그는 또 다른 시 「당당히 빈손을」에서 "버렸던 것을 되찾는 기쁨을 나는 안다"라 말하면서도 "찾았던 것들을 다시 버리는 기쁨은 더욱 크다"고 했다. 그렇다. 마음을 비워야 한다. 버리고 비운 후의 정화한 마음이라야 비로소 느티나무가 다시 커 보이고 '탁한 하늘에 별이 보일 것'이다.

## 저두족低頭族, 스몸비smombie족

| 2016, 다산포럼, 원제 「아! 스마트폰」

얼마 전 점심을 먹기 위해 어느 중국 음식점에 들렀다가 희한한 광경을 목격했다. 20대 후반으로 보이는 청년 네 명이 들어와 음식을 시키고 나서는 약속이나 한 듯이 스마트폰을 꺼내 들고 음식이 나올 때까지 말 한마디 없이 스마트폰에 열중하고 있었다. 식사 도중에도 각자 스마트폰을 조작하면서 한마디의 대화도 없었다. 식사가 끝나자 그들은 각자 계산을 하고 역시 말없이 나가버렸다. 아마 같은 직장에서 일하는 동료들인 듯한데 이들은 말없이 들어왔다가 말없이 나갔다. 나로서는 참으로 희한한 일이었다.

지금 우리나라에서는 이처럼 스마트폰에 빠져버린 사람들을 도처에서 볼 수 있다. 엘리베이터 안에서 스마트폰을 보느라 자기가 내릴 층을 놓치는 사람들을 심심찮게 볼 수 있고, 버스나 전철 안에서는 물론, 버스를 타고 내릴 때에도 스마트폰에서 눈을 떼지 않아 뒷사람을 방해하는 경우도 허다하다. 심지어 대중목욕탕 안에서도 스마트폰을 사용하는 사람을 나는 보았다.

이렇게 스마트폰에 빠져 고개를 들지 않는 사람을 중국에서는 '저두족'이라 부른다. 문자 그대로 '고개 숙인 족속들'이다. 우리보다 IT 후발국인데도 중국에서는 스마트폰 열풍이 가정에까지 침투하여 중국이 최근 발표한 '2014년 국민 가족관계 보고서'에 의하면 가장(家長)의 70%가 자녀와의 관계에서 '저두족 현상'을 보인다고 밝혔다. 그 결과 부모의 관심과 사랑을 스마트폰에 빼앗긴 어린 자녀는 애정 결핍에 걸려 심각한 사회문제를 야기한다고 한다. 그래서 중국에서는 '스마트폰보다 자녀의 얼굴을 보자'는 말까지 생겼다고 한다.

스마트폰 중독은 전 세계적인 현상이다. 독일과 영국의 대학이 합동하여 진행한 연구에서, 참가자들을 10분간 방 안에 홀로 남겨두고 이들이 스마트폰을 확인할 때까지의 시간을 재어 봤더니 44초였다고 한다. 이쯤 되면 인간이 스마트폰의 노예가 되었다고 할 만하다. 우리나라에서도 최근 한 리서치 전문기업의 조사에 의하면, 성인 10명 중 8명은 스마트폰이 없으면 불안감을 느낀다고 한다.

급기야 '스몸비족'이란 신조어까지 탄생했다. 스몸비족이란 '스마트폰(smartphone)'과 '좀비(zombie)'의 합성어다. 좀비는 서아프리카의 한 원시 종교에서 나온 말로, 그 종교의 사제(司祭)가 인간으로부터 영혼을 뽑아낸 존재라고 한다. 따라서 영혼이 뽑힌 좀비는 사제의 명령에 복종하는 노예가 된다. 현대에서 좀비는 '자발적이고 이성적 판단을 하지 못하는 사람, 타인에게 조종되거나 생물적 본능에 의하여 움직이는 사람' 등의 뜻으로 사용된다. 그러므로 '스몸비족'은 스마트폰에 푹 빠져 외부세계와 단절된 사람을 일컫는 말로 쓰인다.

이 스몸비족의 대표적인 예가 스마트폰을 보느라 주변을 살피지 않고 길을 걷는 사람이다. 당연히 각종 사고가 일어날 수밖에 없다. 미국에서는 한 30대 남성이 스마트폰을 보다가 절벽에서 추락하기도 했고, 중국에서는 스마트폰을 보며 걷던 여성이 강에 빠져 사망하기도 했다. 이들에 의한 교통사고도 해마다 늘어 휴대전화 사용자를 위한 전용도로를 만든 나라도 있고, 걸으면서 문자 메시지를 보내는 사람에게 벌금을 물리는 나라도 있으며, 스마트폰을 보느라 어디를 걷는지도 모르는 보행자를 위해 길바닥에 특수 신호등을 설치한 나라도 있다고 한다.

스마트폰에는 순기능도 있고 역기능도 있다. "휴대폰은 서로 멀리 떨어져 있는 사람들이 접촉할 수 있도록 해주고, 접촉하고 있는 사람들이 따로 떨어져 있을 수 있도록 해준다"라 말한 핀란드의 사회학자 지그문트 바우만의 지적이 이를 말해준다. 그러나 인간이 기계인 스마트폰의 조종을 받는 '좀비'가 될 수는 없지 않은가.

## '낭만에 대하여'

| 2017, 다산포럼

단군 이래 최악의 불경기에다가 최순실 게이트까지 겹쳐 어수선하고 스산한 어느 날, 택시 안에서 '영원한 낭만 가객' 최백호가 부르는 〈낭만에 대하여〉를 듣노라니 가슴이 뭉클해진다.

궂은 비 내리는 날
그야말로 옛날식 다방에 앉아
도라지 위스키 한 잔에다
짙은 색소폰 소릴 들어보렴

문득 대학에 다니던 시절이 아련히 떠오른다. 그때는 '그야말로 옛날식 다방'에서 '도라지 위스키'를 잔으로 팔았다. 말이 위스키지 막소주에다 색소를 첨가했을 것 같은 조악한 술이었으나 그래도 위스키랍시고 홀짝이면서 인생과 우주를 논하며 '개똥철학'을 펼쳤다. 그렇게 그 시절엔 낭만이 있었다.

그런데 2017년 1월, 이 땅엔 낭만이 사라졌다. 왜 그럴까? 낭만에 젖을 여유가 없기 때문일 것이다. 출근 시간에 버스나 전철 안에 있는 사람들을 보라. 모두가 생활에 찌든 표정들이다. 그들의 얼굴엔 팍팍한 삶의 찌꺼기가 묻어있다. 인생의 황금기라 할 수 있는 고등학교 학생들은 오로지 대학입시 준비에 골몰하고, 그렇게 해서 들어간 대학도 그들에게 낭만을 즐길 여유를 주지 않는다. 취업이라는 더 큰 산이 가로 놓여 있는 것이다.

알뜰하게 우리의 건강을 챙겨주는 의학 전문가들도 우리에게서 낭만을 뺏어가고 있다. 하루에 술을 석 잔만 마셔라, 나트륨 섭취를 줄여라,

담배는 백해무익하다 등의 헤아릴 수 없이 많은 건강 정보가 홍수처럼 쏟아지고 있는데 이들이 권고하는 대로 수칙을 지키며 생활하기가 쉽지 않다. 이들의 권고는 마치 우리에게 '중처럼 살라'는 말로 들린다. 수도승처럼 엄격한 계율에 따라 살면 수명이 다소 늘어나기는 하겠지만 모든 사람이 중처럼 살 수는 없지 않은가. 중처럼 사는 삶에 낭만이 깃들 여지는 없다.

이 시대는 사람들에게 낭만을 허용하지 않는다. 복잡한 현대 사회라는 거대한 기계의 부속품으로서의 역할만 강요할 뿐이다. 이 기계는 쉬지 않고 돌아가기 때문에 잠시라도 긴장의 끈을 늦출 수 없다. 대학교수들은 객관성 없는 연구업적 때문에 학문 아닌 학문을 하는 체해야 하고, 기업체의 사원들은 가정생활을 희생하면서까지 숨 쉴 틈 없는 업무에 매달려야 하며 국회의원들은 뻔뻔한 거짓말을 항상 궁리해야만 한다. 그러니 어디에 낭만이 끼어들겠는가.

그러나 각박한 현실이 아무리 우리를 옭아매더라도 아니 그럴수록 숨 돌릴 마음의 여유가 때로는 필요하지 않을까? 최순실도 잠시 잊고 세월호도 잠시 잊고 무거운 일상의 짐도 잠시 내려놓고 낭만적 환상에 젖어 보는 것이 어떨까? 그것이 치기 어린 감상이어도 좋다. 또 그 속에서 약간의 일탈을 꿈꾼들 누가 뭐라고 하겠는가?

첫사랑 그 소녀는
어디에서 나처럼 늙어갈까
가버린 세월이 서글퍼지는
슬픈 뱃고동 소릴 들어보렴

첫사랑의 소녀 또는 소년을 떠올리며 "어디에서 나처럼 늙어갈까?"라 생각하는 그 순간만은 현실의 질곡으로부터 벗어나 낭만의 세계에 들

수 있다. 낭만의 세계는 순수하다. 낭만의 세계에는 편견도 없고 규제도 없고 억압도 없고 이편저편의 경계도 없다. 갈수록 비정해지는 사막같이 메마른 세태 속에서 한 움큼 오아시스의 역할을 하는 것이 낭만이 아닐까?

'그야말로 옛날식' 사람이라는 핀잔을 들을지 모르지만, 오늘 최백호의 노래가 내 가슴을 때리는 것은 낭만에 대한 타는 목마름 때문일 것이다.

## 인공지능, 적인가 친구인가?

| 2017, 다산포럼

어지럽다. IT 기술의 발전이 너무나 빠르게 진행되어 현기증이 날 지경이다. 3차 산업혁명이라 일컫는 디지털 문화에 적응하기도 전에 이미 우리는 4차 산업혁명의 시대에 살고 있다. 그 4차 산업혁명의 중심에 인공지능(AI)이 있고 인공지능의 상징이 로봇이다.

로봇은 인간 생활에 여러모로 유익한 역할을 수행하고 있다. 장애인이나 노인을 돕기도 하고 청소를 해주고 무거운 짐을 운반해 주는 등 힘든 일을 대신한다. 뿐만 아니라 의료분야에서 인공지능 로봇은 눈부신 발전을 거듭하고 있다. 각종 질병을 정확히 진단할 뿐 아니라 위험하고 어려운 수술을 효과적으로 해낸다.

산업용 로봇 또한 제품의 질적 향상과 생산성을 높이는 데 크게 기여하고 있다. 포스코에서는 최근에 자동차용 강판을 도금하는 작업에 인공지능 로봇을 투입하여 지금까지 수작업으로 하던 고난도의 도금 기술을 완벽하게 표준화시켰다고 한다.

여기까지는 '약한 인공지능'의 분야이다. 즉 주어진 조건하에서 인간의 명령과 지시를 따르기만 하는 로봇이다. 바둑에서 이세돌 9단을 4 대 1로 이겨 세상을 놀라게 했던 알파고도 '약 AI'에 속한다. 그러나 이 '알파고 사태'를 보면서 우리는 인공지능이 더 이상 단순 노동만 하는 기계가 아니란 걸 알게 되었다. 로봇이 진화한 것이다. 통역과 번역을 대신해 주는 로봇도 등장했다. 비록 완벽한 통번역은 아니지만 이건 로봇의 놀라운 진화임에 틀림없다. 더 나아가 이제는 '챗봇(chatbot)'까지 등장했다. '챗봇'이란 '채팅하는 로봇'으로 인간이 로봇과 대화하면서 작업을 수행하는 단계에까지 이르렀다. 하지만 이 단계에서도 로봇을 조종하는 주체는 인간이기 때문에 로봇은 인간을 도와주는 친구일 수 있다.

로봇의 진화는 끝없이 이어질 것이다. 인간과 같은 지능을 지니고 '지능'을 필요로 하는 일도 처리할 수 있는 로봇을 만드는 것이 컴퓨터 공학자들의 꿈과 희망일 터인데 이 꿈과 희망을 포기하지 않는 한 로봇은 무한히 진화할 것이다. 또 기술은 그 속성상 결코 후퇴하는 법이 없다. 현재와 같은 추세라면 2050년에 사람 지적 능력의 50%를 지닌 로봇이 등장하고 2075년엔 90%를 가진 인공 지능 로봇이 만들어질 것이라 전망하는 과학자도 있다. 자아를 지닌 '강한 AI'의 출현이다. 앞으로 50년에서 100년 사이에 '강한 AI'가 등장하리란 것이 과학자들 대부분의 예상이다.

더 나아가 감각과 감정을 가진 '초지능 AI'가 등장하면 더 이상 인간이 기계를 통제할 수 없는 상황이 올 수도 있다. 빌 게이츠는 앞으로 수십 년 후에 인공지능이 우려할 만한 수준으로 진화할 것이라 전망했다. 스티븐 호킹 박사도, '초지능 AI'가 출현하면 인류는 멸망할 것이라 예언하고 있다.

로봇이 인간의 통제를 벗어날 우려에 대비해 EU는 2017년 1월 12일 인공지능을 가진 로봇에 '전자 인간'이란 법적 지위를 부여하는 결의문을 채택하고 로봇의 의무와 권리를 규정했다. 이 결의문은, 첫째 로봇이 인간을 위협해서는 안 되며, 둘째 로봇은 인간의 명령에 복종해야 하고, 셋째 첫째와 둘째를 위반하지 않는 한에서 로봇 역시 자신을 보호해야 한다고 규정하고 있다. 하지만 실제로 '초지능 AI'가 출현한다면 이러한 규정이 무슨 소용이 있겠는가?

처음에는, 인간 생활을 풍족하게 하고 인간을 힘든 노동으로부터 해방시키려는 의도에서 로봇을 만들었을 것이다. 그러나 애초의 의도와는 달리 로봇이 인간의 통제를 벗어날지 모른다는 우려가 커지고 있다. 여기서 나는 부질없는 공상을 해본다. 이쯤해서 인공지능 연구를 중단하는 것이 어떨까? 인공지능 연구뿐만 아니라 모든 과학기술 연구도 멈추었으면 좋겠다. 더 이상 발전시켜서 인류에게 무슨 소득이 있겠는가? 지금의 수준에서 충분히 자족(自足)하고 살아갈 수 있지 않을까? 인공지능이 펼칠 미래가 유토피아보다는 디스토피아일 가능성이 높다고 생각한다. '인간답게 살라'는 말 대신 '기계답게 살라'는 구호가 나올지도 모르겠다. 바야흐로 인간의 시대가 저물고 기계의 시대가 오는가.

## 공자의 꿈, 청년의 꿈

| 2017, 다산포럼

공자가 만년에 "심하도다, 나의 노쇠함이여! 오래되었도다, 내가 다시 주공(周公)을 꿈속에서 뵙지 못한 지도[甚矣 吾衰也 久矣 吾不復夢見周公]"라 탄식한 것이 『논어』「술이(述而)」편에 보인다. 주공은 중국 고대 주(周)나라의 이상(理想) 정치를 실현한 인물로 공자가 가장 존경한 성인 중의 한 분이다. 말하자면 주공은 공자의 '롤 모델'이었던 셈이다.

공자는 늘 주공과 같이 되려는 꿈을 가지고 살았다. 주공이라는 이상이 있었기에 공자는 그렇게 힘든 나날을 견디며 살아갈 수 있었던 것이다. 그러나 공자도 인간인지라 늙어서는 꿈에도 주공을 뵙지 못한다고 탄식했다. 이상이 시들어 버린 것이다.

청년(青年)을 청춘(青春)이라 부른다. '青春'은 '푸른 봄'이 아니라 '봄' 그 자체이다. 음양오행설에서 '春'은 동방(東方)에 해당되고 동방은 '청색(青色)'에 배속되기 때문에 '春'을 '青春'이라 하는 것이다. 이것은 매화를 '한매(寒梅)'라 하고 국화를 '상국(霜菊)'이라 하는 것과 마찬가지다. 매화가 추운 겨울에 피기 때문에 '한매'라 부르고, 국화가 서리 내린 다음에 피기 때문에 '상국'이라 부른다.

그러므로 청년은 계절로 치면 봄에 해당하는 나이의 사람이다. 봄이란 어떤 계절인가? 만물이 소생하고 온갖 꽃이 피어나는 아름다운 계절이다. 청년은 이 봄과 같이 아름다운 존재다. 청년에게는 온갖 가능성이 열려 있어 온갖 꿈을 꾸며 마음껏 이상의 날개를 펼친다. 대통령이 되는 꿈을 꾸기도 하고 예쁜 여배우와 데이트하는 꿈을 꾸기도 한다. 꿈과 이상을 가진다는 것은 청년의 특권이고 청년을 청년이게끔 해주는 삶의 추동력(推動力)이다.

그런데 지금 이 땅의 청년들은 꿈을 잃어가고 있다. 연애와 결혼과 출산을 포기하는 이른바 '삼포세대'는 어느새 옛말이 되었고 취업과 내 집 마련까지 포기하는 '오포세대'란 말이 등장하더니 급기야는 인간관계와 미래에 대한 희망마저 포기하는 '칠포세대'가 청년을 지칭하는 신조어(新造語)가 되기에 이르렀다. 물론 이 땅의 청년 모두가 그렇다는 말은 아니겠지만 이런 말이 나돈다는 자체가 청년 문제가 오늘날 얼마나 보편화되었는지 그 심각성의 일면을 보여주고 있다. 공자는 늙어서야 주공의 꿈을 꾸지 않았지만 우리의 청춘들은 너무 일찍이 꿈을 접고 있다. 얼마나 안타까운 일인가?

'아프니까 청춘이다', '청춘은 으레 아프기 마련이다', '아픈 것은 어른이 되기 위한 성장통이다'라는 달콤한 말로 꿈을 접은 청년들을 달래기에는 사태가 너무 심각하다. 오죽했으면 '헬조선'이라는 말까지 나왔겠는가. 문재인 대통령이 사태의 본질을 어느 정도 파악한 것이 그나마 다행한 일이다. 그는 지난 대선 유세에서 이렇게 말했다.

> 학교에선 입시 경쟁, 스펙 경쟁에 내몰리고, 졸업하면 학자금 빚 독촉에 시달립니다. 청년 10명 중 서너 명은 실업자고 취업해도 비정규직이 대부분입니다. 취업, 꿈, 미래, 연애, 결혼, 출산 등 포기한 것이 너무 많은 청년은 세상이 지옥 같다며 '헬조선'이라고 부릅니다. … 누가 청년들을 삶의 벼랑 끝으로 몰았습니까? … 우리 어른들이 그렇게 만들었습니다.

그러면서 그는 "청년이 꿈을 꿔야 대한민국의 내일이 밝다"고 말하고 "청년들이 자신의 꿈을 현실로 만들 수 있는 나라다운 나라"를 만들겠다고 공약했다. 그렇다, 청년들이 꿈을 꿀 수 있도록 만들어 주어야 한다. 꿈이 없는 청년을 청춘이라 말할 수 없다. 문 대통령의 공약이 공약(空約)이 아니길 바랄 뿐이다. 그러나 대통령의 의지만으로 잃어버린 꿈을 청년들에게 되돌려 줄 수 있을는지…. 보석 같은 우리 청년들을 창백하게 시들지 않도록 해야 할 특단의 조처가 마련되어야 할 것이다.

## 과잉의 시대

| 2017, 다산포럼

우리 사회는 너무나 복잡하다. 사회가 복잡하다는 것은 사회를 구성하는 요소가 너무나 많기 때문이다. 우리 주위를 둘러보라. 자동차가 너무나 많고 TV 채널이 너무나 많고 백화점의 물건들이 너무나 많다. 크고 작은 사건 사고도 너무나 많이 일어나고 있다. 여기에다 소음과 먼지까지 너무나 많다. 이래저래 우리는 모든 것이 넘쳐나는 과잉의 시대에 살고 있다.

넘쳐나는 것은 물건들뿐만 아니다. 인간의 지적(知的) 활동도 과잉 상태다. 대형 서점에 쌓인 수많은 책을 보면 인간의 지적 활동이 얼마나 왕성(?)한가를 알 수 있다. 이 책들 중에는 '있어도 좋고 없어도 좋을' 책들이 많다. 사람들은 왜 '그저 그런' 책들을 이토록 많이 생산해 내는가? 21세기 대한민국에 한정해서 본다면 대학교수들의 강요된 연구업적 때문인 경우가 많을 것이다.

그러나 보다 근본적으로는 인간의 지적 호기심이 인간으로 하여금 끊임없이 지식을 추구하도록 추동하였다는 생각이 든다. 지적 호기심은 식욕이나 성욕처럼 일종의 본능적인 욕구다. 본능적 욕구는 억제하기 어렵다. 인간은 이 본능적 욕구인 지적 호기심을 충족시키기 위하여 생활에 별로 도움이 되지 않을 책들을 그렇게 많이 생산해 내는 것이 아닐까?

지적 호기심은 자연과학 분야에서 가장 두드러진다. 지적 호기심은 기술 문명을 무한정으로 발전시키고 있다. 인간의 노동력을 덜어주고 생활을 풍요롭게 해주던 기술이 이제는 '너무' 발달해 버렸다. 과잉의 수준이다. 생명공학은 인간의 수명을 점점 연장해가고 거리엔 자율 자동차가 굴러다니고 인공지능 로봇이 인간 고유의 영역을 침범하고 있다. 또한 효과적으로 좀 더 많은 사람을 죽일 수 있는 가공할 살상 무기도 속속 개발되고 있다. 이렇게 보면 기술의 발달은 축복이 아니라 재앙의 수준에 이르렀다. 인간이 모두 100세 이상의 수명을 누리고 인공지능 로봇이 인간을 지배하는 시대가 온다고 상상해 보라. 이것은 분명 재앙이다. 그러나 기술은 정지하거나 후퇴하지 않는다. 기술을 발전시키는 원동력인 지적 호기심은 제어할 수 없는 본능이기 때문이다. 이 본능에 이끌려 인간은 쓸데없는 책만큼이나 많은 기술들을 빠르게 발명하고 있다. 지식의 과잉이 빚어낸 기술의 과잉이다. 도대체 알파고를 만들어 굳이 이세돌과 대결시킬 필요가 어디 있는가? 이것은 지적 유희에 불과하다.

식욕이나 색욕과 같은 본능을 무절제하고 과도하게 향유하면 그것이 나쁜 것임을 알고 있지만 지적 호기심은 아무리 많아도 그것이 나쁜 결과를 가져올 수 있다는 사실을 우리가 모른다는 데에 문제의 심각성이 있다. 이쯤 해서 우리는 무한궤도를 달리는 기술 문명이 인류를 파멸로 이끌 수 있다는 것을 알아야 하고, 학문 활동을 통하여 써내는 글들이 모두 좋은 것은 아니라는 사실을 깨달아야 하지 않을까? 그래서 이제는 '단순하게 살고', '느리게 사는' 방안을 모색해야 하지 않을까?

한국고전번역원의 하승현(河承賢) 선임연구원이 번역원 사이트의 '고전 산책'란에 소개한 한장석(韓章錫, 1832~1894)의 글 「분고지(焚稿識)」가 가슴에 와 닿는다(2017년 10월 9일 자). 「분고지」는 문자 그대로 '원고를 불태운 기록'인데 그는 글을 왜 써야 하며 모름지기 무엇을 써야 할 것인지를 고민한 끝에 다음과 같은 결론을 내린다.

> 나는 예전에 학문하는 방법을 몰라 함부로 글을 쓴 일이 있는데 시간이 지나 자신을 돌아보면서 더욱 부족함을 느꼈다. 이에 두려워지며 정신이 번쩍 들어, 적어둔 것들을 가져다가 불에 던지고 필묵을 주머니에 담아 다시는 쓰지 않을 뜻을 보이며 "붓아, 먹아, 이 말을 잘 들어라"고 말했다.

이 글을 읽고 나는 그야말로 정신이 번쩍 들었다. 평생 학문을 한답시고 쓴 글들이 많지는 않지만 인간의 삶을 위한 절박한 욕구에서 쓴 글이 과연 몇 편이나 될까? 내가 쓴 글이 이 시대의 '넘쳐나는 서적'에 보탬이 되지나 않았을까? 자신의 글을 과감하게 불태운 한 장석의 용기가 한없이 부럽고 그럴 용기를 갖지 못하고 지금도 이 글을 쓰고 있는 나 자신이 한없이 초라해 보인다.

## 대동사회大同社會와 소강사회小康社會

| 2018, 다산포럼

지난 1월에 다산연구소가 주관하는 중국 광동성(廣東省) 인문 기행에 다녀왔다. 광동성에는 일반인에게 잘 알려지지 않은 인문학적 유산이 무수히 많다. 이곳에 유배된 소동파의 유적, 태평천국을 건립한 홍수전의 옛집, 중국의 아픈 상처가 서린 아편전쟁 기념관, 육조(六祖) 혜능(慧能)이 삭발수계(削髮受戒)한 광효사(光孝寺) 등이 있고, 변법자강운동(變法自疆運動)을 이끈 강유위(康有爲)와 양계초(梁啓超) 그리고 손문(孫文)도 이 고장 출신이다.

이밖에도 광동성에는 볼거리가 즐비하지만 강유위의 옛집에 들러 그가 설계한 대동세계를 다시금 음미해 본 것이 하나의 큰 보람이었다. 강유위(康有爲, 1858~1927)는 당시 서구 열강에 의해 갈가리 찢긴 중국을 재건하기 위하여 과감한 제도개혁을 주장했다. 제자인 양계초(梁啓超, 1873~1929)와 함께 펼친 변법자강운동이 그것이다. 이 운동은 100일 만에 참담한 실패로 끝났지만 중국의 근대화에 커다란 기여를 했다.

그의 궁극적 이상은 대동사회의 건설이었다. '대동(大同)'이란 『예기(禮記)』「예운(禮運)」 편에 나온다. 대동사회는 대도(大道)가 행해졌던 요순시대의 이상 사회로, 그때에는 천하가 공공의 것이어서 재산을 공유했기 때문에 권모술수가 없고 도적이 없어 사람들이 대문을 잠그지 않고 편안하게 살 수 있는 사회였다. 말하자면 원시 공산사회인 셈이다.

이 대동사회에 근거하여 강유위는 더 나아가 국가가 소멸하고 세계가 하나의 통일 정부에 의해 통할되는 사회 즉 계급, 인종, 남녀의 차별이 없고 빈부의 격차도 없으며 가족제도마저 해체되는 이상 사회를 그렸다. 이런 사회는 역사시대 이래 한 번도 존재한 적이 없는 유토피아로 공상적 사회주의의 성격을 띤다. 그럼에도 불구하고 강유위가 대동사회를 그린 것은 당시 중국에는 급박한 상황으로부터의 탈출구가 절실히 필요했기 때문이었을 것이다.

『예기』「예운」편에는 대동사회 다음으로 소강(小康)의 사회를 묘사한다. 이 시대에는 천하가 천자의 사유물이 되고 사람들도 개인의 이익을 위하여 재산을 사유하며 그 재산을 지키기 위하여 전쟁도 일어난다. 그러나 이때에는 우(禹), 탕(湯), 문왕(文王) 무왕(武王)과 같은 성인이 나타나 예의(禮義)로 사회 질서를 바로잡은 또 다른 이상 사회였다. 이른바 하·상·주(夏商周) 삼대의 지치(至治)가 실현된 사회였다.

이 소강사회를 새롭게 해석한 사람이 중국의 개혁개방을 이끈 등소평(鄧小平, 1904~1997)이다. 그는 1987년에 3단계 발전계획을 발표했는데 1단계(1981~1990)에는 국민의 의식(衣食) 문제를 해결하고 2단계(1991~2000)에는 1인당 국민소득을 1,000달러까지 끌어올리고 21세기 중엽 무렵의 3단계에는 중국을 중진국 수준으로 발전시킨다는 계획이다. 그는 제2단계를 소강사회로 명명했다.

실제로 2001년에 중국은 1인당 국민소득 1,010달러를 달성하여 소강사회에 진입했음을 알렸다. 그러나 아직은 불완전한 소강사회여서 2017년의 중국 공산당 19차 당 대회에서 시진핑(習近平) 주석은 2020년까지 '전면적 소강사회'를 건설하겠다고 선언했다. 그리고 2035년까지 사회주의 현대화를 달성하고 21세기 중반이 되면 부강하고 민주적이고 문명적이고 조화로운 아름다운 현대화 강국을 건설하겠다는 청사진을 밝혔다.

등소평은 '잘 살 수 있는 사람부터 먼저 잘 살게 한다'는 '선부론(先富論)'을 내세웠지만, 2020년까지 전면적 소강사회를 건설하여 모든 사람을 잘 살게 하겠다는 시진핑의 구상은 '공부론(共富論)'이라 할 수 있다. 그러나 현 중국의 극심한 빈부격차를 고려할 때 앞으로 남은 3년 만에 공부론이 실현될 수 있을지는 매우 회의적이다. 공부론이 실현되는 '전면적 소강사회'가 『예기』에 묘사된 것처럼 질서 잡힌 이상 사회가 될 수 있을지는 더욱 회의적이다. 만약 그렇게 된다면 그다음에 올 사회는 마르크스가 구상한 공산주의 사회가 될 것이고 강유위가 꿈꾼 대동사회가 될 것이다. 시진핑의 '중국몽(中國夢)'이 문자 그대로 '꿈'에 그치지 않기를 바랄 뿐이다.

## 인류의 멸망

| 2018, 다산포럼

얼마 전에 작고한 영국의 천재적인 물리학자 스티븐 호킹 박사는 인류의 멸망을 이끄는 여러 가지 요인을 경고한 바 있다. 그의 견해에 따르면 핵전쟁, 지구 온난화, 슈퍼 바이러스, 인공지능 로봇, 소행성과의 충돌 등이 인류 멸망의 요인으로 꼽힌다. 이 중 소행성과의 충돌을 제외하면 모두가 인간이 만들어낸 재앙이다. '인류 멸망'이라는 거대담론이 우리의 일상적인 삶과는 다소 동떨어진 느낌이 없지 않지만, 지구상의 인간이 자초한 재앙인 만큼 인류 전체가 심각히 고민해야 할 사안임에 틀림없다. 그중에서 핵전쟁과 지구 온난화 문제를 짚어본다.

북한 핵의 폐기를 둘러싸고 관련 당사국들이 숨 가쁜 외교전을 펼친 결과 어느 정도 긍정적인 성과가 나오리라는 전망이 밝은데 이는 매우 바람직한 일이다. 왕조시대에나 있을 법한 3대 세습 국가인 북한 정권의 무모한 도발로 인한 핵전쟁의 위험을 사전에 차단할 수 있는 장치가 마련되기 때문이다.

그러나 호킹 박사가 경고한 핵전쟁의 위험을 근원적으로 차단하기 위해서는 미국과 러시아를 비롯한 핵보유국들의 핵도 완전히 폐기되어야 한다. 북한이 핵을 보유하면 위험하고 미국이나 러시아 또는 중국은 핵을 보유해도 된다는 논리는 난센스다. 핵을 보유한 강대국들의 이해관계가 첨예하게 대립되고 여기에 인간 본래의 공격성이 발동되면 어느 때나 핵전쟁이 일어나지 않으리라는 보장이 없다. 미국을 비롯한 기존 핵보유국들만 정의의 사자(使者)는 아니다.

또 우발적인 핵전쟁의 위험도 상존한다. 컴퓨터가 오작동할 수도 있고 지도자들이 순간적인 실수로 핵 단추를 누를 수 있기 때문이다. 그러니 인류의 멸망을 막기 위해서는 지구상의 모든 핵이 없어져야 한다.

지금 지구는 병들어 있다. 지구를 병들게 한 주범은 온난화인데 온난화를 촉진하는 가장 큰 요인은 이산화탄소의 증가로 인한 온실효과로 알려져 있다. 지구가 온난화하면서 북극의 얼음이 녹고 지구 곳곳에 기상 이변이 일어나고 있다. 사하라 사막에 38cm의 폭설이 내리고 인도에서는 모래 폭풍이 불어 140여 명이 사망했다고 한다. 지난해 겨울에는 극심한 가뭄과 한발로 미국 애리조나주 나바호 인디언 보호구역 내 그레이 마운틴에서 야생말 200마리가량이 폐사했다는 보도가 있었다.

지구 온난화는 대기의 순환 패턴을 바꾸어 때아닌 한파와 폭염, 폭설과 홍수가 빈발하고 있다. 미국 워싱턴의 가을 기온이 영하 38도를 기록하는가 하면 파키스탄 남부 도시 나와브샤의 기온은 섭씨 50.2도를 기록하기도 했다. 이제 지구는 더 이상 건강한 지구가 아니다. 스티븐 호킹 박사는 "인류가 지구 온난화를 되돌릴 수 없는 시점에 가까이 와 있다"며 "때가 되면 지구는 섭씨 460도의 고온 속에 황산 비가 내리는 금성처럼 변할 수 있다"고 말했다. (중앙일보, 2018년 3월 20일 자)

참으로 끔찍한 일이다. 문제의 심각성을 깨달은 세계 각국은 2005년에 이산화탄소의 배출을 규제하는 도쿄 의정서를 체결했고 2016년에는 197개국이 파리 기후변화협약을 체결했다. 이산화탄소의 배출이 지구를 온난화하는 결정적 원인이 아니라는 학설도 있지만 지구 온난화를 저지해 보려는 이러한 노력은 계속되어야 한다.

이산화탄소는 화력발전소, 제철공장, 시멘트공장이나 자동차의 운행 과정에서 석유, 석탄 등의 화석연료가 연소될 때 많이 배출된다고 한다. 그러고 보면 이산화탄소는 인간이 이루어낸 산업화의 부산물인 셈인데, 과학과 기술의 발전에 따른 산업화가 절대선(絶對善)이 아님을 이제는 깨달아야 한다. "과학과 기술의 발전이 인류에게 위험을 가져다줄 수 있다는 점을 인식하는 것이 중요하다"는 호킹 박사의 경고를 귀담아들을 만하다. 우리는 '인간이 지구를 병들게 하는 암세포다'라는 말이 실감

나는 시대에 살고 있다. 북극곰이 살 수 없는 환경이라면 결국 언젠가는 인간도 살 수 없게 될 것이다.

## 화장하는 여학생

| 2018, 다산포럼

오전 8시 무렵, 새빨간 입술연지를 바르고 등교하는 여자 중고등학생들이 눈에 띈다. 학생들이야 예쁘게 꾸미느라 입술연지를 발랐겠지만 내 눈엔 결코 예뻐 보이지 않았다. 싱그러운 젊음 자체가 무엇과도 바꿀 수 없는 아름다움인데 그 보석처럼 아름다운 얼굴에 도색(塗色)을 하다니! 그것도 분홍색이나 옅은 색조의 입술연지가 아니고 한결같이 새빨간 진홍색이다.

여학생들의 화장을 못마땅하게 여기고 있던 터에 학교 현장의 현실을 알려주는 신문 기사를 접하게 되었다. 5월 31일 자 경향신문 기사의 한 대목을 인용한다.

> 경기도의 한 고등학교에 재학 중인 진 모 양(18)의 학급 여학생 18명 중 15명은 매일같이 화장을 한다. 여학생들은 가벼운 기초화장 수준이 아니라 아이라이너, 아이쉐도우, 뷰러, 마스카라, 블러셔, 입술 화장까지 '풀 메이크업'을 하고 학교에 온다. 진 양은 지난 29일 경향신문과의 전화통화에서 "화장을 하지 않으면 '왜 화장을 하지 않느냐', '아파 보인다' 등의 이야기를 친구들로부터 듣기 때문에 하고 싶지 않아도 어쩔 수 없이 화장을 하게 된다"고 말했다.

또 같은 경향신문에는 중학교 3학년 학생의 말을 빌려 "여자 친구들은 모두가 화장을 안 하면 밖에 나갈 수조차 없다고 생각한다", "어떤 친구는 일찍 일어나서 등교 전 40분 동안 화장을 하기도 한다"는 기사도 있었다. 대부분의 여학생이 맨 얼굴로 등교하는 것을 창피한 일로 여기고 있다는 것이다. 나처럼 나이 많은 사람에게는 충격적인 이야기이다.

초등학생들도 화장을 한다고 한다. 녹색소비자연대가 지난해 발표한 '어린이 청소년 화장품 사용 행태' 보고서에 따르면 여자 초등학생 42.7%, 중학생 73.8%, 고등학생 76.1%가 색조 화장을 하는 것으로 나타났다. 초등학생들 화장의 농도가 어느 정도까지인지는 모르지만 전체 초등학생의 절반가량이 '맨 얼굴'로 등교하지 않는다는 사실을 알 수 있다. 이것이 과연 바람직한 현상일까?

초·중·고교 여학생의 일반적인 화장 풍조와는 정반대의 현상도 일어나고 있다. 이른바 '탈코르셋 운동'이 그것이다. 일종의 저항적 사회운동의 성격을 띤 '탈코르셋 운동'은, 화장을 포함한 여성의 외모 치장을 '여성이기에 부당하게 감내해야 했던 성차별적 노동이자 의무'라 비판하고, 짙은 화장이나 긴 생머리, 다이어트 등을 거부하고, 갖고 있던 화장품을 부수거나 머리카락을 자름으로써 '꾸밈 노동'으로부터의 해방을 선언한다.

가부장적 사회에서 남성의 시선에 길들여진 존재이기를 거부하는 이 운동은 대단히 신선하다. 그러나 "우린 아름다울 이유도 필요도 없다"는 식의 이해할 수 없는 극단적 표현을 쓰면서 모든 여성들에게 '운동'에 동참할 것을 강요하는가 하면 동참하지 않는 여성을 '흉자' 등의 비속어로 비난하는 일부 '운동가'의 행태는 문제가 있다고 본다.

이성에게 예쁘게 보이고 싶어 하는 것은 남녀 모두에게 하나의 본능일 것이다. 그리고 이 본능에 따르고 안 따르고는 개인 선택의 문제이다. 또 여성의 외모 치장을 '성차별적 꾸밈 노동'으로 규정하는 것도 지나치다고 생각한다. 어떤 여성은 순전히 자기만족을 위해서 화장을 하기도 하고 본인만의 어떤 필요에 의해서 화장하는 경우도 있을 수 있다. 그러니 '탈코르셋'은 강요할 성격의 운동이 아니다.

그러나 이 모든 것을 감안하더라도 한 가지 분명한 사실은, 초·중·고교 여학생들의 새빨간 입술연지가 결코 아름다워 보이지 않는다는 것이다. 학교 다닐 때만이라도 입술연지만큼은 바르지 않았으면 좋겠다는 것은 나 혼자만의 바람일까?

## 담뱃갑 경고 그림에 대하여

| 2018, 다산포럼

담뱃갑에 부착된 흉측한 경고 그림이 금년 12월 23일부터 바뀐다고 한다. 담뱃갑에 경고 그림이 들어간 것은 2016년 12월 23일부터인데 2년마다 경신하기로 한 방침에 따라 바뀌게 된 것이다. 새로 들어갈 그림은 면적도 더 커지고 그림 내용도 더 흉측해진다는 소식이다.

이렇게 경고 그림의 양과 질을 강화하는 이유는 국민의 건강 때문이라고 한다. 흉측한 그림을 보고 담배를 멀리함으로써 국민의 건강을 지키려는 당국의 배려인데 이를 고맙다고 할 수밖에 없다. 2015년에 2천 5백 원 하던 담뱃값을 4천 5백 원으로 대폭 인상할 때에도 명분은 국민건강의 증진이었다.

그러나 이 시점에서 당국의 금연정책을 냉정하게 되짚어볼 필요가 있다. 2015년 담뱃값을 인상할 당시 국민건강에 대한 배려가 전혀 없었다고 말할 수는 없지만 정작 인상의 목적이 다른 데에 있었다는 사실을 알 만한 사람들은 다 알고 있다. '증세(增稅) 없는 복지'를 내세운 박근혜 정부가 복지 재원을 마련하기 위하여 고안해 낸 '꼼수 증세'였다. 진정으로 국민의 건강을 염려했다면 담뱃값을 10만 원 이상으로 인상하거나 아예 담배 생산을 금지했어야 했다. 담뱃갑의 경고 그림만 해도 그렇다. 담배가 국민건강을 해치는 심각한 공공의 적이라면, 끔찍하고 흉측한 경고 그림을 넣어 국민의 불쾌지수를 높일 것이 아니라 담배 생산을 금지하는 것이 옳은 길이다.

전 원자력병원 원장 박재갑 교수는 담배를 '독극물'로 단정하고 이런 독극물의 판매를 허용한다면 국가가 국민에게 사기를 치는 것과 다름없다고 했다. 나아가 그는 담배가 마약보다 중독성이 심하기 때문에, "국가가 국민들을 담배 중독에 빠뜨려 놓고 그걸 통해 한 해 7조 원의 세금

수입을 올리는 지금의 상황은 마약 장사로 떼돈을 버는 조직 폭력배가 하는 짓과 다름없다"고 주장했다. 담배가 '독극물'인지 아닌지는 모르겠지만 지금처럼 야단스럽게 흡연 규제를 하면서도 담배의 생산과 판매를 허용하는 것은 박재갑 교수의 말대로 국가가 국민에게 사기를 치는 것과 다름없다.

세상에는 건강을 해치는 것이 즐비한데 유독 담배만 가지고 난리를 치는 것 또한 이해할 수 없다. 그 하나의 예로 탄산음료를 비롯한 정크푸드를 들 수 있다. 2013년 미국 심장학회의 보고에 의하면 한 해에 18만 명이 탄산음료로 인해 사망했다고 한다. 학계에 보고된 정크푸드의 폐해는 심장마비와 치매 위험 증가, 면역체계의 변화, 우울증 유발, DNA 손상, 아이큐 하락, 조산율 증가, 당뇨병 발병 위험, 비만 등 수없이 많다.

이 중에서 정크푸드에 함유된 설탕으로 인한 비만 문제가 심각하여 2017년 9월 호주의 보건단체 연합회는 '비만이 흡연보다 위험하다'고 경고한 바 있다. 또 미국 미시간대학교 연구진의 보고에 의하면 정크푸드는 중독성도 심해서 정크푸드를 끊으려 했을 때의 금단현상은 담배나 마약을 끊으려 했을 때의 증상과 비슷했다고 한다. 문제의 심각성을 인지한 영국 런던에서는 2019년 2월부터 모든 지하철, 버스에서 햄버거, 탄산음료 같은 정크푸드의 광고를 일절 금지하기로 했다는 보도도 있었다. 사정이 이러하다면 그토록 국민의 건강을 염려하는 정부 당국은 콜라나 사이다 병에도 흉측한 그림을 그려 넣어야 마땅하다.

정부는 국민이 담배를 조금 덜 피우게 하는 것이 목적인가, 아니면 완전히 금연하도록 하는 것이 목적인가? 만일 국민 모두가 금연하여 건강을 지키게 하려는 것이 목적이라면, 경고 그림의 면적을 확대하거나 더 끔찍한 그림을 만들어 넣는 '꼼수'를 부릴 것이 아니라 담배의 생산과 판매를 금지해야 한다. 그리고 흡연하는 사람을 마약범처럼 처벌해야 한다. 그래야 정부의 진정성을 믿을 수 있을 것이다.

2018년 12월 12일에는 더불어민주당 김민기 의원이, 술병에도 담뱃갑처럼 경고 그림을 부착하는 것을 골자로 하는 국민건강증진법 개정안을 대표 발의했다고 한다. 이 법안의 국회 통과 여부는 예측할 수 없지만 만약 통과된다면 인간의 오랜 벗이 되어온 담배와 술과 맺어온 우정에 금이 갈 것이 틀림없고 또 그만큼 우리네 삶도 팍팍해질 것이다.

## 진시황과 한무제의 꿈

| 2019, 다산포럼

지난 5월에 다산연구소에서 주관하는 중국 인문 기행팀을 인솔하고 서안(西安)을 다녀왔다. 서안은 아테네, 로마, 카이로와 함께 세계 4대 고도(古都)의 하나이며, 중국의 13개 왕조가 도읍을 정한 곳이어서 볼거리가 너무나 많았다. 그중에서 진시황릉과 한무제의 무릉(茂陵)을 보면서 삶과 죽음의 문제를 다시 생각해 보았다.

진시황릉은 연인원 72만 명을 동원해서 36년간에 걸쳐 조성한 어마어마한 무덤이고 무릉 또한 매년 국가 조세의 3분의 1을 투입해서 53년간에 걸쳐 완성한 무덤이다. 그들은 왜 이렇게 웅장한 무덤을 생전에 직접 만들었을까? 죽은 후에도 영생(永生)하기를 바랐던 것이다. 그들은 살아 있을 때에도 불로장생하기를 바랐다. 진시황은 서복(徐福)에게 동남동녀 3천 명과 많은 금은보화를 주어 불사약을 구해오라고 했고, 한무제는 건장궁(建章宮) 안에 높이 46m의 승로반(承露盤)을 만들었다. 승로반은 '이슬을 받는 쟁반'이란 뜻으로 이른 새벽에 내리는 이슬을 받아 마시면 불로장생한다고 믿었던 것이다. 그럼에도 불구하고 그들은 영생의 꿈을 이루지 못하고 진시황은 49세에 죽었고, 한무제는 새벽이슬의 덕을 본 것인지 69세까지 살다가 생을 마감했다.

천하를 호령하며 온갖 부귀영화를 누리던 그들이 영원히 살고 싶은 욕망을 가지는 것은 당연한 일일 것이다. 영원히 살지는 못하더라도 어떻게 하든 좀 더 오래 살고 싶었을 것이다. 이러한 욕망은 진시황이나 한무제 같은 사람만 가지는 것이 아니다. 평범한 사람들도 모두 이러한 욕망을 지니는 법인데, 영원히 살지는 못하더라도 오래 사는 것이 과연 바람직한 일일까? 『장자(莊子)』에 이런 이야기가 실려 있다. 화(華) 땅의 봉인(封人: 문지기)이 요(堯) 임금에게, 오래 살고 부유하고 아들을 많이 두기를 축원한다고 말하니 요임금이 모두 사양했다. 이어서 봉인과 요임금의 문답이 이어진다.

> "오래 살고 부유하고 아들을 많이 두는 것은 사람이라면 모두 바라는 바인데 당신이 유독 바라지 않는 것은 어째서입니까?"
> "아들을 많이 두면 걱정이 많아지고 부유하게 되면 일이 많아지고 오래 살면 욕될 일이 많아지니 이 세 가지는 덕(德)을 기르는 방법이 아니다. 그 때문에 사양하는 것이다."

봉인이 말한 세 가지 중에서 아들을 많이 두는 것을 제외한 두 가지는 현대인도 간절히 바라는 것이다. 특히 오래 사는 것은 누구나 바라는 것이다. 그런데 수천 년 전의 요임금은 오래 살면 욕될 일이 많아진다는 이유로 이를 사양했다. 이 말은 지금도 유효하지 않을까? 오래 살다 보면 암 등의 불치병에 걸려 고통에 시달리기도 하고 치매를 앓기도 하며 자식들을 앞세우기도 한다. 이것이 '욕될 일'이 아니고 무엇인가? 물론 건강하게 오래 살 수 있다면 별문제이겠지만 인간이 태어나서 늙고 병들어 죽는 것은 자연의 섭리이다. 현대인은 이 자연의 섭리를 거역하려 한다.

> 80세에 저세상에서 날 데리러 오거든
> 아직은 쓸 만해서 못 간다고 전해라
> 90세에 저세상에서 날 데리러 오거든
> 알아서 갈 테니 재촉 말라 전해라
> 100세에 저세상에서 날 데리러 오거든
> 좋은 날 좋은 시에 간다고 전해라

이 대중가요에서 보듯 현대인은 오만하기 짝이 없다. 세계 최고 인터넷 기업 구글의 공동 창업자인 세르게이 브린과 래리 페이지는 2013년 바이오 기업 칼리코(Calico)를 세우고 인간의 수명을 획기적으로 연장하는 기획에 돌입했다. 칼리코는 인간의 수명을 최대 500세까지 연장하는 것을 목표로 삼고 이미 한 제약회사와 노화 연구에 15억 달러(약 1조 8,000억 원)를 공동 투자하는 계약을 맺었다고 한다. 진시황과 한무제의 꿈이 실현되려는 것일까? 그러나 100세 200세 이상의 노인이 우글거리는 사회를 생각해 보라, 얼마나 끔찍한 일인가!

옛날엔 60세가 되면 오래 살았다고 해서 환갑잔치를 열어 축하해 주었고 '인생칠십고래희(人生七十古來稀)'라 해서 70세까지 사는 사람도 드물었다. 이에 비하면 지금의 인간 수명은 많이 늘어났다. 그러니 이쯤에서 수명 연장의 꿈을 접는 것이 어떨까? 이보다 더 오래 살아서 얼마나 더 '욕될 일'을 겪으려고 하는가.

## '전쟁은 모든 악의 어머니다'

| 2022, 『국민일보』

금년 2월 24일에 러시아가 우크라이나를 침공한 지 한 달이 넘었다. 그동안 러시아의 무자비한 공격에 수많은 우크라이나인이 사망했고 수백만 명이 국외로 탈출했다. 러시아군은 학교, 극장, 쇼핑센터, 산부인과 병원 등 민간시설도 공격하여 민간인 희생자가 늘어나고 있다고 한다. 이것은 '전쟁 규칙' 위반이다. 대표적인 전쟁 규칙이 제네바 협약인데 이 협약은 '전투의 범위 밖에 있는 자와 전투행위에 직접 참가하지 않은 자는 보호를 받아야 하고 존중되어야 하며 인도적인 대우를 받지 않으면 안 된다'라고 규정하고 있다.

전쟁 규칙은 또 무차별적으로 대량으로 인명을 살상하는 무기의 사용을 금지하고 있는데 러시아는 이 규칙도 위반하고 있다. 그 대표적인 무기가 방사능 없는 핵폭탄으로 불리는 '진공 폭탄'으로 우크라이나에서 이미 사용되었다고 한다. 이와 더불어 푸틴이 '천하무적'이라 자랑한 극초음속 미사일 '킨잘'도 2차례 발사되었다고 한다. 킨잘은 음속의 5배 이상으로 날아가 기존의 미사일 방어망을 무력화할 수 있어서 차세대 '게임 체인저'라 불리는 무시무시한 무기라고 한다. 뿐만 아니라 인류 최악의 비핵무기라고 하는 '백린탄'도 투하했다고 한다.

인간의 무기 만드는 기술은 점점 더 교묘해지고 있다. '어떻게 하면 더 많은 사람을 죽일 수 있을까? 어떻게 하면 더 치명적이고 효과적으로 사람을 죽일 수 있을까?'를 궁리하며 무기를 개발하고 있다. 그 결과 원자탄과 같은 가공할 만한 무기가 만들어졌다. 핵폭탄이 아니라도 치명적인 파괴력을 가진 각종 무기가 속속 등장하고 있다. 과학기술의 발달로 인하여 이러한 추세는 끝없이 이어질 것이다.

최첨단 무기의 개발을 막을 방법은 없다. 인간의 지적 호기심이 과학

기술을 발전시켰고 이렇게 해서 발전한 과학기술은 그 속성상 후퇴하는 일이 없기 때문이다. 그러니 가공할 만한 살상 무기로부터 인류를 보호할 수 있는 유일한 길은 전쟁을 하지 않는 것뿐이다. 전쟁을 하지 않으면 무기를 사용할 필요가 없다. 현대 전쟁은 옛날 전쟁과 다르다. 소총이나 기관총 또는 대포를 가지고 적과 대치하는 재래식 전쟁은 어느 의미에서 낭만적 전쟁이라 할 수 있다. 지금은 전쟁이 일어나면 무시무시한 무기들이 무자비하게 사람의 생명을 빼앗아 간다.

"전쟁은 인류를 괴롭히는 최대의 질병이다", "모든 인류 죄악의 총괄이 전쟁이다", "전쟁은 모든 악의 어머니다"라는 말이 있다. 그러니 어떤 명분으로도 전쟁은 정당화될 수 없다. 그럴듯한 명분, 제법 설득력 있는 명분을 내세우고 전쟁을 일으켜도 일단 전쟁이 시작되면 명분 따위는 사라진다. 죽고 죽이는 전투가 벌어지는 현장에선 누가 옳고 누가 그런지 따질 겨를이 없다. 이렇게 되면 제네바 협약도 아무런 구속력을 가지지 못한다.

보라. 우크라이나의 남부 항구도시 마리우폴에서는 어린이를 포함한 민간인 1,000여 명이 대피해 있던 극장을 러시아군이 폭격했다고 한다. 뿐만 아니라 러시아군은 산부인과 병원과 아동병원을 폭격하는가 하면 적십자 건물까지 폭격했다. 3월 29일 현재 마리우폴에서만 민간인 사망자가 5,000명에 달한다고 하니 이것은 분명 제네바 협약을 위반한 전쟁범죄이다. 우크라이나의 대학도시 하르키우에 있는 대학교 대부분이 파괴되었고, 치르니히우에서는 빵을 얻으려 줄 서있던 시민 10여 명이 러시아군에 의해서 사살되었다는 보도도 있었다. 이렇게 명백한 전쟁범죄를 저질렀음에도 불구하고 전쟁범죄를 저질렀다는 이유만으로 전쟁을 멈추게 할 수가 없는 형편이다.

전쟁은 이렇듯 비인도적이다. 전쟁을 수행하는 동안에는 어떠한 윤리나 도덕도 개입할 여지가 없다. 오직 파괴와 살상만 있을 뿐이다. TV 화면에 비친 한 장면. 구급대원들이 만삭의 임산부를 들것으로 옮기는 모습이 보이고 얼마 후 아기는 결국 죽은 채 태어났고 산모도 30분 후에 숨졌다. 이것이 전쟁의 참상이다. 영국의 사상가 토머스 모어는 이렇게 말했다. "전쟁은 동물들이 하기에 적합한 일이다. 그런데 어떤 동물도 인간처럼 전쟁을 하지는 않는다." 그렇다, 어떤 동물도 인간처럼 집단적으로 동족을 죽이지는 않는다. 인간사회에서 전쟁은 사라져야 마땅하다.

## 나의 '아파트 입주기'

| 2022, 『국민일보』

나는 지금으로부터 50여 년 전 서울의 변두리인 수색동에 살림집 한 채를 마련했다. 그때만 해도 수색동은 매우 낙후한 동네였다. 도로포장도 되지 않아 비가 오면 꼭 장화를 신어야 했고 시내버스도 정기 노선이 없어서 남가좌동으로 가는 버스 중 대여섯 대만에 한 대가 '수색' 팻말을 달고 수색으로 '들어와 주었다.' 내가 사는 곳이 수색이라고 말하면 듣는 사람은 으레 '수색이 서울이냐?'고 묻곤 했었다. 그렇게 후진 곳으로 들어간 것은 집값이 저렴하기도 했지만, 무엇보다 120평 되는 대지가 내 마음을 끌었기 때문이었다.

일제 시대에 지은 낡은 목조건물이었지만 나는 이 집을 구입한 후 정성스레 가꾸었다. 마당 주위에는 감나무, 대추나무, 모과나무 등 각종 과일나무와 목련, 장미, 매화 등 꽃나무를 심고 마당엔 상추, 쑥갓, 들깨, 고추, 부추, 토마토 등을 심었다. 그래서 과일 따 먹고 채소 베어 먹는 재미가 제법 쏠쏠했다. 상치, 쑥갓, 들깻잎은 우리 식구가 먹고도 남아서 이웃에 나누어 주기도 했다.

이곳에서 나는 45년을 살았다. 이사 온 후 몇 년을 살다가 건물이 너무 낡아 기존 건물을 헐고 단층집을 새로 지었지만 다른 곳으로 가지 않고 줄기차게 같은 장소에서 45년을 산 것이다. 그러다가 45년 만에 '쫓겨났다.' 이곳이 재개발된 것이다. 나를 비롯한 몇몇 주민들이 재개발을 반대했으나 뜻을 이루지 못했다. '아파트 공화국'에 사는 사람은 '아파트 국민'이 될 수밖에 없었다. 45년을 산 보금자리에서 쫓겨난 나는 아파트를 짓는 약 3년을 다른 아파트에서 전세로 살았다. 워낙 오랫동안 단독주택에서 살았기 때문인지 전세로 사는 3년 동안 아파트 생활에 적응하기가 어려웠다.

지금은 재개발된 수색동의 아파트에 정식 입주한 지 2년이 지났지만 아직도 아파트 생활이 낯설고 불편하다. 공동주택으로서의 아파트가 갖는 장점이 있겠지만 나에게는 단점이 더 많아 보였다. 아파트에서는 항상 긴장하고 조심해야 한다. 관리사무소에서는 하루가 멀다고 층간소음과 흡연에 대한 방송을 내보낸다. '방문을 소리 나게 쾅 닫지 말라', '밤에는 피아노를 치지 말라', '집 안에서 걸을 때는 뒤꿈치를 들고 걸어라', '이른 아침이나 심야 시간에는 샤워를 삼가라'부터 '생선 굽는 냄새를 풍기지 말라'에 이르기까지 조심하고 삼가야 할 것이 너무나 많다. 마음 놓고 소리 한번 외칠 수도 없다.

이게 어디 사람이 사는 주거 공간인가? 단독 주택에 살 때는 이웃과 음식을 나누어 먹기도 했고 김장 때는 서로 품앗이하면서 돕기도 했다. 훈훈한 인정을 느낄 수 있었다. 아파트에 갇혀 살고부터는 이웃과의 소통이 단절되었다. 우리 집 이외에는 적막강산이다. 서로 알려고도 않고 알려지기를 바라지도 않는다. 각 세대별로 고립된 삶을 살고 있다. 이러니 혼자 살다가 죽어도 외부에서 알 수가 없다. '이웃사촌'이란 말은 먼 옛날의 말이 되어 버렸다.

아파트 입주민들의 건강 문제도 심각하다. 아파트의 주원료인 시멘트를 만드는 데에 폐타이어, 폐플라스틱, 폐합성수지, 폐비닐 등을 소각해서 사용하기 때문에 이 쓰레기 시멘트로 지은 아파트에는 발암물질 등 각종 유해물질이 검출된다고 한다.

그런데도 아파트의 인기는 날로 치솟아 현재 우리나라 인구의 약 70%가 아파트에 거주한다고 한다. 아파트의 인기가 높은 것은 아파트를 생활공간이라기보다 신분과시와 재테크의 수단으로 여기고 있기 때문이다. 어느 동내에 사느냐가 일차적으로 그 사람의 신분을 나타내고 그 동내의 무슨 아파트, 나아가서 몇 평 아파트에 사느냐가 그 사람의 신분을 확인하는 지표가 되었다. 온라인상에 '부동산 카스트 제도'란 말이 떠돈다. 카스트는 인도 사회의 계급을 가리킨다. 최상층의 사제인 브라만, 귀족 계급인 크샤트리아. 서민인 바이샤, 천민인 수드라가 카스트의 구조이다. 이 카스트 제도는 엄격하여 계급간 이동이 불가능하며 세습적으로 물려받는다. 여기에 빗대어 15억 이상의 아파트를 소유한 사람을 브라만, 9억에서 15억 사이의 아파트 소유자를 크샤트리아, 9억 이하의 아파트 소유자를 바이샤, 무주택자를 수드라로 부르는 것이 '부동산 카스트 제도'이다. 어쩌다가 이런 말까지 생기게 되었는지…. '아파트 공화국'의 미래가 암울하다.

## 인仁이란 무엇인가?

| 2022, 다산포럼

최근 학계 일각에서 실학의 개념을 애써 축소하려는 움직임이 있고 더 나아가 실학 자체의 의미를 부정하려는 시도도 있다. 심지어 실학을 집대성했다고 알려진 다산 정약용까지도 지극히 보수적인 학자로 규정하여 주자(朱子) 성리학의 테두리를 벗어나지 못한 사상가로 치부하는 경향이 있다. 이러한 오해를 바로잡기 위해서 유학의 가장 중요한 개념인 인(仁)을 주자와 다산이 각각 어떻게 해석하고 있는가를 살펴보기로 한다.

인·의·예·지(仁義禮智) 사덕(四德)은 우주의 생성원리인 태극의 속성인 원·형·이·정(元亨利貞)이 개별 존재자의 성(性)에 부여된 것으로 선험적 리(理)라는 것이 성리학의 이론이다. 이 이론에 근거하여 주자는 인을 "사랑의 리요 마음의 덕(愛之理 心之德)"이라 해석하고, 궁극적으로는 "천지가 만물을 낳는 마음(天地生物之心)"으로 정의했다.

이에 비하여 다산은 "인은 천리(天理)가 아니고 인덕(人德)이다." "심덕(心德)은 인이 아니다"라 말했다. 이 말은 인을 주자처럼 심덕으로 보지 않고 인덕으로 보는 것인데, 인을 심덕으로 보는 것과 인덕으로 보는 것에는 큰 차이가 있다. 인을 심덕으로 보면 "오직 말없이 문을 걸어 잠그고" 정심(正心), 치심(治心)에만 힘쓰면 된다. 즉 마음을 잘 다스리고 지켜서 그것이 밖으로 드러나기를 기다리는 수밖에 없다. 따라서 사회적 실천보다는 개인의 내면적 수양을 더 중시하게 된다. 반면에 다산은 인을 인덕으로 봄으로써 사람과 사람 사이에 형성되는 인간관계의 실천적 의미를 인에 부여하고 있다. 다산은 '仁' 자를 파자(破字)해서 '人'과 '二'를 합한 것으로 해석했다. 즉 인이란 '두 사람'의 뜻이란 것이다. 다산의 말을 들어보자.

아버지와 아들은 두 사람이고 형과 아우는 두 사람이며, 임금과 신하는 두 사람이고 목민관과 백성은 두 사람이다. 무릇 두 사람 사이에서 그 본분을 다하는 것을 인이라 한다. '천지가 만물을 낳는 마음'이 나와 무슨 상관이 있겠는가? 자식 된 자가 부모에게 효도하면서 "나는 천지가 만물을 낳는 마음으로 부모에게 효도한다"라고 말하거나, 신하 된 자가 그 임금에게 충성하면서 "나는 천지가 만물을 낳는 마음으로 충성한다"라 말한다면 사체(事體)에 상당한 손상이 있을 것이다. (『중용강의보』 권1)

인이란 것은, 태어날 때부터 하늘이 사람의 마음에 끼워 넣은 것 즉 선험적 리가 아니고, 사람과 사람 사이의 실천적 윤리 규범을 통해서 이루어진다는 말이다. '리(理)'의 실재성 자체를 부정한 다산으로서는 추상적 무형물인 '리'로써 인을 설명할 수 없었던 것이다. 다산이 생각하는 인은 '사랑의 리'가 아니라 '사랑 그 자체'이다.

인이란 다른 사람을 향한 사랑이다. 자식은 아비에게 향하고 아우는 형에게 향하고, 신하는 임금에게 향하고 목민관은 백성에게 향하여 무릇 사람과 사람이 서로 향해 부드럽게 사랑하는 것, 그것을 인이라 이른다. (『논어고금주』 권3)

부모를 사랑하고 임금을 사랑하고 백성을 사랑하는 것이 곧 인이라는 것이다. 그러므로 사람을 사랑하기 전에는 인이라는 명칭이 성립되지 않는다. 윤리적 실천을 하고 난 후에 비로소 인이란 개념이 성립된다는 것이다. 윤리적 실천을 하기 전에도 인이 선험적으로 인간의 마음에 존재한다는 주자의 학설과는 다르다. 사랑하기 전에도 마음속에 인이 갖추어져 있다면 그 인을 잘 가꾸고 보호하기만 하면 되지 구태여 그것을 실천할 적극적인 이유가 없어진다. 다산은 이렇게 실천성이 거세된 인의 개념은 옛 성인들의 본의가 아니라고 생각했다.

주자는 위대한 사상가이다. 그래서 다산도 『논어고금주(論語古今注)』, 『맹자요의(孟子要義)』를 비롯한 방대한 경전 주석서에서 대부분 주자의 견해를 따르고 있다. 그러나 앞에서 살펴보았듯이 '인'의 개념을 비롯해서 성리학의 몇 가지 중요한 명제(命題)에 대해서는 주자와 견해를 달리한다. 그리고 주자와 견해를 달리하는 이 부분이 다산 실학을 성립시킨 기반이 된다. 그러므로 다산을 유학자라 부르는 것은 온당하지만 성리학자라 부르는 것은 온당치 못하다.

## 쓰레기를 어이할까?

| 2022, 『국민일보』

우리는 지금 지질시대 중에서 신생대 4기의 후반부인 충적세(沖積世, Anthropocene)에 살고 있다. 그런데 20세기 들어 일부 학자들 사이에서 우리가 사는 이 시대를 '인류세(人類世, Holocene)'로 부르자는 견해가 제출되었다. '세(世, cene)'는 지질시대를 구분하는 단위인데 우리는 이미 충적세와는 다른 지질시대에 살고 있다는 근거에서 나온 발상이다. 명칭을 '인류세'로 명명한 것은 인류가 지구 환경에 큰 영향을 미치고 있는 시대임을 암시하기 위함이다. 인류세의 시점에 대해서는 학자에 따라 차이가 있지만 산업혁명 이후부터라는 것이 일반적인 견해이다.

인류세의 가장 큰 특징은 지구 온난화로 인한 기후 변화이고 그 다음이 쓰레기 문제이다. 기후 변화는 잠시 접어두고 여기서는 쓰레기 문제에 대하여 생각해 보기로 한다. 쓰레기 중에서도 가장 심각한 것은 원자력 폐기물이다. 원자력 폐기물인 폐연료봉에서 나오는 플루토늄 239의 경우, 방사성 물질의 독성이 절반으로 줄어들기까지 걸리는 시간이 2만 4천 년이고 우라늄 235는 7억 년이라고 한다. 그러니 원자력 쓰레기의 독성은 영구적으로 소멸하지 않는다고 보아야 한다.

원자력 쓰레기와 함께 각종 건설 쓰레기와 생활 쓰레기도 지구를 멍들게 한다. 이 중에서도 가장 골칫거리는 플라스틱 쓰레기다. 태평양에 수십억 개의 플라스틱과 쓰레기 조각들이 모여 하나의 섬을 이루고 있다고 하는데 사람들은 이를 '쓰레기 섬'이라 부른다. 그 크기가 한국의 16배나 된다고 한다. 전 세계인들이 매년 1,200만 톤의 플라스틱 쓰레기를 바다로 흘려보내는데 이들이 해류와 바람을 타고 떠다니다가 이렇게 섬을 형성한 것이다. 이런 섬이 전 세계 바다에 4개 이상 존재한다고 한다. 이렇게 매년 새로운 플라스틱 쓰레기가 추가되어서 2050년에는 플라스틱을 포함한 해양 쓰레기가 물고기보다 많을 것이라 전망하기도 한다. 게다가 플라스틱 쓰레기는 자연적으로 분해되는 데에 200년에서 400년이 소요된다고 한다.

바다에 쓰레기 섬이 있다면 육지에는 쓰레기 산이 있다. 세계 2위의 쓰레기 배출국인 인도네시아의 자카르타 부근에 아파트 17층에 해당되는 높이 50m의 거대한 쓰레기 산이 있다고 한다. 지금은 없어졌지만 우리나라 의성에도 20만 톤이나 되는 쓰레기 산이 있었다.

이들 쓰레기를 처리하는 방법으로 매립과 소각과 재활용이 있지만 어느 것도 쓰레기 문제를 근본적으로 해결하지는 못하고 있다. 매립은 토양 오염을 유발할 수 있으며, 소각 또한 오염 방지 설비를 갖추지 않으면 심각한 대기오염을 일으킬 수 있다. 재활용에도 여러 문제점이 따른다. 일부 플라스틱 제품이 의류의 원료로 재활용되고 있으나 그 정도가 미미하다. 폐타이어, 폐플라스틱, 폐합성수지, 폐비닐, 폐유 등의 쓰레기로 시멘트를 만들어 재활용한다고 하는데 이들 산업 폐기물에는 발암물질과 중금속 등이 함유되어 있다고 한다. 그러므로 이 폐기물 시멘트로 아파트를 지으면 인체에 유해한 독성이 남아 있어 사람에게 여러 가지 질병을 일으킨다고 하니 쓰레기를 시멘트로 재활용하는 것도 그리 바람직한 일은 아닌 듯하다.

그러면 지구의 생태계를 위협하는 쓰레기 문제를 어떻게 해결해야 하나? 두 가지 방법이 있다고 본다. 첫째는 쓰레기 생산을 줄이는 것이다. 너무나 당연하고 옳은 말이지만 현 상태로는 결코 쉬운 일이 아니다. 그러나 쓰레기 줄이는 일은 지속적으로 행해져야 한다. 두 번째는 산업화의 속도를 늦추거나 멈추는 일이다. 쓰레기는 인간의 생산활동 과정에서 필연적으로 나오는 부산물이기 때문에 산업화가 진전되면 될수록 더 많은 쓰레기가 배출된다. 각종 건설 폐기물과 생활 쓰레기의 양은 산업화의 진전 정도에 비례하여 급속도로 증가한다. 고소득 국가의 쓰레기 배출량이 저소득 국가의 배출량보다 월등히 많은 것이 이를 말해준다. 우리는 과학, 기술의 발전으로 산업화된 사회에서 생활이 무척 편리해졌다. 하지만 편리해진 대가로 받는 쓰레기의 폐해가 너무나 크다. 그러니 이 정도의 편리함에 자족(自足)할 줄 알고 더 이상의 산업화를 꾀하지 않는 것이 장기적으로 볼 때 현명한 처사가 아닐까? 과잉생산과 과잉소비의 패턴을 바꾸지 않으면 쓰레기 문제를 영원히 해결할 수 없을지도 모른다.

## 인구절벽, 인구지진, 국가소멸

| 2022, 『국민일보』

'아들 딸 구별 말고 둘만 낳아 잘 기르자.' 지금 젊은 사람들은 잘 모르겠지만 1970년대까지만 해도 흔히 볼 수 있고 들을 수 있던 표어다. 산아 제한을 하자는 표어인데 이런 표어가 나온 것은 식량난 때문이었다. 당시 국가에서는 식량난에 대비해 혼식, 분식을 장려하는 등 쌀 소비를 줄이기 위한 대대적인 캠페인을 펼쳤다. 초, 중등학교에서는 매일 학생들의 도시락을 검사하여 혼, 분식 여부를 상부에 보고했다. 쌀 소비를 권장하고 있는 현시점에서 돌이켜보면 격세지감이 드는 현상이지만 그때는 식량 생산량에 비하여 인구가 너무 많았던 것이다. 그래서 당국은 출산율을 줄이기 위하여 온갖 방법을 동원했으니, 예비군 훈련장에서 희망자에게 정관수술을 무료로 해주고 훈련까지 면제해 주는 일도 있었다.

지금은 상황이 완전히 바뀌었다. 15세에서 49세까지 가임기 여성이 평생 낳는 자녀 수를 가리키는 합계 출산율이 1960년대에 6.0이던 것이 강력한 산아 제한 정책으로 1975년에는 3.47로 줄었다. 그러다가 2000년의 1.48을 거쳐 2018년에는 0.98로 떨어져 인구는 2020년에 정점을 찍은 후 감소세에 들어섰다. 미국의 경제학자 해리 덴트가 말한 '인구절벽'이 시작된 것이다. 급기야 2022년에는 0.81까지 떨어졌다. 세계 236개 국가 중 끝에서 두 번째이다. 한 국가의 인구를 안정적으로 유지하기 위해서는 합계 출산율이 2.1은 되어야 하는데 급격히 떨어졌다.

출산율의 감소와 함께 노인 인구의 비율은 빠른 속도로 높아졌다. 65세 이상이 전체 인구의 7% 이상이면 고령화 사회라 하는데 한국은 2000년에 이미 이 단계를 넘어서 2018년에는 65세 이상이 전체의 14%를 차지하는 고령사회에 진입했다. 이런 속도라면 2025년경에는 노인 인구가 20%를 넘는 초고령 사회에 진입할 것으로 예상된다. 2030년에는 노령 인구가 25%, 2060년에는 43.9%에 달해 15세에서 64세까지의 생산 가능 인구 48%와 거의 맞먹게 된다.

출산율 감소와 노인 인구의 증가가 이런 속도로 지속된다면 한국은 머지않아 '인구지진' 사태를 맞게 될 것이다. '인구지진'은 영국의 인구학자 폴 윌리스가 제시한 개념으로 고령 인구가 생산인구보다 많아져 사회에 전반적인 충격을 불러오는 현상을 자연재해에 비유한 말이다. 심한 경우 인구지진은 리히터 규모 9.0의 지진과 맞먹을 정도의 위력을 가진다고 한다. 이와 같이 가공할 만한 인구지진을 겪은 국가는 더이상 버틸 수 없어 '국가소멸'의 위기에 처하게 된다.

인구 감소세에 접어든 한국은 인구절벽의 징후가 곳곳에서 나타나고 있다. 소아과, 산부인과 병원이 줄어들고 산후 조리원이나 유치원은 노인들을 위한 요양(병)원으로 개조되고 있다. 병아리 같은 새싹들이 재잘거리던 유치원이 우중충한 노인 시설로 개조되는 걸 보노라면 만감이 교차한다. 결혼을 기피하는 젊은이들이 늘고 결혼하더라도 자녀를 갖지 않는 부부가 많아서 이래저래 출산율이 줄어드는 것이다. 출산율 저하로 인한 초등학교의 잇따른 폐교는 너무나 가슴 아프다. 2023년에 신입생이 한 명도 없는 초등학교가 전국에 147곳이라고 한다. 이 학교들도 머지않아 폐교될 것이다.

낮은 출산율이 인구절벽으로 이어지고 인구절벽이 심화되면 인구지진이 일어나서 최종적으로 국가가 소멸되는데 국가의 소멸에 앞서 이를 예고하는 현상이 지방의 소멸이다. 2017년의 경우 지자체 234곳 중 12곳이 소멸 고위험 지역으로 분류되었다. 2047년에는 소멸 고위험 지역이 157곳, 2067년에는 290곳까지 늘어날 것으로 예상된다. 이렇게 해서 서서히 국가가 소멸해가는 것이다.

그러므로 어느 정치가의 말처럼 "저출산은 소리 없이 나라를 죽이는 암"이다. 암이 더 번지기 전에 이를 막아야 한다. 국가에서는 2006년부터 저출산 대책을 위한 예산 380조 원을 투입했으나 아무런 성과가 없다. 좀 더 적극적인 대책이 필요하다. 깊이 생각하면 방법이 없지 않을 것이다. 심각한 저출산으로 위기에 몰렸던 프랑스가 2021년 합계 출산율을 1.83으로 끌어올린 사실은 좋은 본보기가 될 수 있다. "한국은 소멸 국가 1호가 될 것"이라는 옥스퍼드대 인구문제연구소 데이비드 콜먼 교수의 경고를 귀담아 들어야 할 것이다.

## 은둔형 외톨이

| 2022, 『국민일보』

1980년대까지만 해도 시내버스 안에서 앉아 있는 사람이 서 있는 사람의 가방이나 짐을 받아주는 아름다운 풍속이 있었다. 짐을 받아주면, 서 있는 사람은 진심으로 고마워했다. 지금은 아무도 짐이나 가방을 받아주지 않는다. 받아주고 싶어도, 서 있는 사람이 나의 호의를 오해할지도 모른다는 생각이 앞선다. 그래서 무거운 짐을 들고 흔들리는 버스 안에서 힘들어하는 사람을 보고도 못 본 체하는 것이 마음 편하다. 공중목욕탕에서도 옛날엔 으레 서로 등을 밀어줬다. 그러나 지금은 극히 예외적인 경우를 제외하고는 서로 등 밀어주기를 제안하는 사람을 볼 수 없다.

이렇게 사람들이 점점 개인화, 고립화되고 있다. 인간은 원래 사회적 동물이다. 인간은 타인과 끊임없이 관계를 맺고 공동체를 이루며 살아간다는 말이다. 그러므로 인간은 사회를 떠나 혼자서 살 수가 없다. 혼자서 살게 되면 정서적으로 심리적으로 건강한 상태를 유지할 수 없다. 그런데도 사람들은 점점 공동체 생활과 멀어지고 있다. 비근한 예로 아파트에 살면서 앞집, 옆집 사람들이 누구인지 모르고 산다. 알려고 하지도 않는다. 아파트는 공동주택이다. 사람들은 공동주택에 살면서 공동체 생활을 외면하는 것이다.

이렇게 공동체 생활과 멀어지는 극단적인 경우가 '은둔형 외톨이'이다. 주로 청·장년층에 많은 이들은 사회생활을 극도로 멀리하고 방에만 틀어박혀 밖으로 나가지 않는다. 따라서 외부와의 소통도 단절된다. 문자 그대로 방 안에서 '은둔'하는 것이다. 은둔형 외톨이가 생기는 주요 요인은 사회에 전반적으로 깔려있는 개인주의적 경향 때문일 터인데 이런 개인주의적 경향을 불러일으킨 요인은 다양하다. 먼저 가족의 해체가 가장 큰 요인일 것이다. 결혼을 기피하고 혼자 사는 1인 가구가 늘어가는 현상이 사람들을 자기 개인 속에 갇히게 만든다. 여기에다 학교 시절의 왕따 경험, 지나친 경쟁의식, 부모의 과도한 기대감 등이 이들의 '은둔'을 더욱 부채질한다.

이들이 외부와 교류하는 유일한 수단은 인터넷이다. 인터넷은 이들의 '나 홀로 놀기'를 가능하게 하는 공간이다. 디지털 문화의 총아인 인터넷은 원래 개인을 고립화시키는 속성을 지니고 있다. 아마 인터넷이 없으면 은둔형 외톨이도 줄어들 것이라 생각한다. 코로나19로 인하여 학교나 직장에서 비대면 접촉이 늘면서 이들의 사회적 고립이 심해진 것이 또 하나의 요인이 될 것이다.

함께 더불어 살아가도록 설계된 인간이 이웃과 더불어 살지 않고 은밀한 공간에서 고립적으로 생활한다는 것은 정상적이지 않다. 정상적이지 않을 뿐만 아니라 병적인 현상이다. 이른바 '외로운 늑대'는 이런 병적 현상의 한 증후이다. 지난 7월 8일 아베 신조 전 일본 총리를 살해한 야마가미 데쓰야도 5월까지 교토에 있는 공장에서 지게차로 짐을 옮기는 일을 했는데, 직장 동료들에 의하면 그는 늘 혼자 차 안에서 밥을 먹었고 동료들과 거의 대화하지 않았다고 한다. '은둔형 외톨이'의 한 형태인데 이 외톨이가 '외로운 늑대'로 변한 것이다. 이렇게 은둔형 외톨이는 언젠가 무서운 늑대로 돌변할 수 있다.

은둔형 외톨이가 되지 않더라도 현대인들은 여러 가지 요인에 의하여 우울, 고독, 분노, 불안 등의 정서적 고통에 시달리며 타인과의 소통을 멀리하고 외로움의 섬에 갇히는 경우가 많다. 이러한 현상을 사회적 병리 현상으로 보고 영국에서는 2018년 정부 부처에 '고독부(Ministry of Loneliness)'를 신설하여 이 문제를 국가적 차원에서 대처하고 있다. 일본에서도 2021년에 '고독부 장관'을 임명했다고 하니 이 문제의 심각성을 짐작할 수 있다.

이와 관련하여 최근 '고독사(孤獨死)'가 심각한 사회문제로 대두되고 있다. 고독사란 '가족, 친척 등 주변 사람들과 단절된 채 홀로 사는 사람이 혼자 임종을 맞고 시신이 일정 시간이 흐른 후 발견되는 죽음'을 말한다. 고독사하는 연령대는 대부분이 노인들인데 이들은 이혼, 질병, 빈곤 등의 이유로 가족이 있지만 연락을 끊고 지내다가 쓸쓸히 생을 마감하는 것이다. 어떤 통계에 의하면 우리나라에서 고독사하는 사람이 2020년에 1,385명이었으며 이 숫자는 해마다 증가한다고 했다.

이를 방지하기 위하여 각 지자체에서는 '인공지능(AI) 자동 안부 전화', '고독사 제로', '다시 이음 사업' 등의 갖가지 정책을 쏟아내고 있지만 이런 대증요법으로 고독사가 줄어들 것이라 생각되지 않는다. 고독사나 은둔형 외톨이는 현대 사회가 낳은 기형적 현상인데 이를 해결하려면 보다 근본적인 접근이 필요하다. 사람 냄새가 나는 따뜻한 사회 즉 서로 돕고 소통하는 공동체를 만들기 전에는 이 문제를 해결하기 어려울 것이다.

## 인공지능AI과 휴머니즘

| 2023, 『국민일보』

2016년, 인공지능 알파고와 이세돌의 바둑 대결에서 알파고가 이세돌을 4 대 1로 이겼을 때 세계는 경악했다. AI의 위력을 실감한 것이다. 지금은 어떤가? 알파고의 최신 버전인 알파고 제로는 바둑을 익힌 지 40일 만에 이세돌을 이긴 알파고와의 대결에서 100전 100승을 기록했다. 이제 알파고 제로는 인간의 능력으로는 도저히 따라잡을 수 없는 '바둑의 신'이 되어버렸다.

우리 일상의 많은 분야에서 AI는 인간을 대신하고 있으며 그 발전 속도와 위력은 가공할 만하다. 이대로 가다가는 AI가 인간의 직업을 다 빼앗을 것이란 우려도 있다. 알파고가 이세돌을 이긴 2016년만 해도 약간의 희망은 있었다. 즉 화가, 조각가, 작가, 연주자 등 예술가는 살아남을 것이라 생각했다. 창조성과 독창성의 영역인 예술만큼은 인간과 AI를 구분하는 최후의 보루라 여겨졌었다.

그러나 이 최후의 보루마저 허물어지고 있다. 전남 광주과학기술원이 자체 개발한 AI 작곡가 '이봄(EvoM)'은 화성학 및 대위법 등 주요 음악 이론을 학습하고 음악 샘플을 반복해서 들은 후 스스로 6년간 30만 곡을 작곡했다고 한다. 이 중 3만여 곡을 판매해서 6억 원의 수익을 얻었다. 2021년에는 포스텍 인공지능 대학원 연구팀이 개발한 AI 소설가 '비람풍(毘嵐風)'이 장편소설 『지금부터의 세계』를 집필하여 출간했다.

뿐만 아니라 2022년에는 AI 화가까지 등장했다. 게임 기획자인 제이슨 M. 엘런이 AI 프로그램 '미드저니'를 이용하여 그린 '스페이스 오페라 극장'이라는 작품이 미국 콜로라도 주립 박람회 미술대회 디지털아트 부문 1위에 당선되었다. 심사위원들도 이 작품이 AI에 의하여 만들어진 것인 줄 몰랐다고 한다.

어디 그뿐이랴. 역시 2022년에는 AI 시인 '시아(SIA, 詩兒)'가 첫 시집 『시를 쓰는 이유』를 출간했다. '시아'는 AI 연구회사 카카오 브레인과 미디어아트 그룹 슬릿스코프가 개발한 AI 시인으로, 인터넷 백과사전과 뉴스 등을 읽고 1만 3천 편의 시를 읽으며 작법을 배워 시를 썼는데 주제어와 명령어만 입력하면 30초 만에 시 한 편을 쓴다고 한다. 또 시아의 작품 중 20편을 골라 '파포스'라는 제목의 시극(詩劇)으로 공연하기도 했다.

AI가 만든 예술작품이 아직까지는 인간에 의한 예술작품에 미치지 못하고 있지만 AI의 발전 속도를 볼 때 앞으로 어떻게 될지 알 수 없다. 예술 분야 이외의 분야에서는 AI가 가시권 내에서 인간지능을 추격하고 있다. 한 전문가는 지금의 발전 속도로 봤을 때 50년 후에는 AI가 인간지능을 능가할 것이라 말했다. 또 어떤 전문가는 앞으로 기술 장벽을 뚫는데 5년, 나머지 문제 해결에 30년 총 35년 후면 AI가 인간보다 더 똑똑해질 것이라 예언했다. 초지능 AI가 인간의 통제 범위를 벗어나 언젠가는 호모사피엔스를 지구에서 멸종시킬 것이라 예언한 전문가도 있었다.

인간의 멸종까지는 가지 않더라도 인간이 기계의 조종을 받는 시대 즉 인간이 기계의 노예가 되는 시대가 오지 않으리라는 보장이 없다. 그런 시대가 오기 전에 우리는 인간을 지켜야 한다. 오늘날 휴머니즘이 필요한 이유가 여기에 있다. 휴머니즘은 시간과 공간의 차이를 떠나서 인간의 자유와 존엄성이 위협받는 순간에 항상 그 모습을 드러내어 왔는데, 애초에는 14세기 이후의 르네상스 운동에 그 뿌리를 두고 있다. 즉 중세 이래 교회적 권위 아래 질식되어가는 인간의 자연스러운 본성을 회복하려는 운동이었다. 말하자면 신으로부터의 인간의 해방을 위한 운동이었다.

오늘날엔 기계로부터의 인간의 해방을 위해서 휴머니즘이 요청된다. 예술만 하더라도 지구상의 모든 생명체 중에서 오직 인간만이 예술 활동을 한다. 예술은 인간 고유의 영역이다. 그런 예술 활동을 기계가 한다는 것은 인간의 존엄성을 짓밟는 짓이다. 그런데도 인간은 왜 '시아'와 같은 AI 예술가를 자꾸만 만들고 있는가? '시아'의 제작자는 "문학의 바깥에서 누구나 시인이 될 수 있지 않을까"라는 생각에서 작업을 했다고 하는데, 누구나 시인이 될 수가 없을 뿐만 아니라 누구나 시인이 되는 사회가 바람직한 사회도 아니다.

괴물과 같은 AI가 인간을 삼키기 전에 우리가 스스로 우리를 지켜야 한다. 그러기 위해서 휴머니즘이 절실히 요청된다.

# 3부

# 교도소 담장 위를 걸어가는 사람

시사 · 정치 · 윤리

## 노련한 말, 노둔한 말

| 2004, 다산포럼

늙은 말에는 두 가지 종류가 있다. 하나는 늙어서 힘이 없는 노둔(老鈍)한 말이고 또 하나는 경험을 많이 쌓아서 노련(老鍊)한 말이다. 두 낱말에 모두 늙을 '老'자가 들어가 있지만 노둔한 말은 쓸모가 없어 폐기처분되고, 노련한 말은 늙었어도 이용가치가 있다.

『한비자(韓非子)』란 책에 이 노련한 말에 관한 재미있는 이야기가 실려 있다. 중국 춘추시대 제(齊)나라의 관중(管仲)과 습붕(隰朋)이 그 임금인 환공(桓公)을 따라 고죽국(孤竹國)을 쳤는데 봄에 출정했다가 겨울이 되어서야 돌아오게 되었다. 그런데 낯선 땅인데다 계절이 바뀌어 지형(地形)을 분간하기 어려워서 길을 잃고 헤매게 되었다. 이때 관중이 말하기를 "늙은 말의 지혜를 이용할 만합니다"라 하여 늙은 말을 풀어놓고 그 뒤를 따라가 마침내 길을 찾았다. 늙은 말은 오랜 경험에 의하여 길을 찾았던 것이다. 여기서 '노마지지(老馬之智)'라는 고사성어가 생겨났다.

이 글을 쓴 한비자의 의도에 관계 없이 우리는 여기서 많은 시사(示唆)를 받는다. 동양의 문화전통에서는 '老'자가 신체적으로 늙었다는 뜻 이외에 특별한 의미를 갖는다. '부로(父老)', '장로(長老)'라고 했을 때의 '老'는 단순히 늙었다는 뜻 말고도 '어른'이라는 뜻도 함께 가지고 있다. 퇴계(退溪) 선생을 더 높여 부를 때에는 '퇴로(退老)'라고 한다. 지금도 중국에서는 선생에 대한 존칭으로 '老師'라는 명칭을 쓰고 있다. 이 말은 '늙은 선생'이란 뜻이 아니다. 젊은 선생에게도 老師라는 호칭을 사용한다. 이렇게 한자문화권에서는 '老'자의 권위가 대단하다.

그런데 언제부터인가 우리 사회에서 '老'의 권위가 도전을 받고 있다. 나이 많은 사람을 쓸모없는 인간으로 취급하여 폐기 처분하고 있는 것이다. '사오정', '오륙도'같은 유행어가 이를 말해준다. 그러나 나이 많은 사람 중에는 노둔한 사람도 있고 노련한 사람도 있다. 몇 년 전 전국의 초·중등학교에서 50세가 넘은 교사들을 명예퇴직이라는 이름으로 쫓아낸 일이 있었다. 늙은 교사는 필요 없다는 것이었다. 학부모들, 특히 초등학교 학생의 학부모들은 늙은 담임선생에 대하여 노골적인 불만을 나타냈다고 한다. 그러나 생각해 보라. 나이 지긋한 교사가 아들 같고 손자 같은 아이들에게 이런저런 삶의 지혜를 가르쳐 주는 것, 이것이 참다운 교육이 아닌가? 나이 어린 초등학교 아동에게는 특히 그렇다. 젊은 '기술자들'로부터 지식을 살 수는 있어도 지혜를 배우기는 어렵다.

현 참여정부(제16대 대통령에 당선된 노무현 대통령이 이끈 정부)가 들어서면서 나이 많은 사람에 대한 푸대접이 더욱 심해진 감이 있다. 집권당의 대표라는 사람이 "60세가 넘은 노인은 투표장에 나오지 않아도 된다."라고 노인 폄하 발언을 한 것을 신호로 지금은 이른바 '386세대'('3'은 30대, '8'은 1980년대 민주화 운동에 참여한 세대, '6'은 1960년대에 출생한 세대를 말함)가 국가의 주요정책 결정에 깊이 관여하고 있다. 물론 젊음은 그 자체로도 귀중하다. 정의감과 패기와 추진력으로 가득 찬 젊은이야말로 이 나라의 희망이 아닐 수 없다. 그러나 패기와 추진력만으로 모든 것이 해결되는 것은 아니다. 갓난아이가 한밤중에 이유 없이 자지러지게 울면 젊은 엄마는 어쩔 줄 몰라 한다. 그런데 늙은 할머니가 안고 이리저리 쓰다듬으면 곧 울음을 그치고 잠이 든다. 아이를 여럿 길러본 할머니만 가지고 있는 지혜가 있기 때문이다.

지금 우리 사회는 이런 지혜를 필요로 한다. 국가보안법 폐지, 과거사 청산, 수도 이전 등등의 문제로 국론이 갈래갈래 분열되어 있다. 이런 때일수록 늙은 사람들의 말을 귀담아 들어야 할 것이다. 관중(管仲)이 늙은 말의 도움으로 길을 찾은 것을 거울삼아, 우리도 이 난국을 헤쳐 나갈 길을 찾기 위해서 늙었지만 지혜롭고 노련한 사람들을 이용할 줄 알아야 할 것이라 생각한다. 관중과 환공의 경우, 젊고 건장한 말이 전쟁의 승리에 결정적인 기여를 했겠지만 늙은 말의 지혜가 없었던들 그 승리는 아무런 의미가 없었을 것이다.

## 송곳으로 혀를 찌르다

| 2004, 다산포럼

말(言)이란 모든 동물 중에서 인간만이 구사할 수 있는 특수 능력이다. 말은 사람과 사람 사이에 의사를 주고받을 수 있도록 하는 수단이다. 그러나 말을 함부로 사용하여 그로 인해 재앙을 당하는 경우가 많다. 그러므로 예부터 말을 조심하라는 훈계가 끊임없이 있어왔다. 『명심보감(明心寶鑑)』에도 따로 「언어」 편을 두어 말조심을 강조하고 있다. 그중에 이런 대목이 있다. "입과 혀는 재앙과 근심을 불러들이는 문이요, 몸뚱이를 망치는 도끼이다." 입을 잘못 놀리면 재앙을 당하고 일신을 망친다는 말이다.

이러한 경고에도 불구하고 말로 인하여 재앙을 당하는 경우를 우리는 수없이 보아왔다. 말이란 참으로 제어하기 어려운 속성을 지니고 있는 모양이다. 중국 남북조 시대 북주(北周)에 하약돈(賀若敦)이란 장수가 있었는데, 뛰어난 용맹으로 국가에 큰 공을 세웠는데도 응분의 벼슬을 받지 못한 것을 원망하고 불평하다가 결국 목숨을 잃고 말았다. 그는 형장(刑場)에서 그의 아들 하약필(賀若弼)을 불러 "내가 혀 때문에 죽게 되었으니 너는 이를 깊이 생각해야만 한다"라 말하고 송곳을 꺼내어 아들의 혀를 찔러 피를 흘리게 했다. 부디 말을 조심하여 자신의 전철을 밟지 말라는 처절한 부탁이다. 그런데 그 아들 하약필도 장군으로 승승장구하다가 결국은 말을 참지 못하여 죽임을 당하게 된다. 이렇게 보면 말을 조심한다는 것이 얼마나 어려운 일인가를 짐작할 수 있다. 과연 "입과 혀는 재앙과 근심을 불러들이는 문"이라 할 만하다.

이해찬 총리가 국회에서 한 '말' 때문에 수난을 당하고 있다. 지난번 유럽 순방 기자간담회에서 "한나라당이 집권하면 역사가 퇴보한다" "조선·동아는 역사의 반역자이다"라고 한 발언에 대해 사과를 요구하는 한나라당 안택수 의원의 질문에 답하면서 "한나라당은 지하실에서 차떼기하고 고속도로에서 수백억 원을 받은 당인데 어떻게 좋은 당이라고 할 수 있느냐" "조선·동아는 … 종합적으로 시대와 역사에 반하는 행위를 하고도 철회하거나 회복시키지 않은 것은 역사에 대한 반역이라고 생각한다"고 한 말이 문제가 된 것이다. 급기야 한나라당은 국회 출석을 거부하고 대통령에게 이 총리 파면을 요구하며 반발했다. 그러나 이 총리는 평소의 소신을 말했을 뿐이라고 버티고 있다.

나는 여기서 한나라당과 조선·동아에 대한 이 총리의 생각이 옳은가 그른가를 따지고 싶지 않다. 그것은 국민들이 판단할 문제이다. 다만 일국의 총리가 국회에서 그러한 말을 한 것이 적절한 행위인가를 짚어보고 싶을 뿐이다. 한나라당과 조선·동아에 대한 자신의 견해를 꼭 그렇게 표현할 수밖에 없었는가? 말이란 말하는 사람의 인격과 품위를 반영한다. 같은 내용이라도 품위 있게 말할 수도 있고 저속하게 말할 수도 있다. 품위 있게 말하느냐 저속하게 말하느냐 하는 것은 말하는 사람의 교양에 달려있다. 우리가 교육을 받는 것은 지식을 얻기 위함이기도 하지만, 더불어 살아가는 사회가 요구하는 교양을 쌓기 위한 과정이기도 하다. 그런 의미에서 유럽 순방 때의 "조선·동아는 까불지 말라" "조선·동아는 내 손아귀에 있다"는 등의 발언은 교양인의 처신과는 거리가 있지 않나 싶다. 조선·동아에 대한 개인적인 평가가 어떻든 한 나라 총리의 발언으로서는 적절하지 못하다는 생각이다.

이해찬 총리가 거침없이 뱉어낸 말 때문에 재앙을 당할지 그 반사이익을 누릴지 아직은 단정하기 어렵다. 그러나 여당인 열린우리당의 김부겸 의원까지도 그러한 발언을 "총리답지 않았다"고 평한 것으로 보아, 총리의 사과가 없는 한 사태가 쉽사리 수습될 것 같지 않다. 다만 이 총리가 저 하약돈 부자(父子)와 같은 '설화(舌禍)'를 당하지 않기를 간절히 바랄 뿐이다. 그리고 인터넷 언어의 범람으로 말도 안 되는 막말이 횡행하는 이 시대에, 이번 사건이 언어순화를 위한 하나의 계기가 되었으면 하는 바람을 가져본다.

## 말이 놀라면 수레가 뒤집어진다

| 2005, 다산포럼

열린우리당이 지난 4·30 재보선(再補選)에서 참패를 당한 후 이번 10·26 재선거에서도 한나라당에 완패를 했다. 그 충격 때문에 문희상 당의장과 상임 중앙위원 전원이 사퇴하고 임시 당의장 체제가 들어섰다. 열린우리당 내에서도 선거 패배의 책임소재를 두고 논란이 분분한데, 대부분의 의원들이 대통령과 청와대에 곱지 않은 눈길을 보내고 있는 상황이다. 이런 일련의 사태를 보고 있노라면 중국 전국시대의 『순자(荀子)』에 나오는 말이 오늘날에도 유효하다는 생각이 든다. 『순자』 「왕제편(王制篇)」에 이런 말이 있다.

> 말이 수레에 놀라면 (수레에 타고 있는) 군자는 안전할 수 없고, 백성이 정치에 놀라면 (정치를 하는) 군자는 그 지위에 편안히 있을 수 없다. 말이 수레에 놀라면 말을 안정시키는 것보다 더 좋은 것이 없고, 백성이 정치에 놀라면 그들에게 은혜를 베푸는 것보다 더 좋은 것이 없다.

순자는 여기서 백성을 말에, 정치를 수레에, 그리고 임금을 수레 주인에 비유하고 있다. "말이 수레에 놀란다"는 것은 수레가 자기 몸에 맞지 않기 때문일 것이다. 무언가 끌기에 불편한 점이 있어서 놀라는 것이고 말이 놀라면 미친 듯이 내달려 수레가 뒤집어진다. 수레가 뒤집어지면 주인이 안전할 리 없다.

마찬가지로 백성이 정치에 놀라면 정치를 하는 임금이 그 지위를 보장받을 수 없다. "백성이 정치에 놀란다"는 것은 말의 경우와 마찬가지로 백성이 정치를 불편하게 여긴다는 뜻이다. 임금이 은혜로운 정치를 베푼다면 백성이 정치에 놀랄 리가 없을 것이다.

지금 우리나라 국민들은 말이 수레에 놀라듯이 정치에 놀라고 있는 것이나 아닐까? 만일 국민이 정치에 놀라고 있다면 정치를 주도하고 있는 대통령은 그 지위를 보장받을 수 없을 것이다. 마치 말이 놀라서 수레가 뒤집히는 형국과 비슷하다.

사실상 참여정부가 출범했을 때 우리의 기대가 컸었다. 노무현 정권이 정말 잘해주기를 진심으로 바랐다. 그리고 따지고 보면 노 대통령이 크게 잘못한 것도 없다. 그의 정책 방향이 원칙적으로 틀렸다고 말할 수 없다. 이해찬 국무총리의 고압적인 태도도 수긍할 점이 없는 건 아니다. 생각해 보라, 청문회나 대정부 질문 때의 국회의원들의 꼴사나운 작태를. 장황하게 말을 늘어놓고 답변할 시간도 제대로 주지 않을 뿐만 아니라 심지어 "답변은 필요 없다"는 식의 질문이 무슨 대정부 질문인가? 핵심적인 질문을 못 하고 횡설수설하는 의원들에게 당당하게 대처하는 총리가 든든하게 보일 때도 있었다.

그런데도 대통령과 총리가 펼치는 정치에 국민들은 지금 놀라고 있다. 그 증거가 바로 10%대의 지지율과 재선거 투표결과로 나타나고 있다. 국민들이 왜 놀라는가? "구체적인 개혁성과로 국민들을 설득하지 못하고 방향성의 정당함만을 강변해 온 우리 모습을 반성한다"는 정세균 임시 당의장의 고백이 그 답이 될 수 있을 것이다.

'나의 생각이 옳은데 국민이 따라오지 않는다'고 생각해서 국민을 가르치려고 하는 자세는 자칫 오만과 독선으로 보일 수도 있다. 이런 오만과 독선이 신중하지 못한 '말'로 표현될 때는 국민들이 더욱 놀란다. 노 대통령이 신중하지 못한 말 때문에 얼마나 많은 곤욕을 겪었는가?

『순자』의 같은 글에 "임금은 배이고 백성은 물이다. 물은 배를 뜨게도 하지만 배를 전복시키기도 한다"는 말이 있다. 물이 없으면 배가 존재할 수 없기 때문에 배는 물에 의존해야만 한다. 물이 놀라면 파도가 일어 배를 전복시킨다.

마찬가지로 국민이 놀라면 대통령을 그 자리에서 끌어내린다. 말이 놀라서 수레를 뒤집어엎고 물이 놀라서 배를 전복시키는 불상사가 일어나지 않기를 간절히 바랄 뿐이다. 그러기 위해서는 말과 물을, 즉 국민들을 하늘같이 받들어야 한다. 민심(民心)은 천심(天心)이라 하지 않았던가!

## 학교급식 조례를 둘러싼 괴이한 소송

| 2005, 다산포럼

학교급식을 둘러싸고 기괴한 일이 벌어지고 있다. 전라북도 의회가 각급 학교의 급식에 우리 농산물을 우선적으로 사용토록 하는 내용의 조례를 제정하자 전라북도 교육청이 '학교급식 조례 무효 확인 소송'을 낸 것이다. 그리고 지난 9월 9일 대법원의 최종심에서 전라북도 교육청이 승소 판결을 받았다.

대법원이야 법리(法理)에 따라 판결했을 터이므로 판결 자체를 탓할 수는 없는 일이다. 1997년부터 발효된 GATT(관세 및 무역에 관한 일반협정)는 국산품을 수입품보다 우대하지 못하도록 규정하고 있는데 이 GATT는 국내법과 동일한 효력을 지니는 것으로 되어 있다. 그러므로 지방의회의 조례는 상위법인 GATT에 위반되기 때문에 무효라는 것이 판결 이유이다.

이해하기 어려운 것은 소송을 제기한 전라북도 교육청의 처사이다. 학교급식이란 각급 학교의 학생들에게 점심시간에 제공하는 단체급식을 말한다. 수입산 농수산물의 유해성이 사회문제로 확대되자 우리 아이들에게 점심 한 끼만이라도 우리 농수산물을 먹이자는 취지에서 지방의회가 조례를 제정한 것인데 현재 전국 16개 광역자치단체 중 15개 시, 도가 같은 내용의 조례를 제정해놓고 있는 상태이다. 이에 외교적 마찰을 우려한 외교통상부가 행정자치부를 통해 각 시, 도 교육청으로 하여금 소송을 제기하도록 한 것이다.

도대체 외교통상부와 행정자치부는 어느 나라의 외교통상부이고 어느 나라의 행정자치부인가? 물론 수입 농산품이 모두 유해하고 국내 농산품이 모두 안전하지는 않을 것이다. 그러나 대부분의 국민들은 수입 농산물을 불신하고 있다. 언론에 연일 보도되는 유해 수입 농산물을 보고 자기 자식들에게 그걸 먹이고 싶어 하는 학부모가 누가 있겠는가. 그래서 나온 것이 학교급식 조례인데, 이를 두고 교육청으로 하여금 지방의회에 소송을 제기토록 하는 것이 외통부와 행자부가 할 일인가? 한심하기 짝이 없는 짓거리이다.

우리가 GATT를 준수하지 않을 수 없다면, 보다 근본적인 대책을 마련하여 이에 슬기롭게 대처해야 한다. 그중 하나의 방법은 학생들에게 안전한 수입 농산물을 먹도록 하는 것이다. 그러기 위해서는 수입 농산물에 대한 국민들의 불신을 씻어주어야 한다. 국민들의 불신을 해소하기 위해서는 통관 시 철저한 검역이 필요하다. 외교통상부가 보건복지부와 협력해서 유해 농산물을 철저히 걸러낸다면 국민들의 불신이 어느 정도 해소될 것이다. 검역을 철저히 하는 것은 GATT에 위배되는 일이 아니다. 물론 인력과 예산이 부족하다는 타령을 되풀이할 것이다. 그러나 국민건강 특히 어린 학생들의 건강을 생각한다면 다른 어떤 일보다 우선적으로 실행해야 할 정책이다. 이런 생각은 하지 않고 고작 한다는 짓이 내부 단체끼리의 소송이라니 참으로 우스운 일이 아닌가?

또한 굳이 '신토불이(身土不二)'를 들먹이지 않더라도 우리 아이들에게 우리 농산물을 먹이고 싶어 하는 학부모의 정서는 누구도 막을 수 없을 것이다. 똑같은 인삼 씨를 뿌려도 미국이나 중국에서 자란 인삼과 우리나라에서 자란 인삼의 약효가 현저히 다르다고 하지 않은가. 다른 식품도 마찬가지일 것이다. 제 땅에서 나는 제철 음식을 먹는 것이 좋다는 건 누구나 알고 있는 일이다.

미국을 위시한 강대국의 거대한 압력 때문에 어쩔 수 없이 GATT를 준수할 수밖에 없다고 하더라도 정부는 진실로 국민의 건강을 위하는 정책을 펴야 할 것이다. 아이디어를 짜내면 얼마든지 피해갈 방도가 있으리라고 생각한다. 앞으로는 소송이나 붙이는 한심한 짓을 더 이상 하지 않기를 간절히 바란다.

## 복사꽃 오얏꽃은 말이 없어도

| 2005, 다산포럼

황우석 교수가 한반도를 뜨겁게 달구고 있다. 그는 1999년에 국내 최초로 복제 소 '영롱이'를 탄생시켰고, 생명체 복제 중에서도 가장 어렵다고 하는 개를 복제하는 데에도 성공하여 '스너피'를 선보였다. 또한 세계 최초로 인간의 배아를 복제해서 줄기세포를 추출하는 데 성공하기도 했다. 더 나아가 그는 '환자 맞춤형 배아복제 줄기세포'를 만들어 세계를 놀라게 했고 수많은 난치병 환자들의 우상으로 떠올랐다.

그러던 그가 지금 커다란 곤경에 처해있다. 맞춤형 줄기세포 연구에 중대한 결함이 발견된 것이다. 아니 결함이라기보다 연구 결과를 의도적으로 조작했다는 혐의를 받고 있다. 몇 차례의 기자회견을 통하여 일부 자신의 과오를 시인하기도 했지만 과학자로서의 그의 위상은 이미 치명적인 타격을 입은 것으로 보인다. 국가의 파격적인 지원을 받으며 노벨상 후보로까지 거명되던 그가 "과학 역사상 최대의 사기 사건"의 주인공으로 추락한 원인이 어디에 있을까?

너무나 평범한 말이지만 조급함과 성급함이 재앙을 불러들였다. 황 교수는 저 유명한 '우공이산(愚公移山)'의 고사에서 교훈을 얻었어야 했다. 나이 90이 된 우공이 아들 손자들과 함께 사방 7백 리, 높이 1만 길이나 되는 산을 깎아 길을 내겠다고 하자 주위의 모든 사람들이 그를 비웃었다. 이에 우공은 이렇게 말했다. "당신과 같이 소견이 좁은 사람은 어쩔 수가 없습니다. 내가 죽는다 할지라도 아이들은 남으며, 그 아이들에게 손자가 생기고 손자는 또 어린애를 낳고 그 손자는 또 어린애를 낳아 자자손손 끝나는 일이 없을 것이오. 그러므로 산은 반드시 편편해질 것이오." 결국은 우공의 노력에 감동한 천제(天帝)가 산을 옮겨주었다는 이야기인데, 성실하게 쉬지 않고 노력하면 반드시 큰일을 이룰 수 있다는 교훈을 말해준다.

황 교수도 묵묵히 연구에만 매진했더라면 오늘의 불행을 자초하지 않았을 것이고 또 세계적인 업적도 이룰 수 있었을 것이다. 그런데 황 교수는 연구해야 할 시간에 분주히 다니면서 연구 아닌 정치에 더 많은 정력을 쏟은 것 같다. "복사꽃과 오얏꽃은 말이 없어도 그 밑에 저절로 길이 생긴다[桃李不言 下自成蹊]"는 말이 있다. 복사꽃과 오얏꽃이 아름답게 피어 있으면 꽃이 오라고 말하지 않아도 사람들이 저절로 모여들어 그 밑에 길이 생긴다는 것이다. 황 교수가 하나하나 업적을 쌓아나갔더라면 말하지 않아도 사람들이 저절로 모여들었을 터인데 그는 앞장서서 사람을 불러 모았다. 아무리 자기 PR의 시대라지만 정확성과 엄밀성을 생명으로 하는 자연과학의 세계에서 부정확한 결과물로 사람 끌어들이는 데에만 급급했으니 탈이 나지 않을 수 없었을 것이다.

황 교수의 몰락은 조급함이 불러온 불행이다. 한 가지 덧붙인다면 지나친 명예욕도 한몫을 담당했을 것이다. 명예란, 그것을 얻는 것도 어렵거니와 얻은 명예를 생전에 지키는 것이 더 어렵고 죽은 후에까지 보유하는 것은 더더욱 어려운 일이다. 죽은 후에도 보유할 수 있어야 참다운 명예라 할 수 있을 것인데, 황 교수는 어렵게 얻은 명예를 너무 일찍 잃어버렸다. 그러니 참다운 명예라 할 수 없다.

"너무나 유명해진 이름은, 얼마나 무거운 짐이 되는가"라는 볼테르의 말은 그때나 지금이나 여전히 유효한 말인 듯하다. 황 교수는 스스로 얻은 명예의 짐에 짓눌려 압사당한 것이다. 황 교수를 거울삼아 앞으로는 이 땅에 다시는 이런 일이 일어나지 않기를 바라는 마음 간절하다.

# 학鶴과 골프

| 2006, 다산포럼

「적벽부(赤壁賦)」의 작자로 널리 알려진 중국 송나라 때의 문호 소식(蘇軾)이 쓴 「방학정기(放鶴亭記)」란 글에 다음과 같은 말이 있다.

> (학은) 그 됨됨이가 맑고 높고 조용해서 티끌 세상 밖을 멀리 벗어나 있다. 그러므로 『주역』과 『시경』에서는 학을 현인군자(賢人君子)에 비유했다. 덕을 감추고 사는 선비가 학과 친근하게 지내는 것은 마땅히 도움이 되지 손해 볼 것이 없을 것 같다.

그러나 위(衛)나라 의공(懿公)처럼 학을 좋아해서 나라를 망하게 한 경우도 있다. 그 고고한 자태로 인하여 곧잘 덕이 높은 선비에 비유되는 학이 왜 나라를 망하게 했을까? 이는『좌전(左傳)』의 기록을 바탕으로 한 것이다. 춘추시대 위나라 임금 의공은 학을 매우 좋아해서 그중에는 대부의 지위에 올라 수레를 타는 학까지 있었다. 오랑캐가 침입하여 전쟁을 하려 할 때 갑옷을 받은 백성들이 모두 말하기를 "학으로 하여금 싸우게 하라. 학은 실로 대부의 지위와 녹봉이 있지만 (아무것도 없는) 우리가 어떻게 싸울 수 있겠는가"라고 하였다. 이렇게 해서 오랑캐가 전의를 잃은 위나라를 멸망시켰다는 것이다. 이 사실을 근거로 하여 소식은 같은 글에서 "나라를 다스리는 임금은 학과 같이 맑고 높고 조용한 새조차도 좋아할 수 없다. 좋아하면 나라를 망하게 하기 때문이다"라 말하고 있다.

3·1절에 골프를 쳤다고 하여 나라를 들끓게 했던 이해찬 총리가 보름 만에 물러남으로써 사태는 일단락되었다. 건강을 위해서 그리고 취미생활의 일환으로 골프 좀 친 것을 두고 이렇게까지 문제 삼는 것에 대하여

총리 자신은 아마 다소 억울한 감이 있었을 것이다. 김진표 교육 부총리도 "3·1절에 등산하는 것은 괜찮고 골프 치는 것은 안 된다는 말이냐"라고 총리를 거들기도 했다.

그러나 소식의 글에서 보았듯이 학조차 좋아할 수 없는 것이 임금이었다. 학을 좋아하는 것이 민생을 돌보는 데에 아무런 도움이 되지 못하기 때문이다. 임금이 아니라면 얼마든지 학을 좋아할 수 있다. 아니 학을 좋아할수록 더욱 칭송을 받을 것이다. 이해찬 총리의 경우도 마찬가지이다. 총리는 대통령을 대신해서 국정을 총괄하는 막중한 자리이다. 더욱이 이 총리는 막강한 권한을 행사해 온 이른바 '실세 총리'가 아닌가. "총리는 골프와 같이 건전한 운동조차 좋아할 수 없다"고 말할 수는 없겠지만 적어도 일반 국민과는 달라야 할 것이다.

더구나 모든 국민이 옷깃을 여미는 3·1절에 골프를 친 총리의 처신엔 분명 문제가 있다. 나는 초등학교 시절, 아버지로부터 제삿날에는 노래도 부르지 말고 크게 웃지도 말라는 말씀을 들었다. 그리고 학교 선생님들로부터도 3·1절이나 현충일 같은 날에는 경건한 마음으로 하루를 보내야 한다는 말씀을 들었다. 일반 국민도 이러할진대 총리의 처신이 어떠해야 하리라는 것은 말할 필요도 없다.

또한 3월 1일은 철도파업 첫날이다. 물류대란(物流大亂)에 대비하여 노동부, 건교부, 경찰이 비상근무를 하고 있었다. 이런 상황에서 내기 골프, 황제 골프를 즐기고 그것도 부적절한 상대와 어울렸으니 세상이 시끄러울 수밖에 없었던 것이다.

'총리는 사생활을 보호받을 권리도 없는가'라는 반론이 나올 수 있을 것이다. 그렇다. 대통령이나 총리는 사생활에서도 엄격한 통제를 받아야 한다. 그 사생활이 대통령, 총리 개인에 그치지 않고 전 국민에게 영향을 미치기 때문이다. 사생활을 통제받기 싫으면 총리를 하지 말았어야 했다. 사실 소식의 「방학정기」도 이 점을 말하려 한 것이다. 학조차 좋아할 수 없는 임금보다 학과 친할 수 있는 은사(隱士)가 더 좋다는 것이 이 글의 본뜻이다. 공직을 맡느냐 맡지 않느냐 하는 것은 개인의 자유이다. 다만 공직을 선택한 이상에는 '골프조차 좋아할 수 없다'는 각오를 가져야 하리라 생각한다.

## 돈 냄새, 썩는 냄새

| 2006, 다산포럼

다산 정약용이 쓴 『목민심서』에 이런 말이 있다.

> 백성을 위해 해독을 제거하는 일은 목민관의 임무이니 첫째는 도적이요, 둘째는 귀신붙이요, 셋째는 호랑이이다. 이 세 가지가 사라져야 백성들의 재앙이 없어질 것이다.

다산이 지적한 세 가지 중 호랑이는 이미 없어졌고 귀신붙이 즉 무당의 푸닥거리도 그다지 우려할 만한 일은 아니다. 다만 200년 전 그때나 지금이나 도적만은 여전해서 마치 바퀴벌레처럼 나날이 창궐하고 있다. 생각해 보라. 애써 모은 재산을 남이 몰래 훔쳐간다면 분통이 터질 노릇이 아닐 수 없을 것이다. 그래서 『목민심서』에는 유난히 도적 이야기가 많이 나온다.

다산이 말한 도적에는 두 가지 유형이 있다. 남의 집에 몰래 들어가서 물건을 훔치는 도적은 '작은 도적'이고, 백성들의 재물을 긁어모으는 청렴하지 못한 고위 관리는 '큰 도적'이다. 다산이 개탄한 것은 이 '큰 도적'이었다. 『목민심서』에서 관리들의 청렴을 그토록 강조한 것도 큰 도적으로부터 백성들을 보호하기 위함이었다. 그는 "수령(守令)이 청렴하지 않으면 백성들은 그를 도적으로 지목하여 마을을 지날 때는 욕하는 소리가 비등할 것이다"라고 하여 수령의 청렴을 거듭 강조하고 있다.

지금 우리 사회는 이 큰 도적들이 긁어모은 돈 냄새 때문에 코가 썩을 지경이다. 현대 자동차 그룹이 기아 자동차를 인수한 후 옛 기아차 계열사들의 부채를 탕감받는 과정에서 정부, 금융기관 관계자들에게 20억 가량의 뇌물이 건네졌다는 혐의로 박상배 전 산업은행 부총재와 이성근

전 투자본부장이 긴급 체포되었다. 또 멀쩡한 외환은행을 부실 은행으로 만들어 외국계 투자기관인 론스타에 헐값으로 매각하면서 검은돈이 거래되었다는 정황이 포착되어 검찰이 수사를 벌이고 있다. 뿐만 아니라 한나라당의 중진인 김덕룡, 박성범 의원이 이른바 '공천 장사'를 하면서 거액의 뇌물을 받았다고 해서 이들의 소속당인 한나라당에서 검찰에 수사를 의뢰하는 진풍경이 벌어지고 있기도 하다.

현대가 탕감받은 빚 550억 원은 국민의 혈세이니 그 관련자는 국민의 재산을 탈취한 큰 도적이다. BIS 비율을 조작함으로써 외국 회사에 막대한 이익을 안겨준 외환은행 매각의 주동자들은 큰 도적임을 넘어서 매국노(賣國奴)의 반열에 올려야 할 것이다. 국회의원 또한 사냥감을 노리는 짐승처럼 돈을 탐한 지 오래되었으니 이들은 해묵은 도적들이다. 이 도적들 사이에서 은밀히 거래되는 돈 냄새가 지금 한반도에 가득한데 이 냄새는 곧 우리 사회가 썩어 문드러지는 악취(惡臭)에 다름 아니다.

자본주의 사회는 문자 그대로 자본의 논리 즉 돈의 논리에 따라 움직이는 사회여서 사람들이 추구하는 최고의 가치가 돈이다. 그래서 모두들 돈을 신(神)처럼 섬긴다. 그러나 아무리 그렇다고 해도 만물의 영장인 인간이 사는 세상에서 돈을 신처럼 섬겨서야 되겠는가?

다산은 "선비의 청렴은 여자의 순결과 같다"고 말했다. 선비는 벼슬하는 관리를 지칭한다. 그 당시의 윤리관으로 볼 때는 순결을 잃은 여자는 여자로서의 가치가 없다고 여겼다. 마찬가지로 관리가 청렴하지 못하면 관리로서의 자격이 없다는 말이다. 다산 선생이 지금 살아서 이 땅의 공직자들의 작태를 본다면 과연 무슨 질책을 내릴까? 아마도 새로운 『목민심서』를 집필하고 계실 것이다.

# 왕의 말은 땀과 같다

| 2006, 다산포럼

주(周)나라 무왕(武王)이 죽고 어린 아들이 왕위에 올랐으니 이가 곧 성왕(成王)이다. 성왕은 어린지라 숙부인 주공(周公)이 섭정을 하고 있었다. 하루는 어린 성왕이 장난기가 발동하여 그 아우에게 오동잎으로 규(珪)를 만들어 주며 "이것으로 너를 후(侯)에 봉하노라"고 말했다. '규'는 일종의 발령장인 셈이다. 주공이 들어와서 이를 치하하자 성왕은 "장난으로 한 말"이라고 했다. 주공은 "천자께서는 허튼 말을 해서는 안 됩니다. 천자가 말씀을 하시면 사관이 그것을 기록하고 예(禮)로써 그것을 완성하고 음악으로 그것을 노래합니다"라 말하고는 실제로 아우를 당(唐: 지금의 산서성 태원)의 후(侯) 즉 왕으로 봉하였다. 장난으로 한 말이 현실로 되어버린 것이다.

『사기(史記)』를 비롯한 중국의 여러 문헌에 나오는 이 이야기는 무엇을 말해주는가? 왕 노릇 하는 자는 말을 신중하게 해야 한다는 것이다. 마찬가지로 한 나라의 최고 지도자는 모든 사람들이 주시하는 대상이기 때문에 일거수일투족에 신경을 써야 한다. 특히 말을 조심해야 한다. 그래서 "왕의 말은 땀과 같아서 한번 흘리면 되돌이킬 수 없다"고 말하기까지 한다. 이렇게 갖가지 비유를 빌어 말조심을 강조한 것은, 왕의 말이 백성들에게 미치는 영향이 그만큼 크기 때문이었을 것이다.

『삼국사기』에 나오는 '바보 온달'의 이야기에도 이와 비슷한 장면이 있다. 고구려 평강왕의 딸이 어릴 때 너무나 울어서 울 때마다 왕이 농담으로 "네가 늘 울기만 하니 성장해서 사대부의 아내는 될 수 없을 것이다. 반드시 바보 온달에게 시집보내야 하겠다"라 말했다. 후에 공주가 16세가 되어 귀족에게 시집보내려 하니 공주가 왕의 평소의 말을 상기시키며 "왕 노릇하는 자는 희롱하는 말을 하지 않는다고 합니다. 지금

대왕의 명령이 잘못되었으니 저는 감히 그 명령을 받들지 못하겠습니다"라고 단호히 말했다. 결국 왕은 말을 듣지 않는 딸을 쫓아내었다. 무심코 한 농담이 부녀간의 사이를 갈라놓은 것이다. 쫓겨난 공주는 온달과 결혼하여 남편을 훌륭한 인물로 만들긴 했지만, 임금의 말 한마디가 얼마나 중요한가를 이 이야기에서 읽을 수 있다.

지난 5·31 선거 이후 노무현 대통령의 말이 또 다시 화제가 되고 있다. 선거가 열린우리당의 참패로 끝난 후 노 대통령은 "선거 결과를 민심의 흐름으로 받아들이겠다"고 했고 또 "한두 번 선거로 국가가 잘되고 못되는 것이 아니다"고 말했다. 틀린 말이 아니다. 또한 최근 국무회의 석상에서 "변화 없는 사회는 침체하고 낙오된다" "변화는 개혁을 통해 이뤄지고 저항 없는 개혁은 없다"고 말한 바 있다. 지극히 옳은 말이다.

그러나 노 대통령이 옳은 말만 한 것은 아니다. 옳은 말이라도 국민 정서에 거부감을 주는 발언도 있었다. 노 대통령은 말하기를 무척 좋아하는 사람이다. 말을 많이 하다 보니 듣기에 불편한 말이 끼게 된다. 가령 6월 2일 청와대 정책홍보토론회에서의 "한두 번 선거보다 제도나 의식, 문화, 정치구조 등의 수준이 그 나라의 미래를 결정한다"는 발언은 듣기에 따라서는 '국민의 수준이 낮아서 정부의 정책을 따라오지 못한다'는 말로도 들린다. "대통령은 21세기에 가 계시고 국민들은 아직도 독재시대의 문화에 빠져있다"는 청와대 전 홍보수석의 말이 홍보수석 개인만의 생각이 아니고 대통령의 생각을 대변했다는 느낌을 주기도 한다.

노 대통령이 전력투구하고 있는 부동산 대책에 관해서도 "(강남 사람들) 언제까지 웃나 두고 보자"라든가, "(강남 사람들 돈 많은 것이) 배가 아파서가 아니다"라는 등의 말은 대통령으로서 신중하지 못한 말임에 틀림없다. 사석에서는 얼마든지 할 수 있는 말이지만, 신문에 보도될 정도의 좌석에서는 삼갔어야 했다. 사람이 하고 싶은 말을 다 하고 살 수는 없다. 또 하고 싶은 말을 참을 줄 아는 것도 하나의 미덕이다. 6월 21일

열리는 임시국회에서의 대통령 연설을 여당인 열린우리당이 만류하는 그런 사태가 앞으로는 일어나지 않기를 간절히 바란다.

## 용각산 대통령의 '항룡유회亢龍有悔'

| 2006, 다산포럼

지난 10월 22일, 최규하 전 대통령이 88세를 일기로 서거했다. 1979년 10·26 사태로 박정희 대통령이 암살당하자 그는 당시 국무총리로서 대통령 권한대행을 하다가 그해 12월 6일 이른바 '체육관 선거'를 통해 대통령에 당선되고 12월 21일 대통령에 취임했다.

그의 대통령 재임 기간 중, 1979년 12월 12일에는 전두환, 노태우 등이 정승화 육군 참모총장을 체포하는 하극상이 일어났고, 1980년 5월 18일에는 저 끔찍한 광주 학살사건이 벌어졌다. 이후 10·26이 가져다 준 '서울의 봄'을 얼어붙은 겨울로 만든 신군부의 만행은 극에 달했다. 대통령의 자리에 앉아서 이 모든 과정을 '묵묵히' 지켜보기만 하던 그는 그해 8월 돌연 하야(下野) 성명을 내고 8개월간의 대통령직을 마감했다. 역대 대통령 중 가장 단명한 대통령이었다.

그 후 군사정부가 물러가고 문민정부, 국민의 정부, 참여정부가 들어서면서 12·12와 5·18의 진실 구명(究明)을 위한 노력이 대대적으로 이루어졌다. 그런데 진실 구명의 결정적 열쇠를 쥐고 있는 최규하 전 대통령은 시종일관 침묵으로 일관해 왔다. 대통령 재임 시에도 급변하는 사태에 대해서 한마디 말이 없었던 그였다. 그래서 국민들은 그를 '용각산 대통령'이라 불렀다. 당시 용각산 광고에 "이 소리도 아닙니다, 저 소리도 아닙니다. 용각산은 소리가 나지 않습니다"라는 문구가 있었는데 그를 용각산에 빗대어 비꼰 것이다. 그는 대통령에서 물러나 죽을 때까지 26년 동안 검찰의 조사를 거부하며 철저히 용각산임을 고수(固守)했다.

12·12와 5·18 사건 수사 당시 대검 공안부장이었던 최병국 의원의 회고에 의하면 "최 전 대통령은 검찰의 조사 요구를 '항룡유회(亢龍有悔)'라는 말로 완강히 거부했다"고 했다. 신문에서 이 기사를 읽고 나는

그의 한문 실력에 적지 않게 놀랐다. 그러나 이것은 항룡유회라는 말의 본뜻을 모르고 하는 말이다.

'항룡유회'는 『주역』에 나오는 말이다. 『주역』의 「건괘(乾卦)」에는 네 가지 모습의 용(龍)이 나오는데, 잠룡(潛龍), 현룡(見龍), 비룡(飛龍), 항룡(亢龍)이 그것이다. 용은 양기(陽氣)의 상징으로 임금에 비유된다. 잠룡은 물속에 숨어서 때를 기다리며 장차 비상(飛翔)을 준비하는 용이고, 현룡은 세상에 나타나서 자기의 실력을 시험해 보는 용이며, 비룡은 드디어 때를 얻어 천하를 다스리는 임금의 지위에 오른 용이다. 항룡은 너무 높이 올라가서 내려올 수 없는 용이다. 비룡은 요순(堯舜)과 같은 성군(聖君)에 해당한다. 요임금은 자기 자식이 아닌 순임금에게 천하를 물려주었고 순임금 역시 자기 자식이 아닌 우(禹)임금에게 천하를 물려주었다. 그들은 나아갈 때와 물러날 때를 알았던 임금이었다. 반면에 항룡은 나아갈 줄만 알았지 물러날 줄을 모르는 용이다. 자기의 지위가 영원할 줄 알고 끝까지 올라가서 돌이킬 수 없는 지경에 이른 용이니 폭군이 이에 해당한다. 그러니 종국에는 후회하게 된다는 것이다. 그러나 후회해도 소용없다. 그러므로 성인(聖人)은 항룡의 상태에까지 이르지 않는다.

최 전 대통령이 항룡의 본뜻을 알았다면 자신을 항룡에 비유하지는 않았을 것이다. 아마 그는 대통령으로서 신군부의 전횡(專橫)을 견제하지 못한 것을 후회한다는 뜻으로 이 구절을 인용한 듯한데, 그가 진심으로 후회했다면 역사적 진실을 밝혀 진심으로 참회했어야 한다. 또 8개월 만에 사임한 것으로 자신의 과오를 어느 정도 씻었다고 생각했는지 모르지만 그의 사임이 군부의 압력에 의한 것은 천하가 아는 사실이다.

그러므로 끝까지 용각산임을 자처하고 '모르쇠'로 일관한 그의 자세와 『주역』의 "항룡유회"는 아무런 상관이 없는 것이다. 이런 사람에게, 짧은 기간이나마 대통령직에 있었다는 이유만으로 국민장을 치러주는 것은 좀 과분하다는 느낌을 떨칠 수 없다.

## 미국은 세계의 경찰인가?

| 2007, 다산포럼

지난 3월 20일로 이라크 전(戰) 발발 4주년을 맞았다. 2001년 9월 11일, 뉴욕 맨해튼의 세계무역센터를 폭파시켜 3,000여 명의 사망자를 낸 저 끔찍한 테러가 발생하고 9일 후 미국의 부시 대통령은 "지구상의 모든 테러 그룹을 찾아내 저지하고 패퇴시킬 때까지 전쟁을 멈추지 않을 것"이라며 이른바 '테러와의 전쟁'을 선포했다. 그로부터 약 1년 반 후인 2003년 3월 20일 이라크를 공격하여 실제로 전쟁을 수행했다. 이라크 침공의 직접적인 이유는, 사담 후세인이 9·11 테러의 배후 인물이고 이라크가 대량 살상무기를 보유하고 있다는 것이었다. 그리고 겉으로 내세운 명분은 '민주주의의 확산'이었다.

전쟁을 개시한 후 4년간 미국은 14만 명의 병력과 5,000억 달러의 전비를 이라크에 투입했다. 그동안 미군은 3240명이 사망했고 2만 3924명이 부상당했다. 이렇게 엄청난 비용을 들이고 수많은 인명피해를 입었음에도 불구하고 이라크 전이 아직 끝나지 않고 있는 이유는 무엇일까? 애초에 명분 없는 전쟁을 시작했기 때문이었다.

2006년, 9·11 테러 5주년이 되는 날 부시는 사담 후세인이 9·11 테러와 관련이 없다는 점을 공식 인정했다. 그리고 대량 살상무기도 보유하지 않은 것으로 드러났다. 그렇다면 침공의 명분이 없어진 것이다. 그런데도 미국은 전쟁을 계속했고, 2006년 12월 30일에는 사담을 처형했다. 사담이 처형당한 것은 9·11 테러나 대량 살상무기와는 관련이 없다. 1982년에 있었던 두자일 마을의 시아파 주민 148명을 학살한 죄를 물어 처형한 것이다. 두자일 학살사건은 용서받을 수 없는 범죄 행위이다. 그러나 이것은 이라크 국내 문제이다. 물론 이라크 법정에서 이라크인에 의하여 재판이 진행되었지만 미국이 조종하고 있었다는 것은 천하가 아는 사실이다. 아마 부시는 사담을 처형함으로써 명분 없는 전쟁을 빨리 끝내고 싶었을 것이다. 하지만 그 후 이라크는 말할 수 없는 혼란에 빠져 내전(內戰)의 양상으로 치닫고 있다. 서로 죽고 죽이는 살육의 아수라장이 되어버렸다.

이 모든 참상의 원인 제공자는 부시이다. 9·11과 무관하고 대량 살상무기가 없다는 사실이 판명되었을 때 부시는 이라크에서 물러났어야 했다. 물러나지 않고 전쟁을 계속한 유일한 명분은 '민주주의의 확산'이다. 즉 사담은 인류의 공적(公敵)이기 때문에 사담이 망쳐놓은 이라크를 민주화시켜야 한다는 것이다. 그러한 미국은 어떤가? 악명 높은 관타나모 수용소와 아부그레이브 감옥에서의 소름끼치는 인권침해는 과연 민주적인 처사였던가? 2005년 11월 19일에 있었던 이라크 서부 하디타 마을의 학살도 민주적이었던가? 미 해병대는 이 마을에서 휠체어에 앉은 노인과 세 살 난 아기까지 무차별 사살하고 심지어 자식을 품에 안고 살려달라고 애원하는 여성도 사살했다고 한다. 1968년 베트남 미라이 마을의 학살과 무엇이 다른가.

2006년 현재 미국의 해외 파병 병력은 144개국에 46만 명이고 전 세계 군사비의 48%를 미국이 쓴다고 한다. 이만하면 미국이 지구상에서 벌이는 주요 활동이 무엇인지 짐작할 수 있다. 바로 전쟁이다. 미국은 이 전쟁이 악(惡)을 징계하고 민주주의를 확산시키기 위한 것이라 강변한다. 세계 144개국에 미군을 주둔시켜 세계의 경찰 노릇을 하겠다는 것이다. 그러나 이에 대해서 전 세계가 달갑게 여기지 않고 미국 국민들도 반대하고 있다. 9·11 당시 90%에 육박했던 부시의 지지율이 지금 30%대로 하락한 사실이 이를 말해준다. 미국은 이제 아무도 인정하지 않는 '세계 경찰직'에서 물러나야 한다.

미국 시사 주간지 타임의 다음과 같은 9·11 5주년 특집기사가 흥미롭다. "결국 테러와 벌이는 전쟁을 역사가 어떻게 평가할지는 알 수 없으나, 미국 혼자 세계평화를 가져올 수 없다는 것을 지난 5년은 가르쳐 줬다.” 이라크전에서 아들을 잃고 부시의 목장 앞에서 일인 시위를 했던 ‘반전 엄마’ 신디 시핸이 “우리는 전쟁 기계의 그늘 밑에 있다”고 한 절규도 귀담아들을 만하다.

## 끝없는 언론과의 전쟁

| 2007, 다산포럼

최근 정부가 내놓은 이른바 '취재 지원 선진화 방안'이 논란의 대상이 되고 있다. 기자들의 취재를 지원하는 선진적 방안을 마련하겠다는 것이니 그 명칭만 보면 그럴듯하게 보인다. 그러나 이것이, 노무현 대통령 취임 이후 언론과 벌여온 끊임없는 갈등의 산물이라는 것을 모르는 사람은 아무도 없을 것이다. 노 대통령은 취임 초인 2003년 3월, 정부 각 부처에 신문 가판(街販)을 구독하지 말라는 조치를 내렸다. 이어 개방형 브리핑제, 정부 광고 사전 협의제, 신문법, 언론중재법 등 각종 언론 규제법을 연달아 발표하면서 언론과의 전면전을 수행해 왔다.

노 대통령의 언론관을 가장 첨예하게 보여준 것이 금년 1월 4일 경기도 과천 정부 청사에서 고위 공무원들에게 행한 연설이다. 여기서 노 대통령은 "누구의 말을 빌렸는지 출처도 불명한 의견이 마구 나와 흉기처럼 사람을 상해하고 다니고, 아무 대안도 없고 결과에 대해 아무런 책임도 지지 않고 배상도 안 하는 상품이 하나 있다"고 말하고 이런 "불량상품은 가차 없이 고발해야 한다"고 말했다. 그리고 "공직사회가 이 언론 집단에 절대 무릎을 꿇어서는 안 된다"는 점을 강조했다.

취재 지원 선진화 방안도 노 대통령의 이러한 언론관의 연장선상에서 나온 조치이다. 노 대통령이 언론에 대해서 왜 이렇게까지 극단적으로 적의(敵意)를 품게 되었는지는 알 수 없지만 아마 자신에 대한 언론의 비판을 수용할 수 없었기 때문이었을 것이다. 이러한 노 대통령의 언론관에는 분명히 일면적인 타당성이 있다. '신문기사는 반(半)만 믿으면 된다'는 말이 있을 정도로 무책임한 기사가 많은 것이 사실이다. 프랑스의 소설가 로망 롤랑은 "오늘의 신문 잡지는 거짓말의 소굴이다. 그리고 독자의 십중팔구가 거짓말에 말려들 가능성이 있다"고 말한 바 있다.

그러나 언론에 대한 혹독한 비판이 있음에도 언론은 그것에 아랑곳없이 생존해 왔다. 언론에는 그 나름의 순기능(順機能)이 있기 때문이다. 노 대통령은 언론의 순기능보다 역기능(逆機能) 쪽에 더 비중을 두는 것 같다. 어느 시대 어느 나라를 막론하고 언론과 정부는 평화롭게 공존한 적이 없다. 언론과 정부는 영원한 적대관계에 있다고 말할 수 있다. 언론을 흔히 '무관(無冠)의 제왕'이라 말한다. 그렇다면 대통령은 '유관(有冠)의 제왕'인 셈인데, 이 두 제왕은 팽팽한 긴장 관계를 유지할 뿐이지 한 제왕이 다른 제왕을 완전히 제압하는 일은 있을 수 없다. 그러므로 '유관의 제왕'인 대통령이 '무관의 제왕'인 언론을 건전하게 이끌고 지도해야 하겠다는 생각을 버려야 한다.

만일 언론이 정말 '불량상품'이라면 법에 따라 엄중히 처벌해야 한다. 시중에 나도는 불량식품을 처벌하는 것과 같은 차원에서 처벌해야 한다. 그러자면 언론이 불량상품이라는 이유를 분명히 밝혀야 한다. 엄격한 검사를 거쳐 불량식품임을 확인하고 불량식품 제조업자를 처벌하면 그 제조업자를 포함한 모든 사람들이 승복하지 않을 수 없다. 그러면 아무도 그 불량식품을 구매하지 않을 것이다. 언론의 경우도 마찬가지이다. 지금 정부에서는 언론이 불량상품인 이유를 충분히 납득시키지 못하고 있다. 그러니 노 대통령이 불량상품이라 지칭하는 이른바 '조·중·동'을 국민들이 계속 구매하고 있는 것이다. '조·중·동'이 불량상품임을 안다면 누가 그걸 구매하겠는가?

국민들은 어리석지 않다. 국민들이 어리석어서 '조·중·동'이라는 불량상품을 구매하는 것이 아니다. 모든 어리석은 국민들을 어리석지 않은 대통령이 지도해야 하겠다는 생각은 독선적인 아집(我執)에 불과하다. 대통령은 이쯤해서 언론과의 전쟁을 끝내는 것이 현명하다고 생각한다. 한 나라의 대통령이면 귀에 거슬리는 비판도 폭넓게 받아들일 줄 아는 도량(度量)을 지녀야 하지 않을까?

## 군자당君子黨과 소인당小人黨

| 2007, 다산포럼

정치적 이념을 같이 하는 사람들이 그 이념을 실현하기 위하여 모인 정치집단이 정당이다. 각 정당들이 상호 견제하면서 균형을 이루어가는 정당정치는 근대 민주정치의 기본 틀이라 할 수 있다. 정당의 기원을 거슬러 올라가면 고대의 붕당(朋黨)에 해당될 것이다. 그러나 전제군주가 통치하던 봉건시대에는 붕당을 엄격히 금하고 있었다. 최초로 중국을 통일한 진(秦)나라 이래 모든 법체계에 붕당 금지 조항이 들어있다. 아마 붕당을 사적(私的) 이해관계에 따라 모인 집단이라 여겼기 때문일 것이다. 그러므로 붕당은 곧 나쁜 것으로 인식되었고, 급기야는 붕당을 만들었다는 구실로 정적(政敵)을 무참히 살육하는 사태가 벌어지기도 했다.

붕당의 역할이 정당한 평가를 받은 것은, 송(宋)나라 때 구양수(歐陽脩)가 「붕당론」이란 글을 쓴 이후부터이다. 이 글은 새로운 정치를 펼치고자 한 범중엄(范仲淹), 한기(韓琦) 구양수 등이 보수파에 의해서 붕당을 결성했다는 죄목으로 탄핵을 받아 좌천되었을 때 쓴 것이다. 그중에 이런 대목이 있다.

> 무릇 군자는 군자끼리 도(道)를 같이함으로써 붕당을 이루고, 소인은 소인끼리 이익을 같이함으로써 붕당을 이루는 것이니 이는 자연스러운 이치입니다. 그러나 신(臣)은, 소인에게는 붕당이 없고 오직 군자에게만 붕당이 있다고 생각합니다. 왜 그럴까요? 소인이 좋아하는 것은 녹봉과 이익이고 탐하는 것은 재화이기 때문에 이익이 일치할 때에는 잠시 끌어들여 붕당을 이루지만 이것은 거짓 붕당입니다. 이익을 보면 서로 먼저 차지하려고 다투다가 이익이 다하면 교류가 멀어져 도리어 서로를 해치고 형제 친척이라도 서로 보호하지 않습니다. 그렇기 때문에 소인은 붕

당이 없고 그들이 잠시 붕당을 만드는 것은 거짓이라고 생각합니다.

이어서 참다운 붕당은 군자들만이 결성할 수 있고 군자의 붕당은 결코 나쁜 것이 아니라는 점을 강조하고 있다. 이 글을 읽으면서 오늘의 정치판을 떠올리지 않을 수 없다. 정권이 바뀔 때마다 새로운 정당이 탄생하는 것은 그렇다 치더라도, '100년 정당'을 표방하고 출범한 열린우리당이 몇 년도 못 가서 4분 5열 되는 현상을 어떻게 설명해야 할까? 중도통합민주당, 대통합추진모임, 선진평화연대, 미래창조연대 등의 이름을 내걸고 이합집산을 거듭하다가 드디어 그 이름도 거창한 '미래창조대통합민주신당'의 기치 아래 모이긴 모였다. 그러나 각 계파의 이해관계가 팽팽하게 대립하고 있어 신당의 앞날을 아무도 예측할 수 없다. 이를 과연 군자의 붕당이라 할 수 있을까? 구양수의 말대로 "잠시 끌어들여 붕당을 이룬 것"이란 인상을 씻을 수 없다. 그렇다면 이 신당은 "거짓 붕당"이 되고 말 것이다.

한나라당도 마찬가지이다. 열린우리당만큼 쪼개어지지는 않았지만 대선(大選)을 앞두고 이른바 '빅 2'가 벌이고 있는 싸움은 점입가경이다. 같은 당에 소속된 인사들끼리 네 편 내 편으로 나뉘어 마치 적군을 대하듯 싸우고 있는 이들을 군자라 할 수 있을까? 어떤 이념을 두고 벌이는 싸움이 아니라 사소한 문제로 서로 상대방 흠집 내기에 열중하는 이들 두 집단을 결코 참다운 붕당이라 할 수 없을 것이다.

우리 헌정사에서 국민의 갈채를 받으며 물러난 대통령이 한 명도 없었다. 이제는 우리도 자랑스러운 대통령, 존경할 수 있는 대통령을 만나고 싶은 마음 간절하다. 대통령이 되겠다고 나선 정치인들은 이러한 국민들의 염원을 가슴 깊이 새겨야 할 것이다.

## 주먹만 한 빗방울

| 2007, 다산포럼

1780년 7월 26일, 조선의 선비 연암(燕巖) 박지원(朴趾源)은 청나라 건륭황제(乾隆皇帝)의 70수를 축하하기 위한 사절단에 끼어 연경(燕京) 곧 지금의 북경으로 가고 있었는데 산해관에서 연경 사이의 어느 지점에서 일행은 이날 큰비를 만났다. 아마도 소나기였을 터인데 연암은 비가 내리기 시작하는 광경을 이렇게 묘사했다. "갑자기 난데없는 냉수 한 종지가 손등에 덜컥 떨어져 몸이 오싹했으나 사방을 돌아다보아도 물을 뿌리는 사람은 없었다. 또다시 주먹만 한 물덩이가 창대가 쓴 벙거지 가장자리에 탕하고 떨어졌다." 그리고 같이 간 부사(副使)의 입을 빌려 "빗방울 크기가 술잔만 하니 대국(大國)의 빗방울은 역시 무섭더군요"라고 『열하일기』에 적고 있다.

빗방울이 주먹만 하고 술잔만 하다는 것은 물론 과장된 표현이지만 이 말은 당시 조선 선비들의 중국관을 단적으로 보여준다. 중국은 그만큼 크고 넓은 곳이었다. 중국은 크고 넓을 뿐만 아니라 수준 높은 문명국이었다. 연암과 같은 시기에 중국을 다녀온 초정(楚亭) 박제가(朴齊家)는 중국을 '문명의 숲[文明之藪]'이라고 했다. 그만큼 중국은 아름답고 화려한 곳이기도 했다.

연암이 다녀간 지 209년 만인 1989년에 가본 중국은 연암과 초정이 본 중국과 너무나 달랐다. 빗방울은 오히려 한국의 빗방울보다 작았고, 가는 곳마다 "문명한 도시를 건설하자[創建文明城市]"는 등의 문명화 표어가 중국 천지를 뒤덮고 있었다. '문명의 숲'이었던 나라가 문명화를 외치고 있다니! 모든 것이 불결하고 사람들은 가난에 찌들어 있었다.

1992년 한·중 양국은 국교를 맺었다. 이후 한국 사람들은 중국을 드나들면서 중국과 중국인을 어쭙잖게 보고 으스대기 시작했다. 어떤 관광객은 달러를 흔들며 돈 자랑을 하는 추태를 보이기도 했다. 마치 우리가 대국이고 중국이 소국인 양 그 위에 군림하려 들었다. 한편 양국 간의 인적, 물적 교류도 폭발적으로 늘어났다.

2007년 8월 24일은 이렇게 국교를 수립한 지 15주년이 되는 날이다. 15년 동안 한국과 중국의 사정은 많이 달라졌다. 수교 초기만 해도 기술과 경제력에서 한국이 우위를 점했지만 지금은 그렇지 않다. 외환위기 이후 우리의 경제 성장률이 고작 4% 전후에 머물렀던 반면 중국은 10%대의 성장률을 계속 유지해 왔다. 기술력도 이제 거의 대등한 수준이라고 한다. 중국은 이제 '세계의 공장'으로 불릴 만큼 성장했다. 초강대국 미국이 가장 두려워하는 나라로 우뚝 솟아오르고 있는 것이다.

유인(有人) 우주선을 쏘아 올릴 만큼 발달한 과학기술 못지않게 문화적으로도 화려한 꽃을 피우고 있다. 중국이 내세운 2008년 베이징 올림픽의 구호는 '인문(人文) 올림픽'이다. 세계적인 영화감독 장예모(張藝謀)가 연출하는 이 인문 올림픽의 개막식 행사는 '성당(盛唐) 시대의 재현'을 주제로 꾸밀 예정이라고 한다. 이 개막식 행사 계획에서 우리는, 이백(李白)과 두보(杜甫)를 배출한 화려한 성당 시대의 인문정신을 부활시키려는 중국의 야심을 읽을 수 있다. 1993년에 내가 만난 북경의 대학생들은 『논어』 한 대목도 제대로 읽지 못했는데 지금 중국의 소학교(小學校) 학생들에게는 당시(唐詩)를 30수 가량 외우게 한다고 한다. 막강한 경제력에다 인문학으로 무장까지 하게 된다면 중국은 천하무적의 국가가 될 것임에 틀림없다.

이 시점에서 우리는 어떻게 해야 하는가? 안일한 자만에 빠져 있다가는 경제적으로 중국의 하청국(下請國)이 될 것이고 문화적으로 중국의 주변국으로 전락하고 말 것이다. 그렇게 되면 이미 도둑맞은 발해사와 고구려사보다 더 큰 것을 잃어버릴지도 모른다. 중국의 빗방울이 또다시 주먹만큼 커 보이는 날이 오지 않기를 바라는 마음 간절하다.

## “지사地師에게 묻지 말라”

| 2007, 다산포럼

1995년 11월, 김대중 전 대통령이 조상의 묘 3기를 경기도 용인으로 옮겨 화제가 된 적이 있었다. 그 후 그는 15대 대선에서 대통령으로 당선되었다. 이번에는 한나라당 전 총재 이회창 씨 조상의 묘 9기가 이장(移葬)되었다고 해서 세인들의 구설수에 오르고 있다. 현재의 묘 터를 잡아준 박민찬 씨에 의하면 새로 옮긴 자리는 “후손 중 군왕이 나올 수 있는 ‘군왕지’에 속하는 명당”이라며 “올해는 이 전 총재의 관운도 상승세를 타고 있어 대선에 출마하면 당선될 가능성이 크다”고 말했다 한다.(중앙일보, 11월 6일 자) 이회창 씨 집안에서 어떤 이유로 9기나 되는 묘를 한꺼번에 옮겼는지 알 수 없지만 17대 대선을 앞둔 민감한 시점이어서 사람들의 관심을 끌고 있다.

지금으로부터 185년 전, 다산 정약용은 자신의 회갑일(回甲日)에 유언장을 써두었는데 그중에, 자기가 죽으면 “집 뒤의 동산에 매장하고 지사(地師)에게 물어보지 말라”는 대목이 있다. 이렇게 쓰고서도 다산은 마음이 놓이지 않았다. 돌아가신 부모를 좋은 곳에 모시고 싶은 것은 모든 자식들의 인지상정(人之常情)임을 알고 있었기 때문이었다. 그래서 다음과 같은 말을 덧붙였다. “살았을 때 그 뜻을 받들지 않고 죽었을 때 그 뜻을 좇지 않으면 모두 효(孝)가 아니다.” 다산의 아들은 아버지의 유언에 따라 다산이 임종한 여유당(與猶堂)의 뒷동산에 매장했다. 이것이 지금 우리가 볼 수 있는 다산묘소이다.

다산은 평소에도 풍수설(風水說)을 비롯한 일체의 미신적 행위에 대하여 매우 비판적이었다. 갑자(甲子), 을축(乙丑)의 천간지지(天干地支)로 택일(擇日)하고 길흉을 점친다거나, 얼굴 모양으로 운명을 판단하는 관상법 등이 허무맹랑한 것임을 명쾌히 변증했다. 다산은 풍수설에 대해서도 "꿈속에서 꿈을 꾸는 것이고 속임수 중에서 또 속이는 것이다"라 하며 이렇게 말했다.

> 지사(地師)의 자손 중에 홍문관 교리나 평안도 관찰사로 된 자를 몇이나 보았는가. … 재상으로서 풍수설에 반하여 그 부모의 무덤을 여러 번 옮긴 사람도 자식이 없는 자가 많고, 사서인(士庶人)으로서 풍수설에 혹해서 그 부모의 무덤을 여러 번 옮긴 사람이 괴상한 변고를 당한 자가 많다. (「風水論」)

185년 전 다산의 생각이 이러했는데 오늘날 우리는 어떠한가? 아직도 이사할 때에는 이른바 '손 없는 날'을 가려서 하고, 결혼 날짜도 길일을 택해서 정한다. 심지어 집 안에 못 하나 칠 때에도 방위와 날짜를 가리는 사람이 있다. 어디 그뿐인가, 국회의원 선거철이 오면 전국의 점쟁이들이 대목을 맞는다고 한다.

다행하게도 묘지에 대해서는 사람들의 인식이 달라지고 있다. 좁은 국토에 점점 늘어나는 묘지가 사회문제로 대두되자 이제는 화장(火葬)을 택하는 사람이 많아졌고 최근에는 수목장(樹木葬)까지 등장했다. 이런 추세인데도 사회 지도급 인사가 현대판 지사(地師)라 할 수 있는 '풍수지리 연구가'에 의뢰하여 조상의 묘를 대규모로 이장했다는 것은 아무래도 모양이 좋다고 할 수는 없을 것이다.

능히 일세를 호령할 만큼 총명하고 유능한 자가 조정의 높은 자리에 앉아서도 그 자손을 보호하지 못하는 경우가 있는데 "무덤 속의 마른 뼈가 어찌 자손들에게 혜택을 베풀 수 있겠는가"라고 말한 185년 전의 다산 선생에게 부끄러움 마음을 가져야 할 것이다.

## 작은 거인

| 2008, YTN

저는 1993년에 6개월간 북경사범대학에서 연구교수로 지낸 적이 있습니다. 그때 내가 거처하는 방의 벽에 중국 지도를 한 장 걸어 놓았는데 내 방에 놀러온 중국 학생들이 그 지도를 보고 하는 말이 충격적이었습니다. "한국이 어떻게 중국에 편입되지 않았는지 이해가 가지 않는다"는 말이었습니다.

그 말을 듣고 지도를 다시 보니 과연 대한민국은 거대한 중국 대륙 동북쪽 끝에 콩알만 하게 붙어 있었습니다. 이 조그마한 나라가 대륙으로부터 끊임없이 침략을 받으면서도 중국에 합병되지 않고 지금까지 독립국으로 남아 있었으니 그런 말이 나올 법도 하다는 생각이 들었습니다. 그래서 나는 그 학생에게 "그것이 바로 대한민국의 저력이다"라고 말해 주었습니다.

그렇습니다, 우리 민족의 저력은 참으로 대단합니다. 중국 측에서 보면 '동쪽 오랑캐'에 불과한 작은 나라이지만 원효(元曉), 퇴계(退溪), 다산(茶山)과 같은 세계적인 학자를 배출했고, 세계에서 가장 뛰어난 문자인 한글을 창제했으며, 세계 최초로 금속활자와 측우기도 발명했습니다. 이렇게 보면 우리나라는 영토만 제외하고 모든 면에서 '작은 거인'이라 불러도 손색이 없다고 하겠습니다. 이런 저력이 우리나라가 중국에 편입되는 것을 막아주었습니다. 물론 중국에 대하여 사대정책(事大政策)을 펴기도 했지만 이것은 작은 나라가 살아남기 위한 외교적 생존전략의 일환이었을 것입니다.

한국 근현대사에서는 일제(日帝)의 식민통치와 6·25 전쟁이라는 불행한 경험이 있었지만 그 불행을 이겨내고 또다시 저력을 발휘하여 '한강의 기적'을 만들어 냈습니다. 6·25 직후 절대빈곤의 상태에서 지금은 세계 13위의 경제 대국이 되었습니다. 지난해의 북경 올림픽에서는 일본, 프랑스, 이탈리아를 제치고 당당히 종합순위 7위에 오르기도 했습니다. 어디 그뿐이겠습니까, '한류(韓流)'의 열풍이 말해주듯 우리의 문화적 역량도 세계수준의 반열에 올랐습니다.

이제 새해가 밝았습니다. 지난해에는 기억하기조차 싫은 많은 사건들이 있었지만 우리 민족의 저력은 이를 능히 극복할 수 있으리라 생각합니다. 그러나 새해를 맞아 이것만은 시정되기를 바라는 것이 있습니다. 바로 공직자의 부정부패입니다. 국제투명성기구가 발표한 2008년도 한국의 부패지수는 10점 만점에 5.6으로 조사 대상국 130개 국가 중 40위였다고 합니다. OECD 30개국 중에서는 22위를 기록했습니다. 격년제로 발표하는 뇌물공여지수도 30개국 중에서 21위를 차지했다고 합니다. 이 수치에서 1위가 가장 투명한 국가입니다. 이 순위는 분명 '경제대국', '문화강국'이라는 명성에 걸맞지 않은 현상임에 틀림없습니다. 우리가 세계에 자랑할 수 있는 학자인 다산 정약용 선생은 『목민심서』에서 이렇게 말했습니다.

> 백성의 윗사람 된 자는 그 한 번 움직이고 한 번 정지하며 한마디 말하고 한 번 침묵하는 것을 아랫사람이 모두 살피어 의심쩍게 탐색하는 법이니, 방에서 문으로, 문에서 고을로, 고을로부터는 사방으로 새어나가서 온 나라에 다 퍼지게 된다.

공직자의 일거수일투족을 국민들이 예의 주시하고 있기 때문에 말 한마디 행동 하나에도 신중을 기해야 한다는 말입니다. 공직자들이 이런 자세로 임할 때 우리 민족의 저력이 극대화되어 더 큰 비약을 기대할 수 있을 것입니다.

## 색욕과 싸움과 탐욕

| 2008, YTN

『논어』「계씨(季氏)」편에 다음과 같은 구절이 있습니다. "공자가 말씀하시기를, 군자에게는 세 가지 경계할 것이 있다. 젊었을 때는 혈기가 아직 안정되지 않았으므로 색욕을 경계해야 하며, 장년이 되면 혈기가 바야흐로 굳세므로 싸움을 경계해야 하며, 늙어서는 혈기가 쇠약하므로 탐욕을 경계해야 한다."

사람의 일생을 청년기, 장년기, 노년기의 3단계로 나누어 각 단계마다 가장 조심해야 할 일을 말한 것입니다. 이 세 가지 경고는 각각 특정 시기에만 해당되는 것이 아니고, 사람이 살아가면서 어느 시기에나 항상 조심해야 할 일이지만, 공자가 각 시기의 가장 특징적인 사항을 들어 이를 강조한 것입니다. 청소년 시기의 성범죄는 말할 것도 없고 장년기의 싸움과 노년기의 탐욕 때문에 빚어지는 불미스러운 사건들을 우리는 주위에서 얼마든지 볼 수 있습니다.

지난 7월 16일, 프로야구단 롯데 자이언츠의 외야수 정수근 선수가 "혈기"를 참지 못하고 싸움을 벌였습니다. 그는 이날 새벽 3시경, 술에 만취한 상태에서 아파트 경비원과 말다툼을 하다가 경비원을 폭행하고 이를 말리던 주차요원까지 폭행했다고 합니다. 이에 그치지 않고 파출소에서는 경찰관에게도 폭행을 가했다고 합니다. 그야말로 "혈기"가 너무나 "굳세었던" 탓이었겠지요. 그러나 한순간의 혈기를 참지 못한 결과는 너무나 참담했습니다. 그는 한국야구위원회로부터 무기한 실격 처분을 받았습니다. 사실상 선수 생명이 끝난 것입니다. 서른 한 살의 나이에 명예와 재산을 한꺼번에 잃어버린 것이지요. 그는 2003년과 2004년에도 폭행 사건으로 입건된 적이 있고 심야 음주운전으로 운전면허가 취소된 경력도 있다고 합니다. 그러고 보면 그는 타고난 "혈기"의 소유자가 아닌가 싶습니다. 그럴수록 공자의 말씀에 귀를 기울였어야 하는데 운동선수가 언제 그럴 겨를이 있었겠습니까?

노년의 탐욕을 노욕(老欲)이라고 합니다. 늙을수록 욕심을 버리고 홀가분한 마음으로 죽을 준비를 해야 하는데 그와 반대로 명예와 지위와 재물에 대한 욕심은 늙을수록 더 많아지는 것이 인간의 본성인 듯합니다. 최근의 예만 보아도, 서울시 의회 의장 선거를 앞두고 김귀환 시의원이 동료 시의원들에게 거액의 돈을 뿌렸다고 해서 물의를 일으키고 있습니다. 서울시 의회 의장이라는 명예와 지위 그리고 그에 따르는 재산에 대한 욕심 때문입니다. 의장이 되기 위해서 뿌릴 돈이 있다면 그 돈으로 욕심을 버리고 편안하게 살 수도 있었을 터인데, 더 많은 돈과 더 높은 지위를 가지려는 탐욕이 61세의 그를 파멸로 이끈 것입니다. 공자가 노년의 탐욕을 경계한 이유를 알 것 같습니다. 참여정부 시절에 해양수산부 장관을 지낸 강무현 씨도 재임 시절에 전방위적으로 받은 뇌물의 실상이 속속 드러나고 있습니다. 이 모든 것이 다 노욕 때문입니다.

2,500여 년 전에 살았던 공자의 말씀이 오늘의 우리에게도 여전히 유효한 것이 참으로 신기합니다. 이것이 고전의 힘이라 생각합니다. 고전은 단순히 '옛날의 책'만을 뜻하는 것이 아니고 옛날의 책이지만 오늘날에도 유효한 책, 다시 말하면 영원한 생명력을 지니는 책이라 할 수 있겠습니다. 『논어』가 바로 그런 책 중의 하나입니다. 『논어』는 우리 모두에게 교훈을 주는 고전이지만, 특히 정수근 선수, 김귀환 의원, 강무현 전 장관 같은 사람들이 반드시 읽었어야 할 책이라 생각합니다.

## 양주학揚州鶴

| 2008, 다신포럼

「적벽부(赤壁賦)」의 작자로 널리 알려진 송나라 때의 문호(文豪) 소동파(蘇東坡)의 시에 「녹균헌(綠筠軒)」이란 시가 있는데 지금도 음미해 볼 만하다.

| | |
|---|---|
| 식사에 고기가 없을 수는 있어도 | 可使食無肉 |
| 사는 곳에 대나무는 없을 수 없네 | 不可居無竹 |
| 고기 없으면 사람을 야위게 하지만 | 無肉令人瘦 |
| 대나무 없으면 사람을 속되게 한다오 | 無竹令人俗 |
| 사람이 야위면 살찌울 수 있으나 | 人瘦尙可肥 |
| 선비가 속되면 고칠 수 없는 법 | 士俗不可醫 |
| 옆 사람 이 말을 비웃으면서 | 傍人笑此言 |
| 고상한 것 같으나 어리석다 말하지만 | 似高還似癡 |
| 대나무 앞에 두고 고기 실컷 먹는다면 | 若對此君仍大嚼 |
| 세상에 어찌 양주학(揚州鶴)이란 말 있었겠는가 | 世間那有揚州鶴 |

이 시에 나오는 '양주학'이란 말의 유래는 이렇다. 옛날에 손님들이 서로 노닐면서 각자 자신의 소원을 말했는데, 어떤 자는 양주자사(揚州刺史)가 되기를 원하고 어떤 자는 재물이 많기를 원하고 또 어떤 자는 학(鶴)을 타고 하늘에 오르기를 원하였다.

그러자 그중 어떤 자가 말하기를 "나는 허리에 십만 관(貫)의 돈을 차고 학을 타고서 양주의 하늘을 오르고 싶다"라 했다고 한다. 양주는 자고로 살기 좋은 곳으로 이름난 도시이다. 그러니 이 말은, 양주자사라는 관직과 십만 관의 돈과, 학을 타고 하늘에 오르는 신선이 되겠다는 욕망을 모두 가지려는 것으로, 실현 불가능한 욕심을 나타내는 용어로 쓰인다. 이 세 가지를 동시에 다 누릴 수는 없다는 것이다.

소동파의 시에서는 고기와 대나무를 대비시키고 있다. 고기를 먹는다는 것은 관직을 가진 돈 많은 사람만이 할 수 있는 일이다. 이런 사람이 동시에 대나무와 같은 고고(孤高)한 품성을 지닐 수 없다는 말이다. 고기와 대나무를 다 가지는 것은 양주학과 같이 실현 불가능한 일이기 때문이다. 그러니 둘 중에서 하나를 택하라면 대나무를 택하겠다는 것이 소동파의 생각이다. 왜냐하면 대나무가 없으면 사람이 속되고 사람이 한번 속되면 고칠 수 없기 때문이다.

이명박 대통령이 임명한 새 정부의 각료들을 보노라면 앞서 소개한 소동파의 시와 '양주학'을 떠올리지 않을 수 없다. 옛날의 군자(君子)가 대나무를 심고 가까이하는 것은 대나무의 곧은 기품을 본받고자 함이다. 사실상 대나무와 같이 맑고 곧은 품성은 군자가 갖춰야 할 최대의 덕목이다. 이러한 군자의 덕목은 고기 먹는 일과 양립할 수 없다는 것이 소동파 시의 내용이다. 고기를 먹으려면 재산을 모아야 하는데 재산 모으기에 힘쓰다 보면 맑고 곧은 품성을 기르기 어렵기 때문이다. 재산의 속성이 원래 그러한 것이다.

일국의 장관이면 옛날의 군자에 해당하는데, 새 정부의 장관들은 어쩌면 그리도 한결같이 많은 재산을 보유하고 있는지 모를 일이다. 자본주의 사회에서 재산 많은 것이 흠이 될 수는 없지만, 일반 서민들이 위화감(違和感)을 느낄 정도의 재산이라면 문제가 없지 않다. 어느 여성 장관 후보자의 경우처럼, 유방암 검사에서 '깨끗하다'는 진단을 받은 기념으로 남편으로부터 아파트 한 채를 살만큼 많은 돈을 선물받았다면 어느 겨를에 맑고 곧은 품성을 닦을 틈이 있었겠는가? 아마도 이들은 대나무 심는 일보다 고기 먹는 일에 더 많은 공력을 들였을 것임에 틀림없다. 이들은, 많은 재산을 가지고서도 깨끗한 마음으로 국정을 수행할 수 있다고 항변할 수 있을 것이다. 그러나 그렇다면 "세상에 어찌 양주학이란 말이 있었겠는가."

## 우리를 슬프게 하는 것들(1)

| 2008, 다산포럼

적어도 50세 이상의 사람들은 고등학교 국어 교과서에 실렸던 안톤 시나크의 「우리를 슬프게 하는 것들」이란 글을 읽었을 것이다. 거기에 이런 대목이 있다. "동물원에 잡힌 범의 불안, 초조가 또한 우리를 슬프게 한다. 철책 가를 그는 언제 보아도 왔다 갔다 한다. 그의 빛나는 눈, 그의 무서운 분노, 그의 괴로운 부르짖음, 그의 앞발의 한없는 절망, 그의 미친 듯한 순환, 이것이 우리를 말할 수 없이 슬프게 한다." 맹수 본래의 야성(野性)을 거세당한 채 철책 속에서 인간에게 사육당하는 호랑이의 모습이 그에게 슬픔을 자아내게 한 것이다.

그러나 2008년 5월, 도살장으로 끌려가는 소들과 산채로 매장당하는 닭과 오리들이 철책 속에 갇힌 호랑이보다 우리를 더 슬프게 한다. 지금 세계는 인간 광우병과 고(高)병원성 조류 인플루엔자의 공포에 떨고 있다. 따지고 보면 이러한 '인수(人獸) 공통 전염병'은 인간 스스로가 초래한 재앙이 아닌가. 풀만 먹고 사는 소에게 성장을 촉진시키기 위하여 동물성 사료를 먹였으니 소가 온전할 리 없다. 더구나 소에게 소의 뼈를 갈아서 먹였으니 그 소가 미치지 않고 어쩌겠는가. 좁고 밀폐된 공간에 꼼짝 못 하게 가두어 놓고 사육하는 닭과 오리도 면역력이 떨어져 바이러스의 침입에 무참히 무너지는 것이다.

최소의 비용으로 최대의 이익을 내기 위한 이러한 '공장형' 가축 사육 방식이 우리를 슬프게 한다. 공산품이 아닌 닭과 오리를 공장형으로 사육한 죄에 대한 대가를 인간이 지금 받고 있다. 본성을 억압당한 채 부당한 대우를 받아온 소와 닭, 오리들이 이제 인간에게 무서운 보복을 개시했다고 생각한다면 좀 지나친 환상일까?

인간 광우병에 감염될지도 모를 미국산 쇠고기를 충분한 검토 없이 수입하기로 한 정부의 처사가 우리를 슬프게 한다. 위험성이 높은 30개월 이상 된 소의 고기도 수입하고 광우병 유발 물질로 알려진 뼈와 골수까지 수입키로 한 결정은 국민의 분노를 사기에 충분하다. 게다가 미국에서 광우병이 발생해도 한국 정부 단독으로는 수입 중단을 결정할 수 없다는 협약은 이른바 '검역 주권'을 포기했다는 비난으로부터 자유로울 수 없다.

"이제 우리도 값싸고 품질 좋은 쇠고기를 먹을 수 있게 되었다"고 생색을 내는 국정 최고 책임자의 발언은 우리를 말할 수 없이 슬프게 한다. 설령 미국산 쇠고기를 먹어서 광우병에 감염될 확률이 극히 낮다고 하더라도 우리의 슬픔은 가시지 않는다. '극히 낮은 확률'마저 받아들일 수 없는 것이 국민 정서이다.

이러한 국민 정서를 헤아리지 못하고 미국산 쇠고기 위생조건에 대한 장관고시가 발표되자 국민의 분노가 폭발했다. 미국산 쇠고기 수입 철회 또는 재협상을 요구하며 수만 명의 시민들이 연일 촛불시위를 벌이고 있다. 광우병도 광우병이지만 지금 시민들은 정부의 처사에 분노하고 있다. 정부에서 결정하면 국민들이 따르리라고 여긴 오만한 자세가 우리를 슬프게 하고 있는 것이다. 정부와 국민의 관계는 대기업 CEO와 부하 직원들과의 관계와 다르다. 역사상 어디에 국민을 이기는 정부가 있었던가? 사태의 심각성을 뒤늦게 파악한 정부가 특단의 대책을 낸다고 하니 기다려 볼 따름이다.

2008년 5월의 이 땅에는 우리를 슬프게 하는 것들이 너무나 많다. 치솟는 기름값 때문에 멈춰선 화물차와 출어(出漁)를 포기하고 항구에 정박해 있는 어선들이 우리를 슬프게 하고, 스위스 국제경영개발원의 '2008년 세계경쟁력 보고서'에서 조사 대상 55개국 중 한국의 생활비 물가가 1위를 차지했다는 신문 보도가 또한 우리를 슬프게 하고, 계절의 여왕인 5월의 하늘을 누렇게 물들인 황사도 우리를 슬프게 한다.

그러나 이보다 미국, 자기들은 먹지 않고 버리는 소의 내장과 뼈까지 강제로 팔아먹으려는 미국의 행위와 이에 굴복한 우리의 처지가 우리를 더 슬프게 한다.

## 처용과 기독교

| 2008, 다산포럼

이명박 정부 출범 이래 불교 교단은 정부에 대하여 줄곧 불만을 표시해 왔다. 이 대통령이 기독교 신자이기 때문에 불교에 대하여 편향적이라는 것이 불교 측의 불만이었다. 사실 2004년 이 대통령이 서울시장으로 있을 때 "수도 서울을 하느님에게 봉헌한다"는 기도문으로부터 갈등은 시작되었다. 그 후, 주대준 청와대 경호처 차장이 "모든 정부 부처의 복음화가 나의 꿈"이라고 한 발언, 추부길 청와대 홍보 기획비서관이 촛불집회 참가자들을 "사탄의 무리"라고 매도한 일 등이 겹치면서 불교계의 불만은 수위가 높아갔다.

급기야 조계종 총무원장이 탄 차량의 트렁크를 수색한 사건을 계기로 불만이 폭발했다. 불교계는 대대적인 집회를 열고 대통령 사과, 어청수 경찰청장 문책, 공직자 종교 편향 금지 입법 등을 요구하며 강력하게 반발했다. 드디어 대통령이 사과하고, 공무원의 직무상 종교 차별 행위를 금지하는 내용의 '공무원 복무규정 제4조 2항'을 신설하기에 이르렀다.

그런데 이번에는 이 '복무규정 4조 2항'을 기독교 측에서 역이용하고 나섰다. 41년째 거행되고 있는 울산의 '처용 문화제'를 문제 삼은 것이다. 울산시 기독교연합회와 울산시 교회협의회, 울산시 성시화(聖市化) 운동본부, 울산문화연대 등 4개 단체가 "울산시가 처용 문화제에 세금을 지원함으로써 무당인 처용을 믿고 따르는 특정 종교 활동을 지원하고 있다"며 지원 중단을 요구하고 나선 것이다. 이들은 처용 문화제 지원 관련 조례를 폐지하지 않거나 다른 명칭으로 변경하지 않으면 공무원 복무규정 위반으로 울산시 관계자를 고발하겠다고 밝혔다.

나는 기독교인도 아니고 불교인도 아니다. 그러나 누가 어떤 종교를 믿든 서로의 종교를 인정해 주는 아량을 가져야 한다고 생각한다. 크리

스마스 날 불교사찰 앞에 크리스마스 트리를 세운 승려도 있었다. 또 부처님 오신 날 사찰을 방문하여 축하해 준 가톨릭 신부도 있었다. 이 얼마나 아름다운 일인가. 왜 유독 개신교만 다른 종교를 인정하지 않는가?

시골 학교 교정에 세워둔 단군상(檀君像)이 훼손당한 일이 있었고, 동네 입구에 서 있는 천하대장군이 도끼로 찍히는 일도 있었다. 우상숭배라는 것이다. 그러나 이런 일은 일부 몰지각한 개인의 소행으로 보아 넘길 수 있지만 처용 문화제의 경우는 다르다. 개인이 아니라 기독교 단체가 공식적으로 항의한 것이다.

처용 문화제를 '특정 종교 활동'으로 보는 시각 자체에 문제가 있다. 신라 향가인 「처용가」에서 유래된 처용희(處容戱)는 신라, 고려, 조선시대에 궁중과 민간에서 널리 행해져 온 우리나라 고유의 전통문화이다. 처용과 처용가에 대해서는 이설(異說)이 많지만, 아내를 빼앗긴 사내의 원한과 슬픔을 춤과 노래로 승화시켜 역신(疫神)을 감동시킨다는 내용의 처용희를 '특정 종교 활동'으로 볼 수는 없을 것이다. 41년간이나 지속되어 온 처용 문화제를 '공무원 복무규정'에 따라 고발하겠다는 것은 얼핏 불교계로부터 받아온 그동안의 시달림을 엉뚱한 대상에게 앙갚음한다는 인상마저 준다.

『삼국유사』의 기록에 따르면 신라 헌강왕이 동해 용왕의 아들인 처용을 만난 곳이 지금의 울산시 남구 개운포이다. 그 후 그곳에 있는 바위를 처용암이라 이름하고 이를 울산의 상징으로 삼아 해마다 처용 문화제를 개최한 것으로 알고 있다. 이러한 처용설화의 발원지인 울산에서 처용 문화제를 개최하는 것은 지극히 당연한 일이 아닌가? 더구나 처용가와 처용설화는 국문학사에서 매우 중요한 문학유산이다. 그런데도 기독교 측에서 이를 트집 잡고 나선 연유를 이해할 수 없다.

## 우주경제특구 주천酒泉

| 2008, 다산포럼

중국 감숙성(甘肅省)에 주천(酒泉)이란 곳이 있다. 그 고을에 술이 샘솟는 우물이 있다 하여 한(漢)나라 때부터 불린 이름이다. 문자 그대로 '술이 솟아나는 우물'의 고장이니 예로부터 천하의 술꾼들이 동경해 마지않던 곳이다. 두보(杜甫)의 시 「음중팔선가(飮中八仙歌)」는 당시 8명의 주선(酒仙)을 읊은 작품인데 그중에

| | |
|---|---|
| 여양(汝陽)은 술 세 말 마시고야 조정에 드는데 | 汝陽三斗始朝天 |
| 가는 길에 누룩 수레 만나면 침을 흘리고 | 道逢麴車口流涎 |
| 주천(酒泉) 태수 되지 못함을 한탄한다네 | 恨不移封向酒泉 |

라는 구절이 있어, 여양왕 이진(李璡)이 주천의 태수가 되기를 간절히 원했다고 한다. 이백(李白)의 시 「월하독작(月下獨酌)」 제2수에도

| | |
|---|---|
| 하늘이 술을 사랑하지 않았다면야 | 天若不愛酒 |
| 하늘엔 주성(酒星)이 없었을 것이고 | 酒星不在天 |
| 대지(大地)가 술을 사랑하지 않았다면야 | 地若不愛酒 |
| 땅엔 응당 주천(酒泉)이 없었을 것이라 | 地應無酒泉 |

하여 하늘과 땅도 술을 사랑했으니 자기가 술 마시는 것이 하늘과 땅에 부끄럽지 않은 일이라 했다. 아마 이백은 주천에 살면서 좋아하는 술을 실컷 마시며 달과 더불어 살고 싶었을 것이다. 실로 이백은 술과 달의 시인이었다. 그는 인간세상에서 느낀 환멸과 좌절을 술로 달래었고 추악한 현실 너머에 있는 달을 너무나 사랑했다. 그래서 이백의 시에 술이

등장하면 으레 달이 따라 나온다. 말하자면 이백과 술과 달은 삼위일체를 형성하고 있다고 해도 과언이 아니다.

이 주천에 최근 '우주경제특구'란 명칭이 붙여졌다. '주천'과 '우주경제'는 전혀 어울리지 않는 말이다. 2003년 유인 우주선 신주(神舟) 5호와 2005년의 신주 6호에 이어 금년 9월에 신주 7호가 주천 근처의 위성 발사센터에서 발사된 후 관광객이 몰리면서 우주경제특구로 발돋움한 것이다.

그러나 '주천'과 '우주경제'를 어울리게 만든 일이 있다. 2007년에 달 탐사 위성인 항아(嫦娥) 1호가 주천에서 발사되었기 때문이다. '항아'는 달의 별칭이다. 전설에 의하면 항아의 남편 예(羿)가 곤륜산의 서왕모(西王母)로부터 불사약을 얻어왔는데, 둘이서 함께 먹어야 할 불사약을 항아가 혼자 몰래 훔쳐 먹었다. 몸이 가벼워진 항아가 하늘로 올라가다가 죄책감 때문에 달 속에 숨어버렸다고 한다. 그 후 항아는 달에서 홀로 사는 여인이 되었고 수많은 시인들에 의하여 달은 항아로 불리게 되었다.

이백과 주천과 술과 달을 떠올리면, 주천에서 달 탐사 위성을 발사하는 것이 그리 어색하지만은 않은 일이다. 더구나 달 탐사 위성의 이름을 '항아'로 명명해서 그 어색함을 좀 더 풀어준다. 우주선 발사기지에 우주경제특구라는 이름을 붙인 중국인의 상술(商術)도 놀랍지만 달 탐사 위성을 '항아(嫦娥)'로 명명한 중국인의 예지가 더욱 놀랍다. 유인 우주선을 '신의 배'라는 뜻의 '神舟'라 이름하고 달 탐사 위성에 '嫦娥'라는 이름을 붙이며, 신주 7호 발사 후 중국 CCTV가 "神舟問天[신의 배, 하늘에 묻다]"이라는 타이틀로 방송을 한 것은 한자가 가진 독특한 특성에 힘입은 바 크다는 생각도 해본다.

"봄 가을 흰 토끼는 불사약을 찧고 있고 / 홀로 사는 항아는 누구와 이웃할까"(「把酒問月」)라고 노래했던 이백이 주천의 항아 1호 발사 현장에 있었다면 그 감회가 과연 어떠했을까?

## 진화하는 뇌물, 그러나…

| 2008, YTN

동서고금을 막론하고 공직자들의 뿌리 깊은 병폐는 부정과 부패였습니다. 그리고 이 부정과 부패의 한가운데에 뇌물이 있었습니다. 고대 중국에도 "천금을 가진 자는 사형당하지 않는다[千金之者 不死於市]"는 말이 있었던 것으로 보아 광범위하게 뇌물을 주고받았음을 알 수 있습니다. 뇌물을 받는 쪽에서는 '천금'이라는 거액의 유혹을 뿌리치기 어려웠을 것이고, 뇌물을 주는 쪽에서는 죽을 사람도 살릴 수 있는 뇌물의 위력을 외면할 이유가 없었을 것입니다.

우리나라에서도 전 국세청장 이주성 씨가 거액의 뇌물을 받은 혐의로 최근 구속되었습니다. 그런데 이주성 씨가 뇌물을 받은 수법이 상상을 초월하는 교묘한 것이어서 세간의 화제가 되고 있습니다. 이씨는 일반인들이 상상할 수 없는 기상천외의 방법으로 19억 원대 아파트를 뇌물로 받은 것을 비롯해서 갖가지 수법을 동원하여 뇌물을 챙겨왔다고 합니다. 또한 그는 100여 개 가까운 차명계좌를 처남, 여비서, 대기업 중역, 심지어 단골 룸살롱 여주인의 명의로 관리했다고 하는데 그 차명계좌의 잔고가 밝혀진 것만 해도 30억 원이 넘는다고 합니다.

이 사건을 수사한 검찰 관계자의 말을 빌리면 "뇌물을 받는 데도 혁신이 일어나고 있다. 요즘은 계좌 추적이나 수표 추적은 거의 의미가 없어졌다"고 합니다. 현금 전달이나 무기명 채권, 양도성 예금증서 등도 이젠 고전적 수법이 되어버린 것입니다. 뇌물 수수 방법이 진화에 진화를 거듭하고 있습니다. 이주성 씨가 이렇게 '선진화된' 방법으로 뇌물을 관리할 수 있었던 것은 31년간의 국세청 생활에서 노하우를 얻었을 것으로 짐작됩니다. 그는 1975년부터 2006년까지 국세청에서만 일했는데 이 국세청 생활에서 익힌 재산 추적 기술을 역이용하여 뇌물을 챙긴 것입니다.

그러나 뇌물 수수 방법이 아무리 교묘해도 결국은 드러나게 마련입니다. 중국의 『후한서(後漢書)』에 이런 이야기가 실려 있습니다. 양진(楊震)이 동래태수로 임명받아 부임하는 도중에 창읍(昌邑)이란 곳을 지나게 되었는데 이곳의 사또인 왕밀(王密)이 지난날 자기를 추천해 준 양진에게 황금 열 근을 바쳤습니다. 양진은 "친구인 나는 그대를 아는데 그대는 어찌하여 친구를 모르는가?"라 말하며 거절했습니다. 그러자 왕밀은 "지금은 밤이라 아무도 아는 자가 없습니다"라 말했다. 이에 양진이 말하기를 "하늘이 알고 신(神)이 알고 내가 알고 그대가 아는데 어찌 아는 사람이 없다고 하는가?"라 하니 왕밀이 부끄러워하며 물러갔다고 합니다.

이 이야기로부터, 하늘과 신과 나와 너 네 사람이 안다는 뜻의 "사지(四知)"란 말이 생겼습니다. 그렇습니다. 아무리 은밀한 거래라도, 아무리 교묘한 수법으로 주고받았더라도 그것이 정당하지 못한 행위라면 결국 드러나고 마는 것입니다. 그런데도 우리 사회의 뇌물 수수는 끝날 줄을 모릅니다. 최근에만 해도 KTF의 조영주 사장과 KT의 남중수 사장이 납품업체로부터 거액의 뇌물을 받은 혐의로 구속되었습니다. 공직자들은 마치 먹이를 탐하는 맹수처럼 재물을 긁어모으고 있습니다.

다산(茶山) 정약용(丁若鏞) 선생은 『목민심서』에서 이렇게 말했습니다. "수령이 청렴하지 못하면 백성들은 그를 도적으로 지목하여 마을을 지날 때에는 욕하는 소리가 비등할 것이니 이것 역시 수치스러운 일이다." 이 땅의 공직자들은 마땅히 다산의 말을 가슴에 깊이 새겨야 할 것입니다.

## 쥐와 야합한 고양이

| 2009, YTN

다산 정약용 선생의 장편 우화시에 「고양이[狸奴行]」라는 작품이 있습니다. 내용은 이렇습니다. 남산골에 사는 한 늙은이가 쥐의 등쌀에 못이겨 고양이를 길렀습니다. 그런데 쥐를 잡아야 할 고양이가 쥐를 잡지는 않고 오히려 쥐들과 한 패거리가 되어 늙은이에게 더 큰 피해를 준다는 이야기입니다. 354자(字)에 달하는 이 장편 시에서 다산은 고양이가 쥐와 야합하는 과정과 그 행패를 매우 사실적으로 묘사하고 있습니다.

물론 현실에서는 이런 일이 있을 수 없습니다. 순전히 다산의 상상력이 만들어낸 작품입니다. 그러면 다산은 왜 이런 기상천외의 발상을 하게 되었을까요? 그 당시 광범위하게 존재했던 세태(世態)를 풍자한 것입니다. 다산의 『목민심서』에 보면, 도둑 잡는 일을 주 업무로 하는 토포군관(討捕軍官)이 도둑과 야합하는 대목이 자세히 기록되어 있습니다. 도둑이 '도둑업'을 개업하려면 토포군관에게 신고식을 해야 하고 처음 세 번은 그 장물(贓物)을 모두 바쳐야 하며, 이후에는 장물을 3 대 7로 분배했다고 합니다. 도둑이 3을 가지고 군관이 7을 가지는 것이 관례인데 한 번이라도 이를 어기면 즉시 체포된다고 합니다.

어두웠던 조선 후기의 한 단면을 극명하게 보여주는 실례입니다. 이 기막힌 현실을 보고 다산은 고양이와 쥐가 야합한다는 기발한 착상을 하게 된 것입니다.

다산의 우화시를 읽고 우리가 놀라움을 금하지 못하지만 이런 일이 다산 시대에만 있었던 것은 아닙니다. 지난 4월 9일, 서울지방경찰청은 서울 시내 31개 일선 경찰서의 경위급 이하 464명에 대한 특별 전보인사를 단행했습니다. 이 무더기 전보인사는 경찰관과 유흥업소와의 부적절한 관계가 드러나면서 여론이 악화되자 취해진 것입니다. 4월 18일에는 폭력조직인 속칭 '안양 타이거파'의 두목이 운영하는 불법 성인오락실에 지분을 투자하거나 돈을 받고 단속정보를 알려준 경찰관 4명을 파면했습니다. 또 7월 21일에는 서울 강남경찰서 역삼지구대 소속으로 근무하면서 관내 유흥업소 주인들에게 단속정보를 미리 귀띔해 주거나 불법 영업을 묵인해 주는 대가로 금품을 받은 경찰관 15명을 파면했다고 합니다. 이들은 2006년 7월부터 2007년 7월까지 단란주점과 노래방 등 30여 개 업소로부터 매달 6, 7백만 원의 돈을 받아 챙긴 사실이 뒤늦게 발각된 것입니다. 서울경찰청 청문감사실은 특히 강남·서초·송파 경찰서 소속 지구대에 대하여 계속 내사중이라고 밝혔습니다. 그러니 앞으로 얼마나 더 많은 비리가 드러날지 알 수 없습니다. 지금까지 밝혀진 하위 경찰관의 비리 말고도 고위급 경찰관들의 감추어진 부정과 비리도 없지 않으리라고 생각합니다.

이렇게 단속하는 자와 단속받는 자가 야합하면 이 세상에서 못 할 일이 없을 것입니다. 그리고 범죄는 결코 없어지지 않을 것입니다. 실제로는 양심적이고 성실한 경찰관이 훨씬 더 많으리라고 생각합니다만, '민중의 지팡이'인 경찰이 지팡이 노릇을 제대로 수행해 주기 바라는 마음 간절합니다. 그리하여 더 이상 국민들로 하여금, 남산골 늙은이가 길렀다던 고양이와 같은 그런 고양이를 우리가 기르고 있다는 느낌을 갖지 않게 해주기 바랍니다.

# 인간은 선한가?

| 2009

연쇄살인범 강호순이 세상을 놀라게 하고 있다. 그는 2006년 12월부터 2007년 1월까지 24일간 5명의 여성을 살해했고, 잠시 '작업'을 중단했다가 2008년 12월 이후 2명을 더 살해했다. 경찰은 지금 그의 여죄(餘罪)를 추궁하고 있다고 한다. 아직도 미제(未濟)로 남아 있는 여러 건의 여성 실종사건의 유력한 범인으로 그를 지목하고 있기 때문이다.

그는 범행을 손쉽게 하기 위해서 최고급 승용차인 에쿠스를 구입하여 여성들을 유인하고 살해한 후 암매장하는 수법을 반복해 왔다. 그런데 문제는 범행의 동기가 석연치 않다는 것이다. 그는 경찰 조사과정에서 이렇게 말했다고 한다. "여자들을 성폭행할 목적도 아니고 순수하게 돈이 필요해서 그런 것도 아니고, 딱히 뭐라 할 수 없지만 순간순간 자신을 제어하지 못한 것 같다." 즉 그는 성폭행이나 금품을 노려 살인한 것이 아니고 살인 그 자체를 위해서, 살인의 쾌락을 맛보기 위해서 여성들을 죽였던 것이다. 참으로 끔찍한 일이다. 사람의 탈을 쓰고 이럴 수가 있을까?

여기서 '인간은 과연 선한가'라는 물음을 던지지 않을 수 없다. 인간의 본성이 선하다는 맹자의 성선설은 유가의 기본전제이기 때문에 우리는 어릴 때부터 이 성선설에 의해서 세뇌를 받아왔다고 해도 과언이 아니다. 그러나 요즈음 일어나는 일들을 보면 순자의 성악설에도 일리가 있다는 생각이 든다. 순자는 인간의 본성이 악하다고 했다. 선한 행동을 하는 것은 후천적인 교육이나 예(禮)에 의하여 순화된 결과라는 것이다. 성선설과 성악설을 단순 비교하는 것이 위험한 일이긴 하지만, 사람의 본성에 악한 요소가 없고서야 어떻게 강호순과 같은 살인을 저지를 수 있겠는가.

어디 그뿐인가. 8살 우슬이와 10살 혜진이를 성폭행하고 살해, 암매장한 비정의 이웃 아저씨, 무려 21명을 이유 없이 살해하고 시체를 토막 내서 암매장한 희대의 살인마 유영철, 살인공장을 차려놓고 사람을 죽여 소각한 이른바 '지존파', 어머니를 살해한 아들, 딸을 살해한 아버지 등 수많은 사건들에서 인간 본성의 악한 씨앗을 볼 수 있다. 1980년 광주에서 일어난 민간인 학살사건이나, 히틀러의 유대인 학살사건, 그리고 인종청소라는 이름으로 무려 8,000여 명을 학살한 세르비아의 말로세비치와 카라지치의 행위 등을 두고, 선한 본성을 지닌 인간의 행동이라 말할 수 있겠는가.

이 세상에는 선한 사람도 많이 있다. 아니 선한 사람이 더 많을 것이다. 나이팅게일이나 테레사 수녀처럼 평생 남을 위해 헌신한 사람도 있고, 삯바느질해서 일생 동안 모은 돈을 대학 장학금으로 희사한 할머니도 있다. 또한 눈에 띄지 않는 곳에서 남모르게 이웃을 도운 아름다운 사람도 많을 것이다. 그러나 이러한 선행이 사회를 밝게 하는 효과보다 악행(惡行)이 사회를 어둡게 하는 폐단이 더 심하다는 데에 문제가 있다.

강호순의 연쇄살인 사건으로 해서 느닷없이 성선설과 성악설을 떠올렸지만, 여기서 이 두 학설의 옳고 그름을 따질 생각은 없다. 둘 다 일면적인 타당성이 있는 것이다. 나아가 두 학설을 주장한 맹자와 순자에게서 하나의 공통점을 발견할 수도 있다. 맹자의 경우, 자칫 악으로 흐르기 쉬운 심성을 본래의 선한 본성으로 되돌리기 위해서, 그리고 순자의 경우, 악한 본성을 바로잡기 위해서 필요한 것이 바로 교육과 예(禮)라는 것이다.

고조선 시대에 8개이던 법조문이 지금은 하늘의 별만큼 많아졌다. 그만큼 범죄가 증가했다는 반증이다. 이렇게 범죄가 증가할수록 우리에게 절실히 필요한 것이 교육과 예이다. 그런데 오늘 이 땅의 교육 현실은 어떠한가? 각급 학교에서 참다운 의미의 교육과 예는 사라지고 학생들을 오로지 '지식 상자'로 만들고 있다. 이런 현상이 계속된다면 앞으로 더 많은 강호순이 나타나지 않으리라는 보장이 없다. 영어도 좋고 컴퓨터도 좋지만 이번 사건을 계기로 해서 진정한 교육이 어떠해야 하는가를 깊이 생각해 볼 때라고 생각한다.

## 교도소 담장 위를 걸어가는 사람

| 2009, 『내일신문』

우리나라 국회의원을 비꼬는 두 가지의 난센스 퀴즈가 있다. 첫째는 이제 고전이 되어버린 것인데, 서울대학교 학생과 천주교 신부와 국회의원이 한강에 빠졌다면 누구를 먼저 구해야 할까? 정답은 국회의원이다. 왜냐하면 국회의원이 물속에 오래 있으면 한강이 오염되기 때문이다. 둘째는, 정자(精子)와 국회의원의 공통점은? 정답은 '인간이 될 확률이 100만분의 1도 안 된다'이다.

국민의 대표인 국회의원이 국민들로부터 이러한 야유를 받는 현실이 서글프기 짝이 없다. 국회의원은 정치를 하는 사람들이다. 과연 정치란 무엇인가? 『논어』에서 계강자(季康子)가 정치에 대해서 물었을 때 공자는 이렇게 말했다. "정치란 바르다는 뜻이다. 그대가 바른 것으로 통솔한다면 어느 누가 감히 바르지 않으리오." 즉 바르게 하는 것이 정치라는 말이다. 이밖에도 『논어』에는 수많은 제자들이 정치에 대하여 물었고 공자는 그때그때의 상황에 따라 일일이 대답한 대목이 기록되어 있다. 그만큼 정치가 중요하다는 것이고 또 그만큼 당시의 정치에 문제가 있다는 반증이기도 하다.

정치란 모름지기 바르게 해야 한다는 공자의 말에도 불구하고 동서고금의 정치는 대체로 바르지 않았던 것 같다. 고대 그리스의 희곡작가인 아리스토파네스는 말하기를 "오늘날 정치를 하는 자들은 이미 학식 있는 사람이나 성품이 바른 사람이 아니다. 불학무식(不學無識)한 깡패들에게나 알맞은 직업이 정치이다"라 했다. 근래 러시아의 흐루시초프도 "정치가란 결국 시냇물이 없어도 다리를 놓겠다고 공약하는 따위의 사람이다"라 말했다.

고대 그리스에서부터 근래의 러시아에 이르기까지 정치가 이러했거

늘 우리나라도 예외일 수 없었을 것이다. 내가 보기에 대한민국 국회의원은 적어도 다음 세 가지 조건을 갖추어야 한다. 첫째는 낯이 두꺼워야 한다. 둘째는 거짓말을 잘해야 한다. 속이 훤히 보이는 거짓말을 뻔뻔스럽게 할 줄 알아야 하고, 그걸 듣는 상대방은 거짓말인 줄 알면서도 진지한 표정을 지어야 한다. 셋째는 싸움을 잘해야 한다. 싸움에는 말싸움과 몸싸움이 있다. 말싸움은 국회의원 본연의 임무이다. '의원(議員)'의 '議'는 본래 '말'이라는 뜻이다. 그러므로 말을 통하여 상대방을 설득하고 의사결정을 하는 것이 의회의 본래의 기능이다. 그러니 말싸움은 국회의원이 당연히 갖추어야 할 덕목이다. 그러나 '진정한' 국회의원이 되기 위해서는 여기에 몸싸움하는 능력까지 구비해야 한다. 우리는 의사당 안에서 의원들이 멱살을 잡고 폭력을 행사하는 장면을 식상할 정도로 많이 보아왔다.

지난해 연말에는 신종 폭력이 등장했다. 야당 의원이 국회 외통위 회의실 문을 해머와 전기톱을 동원하여 부쉈던 것이다. 이 과정에서 물론 의원들끼리 격렬한 몸싸움이 뒤따랐다. 이 사진이 미국의 시사 주간지 표지에까지 게재되어 국제적 망신을 당하기도 했다. 금년 2월 27일에는 입법 활동에 불만을 품은 외부인이 국회 안에서 전여옥 의원을 폭행했다. 의원들끼리의 폭력이 일상화되니까 외부인이 그래도 되는 줄 알았던 모양인가. 3월 1일에는 그야말로 헌정사상 초유의 폭력사태가 발생했다. 의원 보좌관과 정당 직원들이 국회 본관 로텐더홀 계단 위에 서있던 차명진 의원의 목을 조르며 팔을 꺾었고 차 의원은 계단 아래로 굴러떨어졌다. 차 의원은 이튿날 팔에 깁스를 하고 본회의장에 나왔다.

국회법에는 국회의원의 "의원으로서의 품위를 유지할 의무"가 명시되어 있다. 하지만 난장판이 된 국회에서 의원의 품위를 찾아보기는 힘들다. 물론 품위를 유지하면서 묵묵히 입법에 충실한 의원이 더 많을 것이다. 그러나 아무리 소수라 해도 법을 만드는 의원이 '법보다 주먹이 앞선다'는 것을 솔선하여 보여주어서는 안 될 것이다. '국회의원은 교도소 담장 위를 걸어가는 사람'이라는 농담이 있다. 교도소 안으로 떨어져 범법자가 될 확률이 50%이다. 일반인이라면 몰라도 법을 만드는 의원이 이런 조롱을 받아서야 되겠는가.

## 세탁 시대

| 2010, 다산포럼

더러운 것을 씻어내어 깨끗하게 만드는 행위를 세탁이라 한다. 이 말은 주로 의복의 더러움을 씻는 데에 사용되지만 보다 광범위한 뜻으로도 쓰였다. 중국 송나라 때의 시인 소동파(蘇東坡)는 백수산(白水山)을 유람하고 쓴 시에서 "다만 속된 마음 세탁할 수 있다면 / 신선과 선약(仙藥)이 나와 멀지 않으리[但令凡心一洗濯 神人仙藥不我遐]"라고 했다. 옷이 아니라 마음을 세탁하고 싶다고 말한 것이다. 역시 송나라 때의 문인 증공(曾鞏)은 "뭇 산이 푸르게 껴안고 있어서 / 티끌과 안개가 세탁한 듯하다네[群山翠相抱 塵靄如洗濯]"라 하여, 공기 중의 티끌과 안개가 사라진 것을 세탁이라고 표현했다. 이렇게 세탁이란 어느 경우이건 맑고 깨끗하게 하는 행위를 가리킨다.

그런데 요즈음 우리 사회에서 이 말은 종래 사용되던 뜻과는 다르게 쓰이고 있다. 그 대표적인 예가 '돈세탁'이다. 돈세탁이란, 불법으로 취득한 돈을 정당하게 얻은 깨끗한 돈으로 보일 목적으로 또는 취득한 사실 자체를 아예 숨길 목적으로 그 출처나 소유 관계를 은폐하는 행위이다. 이것은 우리나라 정치가들이 대가성 있는 정치자금을 수수할 때 애용하는 방법으로 '깨끗하게 한다'는 세탁 본래의 뜻과는 거리가 멀다.

최근에는 '아동 세탁'이 문제가 되고 있다. 작년 12월 10일 서울 여의도에서 열린 '입양촉진 및 절차에 관한 특례법 개정을 위한 공청회'에서 발제자로 나온 제인 정 트렌카 씨의 증언은 충격적이다. 그녀는 생후 6개월 만에 4살 된 언니와 함께 미국으로 입양되었는데 수년 전 친부모를 찾기 위하여 한국에 와보니 자신의 '가족 호적'과는 다른 '고아 호적'이 별도로 작성되어 있더라는 것이다. 트렌카 씨는 이렇게 말했다. "제가 태어난 날짜도, 태어난 곳도 모두 사실이 아니었습니다. 저를 낳아

준 어머니가 저를 낳자마자 버렸다는 것도, 아버지가 저를 보육원에 두고 간 뒤 '친부와 친모는 함께 살 가능성이 없다'고 말했다는 것도 거짓이었습니다." 이렇게 아동의 신상정보를 조작하는 것은, 입양을 쉽게 하기 위해서 양부모의 입맛에 맞춰 아동을 상품처럼 포장한 것이라고 한다. 그래서 입양인 중에서 후에 가족과 상봉하는 비율이 2.7%에 불과하다고 했다. 입양 직전 아동이 사망했을 때 다른 아이로 바꿔치기를 하고, 친부모의 동의 없이 타인 명의의 동의서를 조작하는 등 아동 세탁의 유형은 다양하게 이뤄지고 있는 것이 사실이다.

'국적 세탁'도 있다. 지난해 5월에는 중국산 위조 명품들을 인천공항으로 들여와서 마치 한국산 제품인 것처럼 속여 미국으로 수출하려 한 일당이 검거되었다. 이른바 국적 세탁이다. 어디 그뿐이랴. 각 대학에서는 '학점 세탁'이 성행하고 있다고 한다. 학점이 낮게 나온 학생들에게 횟수에 관계없이 무제한으로 재수강을 허용해서 성적을 올려주는 것을 말한다. 엄격한 재수강 제한 때문에 취업에서 불이익을 당하지 않게 하려는 학교 당국의 배려이겠지만 이런 현상을 두고 한 대학교수는 "대학이 학점 세탁소가 되었다"고 자탄하기도 했다. 요즈음 젊은이들은 학점 세탁과 함께 '얼굴 세탁'도 한다고 하니 그야말로 '자연산'을 보기가 어렵게 되었다. 지난해 연말에는 '4대강 정비' 문제로 국회 예결위원회장에서 농성중인 민주당의 정세균 대표가 "수자원공사를 통한 '예산 세탁'을 제대로 돌려놓으라"고 요구했다.

세탁, 세탁, 세탁 … 우리 사회는 각계각층에서 바야흐로 세탁하느라 여념이 없다. 세탁을 하면 더 깨끗해져야 하는데 오히려 더 지저분해지는 것이 오늘날 세탁의 현주소이다. 이 부적절하고 비정상적인 세탁 풍조를 진짜 세탁해 버릴 날은 언제 올 것인가?

## "마부작침磨斧作針"과 "탁수강산"

| 2010, 다산포럼

요즈음 각 정당 대표들의 발언에서 한자어(漢字語) 사용이 눈길을 끈다. 국가의 지도급 인사들이 자신의 위상에 걸맞게 품위 있는 언어를 구사한다는 점에서 일단 바람직한 일이라 생각한다. 그러나 좀 더 정확히 사용했으면 하는 아쉬움이 남는다.

자유선진당 이회창 대표는 지난 3월 17일 전당대회에서 "도끼를 갈아서 바늘을 만드는 마부작침(磨斧作針)의 심정으로 모두가 불가능하다고 생각하는 것들을 가능하게 만들겠다"고 말했다. '마부작침'은 중국 당나라 때 시인 이백(李白)의 고사에서 나온 말이다. 이백이 젊었을 때 공부를 하다가 학업을 완성하기 전에 포기하고 집으로 돌아가는데, 길에서 노파가 절굿공이를 갈고 있는[磨杵] 것을 보고 그 까닭을 물으니 "바늘을 만든다[作針]"는 것이었다. 이 말에 느낀 바 있어서 이백은 정진하여 학업을 완성했다고 한다. 그러므로 이 고사의 정확한 표기는 '마저작침(磨杵作針)'이어야 한다. 물론 '마부작침'이라 해서 말이 안 되는 것은 아니지만 관련 고사에서 유래된 성어(成語)를 정확히 인용할 필요가 있다. 또 이 말은 "불가능하다고 생각하는 것들을 가능하게 만든다"는 뜻 보다는 "어려움을 이겨내고 끝까지 노력하면 성공한다"는 뜻에 더 가깝다.

이회창 대표는 또 같은 날 대표 취임 연설에서 이런 말도 했다. "'천지는 만물이 머무는 여관이요, 시간은 영원한 나그네'라는 말이 있다. 그 나그넷길에 제가 선진당과 조국 발전을 위해 일할 수 있는 기회를 다시 한번 주신 당원 동지 여러분께 감사드린다." 이 대표가 인용한 구절은 역시 이백의 유명한 글 「춘야연도리원서(春夜宴桃李園序)」의 첫 대목으로 원문은 "夫天地者 萬物之逆旅 光陰者 百代之過客"이다. 그런데 다음에 곧 "浮生若夢 爲歡幾何[뜬 인생이 꿈과 같으니 즐거움을 누리는 것이 얼마나 되겠는가]"라는 구절이 이어진다. 그러므로 이 단락은 '더 넓은 천지간에 살면서 시간은 머물지 않고 나그네처럼 끊임없이 흘러가는데 기껏 백 년도 못 사는 우리가 즐거움을 누릴 수 있는 기간이 얼마나 되겠는가'로 해석된다. 이렇게 볼 때 "그 나그넷길에 제가 … " 운운한 이 대표의 말은 이백의 글의 내용과는 좀 동떨어진다는 느낌이 든다.

지난 3월 22일에는 민주당 정세균 대표가 최고위원회에서 "4대강 공사로 금수강산 맑은 물이 탁수강산(濁水江山)이 될 지경"이라고 말했다. 이 신문 보도를 읽고 나는 깜짝 놀랐다. 후에 확인해 보니 정 대표는 "(금수강산의) 그 '수'가 물 수(水)는 아니지만 … "이라는 단서를 달긴 했다. 그러나 '금수강산'과 '탁수강산'을 대비시킨 표현을 적절하다고 볼 수는 없다.

내가 이 대표와 정 대표의 말에 트집을 잡으려는 것은 아니다. 오히려 흔한 지도자급 정치인의 '막말'과는 달리 품위 있는 언어를 구사하려는 두 사람의 자세에 경의를 표하고 싶다. 다만 그러한 자세를 계속 유지해 주기를 바라는 마음에서 약간의 충고를 했을 뿐이다. 아울러 이 기회에 우리 문화의 뿌리인 한자, 한문에 대한 관심도 높일 수 있기를 기대해 본다.

## 구비口碑

| 2010, 다산포럼

중국 송나라의 유염(兪琰)이 쓴 『서재야화(書齋夜話)』에 이런 대목이 있다.

| | |
|---|---|
| 이름을 어찌 하필 돌에다 새기는가 | 有名何必鐫頑石 |
| 길 가는 사람 입이 비(碑)와 같은데 | 路上行人口似碑 |

동서고금을 막론하고 사람들은 자신의 이름과 행적을 후세에 남기고 싶어 한다. 그 대표적인 수단이 돌에다 이름을 새기는 것인데 이것이 비석이다. 그러나 돌에 새긴 글은 세월이 지나면 마멸된다. 돌에 새기지 않더라도 사람들의 입에서 입으로 전해지면 인간이 존재하는 한 영원히 없어지지 않는다. 이것이 이른바 '구비(口碑)'이다. 즉 돌에 새긴 비가 아니라 입으로 전해지는 비(碑)라는 뜻이다. 그러니 '석비(石碑)'보다 '구비'가 훨씬 더 가치 있는 것이다.

동양 특히 한자문화권 국가에서는 사람들의 명예욕 때문에 자고로 수많은 비석이 세워졌다. 이 중에는 죽은 후에 진심으로 그 사람의 덕망을 추모해서 후인들이 세운 비석도 있지만, 살아있는 사람이 자신의 행적을 과시하기 위하여 스스로 세운 비석도 적지 않다. 가장 흔한 것이 선정비(善政碑)이다. 이런 비석에는 돌에 새겨진 내용이 과장되거나 허위인 경우가 많다. 이러한 폐단을 신랄하게 풍자한 백거이(白居易)의 『청석(青石)』이란 작품이 있는데 그 첫 대목은 이렇다.

| | |
|---|---|
| 청석(青石)이 나는 곳 남전산(藍田山)인데 | 青石出自藍田山 |
| 수레를 연이어 장안으로 싣고 온다 | 兼車運載來長安 |

석공은 갈고 쪼아 무엇에 쓰려는가 工人磨琢欲何用
돌은 말을 못하니 내가 대신 말하노라 石不能言我代言
무덤 앞 신도비(神道碑)는 되고 싶지 않으니 不願作人家墓前神道碣
봉분 흙 마르기도 전, 그 이름 잊혀지리 墳土未乾名已滅
관청 앞길 덕정비(德政碑)도 되고 싶지 않으니 不願作官家道傍德政碑
실제 사실 안 새기고 헛된 말만 새기는 걸 不鐫實錄鐫虛辭

이 '덕정비'가 선정비이다. 지금도 지방에 가면 '영세불망비(永世不忘碑)' 등이 새겨진 크고 작은 선정비를 길가에서 수없이 볼 수 있는데 그 고을 사람들이 자발적으로 세운 경우는 드물고 대부분이 임기를 마치고 떠나는 전임 사또의 강압에 의해 세워진 것이라고 한다. 지난달 서울의 동작문화원 앞에 세워진 전임 동작구청장의 공덕비가 세인의 입방아에 오르내리는 것도 이런 유쾌하지 못한 기억 때문일 것이다. 그러나 모든 선정비가 다 그렇지는 않을 것이다. 명종 때 합천군수를 지낸 이증영(李增榮)이 임기를 마치고 떠날 때 고을 사람 주이(周怡)가 다음과 같은 송별시를 지었다고 한다. 주이는 주세붕(周世鵬)의 증손자이다.

만 사람 입이 비(碑)인데 돌을 어찌 쓰리요 萬口是碑安用石
말 한마디가 전별금이지 돈을 꼭히 줄 것 없네 一言爲贐不須金

선정을 베풀고 떠나는 이증영을 위해서 굳이 비석을 세울 필요가 없다는 말이다. 왜냐하면 고을의 모든 사람들이 그를 칭송하여 '구비(口碑)'가 이미 세워졌기 때문이다. 그럼에도 불구하고 고을 사람들은 후일 그의 의사와 관계없이 그를 기리는 선정비를 세웠다. 그가 죽기 4년 전이다. 지금도 합천군에는 이 선정비가 남아있는데 언젠가는 마멸되어 없어질 것이다. 그러나 이증영의 '구비'는 영원히 없어지지 않을 것이다.

## 존경받는 지도자

| 2011, 다산포럼

브라질의 룰라 대통령이 8년간의 임기를 마치고 퇴임했다. 브라질 국민들은 퇴임하는 그에게 87%의 지지율을 보냈다. 세계 각국은 그의 퇴임을 '아름다운 퇴장'이라 불렀다. 그는 재임 기간 중 브라질을 세계 8위의 경제 대국으로 끌어 올렸고 좌우를 모두 끌어안는 포용의 정치력을 발휘했다. 그래서 2014년에 다시 출마하면 당선이 확실시됨에도 불구하고 "신은 한 사람에게 두 번 선물을 주지 않는다. 다시 대통령이 되기를 바란다는 것은 미친 짓이다"라는 말을 남기고 조용히 물러났다. 그래서 그의 퇴임을 '아름답다'고 하는 것이다.

이 아름다운 퇴장을 보고 착잡한 마음을 금할 수 없다. 왜 우리는 이런 대통령을 가지지 못할까? 퇴임할 때 아쉬워하고 퇴임 후에도 존경할 수 있는 그런 대통령을 우리는 한 번도 가지지 못했다. 아쉬워하고 존경하기는커녕 재임 중에 수천억 원의 재산을 모아 퇴임한 후에도 "나의 전 재산은 19만 원밖에 없다"고 '오리발'을 내미는 뻔뻔스러운 대통령도 있었다. 이렇게 볼 때 룰라 대통령은 행복한 대통령임에 틀림없고 그런 대통령을 가진 브라질 국민들 역시 행복한 국민임에 틀림없다.

나는 한문학이란 전공의 특성상 중국 여행을 자주하는 편인데 중국 여행에서 느낀 강한 인상 중의 하나가 모택동(毛澤東)의 풍모였다. 사회주의자로서의 모택동이 남긴 업적 중에는 공(功)도 있고 과(過)도 있을 것이다. 그러나 이 모든 것을 떠나서 그가 중국 근대화에 거대한 족적을 남긴 인물임을 부정할 사람은 아무도 없을 것이다. 지금도 자금성의 천안문에는 그의 대형 초상화가 걸려있다. 그만큼 국민들의 존경을 받고 있다. 호남성에 있는 그의 생가(生家)에는 연일 수천 명의 사람이 찾아와 적어도 한 시간 이상은 줄을 서서 기다려야 생가를 구경할 수 있다. 뿐만 아니라 죽은 지 35년이나 지났음에도 불구하고 아직도 택시 운전석 앞에 그의 사진을 매달고 다니는 기사들이 많다. 모택동은 이제 존경의 차원을 넘어 신앙의 대상으로까지 추앙받고 있다.

중국 국민들은 왜 이토록 그를 못 잊고 존경하는 것일까? 그 이유를 간단히 말할 수는 없을 것이다. 일차적으로는 10억이 넘는 중국 인민들을 굶주림으로부터 해방시키기 위한 초석(礎石)을 놓았다는 데에 있겠지만 그것이 그가 존경받는 이유의 전부는 아닐 것이다. 돌이켜 보면 박정희 대통령도 오늘날 경제발전의 토대를 마련했다는 평가를 받지만 중국인이 모택동을 존경하는 만큼 우리는 박정희 대통령을 존경하지 않는다. 모택동은 다른 지도자들이 가지지 못한 그만의 '그 무엇'을 가지고 있다는 느낌이 든다. 그것을 나는 '인문정신(人文精神)'이라 부르고 싶다.

안휘성 마안산시(馬鞍山市)의 '이백 기념관'에는 모택동이 쓴 이백의 「장진주(將進酒)」가 석각되어 있고, 강서성 구강시(九江市)의 '비파정(琵琶亭)'에는 616자에 달하는 백거이(白居易)의 장편 시 「비파행」이 역시 모택동의 필치로 석각되어 있다. 이 두 작품은 이른바 사회주의 리얼리즘과는 거리가 먼 것이지만 그가 직접 이곳을 방문하여 휘호를 남긴 데에서 그의 인간적 풍모를 엿볼 수 있다. 이뿐만 아니다. 중국 전역에 모택동의 필적이 남아있다. 또 자신이 시인이기도 했던 그는 자국의 문화 유적지를 찾아 느낀 감회를 직접 한시로 써서 남기기도 했는데 여기에는 사회주의 혁명가가 아닌 따뜻한 시인의 체취가 서려 있다. 흔히 '모택동체'라 불리는 특유의 활달한 붓놀림에는 그의 혁명가적 정열과 예술가적 감수성이 함께 녹아있는 듯하다. 이렇게 자국의 고전을 깊이 이해하고 사랑했으며 그것을 예술적으로 표현할 줄 아는 인문정신이 그를 더욱 큰 인물로 만들었고 존경받는 지도자로 만들었다는 생각이 든다.

브라질의 룰라나 중국의 모택동처럼 국민들이 존경할 수 있는 지도자를 우리는 언제쯤 가질 수 있을까?

## 공자의 귀환

| 2011, 다산포럼

지난 1월 11일 북경의 천안문 광장 옆에, 높이 7.9m의 거대한 청동 공자상(孔子像)이 세워졌다고 한다. 이전에도 2001년 인민대학에 공자상이 세워졌고 2002년에는 산동대학에 공자상이 세워진 바 있다. 그러나 이번에 세워진 동상은 중국을 상징하는 공간인 천안문 광장 바로 옆, 모택동의 대형 초상화와 비스듬히 마주 보는 곳에 세워졌다는 점에서 그 의미가 남다르다. 그동안 추방되었던 공자가 공식적으로 다시 귀환한 것이다.

사실상 공자는 역사적으로 부침(浮沈)을 거듭한 인물이었다. 춘추시대 말기에 공자가 창도한 유학(儒學)은 한때 3,000여 명의 제자를 거느렸다고 하는 큰 집단을 형성했으나 당시의 제자백가 중의 한 학파에 불과했다. 공자 자신도 생전에 그의 경륜을 펼칠 만한 기회를 얻지 못했다. 진(秦)나라 때에는 이른바 분서갱유(焚書坑儒)로 인하여 참혹한 수난을 겪기도 했다.

이러한 공자의 사상이 주목을 받기 시작한 것은 한무제(漢武帝) 때였다. 강력한 중앙집권적 제국을 건설한 한무제는 기원전 136년에, 묵가(墨家)나 도가(道家)에 비해서 상대적으로 온건하고 특히 계층 간의 신분질서를 중시한 공자의 사상을 통치 이념으로 삼을 것을 천명했다. 공자 사후 343년 만의 화려한 귀환이었다. 여기에는 '군권신수설(君權神授說)'을 주장한 동중서(董仲舒)의 강력한 건의가 큰 역할을 했다.

이후 공자의 사상은 2000여 년간 중국의 정신세계를 지배하는 주도적 사상으로 군림했다. 이렇게 된 데에는 시대를 초월한 공자 사상의 보편적 가치가 기반이 되었겠지만 한편으로는 역대 왕조의 통치자들이 정치적 목적에서 공자를 영입한 일면도 없지 않았다.

과연 1911년 신해혁명으로 왕조체제가 무너지고 공화정이 수립된 후 공자는 서서히 비판의 대상이 되었다. 1919년의 5·4운동 때는 "공자주의를 타도하자"는 구호까지 등장했다. 당시 중국이 서구 열강의 침략으로 만신창이가 된 원죄를 공자와 유학 사상에 돌린 것이다. 1949년 모택동의 신중국(新中國)이 성립된 후에도 공자는 복권되지 못했다. 공자 비판이 극에 달한 것은 1966년부터 시작된 이른바 문화대혁명 기간이었다. '비림비공(批林批孔)'의 기치 아래 홍위병들은 공자와 관련된 모든 것을 파괴했다. 이제 공자는 중국으로부터 영원히 추방된 듯이 보였다.

이런 수난을 겪은 공자가 다시 귀환한 것이다. 그것도 신해혁명이 일어난 지 100주년이 되는 해에, 더구나 문화대혁명을 촉발시킨 모택동의 초상화와 마주 보는 자리에 위풍당당한 공자상이 세워졌다. 이 시기에 공자를 다시 불러온 중국의 의도에는, 봉건시대 역대 왕조의 통치자들과 마찬가지로 정치적인 계산이 깔려있었던 것 같다. 1990년대 급속한 경제적 발전의 부산물로 빈부격차가 심해지고 이로 인하여 계층 간의 갈등이 격화되자 이 갈등을 봉합하려는 시도의 일환으로 공자를 귀환시켰다는 인상이 짙다.

공자는 영원히 살아있는 인류의 스승이지만 또 한편으로는 죽지 않고 영원히 살아있기 때문에 갖가지 곡절을 다 겪은 기구한 운명의 소유자이다. 우리나라에서도 최근 '공자가 죽어야 나라가 산다'는 해괴한 주장을 펼친 자가 있었다. 인(仁)과 의(義)를 바탕으로 덕치(德治)와 예치(禮治)를 펼치고자 했던 공자의 사상을 중국의 현 지도부가 진정성을 가지고 실천할지의 여부는 앞으로 두고 볼 일이다. "오직 어진 자라야 남을 사랑할 수 있고 남을 미워할 수도 있다[唯仁者 能好人 能惡人]"는 공자의 말씀을 깊이 깨달아 또다시 공자를 미워하여 추방하는 일이 없기를 바라는 마음 간절하다.

## ‘도시 야경 속에 빛나는 십자가’

| 2011, 다산포럼

세계적인 건축가 아론 탄이 지난 3월 서울에 와서 가장 인상적인 것이 무엇이냐는 기자들의 질문에 이렇게 대답했다고 한다.

> 한국에 오면 가장 인상적인 게 도시 야경 속에 빛나는 십자가예요. 교회가 정말 많죠. 올 때마다 십자가는 더 늘어나는 것 같아요.

앞뒤 문맥으로 보아서 그가 ‘가장 인상적’이라고 말한 것은 그래서 좋다는 말이 아니다. 건축가의 안목으로 볼 때 지나치게 많은 십자가가 도시 미관을 해친다는 말로 들린다. 그러나 건축가 아닌 시선으로 본다면 십자가가 많다는 사실을 꼭 나쁘게만 볼 수는 없다. 십자가가 많다는 것은 교회가 많다는 것이고 교회가 많다는 것은 기독교 신도의 수가 많다는 것을 의미한다. 예수를 믿고 예수의 가르침에 따라 이웃을 사랑하고 정의를 실천하는 사람이 많은 걸 나쁘다고 할 수 없다.

그러나 예수의 가르침을 따르지 않고 ‘무늬만 기독교 신자’인 사람 또한 많다는 데에 문제가 있다. 더구나 기독교를 이끌고 있는 지도급 인사들이 최근에 보여준 부적절한 언행이 더 큰 문제로 떠오르고 있다. 게다가 69개 교단과 19개 단체가 가입한 개신교계 최대 연합단체인 한기총의 길자연 대표회장이 법원으로부터 직무 정지 판결을 받았다. 이유는 인준 절차상의 하자이지만 돈 선거로 인한 후유증이라는 뒷말이 무성하다. 대표회장 선거에서는 ‘10당 5락’이란 말까지 나돈다. 가장 정의로워야 할 종교계의 수장을 선출하는 과정이 마치 정치판을 방불케 하고 있는 것이다. 이런 현상을 두고 서울신학대학교 유석성 총장은 다음과 같이 말했다.

> 경제성장과 더불어 교회도 물질적으로 급속히 성장했다. 교회가 성장하면서 종교 권력이 생기고 이를 통해 부를 축적한 사람도 생긴 것이다. 명예욕, 권력욕, 물욕을 신앙의 이름으로 포장해 정당화하려고 하니까 싸움이 일어난다. 그러다 보니 선거도 돈으로 치르고, 교회를 키워서 세습하려 한다. 예수님은 그런 권력자를 무척 강하게 질책하고 비판했다.

그렇다. "명예욕, 권력욕, 물욕을 신앙의 이름으로 포장해 정당화"한 데에서 한기총 사태가 벌어진 것이다. 칼빈대학교 총장인 길 목사는 또 교수 자격 요건에 미달한 자기 딸과 소속 교회 신자 5명을 교수로 특채했다는 혐의로 교육부의 감사를 받았다고 한다. 뿐만 아니라 그는 지난 3월 초, 국가 조찬 기도회에서 대통령 부부로 하여금 무릎을 꿇게 한 일로 세간의 비난을 받은 바 있기도 하다. 도대체 자기희생과 사랑의 실천에 앞장서야 할 기독교의 지도자에게 명예와 권력과 물질이 무슨 소용이 있는가?

일본에서 일어난 대지진에 대해, 여의도 순복음교회 조용기 목사가 한 말도 사회적 파장을 일으켰다. 그는 "일본 국민이 신앙적으로 볼 때는 너무나 하나님을 멀리하고 우상 숭배, 무신론, 물질주의로 나가기 때문에 하나님의 경고가 아닌가 하는 생각이 든다"고 말했다. 그가 한국 최대 교회를 이끌고 있는 원로 목사임을 감안할 때 너무도 경솔하고 너무도 편향적인 발언이 아닐 수 없다.

조용기 목사의 발언을 두고 독설가인 진중권 씨는 "이런 정신병자들이 목사질을 하고 있다"고 원색적으로 비난했다. 만일 조용기 목사가 일본의 대지진에 대하여 "일본이 36년간 한국 국민들에게 저지른 만행에 대한 죄값을 받았다"고 말했다면 혹시 일말의 정서적 공감을 얻을 수 있었을지도 모를 일이다. '하나님'을 아무 데나 갖다 붙여서는 안 된다. 그건 '하나님'에 대한 모독일 수도 있다.

이 땅의 기독교인들 특히 그 지도자들은 "도시 야경 속에 빛나는 십자가"가 인상적이었다는 건축가 아론 탄의 비아냥거림을 깊이 음미할 필요가 있다. 많다고 다 좋은 것은 아니다. 그리고 아프리카 수단의 한 오지 마을에서 헌신적인 의료봉사 활동을 하다가 48세의 나이로 숨진 이태석 신부의 자세를 배워야 할 것이다. 다 같이 '하나님'을 믿는 사람인데 이렇게 다를 수 있는가?

## "월가를 점령하라Occupy Wall Street"

| 2011, 다산포럼

지난 9월 17일, 미국 금융의 중심지 월스트리트에서 시작된 "점령하라" 시위는 점차 전 세계로 확산되어 10월 15일에는 82개국 1,500여 개 도시에서 동시다발적으로 시위가 벌어졌다. "월가를 점령하라"는 구호에서 알 수 있듯이 이들의 투쟁대상은 금융자본의 탐욕과 부패이다. 금융자본의 탐욕이 극에 달한 것이 2008년의 이른바 '서브프라임 모기지' 사태이다. 위험한 파생상품을 다투어 개발하는 등 월가의 과도한 경쟁과 탐욕 그리고 부패가 세계적 금융위기를 초래한 것이다. 이 사태가 가까스로 수습되는 듯하다가 다시 폭발한 것이 이번 '점령하라' 시위이다.

미국 UC 버클리 대학의 로버트 라이시 교수에 의하면 미국의 상위 1%의 부자가 전체 소득의 20%를 가져간다고 한다. 이 상위 1%에 의해 운용되는 금융자본주의가 신자유주의라 불리는 글로벌 경제 시스템이다. 신자유주의란 무엇인가? 철저한 시장원리를 도입하여 자본의 자유로운 이동과 이윤추구를 보장하는 제도이다. 이들은 컴퓨터 앞에 앉아서 단 몇 번의 클릭만으로도 지구 반대편에 있는 회사의 주식을 사고 팔 수 있으며, 금융상품 가격을 초(秒) 단위로 조종할 수 있다.

이들은 또한 자신들의 이익을 보장하고 극대화하기 위하여 정치가들에게 막대한 자금을 공여한다고 한다. 한 보고서에 의하면 월가의 금융기업들은 1998년에서 2008년까지 50억 달러(약 5조 7,000억 원)에 달하는 돈을 정당의 후원금으로 내놓았다고 한다. 같은 기간 동안 미국 의회를 대상으로 한 월가의 공식 로비자금이 33억 달러(약 3조 7,600억 원)에 이르고 2007년에 월가가 고용한 로비스트만 2,996명이었다고 한다. 이러한 로비활동을 통해 그들이 추구하는 목적은 분명하다. 더 많은 돈을 벌기 위한 목적 이외에 아무것도 아니다.

'점령하라' 시위대의 외침은 이 금융기업들에 대한 분노의 외침이다. 유럽 시위대는 "99%는 위기, 1%는 강도"라는 구호를 내걸었다고 한다. 1% 부자들의 재산이 늘어나는 것과 반비례해서 99%의 사람들은 점점 가난해진다는 것이 시위대의 생각이다. 2007년 미국 농무부 통계에 따르면 3,600만 명의 미국인이 끼니를 걱정하는 처지라고 한다. 이렇게 분배의 불평등으로 인한 빈부격차의 심화가 이번 시위를 촉발한 것이다.

'점령하라' 시위대 중에는 "반자본주의와 혁명이 필요하다"는 구호까지 등장했다고 한다. 그렇다. 지금은 분명 자본주의의 위기임에 틀림없다. 그래서 자본주의를 보완하려는 여러 가지 이론이 나오고 있다. 이른바 '자본주의 4.0'이 그것이다. 이론가들은 애써 이를 '따뜻한 자본주의'라 부르고 있다. 그렇다면 지금까지의 자본주의는 '차가운 자본주의'인 셈이 된다. 아니 자본주의 자체의 속성이 차가운 것인지도 모른다. 미국 최고의 부자인 빌 게이츠는 '창조적 자본주의'를 제시했다. 그는 질병과 가난으로 인한 이 세계의 불평등을 자본주의적 방식으로 퇴치할 수 있다고 했다. 역시 세계적 부자인 워렌 버핏은 부자들에게 더 많은 세금을 부과하라고 주장하고 자신의 전 재산을 빌 게이츠가 운영하는 '빌&멜린다 재단'에 기부했다. 우리나라에서도 기부문화가 확산되고 있다. 개인 고액 기부자 모임인 '아너 소사이어티(Honor Society)' 회원 49명이 3년간 기부한 금액이 87억 5,500만 원이나 된다고 한다. 조선일보 미디어다음은 이들에 대해 "본지가 만난 아너 소사이어티 회원 49명의 초상은 우리 앞에 열린 자본주의 4.0 시대를 생생하게 보여줬다"라고 보도했다.

자신의 재산을 남에게 나누어 주는 이들의 행동은 지고지선(至高至善)한 것임에 틀림없지만, 이렇게 하는 것으로 과연 신자유주의로 멍든 자본주의의 상처를 치유할 수 있을까? 이들의 기부행위가 자본주의의 속성인 빈부격차를 줄이는 데 과연 얼마나 기여할 수 있을까? 더 많은 사람들이 더 많은 액수의 돈을 기부하는데도 왜 서울역 앞 지하도의 노숙자들은 없어지지 않고, 결식아동의 수는 늘어만 가는가? 진화한다는 자본주의의 진화의 끝은 어디일까? 자본주의는 영원한 불멸의 체제인가?

## 임진년의 작은 소망

| 2012, 다산포럼

우리나라의 무역 규모가 연간 1조 달러를 돌파했다는데 이것을 서열로 따지면 세계 9위라고 한다. 나같이 유년 시절의 궁핍을 경험한 사람에게는 실로 놀랄 만한 일이 아닐 수 없다. 과연 우리나라는 무한한 잠재력을 지닌, 작지만 강한 나라임에 틀림없다. 경제력뿐만 아니라 박찬호, 박세리, 조수미, 김연아, 신경숙 등이 다방면에서 대한민국의 저력을 유감없이 발휘했다. 원래 우리 민족은 우수한 자질을 구비하고 있었다. 다산 정약용 선생은 일찍이 이렇게 말한 바 있다.

> 『사기』에 "동이(東夷)는 어질고 선하다"고 했는데 참으로 그럴 만한 이유가 있다. 하물며 조선은 정동(正東)의 땅에 위치해 있기 때문에 그 풍속이 예(禮)를 좋아하고 무(武)를 천하게 여겨 차라리 약할지언정 포악하지 않으니 군자(君子)의 나라이다. 아! 이미 중국에 태어나지 못할진대 오직 동이(東夷)뿐인지고.

"동이(東夷)"는 우리나라를 지칭하는데 "예를 좋아하고 무를 천하게 여기는" "군자의 나라"라고 했다. 물론 다산도 중국을 존숭하는 시대적 한계로부터 자유로울 수는 없었다. 그러나 내심으로는 우리가 적어도 문화적으로는 중국과 대등한 수준에 있다고 생각했음이 틀림없다. 이것은 다산의 다른 글을 읽으면 분명히 드러난다. 이런 문화강국이 이제 경제적으로도 세계 10위권 안에 드는 나라가 되었으니 우리 민족의 우수성은 더 이상 의심할 여지가 없다. 올림픽 경기, 월드컵 경기, 세계 육상선수권 대회를 이미 개최했고 여수에서는 세계박람회가, 평창에서는 동계 올림픽이 개최된다. 하지만 문제가 없는 것은 아니다. 사회의 어두운

곳에서는 빈곤 계층이 아직도 존재하고 남북은 여전히 분단되어 있으며 정치판은 비생산적인 싸움만 벌이고 있다.

새해에는 이런 문제들이 해결되기를 바라면서 나 개인적으로 조그마한 소망 하나를 가져본다. 신장된 국력에 걸맞는 품위를 유지하자는 것이다. 사람의 품위는 여러 가지로 나타나지만 가장 직접적으로 품위를 드러내는 것이 '말'이다. "말은 사상의 옷이다"라는 격언이 있다. 말을 보면 그 사람의 사상, 생각을 알 수 있다는 것이다. 요즈음 인터넷의 바다에 떠도는 막말을 보면 참으로 한심한 생각이 든다.

사회의 지도급 인사인 판사의 페이스북에 "가카새끼 짬뽕", "가카가 쳐말아 먹은 비릿한 그 맛" 등의 비속어가 올라 있고, 역시 지도급 인사인 고교 교사가 "우리나라 대법원이라든가 헌법재판소의 영감탱이 법관새끼들이 전부 시대적으로 볼 때 어긋나게 꼴통짓을 하고 있다"는 등의 막말을 서슴치 않고 토해낸다. 이런 판국에 일반 네티즌들도 가세했다. '나꼼수'의 진행자인 정봉주 전 민주당 의원에게 유죄 판결을 내린 대법원 재판부의 주심 이상훈 대법관을 두고 "쥐새끼 이상훈과 암컷 쥐와 그 자식 쥐들을 만천하에 공개해 대한민국 땅에서 숨 쉬고 살지 못하게 해야 한다" "이상훈 대법관은 조폭 깡패와 동일, 니 더러운 얼굴에 침을 뱉어주마." 등의 글을 트위터에 올리고 있다.

사람은 누구나 자기 생각을 자유롭게 표현한 권리가 있다. 그러나 같은 생각이라도 좀 더 품위 있게 표현할 수는 없을까? 친구끼리 만나서 "네 아버지 잘 있나?"라 말하는 것과 "자네 춘부장께서 평안하신가?"라 말하는 것은 같은 내용이지만 표현방법의 차이로 인해 전혀 다른 효과를 가져온다. 말을 거칠게 하면 그 사람의 인격도 거칠게 되고 거친 말을 뱉는 사람이 많아지면 그 나라의 국격이 거칠게 된다. 새해에는 인터넷에 의해 더러워진 말부터 정화해 보는 것이 어떨까? 그렇게 하는 것이 개인의 품위도 유지하고 국가의 품위도 유지하는 길이 아니겠는가?

## 스페인의 거대한 성당

| 2012, 다산포럼

며칠 전에 스페인을 다녀왔는데 세계 2위의 관광 대국답게 볼거리들이 풍성했다. 천재적인 건축가 가우디의 작품을 보면서 경탄을 금치 못했고, 피카소를 비롯하여 그레코, 벨라스케스, 고야 등의 그림을 원화(原畵)로 감상하는 호사도 누렸다. 그러나 뭐니 뭐니 해도 스페인 관광의 백미는 가톨릭 성당 구경이다. 스페인에는 도처에 수많은 성당이 있는데 그중에서 가장 유명한 것이 톨레도의 대성당이다. 이 성당은 스페인의 수석 성당이란 명성에 걸맞게 웅장하고도 화려하다. 1227년에 착공하여 266년 만인 1493년에 완공된 대성당은 길이 120m, 폭 60m, 중앙 천정의 높이가 45m에 이르는 거대한 건축물이다.

지금 같은 현대적 기계 설비가 없던 시절에 이처럼 거대한 건조물을 만들 수 있었던 원동력은 아마도 종교의 힘이었을 것이다. 스페인의 성당들은 마치 서로 키 재기라도 하듯이 모두가 하늘 높이 솟아있다. 이것도 하늘에 계신 하나님에게 좀 더 가까이 다가가려는 종교적 열망에서 비롯되었을 것이다. 나는 이 건축물들을 보면서 중세인들의 신앙심에 깊은 감동을 받으면서도 한편으로는 엉뚱한 생각도 들었다. 위압적인 성당을 건축함으로써 권위를 과시하고 일반 신도들의 경외심을 불러일으켜 그것을 바탕으로 교회의 절대적인 힘을 행사하려는 의도는 없었을까?

제1차 십자군 원정 때 로마 교회는 강도 등 범죄자들에게 면죄부를 주고 이들을 원정군에 동원했다고 하는데, 범죄자들로 하여금 원정군에 참가함으로써 죄를 용서받을 수 있다는 믿음을 주기 위해서는 교회의 절대적인 권위가 필요하다. 교회의 재정을 보충하기 위하여 돈을 받고 면죄부를 판매하는 행위도 교회의 확고부동한 권위가 없이는 불가능한 일이다. 하늘 높이 치솟은 웅장한 성당은 이러한 교회의 권위를 지탱하는 하나의 요소가 아니었을까? 1517년 마르틴 루터가 95개조의 반박문을 게시하여 종교개혁의 불씨를 당기기 전까지 로마 교회는 죽은 자의 면죄부(免罪符)까지 만들어 판매할 만큼 타락해 있었는데 그와 반비례하여 성당 건물은 더욱 웅장해진 것이 이를 반증한다.

사실상 참다운 신앙과 교회 건물의 크기는 상관관계가 없는 것이 아닌가? 작지만 소박하고 아담한 성전(聖殿)을 짓고 그 안에서 경건한 마음으로 예배를 드리는 것이 예수의 가르침을 따르는 올바른 길이 아닐까? 불교도 마찬가지이다. 꼭 크고 화려한 절을 지어서 거대한 부처님을 모셔야만 하는 것은 아닐 것이다. 산속의 이름 없는 조그마한 암자에서 경건하게 정진하는 고승(高僧)을 우리는 많이 보아왔다. 교회나 사찰이 신앙 본래의 본무(本務)를 이탈하여 비본질적인 외적 규모나 양적 팽창에 관심을 가지면 타락하기 쉽다. 불교 조계종의 지도자급 승려들이 호텔방에서 도박판을 벌인다거나 대형 교회의 목사들이 자식들에게 담임목사직을 세습하는 등의 행위는 이러한 타락의 징후 중 하나로 볼 수 있다.

신문 보도에 의하면 최근에는 연평균 100여 건의 교회 건물이 매물(賣物)로 나온다고 한다. 그 이유가 대부분 교회 신축을 위해 빌린 은행 대출금을 갚지 못했기 때문이라고 한다. 이 중에는 꼭 건축이 필요한 경우도 있었겠지만 교회 건물을 더 크게 확장하려다 파산한 경우가 있었음을 배제할 수 없다.

이런 의미에서 최근 안양시에서 일어나고 있는 자정(自淨) 운동이 주목을 끈다. 즉 안양시장의 권유에 따라 교회는 첨탑의 높이를 3m 정도로 낮추고 야간에는 십자가의 조명을 끄기로 한 것이다. 그래서 다음과 같은 한관희 목사(안양시 기독교연합회)의 말은 더욱 신선하게 들린다. "교회에 첨탑이 높아지는 것만큼 교회에 대한 비판의 소리가 높아졌어요. 그런 것은 절대 복음의 본질이 아니기 때문에 이제는 본질로 돌아가자는 그런 취지로." 그렇다. 이제는 모든 종교인들이 신앙의 본질로 돌아가야 할 때이다.

## 사람과 짐승

| 2012, 다산포럼

최근 남녀가 결혼할 때 주고받는 예물, 예단이 큰 사회문제를 일으키고 있다. 상대편이 과도한 예물을 요구하고 이를 감당할 경제적 능력이 없어서 결혼까지 가지 못하는 경우도 있고, 결혼 후에도 신부 측에 무리한 지참금을 강요해서 결국 이혼하는 경우도 있다고 한다. 이밖에도 결혼 전후에 양가에서 숨 막히는 '거래'가 이루어지는 일이 허다하다. 모두 다 그런 것은 아니겠지만 차마 입에 담을 수 없는 까다로운 조건을 내걸고 '거래'와 '흥정'이 이루어지는 일이 많다고 하니 그야말로 '예단 전쟁'이라고 할 만하다.

"장가들고 시집가는 데에 재물을 논하는 것은 오랑캐의 무리이다[婚娶論財 夷虜之徒]"라는 말이 있다. 원래 '오랑캐'는 중국민족이 주변의 미개한 민족을 폄하해서 부른 명칭이다. 그러나 그 시대에 오랑캐는 그 이상의 뜻을 지니고 있었다. 당나라의 문호 한유(韓愈)는 「원인(原人)」이란 글에서 "사람은 오랑캐와 짐승의 주인이다[人者 夷狄禽獸之主也]"라고 말했다. 즉 오랑캐는 사람이 아닌 짐승과 동급으로 분류되었다. 오랑캐에 대한 한유의 견해가 전적으로 옳다고 할 수는 없지만, 오랑캐가 짐승과 동급으로 인식되었던 시대에 "장가들고 시집가는 데에 재물을 논하는 것은 오랑캐의 무리이다"라고 말한 것은, 재물을 논하는 자들을 사람 아닌 짐승으로 취급했다는 이야기이다.

시대가 달라졌지만 오늘날에도 결혼을 앞두고 '예단 전쟁'을 벌이는 자들이야말로 짐승이나 다름없다. 도대체 사람을 보고 결혼을 하는 것인가, 재물을 보고 결혼을 하는 것인가? 결혼은 인륜지대사(人倫之大事)라고 한다. 이렇게 중요하고 성스러운 결혼을 하기 위해서 격렬한 전쟁을 벌여야 한다면, 이는 먹이를 두고 서로 다투는 짐승과 무엇이 다른 것인가?

우리 사회에는 이밖에도 또 다른 짐승들이 어슬렁거리고 있다. 무려 21명의 부녀자들을 성폭행하고 잔인하게 살해한 유영철, 열한 살의 혜진이와 아홉 살의 예슬이를 성폭행하고 살해한 후 시신을 훼손한 정성현, 등교하던 여덟 살의 나영이를 상가 건물 화장실로 끌고 가서 성폭행하고 불구로 만들어버린 조두순과 같은 자들도 인간이 아닌 짐승이다. 이런 짐승들의 수가 점점 늘어나고 있다.

지난달 16일에는 경남 통영에서 김점덕이란 짐승이 등교하던 아름 양을 집으로 데려가 성폭행하려다 반항하자 살해했다. 이제 열 살밖에 안 된 어린 소녀를 그렇게 무참히 살해하다니. 아름 양 장례식장에서 그의 아버지 한광웅 씨의 절규는 모든 부모들의 가슴을 적셨다. "엄마 얼굴도 모르고 자란 아름이는 내 앞에서 단 한 번도 엄마 얘기를 꺼낸 적이 없을 만큼 속 깊은 아이였다. … 돈이 없어 늘 라면만 먹이는데도 불평 한 번 없이 라면이 제일 좋다고 했다." 이런 천사 같은 아름이에게 못된 짓을 한 김점덕을 어찌 인간이라 할 수 있겠는가. 바로 짐승이다.

이외에도 반인륜적 범죄가 심심치 않게 일어나고 있는데, 그럴 때마다 사람들은 한결같이 "사람의 탈을 뒤집어쓰고 어찌 저럴 수가 … "라고 분노한다. 그렇다, 그런 자들은 사람의 탈을 뒤집어쓴 짐승이다. 우리는 지금 이런 짐승들과 함께 살아가고 있다. 얼마나 끔찍한 일인가! 특히 아동을 상대로 성범죄를 저지르는 짐승들 때문에 이 땅의 부모들은 한시도 마음을 놓을 수 없다. 그렇다면 이 자들을 어떻게 해야 하는가? 인간을 해치는 짐승들은 인간으로부터 영원히 격리시키는 길밖에 없다는 생각이 든다. 그리고 이런 일련의 범죄를 보고 있노라면 '맹자의 성선설(性善說)이 과연 옳은 것인가' 하는 회의가 들기도 한다.

## 자기 표절

| 2013, 다산포럼

박근혜 정부를 이끌어갈 새 국무위원을 대상으로 한 국회의 인사청문회가 한창 진행되고 있다. 어느 때나 그렇듯이 이번 인사청문회에도 본인 및 아들의 병역 문제, 부동산 보유와 위장전입 그리고 논문 표절이 단골 메뉴로 올랐다. 막중한 국사(國事)를 수행해야 할 인물들의 능력과 자질과 도덕성을 사전에 철저히 검증하는 것은 당연한 일이다. 특히 대학교에 몸을 담았던 인사들의 논문 표절은 더욱 철저히 검증되어야 마땅하다.

'표절(剽竊)'의 사전적 의미는 "타인의 시가(詩歌)·문장 등의 설(說), 또는 글귀를 가져다가 자기의 것으로 발표하는 일"이다. 다른 사람이 각고의 노력 끝에 세운 학설이나 그 사람의 글을 몰래 가져와 자기 것으로 삼는 일은, 마치 남의 집에 몰래 들어가 훔친 물건을 자기 물건으로 여기는 것과 같다. 이는 분명 절도 행위이다. 그래서 학계에서도 표절을 가장 부도덕한 행위로 간주하여 이를 엄격히 금하고 있다. 며칠 전 서울대학교 정치외교학부의 교수가 10여 년 전에 발표한 논문 한 편이 표절임이 판명되어 스스로 사직한 사건이 있었는데 이처럼 표절은 학자로서 가장 파렴치한 행위로 여겨진다.

표절은 옛날에도 있었다. 고려의 문호 이규보(李奎報)는 '아홉 가지 옳지 않은 글'을 열거하는 가운데 '졸도 이금체(拙盜易擒體)' 즉 '졸렬한 도둑이 쉽게 붙잡히는 글'을 두 번째로 꼽았다. 이것은 옛사람의 글을 표절하다가 쉽게 탄로 나는 글이란 뜻이다. 이규보도 표절하는 자를 '도둑'이라 했다. 중국 당나라 때의 송지문(宋之問)은 사위가 쓴 시가 마음에 들어 자기에게 달라고 했는데 사위가 끝내 거절하자 사위를 몰래 죽이고 그 시를 자기 이름으로 발표했다는 이야기가 전한다. 이것은 도둑이 아니라 강도라 해야 마땅하다.

그런데 최근 인사청문회에서 자주 지적되는 것이 이른바 '자기 표절'이다. 자기 표절이란, 자신이 쓴 논문의 일부를 다른 논문에 가져다 쓰는 행위인데 이것은 도덕적으로 크게 문제될 게 없다는 것이 내 생각이다. 청문회에서 거론된 자기 표절의 예를 들어본다. 민주통합당 장하나 의원은, 윤성규 환경부 장관 후보의 박사학위 논문에 그가 기존에 발표했던 논문 2개의 본문 4곳과 연구 데이터 7개를 자기 표절했다고 질타했다. 이것이 과연 도덕적으로 비난받아야 할 일인가? 도대체 '자기 표절'이란 용어부터 부적절하다. 표절이란 문자 그대로 도둑질하는 것인데 자기 글을 자기가 가져다 쓴 것을 도둑질이라 말할 수 있는가?

물론 연구업적을 부풀리기 위해서 비슷한 내용의 논문을 제목만 바꿔 중복 게재한다면 이는 표절 시비를 떠나서 학자적 양심에 위배되는 일이지만, 한 논문의 논지 전개에 필요하다면 비록 자신이 썼던 논문이라도 그 일부를 다시 가져다 쓸 수 있는 일이 아닌가? 경우에 따라서는 자기 논문이라도 출처를 밝힐 수도 있지만, 굳이 그렇게 할 필요가 없는 경우가 더 많을 것이다.

다산(茶山)이나 퇴계(退溪)의 글을 읽다 보면 중복되는 내용의 글이 수도 없이 나온다. 예를 들어 인(仁)에 대한 다산의 독창적 견해는 여러 곳에 반복적으로 서술되어 있다. 오늘의 잣대로 보면 다산도 자기 표절을 한 셈이 된다. 나는 청문회를 거쳐 공직을 맡을 가능성이 전혀 없는 사람이지만 만일 내가 청문회장에 선다면 자기 표절을 행한 학자로 몰매를 맞을 것이 틀림없다. 생각만 해도 모골이 송연해진다.

## "4월은 잔인한 달"

| 2013, 다산포럼

"4월은 잔인한 달", 이 말은 영국 시인 T.S. 엘리어트가 쓴 장편 시 「황무지」의 첫 구절인데 해마다 4월이 되면 여기저기서 흘러나오는 말이다. 금년도 예외가 아니다. 지난 4월 11일, 조영곤 신임 서울중앙지검장이 취임식에서 「황무지」를 인용하여 "4월은 죽은 땅에서 라일락을 키워내고, 기억과 욕망을 뒤섞으며, 봄비로 잠든 뿌리를 뒤흔드는 달"이라며 "겨울의 암흑을 뚫고 새 생명을 태동시키는 4월이 저에겐 또 다른 의미로 다가온다"고 말했다.

"4월은 잔인한 달"이란 말은 검찰이 사정 수사를 예고할 때 자주 인용하는 구절이라고 한다. 사정 수사를 통하여 비리에 연루된 공직자들을 구속하는 일이, 아름다운 계절인 4월에 걸맞지 않게 '잔인한' 행위라는 뜻일 것이다. 또 4월 27일에는 윤병세 외교부 장관이 서울 외교부 청사에서 한국을 방문한 윌리엄 번스 미국 국무부 부장관을 만난 자리에서 "4월은 잔인한 달"이라며 "요즘이 제일 좋은 계절인데 … (한반도 주변의) 지정학적 날씨가 4월 같지 않다"고 말했다 한다. 이 역시 최근 한반도 주변에서 일어난 일련의 사건들이 4월의 아름다움과는 거리가 멀다는 뜻일 것이다.

이처럼 4월만 되면 자주 인용되는 「황무지」의 첫 단락은 이렇게 시작된다.

4월은 가장 잔인한 달
죽은 땅에서 라일락을 키워내고
기억과 욕망을 뒤섞으며
멍청한 뿌리를 봄비로 뒤흔드니

겨울은 우리를 따뜻하게 해주었네
망각의 눈(雪)으로 대지를 덮어주고
마른 덩이줄기로 가냘픈 생명을 이어주었으니

1922년에 발표된 이 시는 1차 세계대전 이후 황폐해진 서구인들의 내면 풍경을 그린 작품이다. 명분 없는 전쟁의 참화를 겪은 사람들은 가치관을 상실한 채 적극적인 삶의 의욕마저 포기하고 취생몽사(醉生夢死)의 나날을 이어간다. 마치 풀 한 포기 나지 않는 황무지와 같은 삶이다. 멍청하고 무기력한 뿌리와 같이 취생몽사하고 싶은 사람들에게 4월 봄비가 내려 새 생명을 싹틔우는 것은 분명 잔인한 일이다. 잠든 영혼을 각성시키기 때문이다. 그래서 오히려 지난겨울이 따뜻했다고 느낀다. 대지를 덮은 눈이 모든 걸 잊게 해주고, 땅속 마른 덩이줄기가 영양분을 공급해 주어 최소한의 생명은 이어주었기 때문이다.

이렇게 보면 조 지검장과 윤 장관의 말은 엘리어트의 의도와는 다르게 쓰였다. 이처럼 타인의 글 중 일부를 원작의 의도와는 다르게 따다 쓰는 것을 '단장취의(斷章取義)'라 하는데, 한자문화권에서는 흔히 있는 일로 그렇게 지탄받을 일은 아니다. 조 지검장과 윤 장관의 '단장취의'도 충분한 설득력을 가지지만, 엘리어트의 대표작 「황무지」의 본뜻을 좀 더 깊이 이해했더라면 보다 품격 있는 언술(言述)이 되지 않았을까 하는 아쉬움이 남는다.

어찌 되었건 2013년 이 땅의 4월엔 잔인한 일이 많았다. 북한의 핵실험과 전쟁 위협, 개성공단 폐쇄, 일본 아베 총리의 망언(妄言)이 있었고, 어린이집에서는 아동학대 사건이 잇달았으며 아파트의 층간소음 때문에 살인을 하는 일도 있었다. 이밖에도 잔인한 일들이 무수히 일어났다. 그러니 4월이 잔인한 달이라 말하는 것은, 엘리어트의 의도와는 상관없이 틀린 말은 아니다.

그러나 어찌 4월만 잔인한 달이랴. 한반도를 비롯한 세계 곳곳에서 가공할 만한 잔인한 일들이 일 년 내내 일어나고 있지 않은가? 지금 우리는 1차 세계대전 이후와는 또 다른 황무지에 살고 있다. 그러니 엘리어트가 지금 살아있어도 복합적인 의미를 담아 여전히 "4월은 가장 잔인한 달"이라 절규하지 않을까.

## 우리를 슬프게 하는 것들(2)

| 2013, 다산포럼

비 내리는 저녁 무렵, 모래내 근처의 버스 정류장 앞 포장마차에서 붕어빵을 사서 맛있게 먹고 있는 50대 초반으로 보이는 남자가 나를 슬프게 한다. 허름한 작업복에 찌든 얼굴 표정으로 보아 아마 어느 막노동장에서 일을 끝내고 귀가하면서 붕어빵으로 저녁을 때우는 것 같았다. 집에 가면 반겨줄 가족이 있는지, 아니 편안히 쉴 수 있는 집이라도 있는지…, 이 광경을 보고 갑자기 가슴이 아려오면서 적어도 먹고 사는 것만큼은 걱정이 없는 나 자신을 되돌아본다. 이와 같은 사람을 외면할 수밖에 없는 나 자신이 못마땅하다. 그렇다고 외면하지 않는다면 어떻게 해야 하는가? 이런저런 대책 없는 생각이 또 나를 슬프게 한다.

지방세 3,017만 원을 3년째 내지 않아 서울시로부터 고액·상습 체납자 명단에 오른 전두환 전 대통령이 우리를 슬프게 한다. 그는 1997년 대법원에서 유죄가 확정되어 추징금 2,205억 원을 선고받았지만, 전 재산이 29만 원밖에 없다고 버티며 아직도 1,672억 원을 내지 않고 있다. 그러면서도 작년엔 육군사관학교 발전 기금으로 1,000만 원을 내었고 최근엔 호화골프를 친 후 한 병에 165만 원 하는 양주를 마시며 파티를 벌였다고 한다. 임기를 끝내고 국민의 환호 속에서 청와대를 떠나는 대통령을 우리는 언제나 볼 수 있으려나.

끊이지 않고 일어나는 어린이 학원의 차량 사고가 우리를 슬프게 한다. 지난해 11월, 청주시에서 초등학교 1학년 여자 어린이가 음악학원 차량 문짝에 옷이 끼어 끌려가다가 사망했고, 올해 2월에는 경남 창원시에서 일곱 살 난 남자 어린이가 태권도장 통학 차량에 역시 옷자락이 끼어 5m를 끌려가다가 주차된 1t 화물차에 부딪혀 숨졌다. 그 아이들의 부모는 자식들이 곱고 씩씩하게 자라기 바라면서 음악 학원, 태권도 학원에 보냈을 텐데, 눈에 넣어도 아프지 않을 자식들이 싸늘한 시신으로 돌아왔을 때의 부모들의 심정이 어떠했을까. 이 세상에 태어나 활짝 꽃 피우지 못하고 그리도 빨리 저세상으로 간 어린이들이 우리 어른들을 얼마나 원망하고 있을까?

일본 아베 총리의 궤변이 우리를 분노케 한다. '일본이 중국과 한국을 침략했는지'를 묻는 질문에 그는 "정치가가 아닌 역사가에게 (판단을) 맡겨야 한다"고 말했다. 그는 또 "침략의 정의는 학계에서도, 국제적으로도 정해지지 않았다"고 말함으로써 사실상 일본의 침략행위를 부정했다. 이와 관련해서 야스쿠니 신사 참배 문제, 종군 위안부 문제, 독도 영유권 문제 등에 대해서도 그는 줄기차게 망언을 계속하고 있다.

이를 보고 있노라면 분노에 앞서 한심하고 가련한 생각이 든다. 솔직하고 떳떳하게 침략행위를 인정한다고 해서 일본의 국익에 무슨 손해가 있겠는가. 1970년 독일의 브란트 총리가 폴란드 바르샤바의 유대인 위령탑에 헌화한 후 무릎을 꿇고 참회의 눈물을 흘림으로써 오히려 독일의 국제적 위상이 높아지지 않았던가? 콜 총리도 1987년 "독일은 나치의 만행을 잊거나 숨기거나 경시하면 안 된다"고 말했고, 슈뢰더 총리는 2004년에 "독일인들은 나치의 범죄를 생각하면 부끄러움 속에서 몸을 수그린다"고 말하지 않았던가. 지금도 늦지 않았다. 일본은 겸허하게 과거사를 반성하고 새출발하기 바란다. 그렇지 않으면 일본은 '쪽발이', '왜놈'이라는 오명으로부터 영원히 벗어나지 못할 것이다.

마광수 교수. 자신이 쓴 저서를 구입했다는 영수증을 리포트와 함께 제출해야 학점을 주겠다고 선언한 마 교수가 우리를 못마땅하게 하지만, 마 교수의 말대로 "커피 마시고 영화 보는 돈은 아깝지 않게 쓰면서 교재를 사는 건 아깝다고 생각하는" 요즈음 학생들의 풍조도 우리를 몹시 못마땅하게 한다. 2013년 상반기의 우리 사회에는 이래저래 우리를 슬프게 하고 못마땅하게 하는 일들이 많이도 일어났다.

## '편의점 아저씨' 김능환

| 2013, 다산포럼

중앙선거관리위원회 김능환 전 위원장이 두 번이나 우리를 놀라게 했다. 첫 번째는, 퇴임 후 아내가 운영하는 편의점의 '알바생'으로 일한 것이다. 법조계 고위 공직자가 퇴임 후 '전관예우'의 관행에 따라 곧장 로펌으로 직행하는 경우를 수없이 보아왔기 때문에 그의 행보는 충격적이었다. 대법관까지 지낸 그에게 거액의 연봉이 보장된 로펌의 유혹이 분명히 있었을 터인데 이를 뿌리치고 "동네 서점을 운영하면서 무료 법률 상담을 하고 싶다"는 소박한 꿈을 펼쳤을 때 우리는 잔잔한 감동을 받았다. 33년간의 공직생활을 청렴결백하게 마감한 후 아직 동네 서점을 운영하진 못했지만 '편의점 아저씨'로 돌아온 그를 사람들은 현대판 '딸깍발이'라 불렀다. 그만큼 그는 우리에게 신선한 충격을 안겨 주었다.

두 번째 우리를 놀라게 한 것은, 그가 편의점 생활 6개월 만에 대형 로펌인 법무법인 율촌의 고문 변호사로 '전직(轉職)'한 사건이다. 편의점을 떠나면서 그가 던진 말은 "무항산(無恒產) 무항심(無恒心)"이라는 『맹자』의 구절이다. 이 말은 맹자가 제(齊) 선왕(宣王)에게 왕도정치(王道政治)의 요결을 가르친 것인데, '항산'은 가축이나 농토와 같이 기본적인 생활을 유지할 수 있는 재산을 뜻하고, '항심'은 인간의 착한[善] 본성을 뜻한다. 기본적인 재산이 없으면 백성들이 착한 본성을 잃고 온갖 죄를 범하게 될 것이니, 먼저 백성들의 기본 재산을 마련해 주어야 나라가 잘 다스려지고 그런 연후에야 천하에 왕 노릇을 할 수 있다는 것이 맹자의 주장이다. 맹자는 또 "항산이 없어도 항심을 가질 수 있는 자는 오직 선비[士]뿐이다"라 말했다.

그렇다면 김능환 씨를 일반 백성으로 보아야 할까, 아니면 선비로 보아야 할까? 일반 백성으로 본다면 그는 적어도 항산을 가진 사람이다.

집도 있고 편의점도 소유하고 있다. 이만하면 기본적인 생계를 꾸려나갈 수 있다. 그러니 '항심을 지키기 위하여 로펌으로 간다'는 말은 맹자적 관점에서 보면 좀 어폐가 있다. 한편 그를 선비로 본다면 '항산이 없어도 항심을 가져야' 하는데 이 역시 맹자의 본뜻과는 어긋난다. 그러므로 그가 편의점을 떠난 이유를 "무항산 무항심" 때문이라 한 것은, 『맹자』의 문맥에서는 설득력이 없다.

그렇다고 해서 내가 김능환 씨의 로펌행을 탓할 생각은 조금도 없다. 오히려 잘한 일이라 칭찬해 주고 싶다. 전문적 지식과 경륜, 그리고 훌륭한 인품을 지닌 그와 같은 사람이 편의점 아저씨로 생을 마친다면 이야말로 국가적 손실이 아니겠는가. 사실상 그는 애초에 편의점에서 여생을 보낼 생각은 없었던 듯하다. 그는 "다른 일을 하려면 자금이 필요한데 그것도 없고 평생 해왔던 영역에서 일을 하는 게 맞는다고 봤다"라 말했다. 그렇다. 그는 편의점 아닌 "다른 일"을 하려고 했던 것이다. 그가 하려는 "다른 일"을 수행하기 위하여 필요한 만큼의 항산(恒産)이 없었던 것이라 믿고 싶다. 굳이 맹자 시대의 항산의 개념을 그대로 적용할 필요는 없다고 본다.

그가 하려고 했던 "다른 일"은 무엇일까? 나는 그것이 "동네 서점을 운영하면서 무료 법률상담을 하는" 일이라 믿고 싶다. 그래야 6개월의 편의점 생활이 단순한 '해프닝'으로 끝나지 않을 것이다. 편의점을 떠나면서 그는 "서민의 삶에서 꿈꾸던 만큼의 보람을 느낄 수 없었다"고 말했는데 앞으로는 "다른 일"을 하면서 그 보람을 느낄 수 있기를 바란다. 미래의 어느 날, 동네에서 서점을 운영하며 무료 법률상담 봉사를 하고 있는 평범한 서민 김능환 씨를 보게 되기를 기대한다.

## 검사와 선비정신

| 2013, 다산포럼

검찰이 어수선하다. 2013년 한 해에만 견책 이상의 징계를 받은 검사가 14명이나 된다. 최근 몇 년간에 일어난 사태만 보더라도, 유진그룹과 다단계 사기범 조희팔 씨의 측근으로부터 10억여 원의 뇌물을 받은 김광준 전 서울고검 부장검사, 절도혐의의 여성 피의자와 검찰청 집무실과 여관에서 수차례 성관계를 가진 로스쿨 출신 전 모 검사를 비롯해서 이른바 뇌물 검사, 성 추문 검사, 브로커 검사, 그랜저 검사, 스폰서 검사, 브로커 검사, 떡값 검사, 벤츠 여검사 사건 등 검찰 비리가 끊이지 않고 있다. 게다가 검찰 간부들이 집단으로 검찰 수장의 퇴진을 요구하는 '검란(檢亂)'까지 겹쳐 검찰은 바야흐로 '검붕(檢崩)'의 위기에 처해있다.

이러한 검찰의 위기는 '절대 권력은 절대 부패한다'는 상식적인 격언을 또 한번 환기시켜 준다. 검찰은 수사권, 영장 청구권, 기소권을 독점하며 통제받지 않는 무소불위의 권력으로 군림해 왔다. 이 절대 권력이 자체의 부패를 양성한 것이다. 검사의 비리를 수사할 수 있는 기관은 검찰밖에 없다는 사실 또한 검찰 비리의 한 요인으로 작용했을 것이다. 준사법기관으로서 검사 개개인이 독립된 하나의 관청 격이어서 엄정한 중립을 견지해야 함에도 불구하고 그동안 정치적 편향을 보이며 권력의 시녀 노릇을 한 검사들도 있었다. 이제 검찰은 국민의 신뢰를 잃어가고 있다.

이런 상황에서 2005년 검찰총장 재직 때, 정권의 수사지휘에 대한 항의 표시로 자진사퇴한 바 있는 김종빈 전 검찰총장이 검사들에게 따끔한 충고의 말을 던졌다고 한다. 즉 "검사들이 선비정신을 하루빨리 되찾아야 한다"는 것이 충고의 요지이다.

김 전 총장이 말한 선비정신의 실체가 무엇인가? 동양고전에 "군자

(君子)", "유(儒)", "사(士)" 등으로 표현되는 선비는 '재주와 덕이 있는 사람', '지혜롭고 현명한 사람'의 뜻으로 쓰이고 있다. 조선 후기의 실학자 연암(燕巖) 박지원(朴趾源)은 선비를 이렇게 표현했다.

> 내가 말하는 바른 선비란, 그 뜻은 어린아이와 같으며 그 모습은 처녀와 같이 하여 평생 문을 닫아걸고 독서하는 자이다. 어린아이는 비록 연약해도 그 그리워하는 것이 한결같고, 처녀는 비록 졸박(拙樸)해도 그 지키는 것이 확고하다. (「原士」)

어린아이가 한결같이 그리워하는 것은 어머니의 품이고, 처녀가 확고히 지키려는 것은 순결일 것이다. 선비가 어린아이와 같고 처녀와 같아야 한다는 말은, 어린아이나 처녀와 같이 한결같이 그리워하는 것이 있고 확고히 지키는 것이 있어야 한다는 말이다.

그러면 선비는 무엇을 그리워하고 무엇을 지키는 것인가? 그것은 다름 아닌 도(道)와 의(義)이다. 도는 다소 추상적인 개념으로 일반적인 진리를 지시하거니와, 선비의 덕목으로 가장 중시되는 것이 의이다. 선비가 의를 행동의 준거로 삼아야 한다는 점은 『논어』 곳곳에 보인다. 맹자도 "인(仁)은 사람이 편안히 쉴 수 있는 집이요, 의는 사람이 걸어가는 올바른 길이다"라 말했다. 의(義)는 이(利)와 반대 개념이다. 그러므로 사리(私利)를 버리고 공의(公義)에 따라 살아가는 자가 선비이다. 이 의가 바로 정의(正義)이다.

검사는 사회의 지도층 인사이다. 그러므로 앞장서서 사회정의를 수호해야 할 검사들이 선비정신을 가져야 함은 당연한 일이다. 이 땅의 검사들이 의를 수호하기 위하여 목숨을 바친 안중근, 윤봉길 같은 의사(義士)가 되지는 못할망정 사사로운 이익을 위하여 파렴치한 짓을 해서야 되겠는가?

## 막말 판사와 법치法治

| 2013, 『인천일보』

대한민국은 법치국가이다. 개인의 행동이나 국가의 통치행위는 모두 법에 의해 규제를 받는다. 그래서 국가에는 그물망 같은 법령이 정비돼 있다. 민법 · 형법 · 상법(商法) 등 하늘의 별만큼이나 많은 법조문이 있어서 범법자가 어지간해서는 법의 그물을 빠져나가기 어렵게 돼 있다. 이렇게 '법 앞에선 만인이 평등하다'는 원칙하에 법에 따라 질서를 유지해 나가는 제도는 근대 법치국가의 장점임에 틀림없다.

그러나 법령이 아무리 잘 정비돼 있더라도 복잡다단한 인간 세상의 모든 일을 법으로 다 규제할 수는 없다. 흔히 판사의 판결문에 '정상을 참작해서…'라는 말이 붙는 것은 법조문의 기계적 적용을 넘어선 주관적 판단의 여지가 있음을 보여주는 것이다. '법은 최소한의 윤리이다'라는 말도 법 자체가 만능으로 될 수 없음을 지시하고 있다.

법치(法治)를 강조해 법치국가의 원시적 이론을 제시한 사람은 한비자(韓非子)인데, 그의 스승인 순자(荀子)는 이렇게 말했다.

> 법은 통치의 시작이고 군자는 법의 근원이다. 그러므로 군자가 있으면 법이 비록 간단하더라도 (만인에게) 두루 미치고, 군자가 없으면 법이 비록 잘 갖추어져 있더라도 앞뒤로 시행할 순서를 잃고 일의 변화에 대응하지 못해 어지러워질 것이다. 법의 본뜻을 이해하지 못하면서 법의 조문만 바로 지키려는 사람은 비록 박식하더라도 일을 당하면 반드시 혼란해진다. (「君道」)

여기 나오는 '군자'는 법을 집행하는 사람으로 오늘날의 판사에 해당된다고 말할 수 있다. 순자는 나라에는 통치의 기준이 되는 법이 있어야 함을 강조하는 한편으로 잘 갖추어진 법령 자체보다 법을 운용하는 사람이 더 중요하다고 말했다. 그래서 법의 집행자를 '군자'라고 표현한 것이다. 군자는 덕(德)과 지혜를 겸비한 훌륭한 인격자를 가리킨다.

오늘날의 판사도 군자이어야 한다. 판사는 모든 분쟁의 시시비비를 최종적으로 판정해 주는 사람이다. 훌륭한 판사는 개인적인 억울함을 풀어주기도 하고 정치적으로 희생될 뻔한 사람의 목숨을 구해 주기도 하며 교묘하게 위장한 범법자를 가려내어 응징을 하기도 한다. 법관의 판결은 어느 누구도 이의를 제기할 수 없는 절대적인 권위를 지닌다. 법치국가에서의 판사는 가히 신(神)과 같은 존재라 할 수 있다. 그래서 법관의 자질이 무엇보다 요청된다. 그런데 최근 일부 판사가 그들의 권위를 스스로 무너뜨리고 있다. "초등학교 나왔죠? 부인은 대학 나왔다면서요. 마약 먹여 결혼한 것 아니에요?" "늙으면 죽어야지." "당신이 어머니냐, 입은 터져서 아직도 계속 말이 나오느냐?" 이런 막말을 재판정에서 거침없이 내뱉는 판사들이 있는데 실로 그 인격이 의심스럽다. 이들은 '군자'와는 거리가 먼 사람임에 틀림없다. 피의자나 증인에게 막말하고 반말하고 모욕적인 언사까지 서슴지 않는 판사들이 과연 올바른 판결을 내릴 수 있겠는가.

이런 가운데 가장 엽기적인 판사가 이정렬 부장판사이다. 그는 층간소음으로 위층 주민과 다툰 끝에 위층 주민의 자동차 열쇠 구멍에 접착제를 발라 잠금장치를 망가뜨리고 타이어에 구멍을 냈다고 한다. 보통 사람이 이런 짓을 해도 지탄받을 일인데, 하물며 군자의 자질을 갖추어야 할 판사가 이와 같이 파렴치한 행동을 하다니……. 이정렬 판사는 2011년에도 자신의 페이스북에 '가카새끼 짬뽕'이란 사진을 올려 물의를 빚었다. 설령 '가카'가 비난받을 만한 인물이라 하더라도 군자의 품위를 유지해야 할 판사가 할 짓은 아니다.

법이 정의를 수호하는 최후의 보루임을 감안할 때, 시험성적만으로 판사를 임용하는 현행 제도는 어떤 방법으로든 개선돼야 할 것이다. 그리고 판사 자신들도 군자가 되기 위해 부단한 노력을 기울여야 할 것이다.

## “경제적 살인을 하지 말라”

| 2014, 다산포럼, 원제 「프란치스코 교황의 자본주의 비판」

작년 3월에 선출된 교황 프란치스코의 최근 행보가 세인을 놀라게 하고 감탄시키고 있다. 그는 12억 가톨릭 신자의 수장답지 않게 서민적인 풍모를 물씬 풍긴다. 방탄시설을 갖춘 전용 고급 승용차 대신 준중형 중고차를 직접 운전하고, 방 10개에 테라스가 딸린 숙소를 사양하고 게스트하우스에 머물며 일반 사제들과 공동으로 식사한다고 알려져 있다. 뿐만 아니라 무슬림 여성의 발을 씻기고 입 맞추거나 자신의 생일에 노숙자 세 명과 함께 미사를 올리고 아침 식사를 했다는 등의 일화는 널리 알려진 사실이다. 그는 또한 아르헨티나 출신답게 탱고의 역사, 탱고 가수의 이름을 줄줄이 외울 정도로 탱고를 좋아하고 축구도 광적으로 좋아하는 서민적인 교황이다. 이렇게 교황의 권위를 스스로 내려놓고 낮은 곳으로 임하려는 그의 자세는 남에게 보이기 위한 가식적(假飾的)인 것이 아니라 진심에서 우러나온 것으로 보인다. 그래서 사람들이 열광한다.

교황의 이러한 친서민적인 풍모의 이면에는 날카로운 현실 인식이 자리하고 있다. 우선 그는 자본주의 체제에 대하여 비판적이다. 그는 “‘살인하지 말라’는 십계명을 현시대에 맞게 고쳐 말하면 ‘경제적 살인을 하지 말라’가 되어야 할 것이다”라고 말했다. 자본주의는 자본이 지배하는 사회체제이어서 자본이 곧 신(神)이다. 그러므로 사람들은 이익 추구를 최고의 선(善)으로 여기게 되고 이익을 추구하기 위해서는 착취도 서슴지 않는다. 이러한 자본주의를 교황은 “야만적 자본주의”라 부른다. “돈이 왕 행세를 하는 정의롭지 못한 국제 시스템 속에서” 빈부격차는 극심하게 벌어지고 돈 없는 사람은 인간 대접을 받지 못한다. 그는 말한다. “이런 경제는 사람을 죽인다. 늙고 집 없는 사람이 노숙하다가 죽었다는 것은 뉴스가 되지 않지만, 주가지수가 2% 떨어졌다는 것은 뉴스가 된다." 그야말로 "야만적"이다.

교황은 특히 금융자본주의에 대하여 비판적이다. 통제받지 않는 자유방임 시장을 통한 국제 투기자본에 의해 경제적 불평등이 더욱 심화되고 있다는 것이 교황의 생각이다. 그는 금융자본주의를 "새로운 우상"이라 지목하고 이렇게 규제가 없는 자본주의를 "새로운 독재"로 규정한다. 이 금융자본가들은 초기의 산업자본가들처럼 직접적으로 노동 착취를 하진 않지만, 투기성 단기자본의 운용으로 한 나라의 경제를 일거에 마비시키기도 한다. 우리 나라의 경우에도, 외환은행을 매입했다가 되팔아 거액의 이익을 챙기고 달아난 다국적 기업 론스타의 씁쓸한 기억을 가지고 있다.

교황은 이러한 경제적 불평등을 바로잡기 위해서 '약자에게 은혜를 베풀어야 한다'라 말하지 않고, 가난을 만드는 사회구조를 비판했다. 그는 "각국 정부는 기부의 문화가 아닌 노동의 문화를 장려하는 것이 중요하다. 그러기 위해 일자리 창출을 장려해 나가야 한다"고 말했다. 교황의 이 말은, 워런 버핏, 조지 소로스, 데이비드 루벤스타인 등 그가 "새로운 우상"이라 지목한 금융자본가들을 겨냥한 것으로 보인다. 이들은 금융투기로 천문학적 돈을 모은 뒤 한결같이 "약자에게 은혜를 베풀어" 왔다. 워런 버핏은 전 재산의 85%를 사회에 "기부"하겠다고 했다. 그러나 이들의 헌신적이고도 갸륵한 "기부"로도 경제적 불평등을 해소할 수 없다는 것이 교황의 판단인 듯하다. 수많은 자선과 기부에도 불구하고 가난한 사람들은 여전히 가난하기 때문일 것이다.

교황의 말대로 "버려진 잉여가 된" 가난한 사람들을 위하는 진정한 길은 무엇일까? 자본주의 비판에 담긴 교황의 참뜻을 깊이 새길 필요가 있다.

## 정치인의 즐거움과 근심

| 2016, 다산포럼

내년 대선을 앞두고 이른바 '잠룡(潛龍)'들의 물밑 움직임이 활발하다. '잠룡'이란 『주역』 건괘(乾卦)에 나오는 말로, 성인(聖人)이 때를 만나지 못하여 물속에 숨어있는 것을 가리킨다. 이 잠룡이 '현룡(見龍)'의 단계를 거쳐 하늘을 나는 '비룡(飛龍)'이 되면 성인이 천자의 지위를 얻어 천하가 잘 다스려지게 된다.

그러나 대선 경쟁에 뛰어든 이들을 과연 '잠룡'이라 불러야 할지 의문이다. 잠룡이라 부를 수 있으려면 이들이 성인이 될 자질을 갖추고 있어야 한다. 그래야 현룡도 되고 비룡도 될 수 있는 것이다. 용은 신령스러운 동물이다. 그러기에 성인을 용에 비유한 것이다. 지금 대선 경쟁을 펼치고 있는 이들에게 용의 칭호를 붙여주기가 조심스러운 것은 이들 개개인의 인격과 능력을 검증했기 때문이 아니라 정치권에 대한 일반인의 강한 불신 때문이다.

최근 각종 여론조사 기관의 통계에 의하면 직업별 신뢰도에서 정치인이 최하위를 기록하고 있다. 정치인 하면 떠오르는 것이 거짓말, 뻔뻔함, 싸움질, 탐욕… 이런 말들이다. 오죽했으면 '정치가는 교도소 담장 위를 걸어가는 사람'이라는 농담까지 나왔을까. 걸어가다가 자칫하면 교도소 안으로 떨어진다. 그러므로 정치가는 범죄자와 일반인의 경계선에 있는 자라는 말이다. 이런 인상을 주는 정치인을 '용'이라 부르는 것은 너무나 과분하지 않은가? 『주역』을 읽은 적이 없는 나의 아내는 라디오에서 '잠룡'이라는 말을 들으면 '잡룡(雜龍)'이 먼저 떠오른다고 했는데, 두 낱말의 발음이 비슷한 데에서 나온 것이지만 정치인에 대한 불신이 표출된 단적인 예라고 할 수 있다. 아무나 용에 비유될 수 있는 것이 아니다.

이런 가운데 이른바 '잠룡' 중의 하나인 박원순 서울시장의 발언이 눈에 띈다. 그는 지난 9월 6일 북미 3개 도시 순방 중 뉴욕 현지 교민들과의 간담회에서 대선 출마 여부를 묻는 질문에 답하는 과정에서, 자신은 범중엄(范仲淹)의 '천하의 걱정을 먼저하고 천하의 기쁨을 나중에 한다'는 말을 좋아한다고 했다. 북송의 명재상 범중엄의 이 말은 유명한 「악양루기(岳陽樓記)」에 나오는 구절로 관련된 부분만 인용해본다.

> (옛 어진 사람들의 마음을 살펴보니) 조정의 높은 곳에 있을 때는 백성을 걱정하고 먼 시골에 있을 때는 임금을 걱정하니 나아가도 걱정하고 물러나도 걱정한다. 그러니 어느 때에 즐겁겠는가? 그들은 반드시 "천하 사람들이 근심하기에 앞서 근심하고 천하 사람들이 즐거워한 후에 즐거워한다"고 말할 것이다.

"천하 사람들이 근심하기에 앞서 근심하고 천하 사람들이 즐거워한 후에 즐거워한다"는 말은 위정자가 지녀야 할 가장 근본적인 덕목이라 할 수 있다. 진정 이런 자세로 정치를 한다면 국민들로부터 존경을 받을 것이다. 박원순 시장은 지난 7월 5일 민선 6기 2주년 기자회견 때에도 이 구절을 인용했다. 비록 범중엄을 청나라 사람이라 했다가 북송 시대의 사람이라 하는가 하면 원문의 해석도 들쭉날쭉하지만 '용'이 되기를 바라는 자가 적어도 이런 자세를 갖는다는 것 자체는 바람직한 일이다. 박 시장이 실제로 이런 정신을 시정에 구현했는가의 여부는 별도의 검증이 필요한 일이다.

박근혜 대통령도 지난 9월 5일 G20 정상회의에서 중국의 시진핑 주석에게 사드 배치의 불가피성을 설득하는 자리에서 "넓지 않은 나의 어깨에 5천만 국민의 생명과 안위가 달려있어 밤잠을 못 잔다"고 말한 바 있다. 이 또한 말만으로는 범중엄의 정신에 크게 어긋나지 않는다.

그러나 문제는 진정성과 실행이다. 진정으로 5천만 국민이 근심하기에 앞서 걱정하고 5천만 국민이 즐거워한 후에 즐거워하는 자세로 국정을 펼쳐왔는지 냉철하게 되돌아볼 필요가 있다. 그리고 앞으로도 그런 자세로 국정을 펼칠 것인지 5천만 국민은 지켜볼 것이다.

## 우리를 슬프게 하는 것들(3)

| 2016, 다산포럼

가을이다. 당나라 시인 두목(杜牧)이 "서리 맞은 잎새가 이월 꽃보다 더 붉다[霜葉紅於二月花]"고 노래한 바와 같이 온 천지가 꽃보다 아름다운 단풍으로 물들어 있다. 그런데 맑고 더 높아야 할 이 찬란한 계절, 가을 하늘이 잿빛으로 얼룩져 있다. 2016년 11월의 가을 하늘이 유난히 가을답지 못한 것은 중국발 미세먼지의 영향도 있겠지만 주위에서 일어나는 일들이 우리를 너무나 슬프게 하고 못마땅하게 하는 데에서 오는 심리적 영향도 한몫을 차지했을 것이다.

2014년 '정윤회 국정 개입 의혹' 사건의 중심에 있었던 전 청와대 공직기강비서실 박관천 행정관은 청와대의 권력 지형에 대하여 "최순실 씨가 1위이고 정윤회 씨가 2위이고 박근혜 대통령은 3위에 불과하다"고 말한 바 있는데 그때 당시에는 이 말을 믿는 사람이 많지 않았다. 그러나 지금 이 말의 진실성이 확인되고 있다. 미르재단 전 사무총장 이성한 씨는 "최순실 씨는 논현동 사무실에서 각계의 다양한 전문가를 만나 대통령의 향후 스케줄이나 국가적 정책 사안을 논의했다. 책상 위에는 항상 30cm가량 두께의 '대통령 보고자료'가 놓여 있었다"라 말했다고 하니 최 씨의 국정 개입 정도를 알 만하다. 11월 20일에 발표된 검찰의 공소장에도 47건의 청와대 기밀자료가 최 씨에게 유출되었음을 밝히고 있다.

이쯤 되면 '진짜 대통령은 최순실이다'라는 말이 나올 만하다. 도대체 최순실은 무엇인가? 그녀는 어떤 보이지 않는 마력을 가지고 박 대통령을 조종한 것일까? 최순실이 대단한 것인지, 박 대통령이 좀 모자란 것인지……. 최순실과 그 일당들이 대통령을 등에 업고 저지른 헤아릴 수 없이 많은 비리가 끝도 없이 밝혀지고 있다. 일본 사람들이 '박근혜 최순실 게이트'를 '막장 한류 드라마'라 비웃어도 변명의 여지가 없다.

광화문 광장을 가득 메운 국민들의 분노에 찬 함성과 9천 명이 넘는 대학교수들의 시국선언 그리고 5%를 밑도는 지지율에도 '흔들리지 않고' 버티는 박근혜 대통령은 무얼 믿고 있는 것일까? 무속인, 승려, 목사를 거친 사이비 종교인 최태민 일가와의 끈질긴 인연이 연출한 박근혜 정권의 처참한 현실이 우리를 슬프게 한다.

우리를 슬프게 하는 또 하나, 우리나라의 출산율이 심각한 수준에 이르렀다. 여성 1명이 평생 낳을 수 있는 예상 자녀 수를 가리키는 합계 출산율이 우리나라가 세계 184위로 꼴찌에서 4번째라고 한다. 국회 입법조사처의 발표에 따르면 2013년 수준인 1.19명의 출산율이 지속될 경우 우리나라는 2750년에 인구가 소멸될 것이라는 전망이다. 생각만 해도 끔찍한 일이다.

저출산의 원인을 여러 곳에서 찾을 수 있겠지만 가장 직접적인 원인은 결혼관의 변화에 있다. 2016년 통계청의 사회조사 결과보고에 의하면 만 13세 이상의 38,600명을 대상으로 한 조사에서 결혼을 꼭 해야 한다고 답한 비율은 51.9%였다고 한다. 약 절반이 결혼은 필수가 아니라고 생각한다는 것이다.

결혼을 하지 않으면 아이를 낳을 수 없는데 결혼을 하더라도 아이를 낳지 않으려는 사람이 늘고 있다. 아이를 낳아서 기르고 교육시키는 일이 힘들기 때문일 것이다. 심지어 '출산은 백해무익이다', '출산은 도박이다', '아이 낳으라는 건 욕이다'라는 말까지 나돈다. 더 끔찍한 유행어는 '맘충'이다. 이는 엄마를 뜻하는 '맘'과 벌레를 뜻하는 '충(虫)'의 합성어로, 아이를 가진 것만으로도 혐오의 대상이 될 수 있음을 지시한다. 이 땅의 젊은이들로 하여금 연애, 결혼, 출산을 포기하는 '삼포세대'가 되게 한 서글픈 현실이 우리를 슬프게 한다.

또 하나, 스승의 날 선생님에게 카네이션 꽃을 달아 드리는 것도 이른바 김영란법에 위반된다는 국민권익위원회의 유권해석이 우리를 몹시 슬프게 한다. 인간 위에 법이 있는가, 법 위에 인간이 있는가? 가을은 아름답기에 짧은 것이지만 이번 가을은 유난히 짧아서 눈 한 번 맞춰보지 못하고 훌쩍 떠나버렸다.

## "신은 유해한 망상이다"

| 2017, 다산포럼, 원제 「종교란 무엇인가?」

지금 세계 각국에서는 끔찍한 테러 사건이 빈번하게 일어나고 그때마다 수십 명 혹은 수백 명씩의 민간인들이 희생되고 있다. 근래에만 해도 2015년 프랑스 파리의 폭탄 테러로 130명이 사망했고 2016년 브뤼셀 폭탄 테러로 34명이 사망한 데 이어 프랑스 니스 해변에서 트럭 테러가 발생하여 최소 80명이 사망했다.

사망자들은 모두 민간인이고 테러를 자행한 주체는 종교집단인데 대부분이 이슬람교도들이다. 니스의 트럭 테러범은 25톤 트럭으로 광란의 질주를 계속하며 '알라는 위대하다'라 외쳤다고 한다. '알라'는 무슬림들이 믿는 유일신이다. 그들은 알라의 말씀을 적었다는 코란에 따라 생활하므로 다소 독특한 관습을 가지고 있다.

그들의 가장 독특한 생활 관습이 할랄과 히잡이다. '할랄'은 무슬림들이 먹어도 되는 음식을 말한다. 그들은 코란의 가르침에 따라 죽은 동물, 피 흘리는 동물, 돼지 등 불결한 것은 먹어서 안 된다. 특히 돼지고기는 절대 먹지 말아야 할 오염물로 분류된다. 먹을 수 있는 가축도 할랄 방식으로 도축되어야 하고 도축장 반경 5km 이내에는 돼지 농장이 없어야 한다. 뿐만 아니라 돼지고기나 술 등을 실었던 트럭에 할랄 식품을 운송해서도 안 된다는 엄격한 규정도 있다.

할랄과 함께 이들이 지켜야 할 엄격한 규정이 '히잡'이다. 히잡은 여성들의 신체를 가리는 독특한 의상으로 남편이나 가족이 아닌 남성에게 몸을 노출해서는 안 된다는 관습에서 비롯된 것이다. 히잡의 종류는 다양한데 눈을 포함해서 전신을 가리는 '차드리'와 눈을 제외한 전신을 가리는 '부르카'가 가장 보수적인 의상이다. 이건 심각한 여성 차별이다. 프랑스에서는 부르카를 '옷감으로 만든 여성의 감옥'이라 부른다. 일부

이슬람 국가에서는 여성의 참정권이 없는 것은 물론 여성은 자동차 운전도 할 수 없다.

무슬림들이 그들이 믿는 신의 가르침에 따라서 할랄만 먹고 히잡을 착용하는 것은 그들의 자유이다. 더 근본적으로 신의 존재를 믿느냐 믿지 않느냐 하는 것도 개인의 자유이고, 어떤 신을 믿느냐도 개인의 자유이다. 그리고 유신론자가 무신론자를 비난할 수도 있고 무신론자가 유신론자를 비난할 수 있으며, 특정 종교의 신도가 타 종교의 신도를 비난할 수도 있다.

그러나 자기들이 믿는 신을 믿으라고 강요하거나 믿지 않는다고 억압해서는 안 된다. 자기들이 믿는 신을 믿지 않는다고 폭행을 가해서는 더더구나 안 된다. 인도의 일부 지역에서는 쇠고기를 먹은 무슬림이 소를 신성시하는 힌두교도들에 의해 집단 구타당하여 사망했다고 한다. 이건 있을 수 없는 일이다. 마찬가지로 '알라는 위대하다'를 외치며 불특정 다수에게 무차별 살육을 저지른 한 무슬림의 만행도 용납할 수 없는 행위이다. 그렇게 하는 것이 알라의 위대함을 증명하는 행위인가?

지금까지 인류는 신의 이름으로 수많은 살육을 저질러 왔다. 사랑과 관용을 핵심 가치로 내세우는 종교의 이름으로 또 얼마나 많은 전쟁이 일어났는가. 그렇다면 과연 신은 무엇인가? 옥스퍼드 대학의 리처드 도킨스 교수는 그의 저서 『만들어진 신(The God delusion)』에서 "신은 망상이다. … 그것은 유해한 망상이다"라 말했는데 일리가 있는 말이라 생각한다. 사람이 망상에 사로잡히면 맹목적인 성향을 띠게 되고 그것이 심해지면 광기(狂氣)로 발전한다. 그리고 개인적 망상에 그친다면 그렇게 유해하진 않지만 그것이 종교적 집단 망상으로 발전하면 유해한 결과를 초래할 수 있다. 무슬림들의 테러나 무슬림에 대한 힌두교도의 집단 구타 등이 그것이다. 이는 이슬람이나 힌두교뿐만 아니라 신이라는 망상에 사로잡혀 있는 한, 어느 종교의 경우에나 마찬가지이다.

종교란 기본적으로 생로병사(生老病死)의 과정에서 일어나는 고통과 두려움으로부터 벗어나려는 자기 위안이 아니겠는가? 그래서 개인적으로 신을 믿고 종교적 신앙을 가지는 것을 누가 뭐라고 비난할 수는 없다. 그러나 그 믿음이 지나친 나머지 정신적이든 물질적이든 타인에게 해를 끼친다면 그것은 종교의 탈을 뒤집어쓴 범죄 행위이다.

## "봄날은 간다"

| 2017, 다산포럼

박근혜, 최순실 게이트와 사상 초유의 대통령 탄핵이라는 소용돌이 속에서도 봄은 왔고 또 여느 때와 마찬가지로 그 봄날은 가고 있다. 복사꽃, 살구꽃, 진달래, 라일락이 피어나는 봄은 찬란하고 아름답다. 중국 송나라의 시인 소식(蘇軾)은 "봄밤 일각(一刻)은 천금의 값어치가 있다[春宵一刻直千金]"고 했다. 봄이 그토록 찬란하고 아름답다는 말이다. 그러나 이 찬란한 아름다움은 우리 곁에 오래 머물지 않는다. 그러기에 봄의 끝자락엔 늘 아쉬움이 남는다. 가는 봄에 대한 미련과 애잔한 슬픔의 정서를 노래한 작품이 많은 것은 이 아쉬움 때문일 것이다. 그중에서 우리에게 가장 친근한 작품이 백설희가 부른 노래 〈봄날은 간다〉가 아닐까?

연분홍 치마가 봄바람에 휘날리더라
오늘도 옷고름 씹어가며 산제비 넘나드는 성황당 길에
꽃이 피면 같이 웃고 꽃이 지면 같이 울던
알뜰한 그 맹세에 봄날은 간다

새파란 풀잎이 물에 떠서 흘러가더라
오늘도 꽃 편지 내던지며 청노새 짤랑대는 역마차 길에
별이 뜨면 서로 웃고 별이 지면 서로 울던
실없는 그 기약에 봄날은 간다

열아홉 시절은 황혼 속에 슬퍼지더라
오늘도 앙가슴 두드리며 뜬구름 흘러가는 신작로 길에
새가 날면 따라 웃고 새가 울면 따라 울던

얄궂은 그 노래에 봄날은 간다

1954년에 발표된 이 노래는 곡도 곡이려니와 서정적인 노랫말이 사람들의 심금을 울렸다. 2003년, 계간지 『시인세계』의 설문조사에서 시인들이 애창하는 대중가요 1위로 선정되었다고 한다. 시인 김사인 씨도 최근 이 노랫말을 '국민 애송시'라고 했다.

연분홍 치마를 봄바람에 휘날리면서 열아홉의 풋풋한 아가씨가 "산제비 넘나드는 성황당 길"에서, "청노새 짤랑대는 역마차 길"에서, "뜬구름 흘러가는 신작로 길"에서 가는 봄을 아쉬워하고 있다. 이 아쉬움은 "꽃"과 "새"와 "별"을 두고 맹세한 임의 부재(不在)로 인한 슬픔과 겹쳐진다. 그래서 더 애틋하다.

이 노래는 그 후 이미자, 조용필, 주현미, 심수봉, 나훈아, 최백호, 장사익 등에 의해서 꾸준히 리메이크되어 불렸다. 그만큼 널리 사랑받았다는 증거일 것이다. 이들은 각기 제 나름의 독특한 창법으로 노래했는데 이 중 장사익이 부른 노래가 기억에 남는다.

2004년 2월의 어느 날, 동숭동 옛 서울 문리대 교정에서 김진균 교수 영결식이 거행되었다. 김 교수는 서울대학교 사회학과에 재직하면서 노동운동의 대부로서 노동자들의 권익을 위하여 온몸을 던져 활동하다가 정년퇴직한 다음 해에 서거했다. 이에 노동자 단체 연합으로 김 교수 영결식이 거행된 것이다.

그때 나도 식장에 있었는데 좀 독특한 형식의 영결식이었다. 가장 인상에 남은 것은 장사익 씨의 노래였다. 장사익 씨가 단에 올라 노래를 부르는데 뜻밖에도 그는 〈봄날은 간다〉를 불렀다. 나는 깜짝 놀랐다. 엄숙한 영결식장에서 이런 노래를 부르다니, 식장의 분위기와 걸맞지 않다고 생각했다. 그러나 1절, 2절, 3절로 이어지는 노래를 듣는 동안 나도 모르게 숙연해지는 나 자신을 발견했다. 가는 봄을 아쉬워하는 것은 그토록 아름답던 봄이 짧게 머물다 가버리기 때문일 터인데, 이 노래는 아름다운 삶을 남기고 봄처럼 훌쩍 가버린 김 교수를 아쉬워하는 듯했다. 이렇게 이 노래가 영결식과 기묘한 조화를 이룬 것은 호소력 있는 장사익 씨의 창법에 힘입은 바 크지만, 기본적으로는 이 노래의 멜로디와 노랫말이 지닌 뛰어난 예술성이 사람들의 보편적이고 근원적인 정서를 자극했기 때문이었을 것이다.

2017년의 봄도 어김없이 가고 있다. 봄이 가는 것은 아쉽지만, 탄핵 정국 속에 치러진 '장미 대선'에서 우리는 많은 것을 얻었기에 가는 봄에 대한 아쉬움을 조금은 달랠 수 있지 않을까?

## 우리를 슬프게 하는 것들(4)

| 2018, 다산포럼

2017년 11월 15일 경상북도 포항에 진도 5.5 규모의 큰 지진이 발생했다. 이 지진으로 주택, 공공건물, 학교 등이 피해를 입어 62명이 부상당하고 1,537명의 이재민이 발생했다. 지금까지 집계된 잠정 피해액이 522억 원에 달한다고 한다. 2018년도 대학수학능력시험을 1주일 연기하지 않을 수 없을 만큼 이번 지진의 피해는 심각했다.

이와 같은 국가적 재난이 일어난 바로 다음 날, 전남 영암의 삼호교회 이형만 목사는 서울 화곡동 성석교회에서 열린 부흥회에서 '종교계에 세금을 문다 하니까 포항에서 지진이 났다'는 요지의 설교를 했다. 그는 이 설교에서 "어떻게 하나님의 교회에다 세금을 내라 하나?" "하나님께서 가만히 있지 않는다. 하나님을 건드릴 때 국가에 위기가 바로 다가오는 거다. 그걸 체험해야 한다"고 말했다고 한다. 이러한 철딱서니 없는 이형만 목사의 발언이 우리를 슬프게 한다. 아니 우리를 어이없게 하고 우리를 분노케 한다.

이형만 목사의 발언은 2011년 동일본 대지진과 쓰나미가 발생한 직후에 내뱉은 여의도 순복음교회 조용기 목사의 발언을 연상시킨다. 그는 이렇게 말했다. "일본 국민이 신앙적으로 볼 때는 너무나 하나님을 멀리하고 우상숭배, 무신론, 물질주의로 나가기 때문에 하나님의 경고가 아닌가 하는 생각이 든다." 이 목사와 조 목사가 내세우는 '하나님'이 정말 존재한다면 아마 전지전능한 그 하나님은 '하나님 무고죄(誣告罪)'로 이들을 처벌했을 터인데, 저들이 아무런 처벌을 받지 않고 건재한 것을 보면 과연 '하나님'이 정말 있는 것인지 없는 것인지 모를 일이다.

"포항 지진은 문재인 정부에 대한 하늘의 준엄한 경고"라 한 당시 자유한국당 류여해 최고위원의 발언도 우리를 슬프게 한다. 이른바 '태극기 집회'를 주도하며 '여자 홍준표'라 불리던 그녀가 그 홍준표로부터 서초갑 당원협의회 의장직을 박탈당한 후 두 사람 사이에 오고 간 거친 막말들은 우리를 더욱 슬프게 한다. 국회의원들이란 원래 막말을 즐기는 존재이긴 하지만.

2017년 12월 5일 신임 노영민 주중대사가 중국 정부에 신임장을 제정하는 자리에서 "만절필동 공창미래"라는 문구를 썼다. '만절필동'은 『순자(荀子)』「유좌(宥坐)」 편에 나오는 말로, 공자가 동쪽으로 흐르는 큰 강물을 바라보고 있는데 제자 자공(子貢)이 그 까닭을 물으니 공자가 강물의 여러 가지 품성(品性)을 열거하는 가운데 "其萬折也必東 似志"라 답한 말이다. 즉 "(강물이) 만 번 꺾이지만 반드시 동쪽으로 흐르는 것이 (군자의) 의지와 같다"는 것이다. 군자의 의지는 확고부동한 것이어서 강물이 결국은 동쪽으로 흐르듯이 아무도 그 의지를 꺾을 수 없다는 것이 이 구절의 본뜻이다.

이 구절은 후대에 여러 가지 의미로 원용되었는데 우리나라에서는 송시열(宋時烈)의 유언으로 만동묘(萬東廟)를 새운 이래 '명나라에 대한 변함없는 충절'의 뜻으로 널리 사용되었다. 만동묘는 '萬折必東'에서 따온 명칭으로 이곳에는 임진왜란 때 우리를 도와준 명나라 신종(神宗)과 마지막 황제 의종(毅宗)의 위패가 봉안되어 있다. 그러므로 이 명칭에는 사대주의적인 색채가 짙게 배어있다. 확대 해석하기에 따라서는 '중국의 천자를 향한 제후국들의 변함없는 충성'의 뜻도 내포하고 있다.

노영민 대사가 "만절필동"이라 쓴 의도가 무엇일까? '군자의 굳은 의지'라는 본뜻과는 어울리지 않고 오히려 '중국에 대한 변함없는 충절'이라는 뜻으로 오해받을 소지가 있다. 이 사건이 국내에서 문제가 되자 주중 대사관에서는 "한중 관계가 우여곡절을 겪어도 반드시 좋아질 것"이라는 의미라고 해명했다. 이렇게 해명하는 것이 전적으로 잘못되었다고 볼 수는 없지만, 다른 적절한 성어(成語)를 인용할 수도 있었을 터인데,

하필이면 사대주의적인 혐의가 있는 용어를 선택한 노영민 대사의 사려 깊지 못한 처신이 우리를 슬프게 한다기보다 우리로 하여금 안타까운 마음을 금하지 못하게 한다.

## 6분 20초

| 2018, 다산포럼

지난 2월 14일 미국 플로리다주의 더글러스 고등학교에서 이 학교 퇴학생이 총기를 난사해 학생과 교사 등 17명이 숨진 사건이 있었는데 이때 걸린 시간이 6분 20초였다고 한다. 이 짧은 시간에 17명이 사망하고 15명이 부상을 당하는 끔찍한 일이 벌어졌으니 총기가 얼마나 위험한 물건인가를 실감할 수 있다.

미국에서는 이렇게 위험한 총기 소지를 엄격히 규제하지 않고 있다. 그래서 계속되는 총기 사고로 수많은 생명이 희생되고 있다. 미국 뉴욕주 전 하원의원 스티브 이스라엘은 2017년 10월 14일 중앙일보에 실린 글에서 "내가 연방 하원의원으로 재직한 16년 동안 무려 52번의 총기 난사 사건이 일어났다"고 말했다. 통계에 의하면 2004년부터 2013년까지 10년간 총기 사고로 사망한 사람이 31만 6,545명에 달한다고 한다. 가까이로는 2017년 10월 1일 밤, 한 평범한 시민이 라스베이거스 중심가에 있는 호텔에서 건너편 콘서트장을 향해 약 10분간 수백 발의 총알을 난사하여 58명을 사망시키고 500여 명의 부상자를 내었다.

이런 사고가 빈발하는 것은 미국에서의 총기 구입이 용이하기 때문이다. 총기를 구입하려면 일정한 신원조회를 거치지만 형식적인 조치에 불과하고 더구나 약 30개 주에서는 총기 구입에 연령 제한을 두지 않기 때문에 초등학생이 총기를 보유해도 법률적으로 문제가 되지 않는다.

미국인의 총기 구입이 손쉬운 데에는, 서부개척과 독립전쟁을 거치는 동안 '나와 내 가족의 생명과 재산은 내가 지킨다'는 미국인 특유의 역사적 경험이 밑바탕에 깔려있다. 그러나 이보다 더 직접적인 배경에는 미국총기협회(NRA)의 로비가 있다. 앞서 인용한 스티브 이스라엘 의원의 글에 의하면, 2012년 버락 오바마 대통령이 최소한 정신질환자의 총기 구매만이라도 어렵게 만들자는 법안을 발의했으나 '총기를 소유할 수 있는 국민의 기본권을 침해할 수 없다'는 이유로 의회에서 부결되었는데 이는 의원들을 상대로 한 NRA의 막강한 로비가 있었기 때문이라는 것이다.

또 민주당이 테러리스트 목록에 오른 사람의 총기 구매를 금지하는 법안을 발의했을 때에도 '미국에선 유죄가 입증될 때까지 무죄 추정의 원칙이 적용된다. 테러리스트 목록에 오른 사람도 예외가 아니다'라는 공화당 의원들의 반대로 통과되지 못했다고 하는데 여기에도 NRA의 로비가 작용했다는 것이다. 이런 정치적 환경에서는, NRA의 입장에 조금이라도 이의를 제기하는 의원은 미 헌법상의 '총기 보유의 자유'를 지지하지 않는 인사로 낙인찍혀 정치 생명이 위태롭게 된다는 것이 스티브 이스라엘 의원의 진단이다. 우리나라나 미국이나 돈 앞에 약한 정치인의 행태는 마찬가지인가 보다.

이런 정치적 환경에서 총기 구매를 규제하지 못하고 총기 사고는 계속 일어났다. 드디어 플로리다주 더글러스 고교 총기 사고가 발생한 후 국민들의 분노가 폭발했다. 친구들을 잃은 더글러스 고교의 10대 학생들이 주축이 된 대규모 시위가 일어난 것이다. '우리 생명을 위한 행진'을 내건 지난 3월 24일 워싱턴 DC의 집회에는 약 80만 명의 시민이 모였고 미국 전역의 800여 곳에서 '총기 규제 강화'를 외치는 시위가 일어났는데 이번 시위는 베트남 전쟁 반대 시위 이후 최대 규모의 시위라고 한다. 이 와중에도 총기 규제를 옹호하는 맞불 집회까지 열렸다고 하니 우리나라의 '태극기 부대'와 닮은꼴이어서 씁쓸한 생각이 들었다. 태극기 부대가 성조기를 들고나온 이유를 알 만하다.

이런 시위에도 불구하고 공화당 출신의 트럼프 대통령은 총기 규제를 강화할 뜻이 없어 보인다. 그는 집회가 열리기 직전 플로리다주 웨스트 팜비치 골프 클럽으로 떠났다고 한다. 이것이 일정한 국정 철학 없이 평생을 재산 모으기에 급급했던 '사업가' 트럼프의 민낯이다. 이 역시, 수백 억대의 뇌물 수수 혐의로 구속수감 중인 '성공한 사업가' 출신의 우리나라 대통령과 닮은꼴이다.

## 재판을 거래하다니

| 2018, 다산포럼

최근 양승태 전 대법원장 시절의 이른바 '재판 거래'를 둘러싼 물의를 보고 느낀 점이 많다. 법치국가에서 법관은 절대적인 존재다. 민사 사건이나 형사 사건이나 모든 분쟁의 시시비비(是是非非)는 법관의 판결에 의해서 결정된다. 그리고 법관의 최종 판결에 대해서는 어느 누구도 이의를 제기할 수 없다. 만약 신(神)이 있다면, 법관은 신과 같은 존재이다. 사람을 죽이고 살리는 권한이 오직 판사의 판결에 달려있기 때문이다.

그러므로 법관의 판결은 지극히 공정해야 한다. 법치국가라 할 수 없는 조선 시대에도 이 점을 매우 중시했다. 다산 정약용은 『목민심서』에서 이렇게 말했다.

> 판결의 요체는 밝게 살피고 신중히 생각하는 데 있을 뿐이다. 사람의 생사가 나 한 사람의 살핌에 달려있으니 밝게 살피지 않을 수 있겠으며, 사람의 생사가 나 한 사람의 생각함에 달려있으니 신중하지 않을 수 있겠는가.

이렇게 사법적 판결의 중요성을 누구보다 잘 알고 있었기에 다산은 또 『흠흠신서(欽欽新書)』를 써서 이를 더욱 강조했다. '欽欽'은 『서경(書經)』의 "조심하고 조심하여 형벌을 신중히 하셨다[欽哉欽哉 惟刑之恤哉]"에서 따온 말로, 순임금의 치적을 칭송하는 구절이다. 순임금은 훌륭한 치적을 많이 남겼지만 형벌을 가함에 있어서도 조심하고 신중하였기 때문에 무오류(無誤謬)의 성인이 될 수 있었던 것이다. 다산이 『흠흠신서』를 저술한 의도는, 판결을 내림에 있어서 이 순임금의 정신을 본받자는 것이었다.

사법적 판결이 이렇듯 중요하기 때문에 법치국가에서는 삼권분립의 원칙에 의하여 사법부를 행정부, 입법부와 독립시켜 외부의 간섭 없이 "헌법과 법률에 의하여 양심에 따라 공정하게 심판(판사의 취임선서)"할 수 있도록 제도적 장치를 마련해 놓았다.

그러나 우리나라 재판의 역사는 '헌법과 법률에 의하여 양심에 따라 공정하게' 이뤄지지 않은 경우가 많았다. 가장 대표적인 예가 1958년 간첩죄로 사형이 집행된 조봉암 사건과 1975년 긴급조치 위반과 반공법 위반 등의 혐의로 판결 이후 18시간 만에 사형이 집행된 도예종, 여정남 등 8인이 연루된 이른바 인혁당 재건위 사건이다. 이들은 2011년과 2007년 재심에 의하여 모두 무죄 확정판결을 받았다. 비록 이들의 명예는 회복되었다고 하지만 그 억울한 죽음을 무엇으로 보상할 수 있을 것인가.

이밖에도 무수한 '사법 살인'이 자행되어 온 사실을 우리는 알고 있다. 이 모든 것이 신중하지 않고 공정하지 않은 판결에 의한 참사이고, 사법부에 대한 독재 권력의 부당한 간섭에 의한 비극이다. 그 시절의 삼권분립은 허울뿐인 제도였다.

삼권분립과 함께 재판의 공정성을 담보하기 위한 제도가 3심 제도이다. 1심과 2심의 판결에도 불구하고 사건을 다시 심리하여 더욱 명확하고 공정한 판결을 받을 수 있는 제도인데 조선 시대에도 이와 비슷한 '평번(平反)'이라는 제도가 있었다. 다산은 『목민심서』에서 "평번에 힘쓰는 것은 천하에서 가장 선(善)한 일이요 덕(德)의 바탕이다"라 말했다. 일반적으로 형벌을 경감해 주는 것이 평번의 취지이기 때문에 다산이 이렇게 말한 것이다.

지금 평번에 해당하는 최종 판결을 하는 기관인 대법원은 양승태 시절에 '천하에서 가장 선한 일'과는 정반대의 일을 일삼았다는 의혹을 받고 있다. 무수한 사례가 있지만, 2008년에 KTX 해고 승무원 34명이 제기한 '근로자 지위확인 소송'의 경우가 그렇다. 이들은 1심과 2심에서 승소했지만 2015년 대법원에서 이를 뒤집었다. 또 쌍용차 해고 노동자들이 2010년에 제기한 소송이 1심에선 패소했지만 2심에서 승소 판결을 받았는데도 2014년 대법원이 최종 판결에서 이를 뒤집었다.

나는 이들 판결에 대하여 법리적으로 시비를 따질 능력이 없지만 적어도 다산이 "천하에서 가장 선한 일이요 덕의 바탕"이라고 한 평번(平反)의 취지에는 어긋나는 일임이 분명하다. 더구나 대법원의 판결엔 행정부와의 모종의 거래가 있었다는 의혹이 제기되고 있다. 검찰의 수사가 진행 중인 사안이지만 만에 하나 '거래'가 사실로 밝혀진다면 이는 국기(國基)를 뒤흔드는 중대 사실이 아닐 수 없다. 재판은 거래의 대상이 아니다.

## 쥐와 야합한 고양이

| 2019, 다산포럼

다산 정약용의 작품 중에 「고양이」란 제목의 장편 우화시(寓話詩)가 있다. 집에서 기르고 있는 고양이가 온갖 못된 짓을 해서 주인의 근심이 가득한데, 한술 더 떠서 이 고양이가 쥐들과 야합하여 온 집안을 쑥대밭으로 만든다는 내용이다.

쥐를 잡아야 할 고양이가 왜 쥐와 야합을 했을까? 이 시에서는 "쥐들은 훔친 물건 뇌물로 주고 / 태연히 너와 함께 돌아다닌다", "이로부터 쥐들은 꺼릴 것 없어 / 들락날락 껄껄대며 수염을 흔든다"라 묘사되어 있다. 쥐들이 고양이에게 뇌물을 바친 것이다. 그래서 뇌물을 받은 고양이가 쥐를 잡아야 한다는 자신의 본분을 방기하고 쥐들과 한통속이 되어 버린 것이다.

이것은 현실의 생태계에서 도저히 있을 수 없는 일이다. 그럼에도 불구하고 다산은 왜 이런 기상천외의 발상을 하게 되었을까? 다산은 그가 살았던 조선 후기 사회의 부정과 부패를 풍자하기 위하여 이 시를 쓴 것으로 보인다. 이 시는 여러 각도에서 해석될 수 있지만 일차적으로는 도둑과 도둑 잡는 관리의 결탁을 풍자한 것으로 볼 수 있다. 그러므로 이 시의 집 주인은 일반 백성에, 쥐는 도둑에, 고양이는 도둑 잡는 관리에 비유되어 있다. 『목민심서』의 다음과 같은 기록이 이를 말해준다.

> 무릇 포도군관(捕盜軍官)은 경향을 막론하고 모두 큰 도적이다. 도적과 내통하여 그 장물을 나누어 먹고, 도적을 풀어 도적질할 수 있도록 방법을 제공하며, 수령이 도적을 잡으려고 하면 미리 기밀을 누설시켜 도적으로 하여금 멀리 달아나게 하고, 수령이 도적을 처형하려고 하면 비밀히 옥졸을 사주하여 옥졸로 하여금 도적을 고의로 놓치게 하니 그

천만 가지 죄악을 다 말할 수가 없다. (「吏典六條」, 〈馭衆〉)

'포도군관'은 도둑 잡는 임무를 맡은 관리인데 이 포도군관이 도둑과 내통한다는 것이다. 또 『목민심서』의 다른 기록에 의하면, 도둑이 '도둑업'을 개업할 때 포도군관에게 '신고식'을 해야 하며, 처음 세 번까지는 훔친 장물을 모두 군관에게 바치고 네 번째부터는 3·7제로 나누어 먹는다고 한다. 다산은 우화시의 형식을 빌려 이 기막힌 현실을 고발하고 풍자한 것이다.

이런 일이 다산 시대뿐만 아니라 지금도 일어나고 있으니 놀라운 일이다. 최근 물의를 빚고 있는 강남의 유흥업소 '버닝썬' 사태가 그것이다. 도둑에 관한 일이 아니라도 무릇 단속하는 자와 단속받는 자가 야합하면 세상에 못 할 짓이 없고 그렇게 되면 사회 질서가 바로 잡힐 수 없다. 신문 보도에 의하면 마약 밀매, 성관계 동영상 몰래 촬영, 폭력, 미성년자 출입 등의 불법행위가 '버닝썬'에서 자행되고 있었는데도 경찰이 이를 제대로 단속하지 않았다고 한다. 제대로 단속하지 않은 이면에 뇌물거래가 있었음은 쉽게 짐작할 수 있다.

아직 사건의 전모가 밝혀지진 않았지만 경찰과 '버닝썬'의 유착 관계는 거의 사실로 굳어지는 듯하다. 과거 '버닝썬'의 관할 부서인 강남경찰서에서 클럽, 주점 등을 담당하는 부서에서 일하다가 지금은 경찰청에 근무하고 있는 윤 모 총경이 이 사건과 관련되어 대기발령 상태에 있고, 이 사건 피의자로 입건된 현직 경찰관이 4명이나 된다.

연합뉴스의 보도에 의하면 현직 경찰관이 직접 주도적으로 범행을 저지른 경우도 있다. A 경감은 화성동부경찰서에서 성매매 단속 등의 업무를 담당하는 생활질서계장으로 근무하면서 자신이 직접 성매매 업소를 차려 운영했다고 하니 참으로 통탄할 만한 일이다. 그는 자신이 업소 운영의 전면에 나설 수 없기 때문에 한 중국 동포를 이른바 '바지사장'으로 내세워 운영했다고 한다. 그는 또 다른 성매매 업소를 운영하는 B 씨로부터 뇌물을 받고 '이번 주 무슨 요일에 단속이 뜨니 주의하라'는 등의 단속 정보를 알려주기도 했다.

물론 이것은 일부 몰지각한 경찰관에게 해당되는 사례일 것이다. 그러나 일부일지라도 단속하는 경찰과 단속받는 유흥업소의 이러한 유착관계는 고양이와 쥐가 야합한 것과 다를 바 없다. 고양이는 모름지기 고양이의 본분을 지켜 쥐를 잡아야 한다. 고양이가 쥐를 잡지 않으면 세상엔 너무도 많은 쥐들이 들끓을 것이다. 이 나라의 고양이들이여! 제발 본분을 지켜주기 바란다.

## 춘래불사춘春來不似春

| 2019, 다산포럼

| | |
|---|---|
| 오랑캐 땅에 꽃과 풀이 없으니 | 胡地無花草 |
| 봄이 와도 봄 같지 않네 | 春來不似春 |

이 시구(詩句)는, 중국 한(漢)나라 때 북쪽의 흉노 추장에게 정략적으로 시집보내진 궁녀 왕소군(王昭君)의 처지를 읊은 것이다. 왕소군이 끌려간 추운 오랑캐 땅에는 봄이 와도 풀 한 포기 돋지 않는다. 그러니 봄이 와도 봄 같지 않았을 것이다. 널리 알려진 '春來不似春'이란 말이 여기에서 비롯되었다. 봄이 와도 봄 같지 않은 봄을 맞은 사람은 왕소군뿐만 아니었다. 757년에 두보(杜甫)는 장안의 봄을 이렇게 노래했다.

| | |
|---|---|
| 나라가 부서져도 산과 내는 남아있어 | 國破山河在 |
| 장안성에 봄이 드니 초목이 무성한데 | 城春草木深 |
| | |
| 시국을 생각하니 꽃을 봐도 눈물이 나고 | 感時花濺淚 |
| 이별이 한스러워 새소리에도 놀라는 가슴 | 恨別鳥驚心 |

안록산(安祿山)의 반란군에 점령당한 장안성에도 어김없이 봄이 와서 초목이 무성하다. 그러나 반란군에 붙잡혀 유폐 생활을 하고 있던 두보는 나라 걱정, 가족 걱정에 "꽃을 봐도 눈물이 나고 새소리에도 가슴이 놀란다"고 했다. 안록산이 두보로부터 봄을 빼앗아 갔으니 그야말로 '春來不似春'이었을 것이다. 우리가 겪은 지난봄들도 '봄 같지 않은 봄'이 많았다. 시인 이상화(李相和, 1901~1943)가 1926년에 느낀 봄은 어떠했던가.

나는 온몸에 햇살을 받고
푸른 하늘 푸른 들이 맞붙은 곳으로
가르마 같은 논길을 따라 꿈속을 가듯 걸어만 간다

시인은 "지금은 남의 땅-빼앗긴 들에도 봄은 오는가?"라 자문(自問)하지만 자연의 봄은 분명히 와있다. 그래서 그는 아름다운 봄 경치에 이끌려 "봄 신명에 잡"힌 듯 "발목이 시도록" "꿈속을 가듯" 봄 들판을 걷는다. 그러나 그의 걸음은 "푸른 웃음 푸른 설움이 어우러진 사이로" 걷는 걸음이다. 이상화의 봄은 "웃음"과 "설움"이 뒤섞인 봄이다. 이 시는 "그러나 지금은 들을 빼앗겨 봄조차 빼앗기겠네"로 끝난다. 그러니 당시 이상화의 봄도 '春來不似春'이었을 것이다. 일제(日帝)가 이상화로부터 봄을 빼앗아 갔던 것이다. 그는 끝내 진정한 봄을 맞이하지 못하고 해방이 되기 전에 숨을 거두었다.

1980년의 봄은 또 어떠했는가. 1980년 서울의 봄은 계절의 순환에 따른 자연의 봄과 함께 찾아온 마음의 봄이었다. 기나긴 유신독재의 어두운 터널을 벗어나 얼어붙은 겨울 공화국의 차디찬 얼음을 녹이는 봄이어서 모두들 화창한 봄을 마음껏 즐겼다. 그러나 이 아름다운 서울의 봄은 너무나 짧게 끝났다. 전두환이 우리에게서 봄을 빼앗아 간 것이다. 그때도 많은 사람들이 '春來不似春'을 되새겼다.

전두환은 1997년에 내란 및 뇌물수수 혐의로 무기 징역형을 선고받고 추징금 2,205억 원이 부과되었다. 그러나 추징금 중 1,030억 원만 강제 집행되고 나머지는 '전 재산이 29만 원밖에 없다'며 버티고 있다. 최근에는 『전두환 회고록』을 집필하여 뻔뻔하게도 자신은 "5·18 광주민주화운동의 제물이었다"고 주장했고 그의 부인 이순자 씨는 한술 더 떠서 "내 남편이 민주주의의 아버지"라는 소도 웃을 발언을 했다.

2019년 서울의 봄은 어떤가? 올해도 어김없이 개나리와 철쭉과 목련이 저마다 자태를 뽐내며 천지를 화려하게 수놓고 있다. 너무도 아름다운 계절이다. 봄에 피는 꽃들이 너무도 아름답기에 이를 시샘하는 추위가 심술을 부리기도 하지만 봄은 여전히 찬란하다. 그러나 올해 서울엔 초목이 무성하고 꽃들이 흐드러지게 피어있는데도, 봄 같지가 않다. 이 찬란한 계절에 찾아온 불청객 미세먼지 때문이다. 숨쉬기조차 어려울 정도로 하늘을 뒤덮은 뿌연 미세먼지가 우리에게서 봄을 빼앗아 가고 있다. 꽃샘추위에도 아랑곳하지 않던 꽃들도 혼탁한 미세먼지를 뒤집어쓰고 있다. 정말 '春來不似春'이다. 봄을 봄답게 즐길 수 있는 날은 언제 오려나.

## 트럼프를 어이할까?

| 2019, 다산포럼

미국 대통령 도널드 트럼프. 그는 상식적으로 이해할 수 없는 언행을 일삼는 묘한 인물이다. 술을 한 방울도 마시지 못하면서도 늘 술에 취한 듯 붉은 얼굴로 쏟아내는 그의 말들은 예측이 불가능하다. 마치 개구리처럼 어디로 뛸지 모른다.

그가 이번에 또 '트럼프 빨대'라는 기상천외의 일을 저질렀다. 2020년 트럼프 대선 본부가 'TRUMP' 로고를 새긴 빨간색 플라스틱 빨대를 만들어 판매한 것이다. 플라스틱 공해는 이미 전 세계적 문제가 되어 그 공해를 감축하는 일환으로 많은 나라가 플라스틱 빨대 사용을 규제하고 있다. 이런 판국에 종이 빨대가 불편하다며 플라스틱 빨대를 만들어 판매하는 행위는 도저히 납득하기 어렵다. 바다로 흘러 들어간 미세 플라스틱은 오염물질을 흡착하는 성질을 가진다고 한다. 이를 해양생물이 먹고 이것이 우리 식탁에까지 오른다는 사실을 그는 모르는 것일까?

그는 지구 온난화 방지를 위해 체결한 파리 기후협약에서도 2017년에 탈퇴했다. 지구 온난화로 인하여 남북극의 빙하가 녹고 해수면이 상승하여 큰 재앙이 닥치리라는 과학자들의 경고를 그는 무시한다. 그는 이렇게 말했다. "빙하가 녹고 있다면 지금쯤이면 다 없어졌을 것이다." "기후가 따뜻해지는 동시에 서늘해지고 있다." 과도한 온실가스 배출로 인한 세계적인 기후 위기, 기후 재난을 그만 모르고 있는 것일까?

그는 인종차별적인 발언도 서슴치 않는다. 자신의 정책을 비판한 민주당 소속의 흑인, 무슬림, 이민자 출신의 초선 여성 의원들에게 "너희 나라로 돌아가라"고 말했다. 또 흑인 비율이 60%인 도시 볼티모어를 가리켜 "쥐와 설치류가 들끓는 역겨운 난장판이다. 누구도 살고 싶어 하지 않는 미국 최악의 지역이다"라 비하하는가 하면 흑인 민권운동가 앨 샤

프린 목사를 "사기꾼"이라 몰아붙이기도 했다. 다민족 국가인 미국에서 인종차별이 얼마나 위험하고 반인륜적인가를 그는 모르는 것인가? 아니면 알고도 그러는 것인가?

트럼프의 이러한 비상식적인 행위는 우리나라에도 영향을 미치고 있다. 그는 주한 미군 방위비 분담금을 계속 증액시키고 있다. 미군이 우리나라에 주둔한 초기에는 우리가 시설과 토지를 무상으로 제공하고 미국이 운영경비를 부담하기로 되어 있었다. 그러던 것이 트럼프 행정부가 들어서면서 우리의 분담금을 올리라고 요구하여 2019년 2월에 있은 제10차 협약 때는 전체 경비의 50%에 해당하는 1조 389억 원을 우리가 부담하게 되었다. 그것도 1년 단위로 계약을 갱신한다는 조건을 달았다.

들리는 말로는 2020년 제11차 협약 때는, 주한 미군 인건비를 포함한 유지경비 이외에도 한미연합훈련 경비, 호르무즈 해협 파병 경비, 남중국해 자유 통행 보장을 위한 경비 등을 합하여 약 5조 원의 분담금을 요구할 것이라 한다. 그런데 분담금 중 미국의 미집행 액수가 지난해 말 기준으로 1조 9,490억 원이나 되어 미국은 여기서 매년 300억 원의 이자 수입을 올리고 있다고 한다. 이런 데도 분담금을 또 올리라는 트럼프를 장사꾼으로 볼 수밖에 없다. 하기야 그가 원래 기업가 출신이니 장사꾼으로 불러도 이상할 것이 없다고 하겠다. 기업가의 유일 최고의 목표는 이윤을 창출하는 것이기 때문이다.

그런 트럼프가 우리에게 일말의 희망을 안겨준 일이 있었으니 바로 싱가포르에서 열린 북미정상회담이다. 트럼프의 강력한 압박 때문인지는 몰라도 김정은을 협상 테이블로 불러내었고 종전 이후 가장 희망적인 남북 관계 분위기를 조성했다. 우리 국민 모두가 들떠 있었다. 미국의 역대 대통령 누구도 해내지 못한 일이었다. 그러나 2차 하노이 회담에서 그는 자리를 박차고 뛰쳐나가는 돌출 행동을 연출했다.

그러면서도 그 후 김정은의 친서를 받고는 "아름다운 친서다" "매우 따뜻하며 매우 멋진 친서다"라 했고, "미국 정부는 북한과 매우 좋은 관계를 맺고 있다"고 했으며 김정은을 "위대한 지도자"라 치켜세우기까지 했다. 도대체 종잡을 수 없는 트럼프의 행보다.

남북 문제를 자주적으로 해결하지 못하고 트럼프의 말 한마디에 일희일비(一喜一悲)해야 하는 우리의 처지가 서글프기 짝이 없지만 그래도 트럼프에 거는 일말의 기대를 저버리지 말아야 하는가? 아니면 트럼프를 마음속에서 지워버려야 하는가? 트럼프를 어이할까?

## 이철희, 표창원 의원에게 박수를

| 2019, 다산포럼

더불어민주당의 이철희 의원과 표창원 의원이 내년 총선에 불출마를 선언했다. 두 분 다 당 안팎의 신임이 두터운 초선의원으로 내년 총선에서 당의 공천이 거의 확실시되는 터여서 이번 불출마 선언은 신선한 충격으로 다가왔다. '자식에게 물려주기도 아깝다'는 국회의원직을 스스로 내려놓겠다는 것이다. 이들의 불출마의 변을 들어보자.

> 국회의원으로 지내면서 어느새 저도 무기력에 길들여지고 절망에 익숙해졌습니다. 국회의원을 한 번 더 한다고 해서 우리 정치를 바꿔놓을 자신이 없습니다. 멀쩡한 정신을 유지하기조차 버거운 게 솔직한 고백입니다. 처음 품었던 열정도 이미 소진되었습니다. (이철희 의원)

> 전 2015년 12월 27일 민주당에 입당, 정치를 시작하면서 '초심을 잃게 되면 쫓아내 주실 것'을 부탁드렸습니다. 아울러 '초심을 잃게 된다면 쫓겨나기 전에 제가 스스로 그만둘 것'이라는 약속도 드렸습니다. '정치를 통해 정의를 실현하겠다'는 다짐, 당리당략에 치우치지 않고 '오직 정의'만을 생각하고 말하고 행동하겠다는 초심, 흔들리고 위배한 것은 아닌가 고민하고 갈등하고 아파하며 보낸 불면의 밤이 많았습니다. (표창원 의원)

이들의 불출마 선언에는 공통점이 있다. 표 의원은 '정치를 통해 정의를 실현하겠다'는 초심이 흔들렸다고 했고, 이 의원은 '우리 정치를 바꿔놓겠다'는 처음의 열정이 사라졌다고 했다. 막상 국회에 들어와 보니 애초의 각오대로 의정활동을 할 수 없다는 사실을 깨달았다는 것이다. 이들의 말을 빌리지 않더라도, 멀쩡하던 사람이 국회의원이 되고 나서 전혀 다르게 바뀌는 경우를 우리는 많이 보아왔다. 이렇게 초심을 잃게 하는 국회에서 대부분의 의원들은 동물국회, 식물국회에 길들여져 재선, 삼선을 노리고 있는데 두 의원은 이를 거부한 것이다. 그래서 신선하다.

어느 여론조사에 의하면 국회의원은 12개 직업군 중에서 국민의 신뢰도가 가장 낮은 것으로 나타났다. 의원의 특권을 이용해서 각종 비리를 저지르면서도 청문회나 국정감사에서 잘난 체하며 호통이나 치는 꼴은 정말 역겹기 짝이 없다. 그래서 "국가와 국민을 위해 일해야 하는 국회가 정쟁에 매몰돼 민생을 외면하고 본분을 망각했다"(표창원), "단 하루도 부끄럽지 않은 날이 없었습니다. 창피해서 국회의원 못 하겠습니다"(이철희)라는 말이 조금도 이상하게 들리지 않는다. 이런 고백을 하는 두 의원은 그래도 최소한의 양심을 가진 것이다.

정치란 무엇인가? 여기에 대한 가장 고전적인 답은 『논어』의 "政者正也"일 것이다. 이 말은 "정치란 올바름이다"로 해석되기도 하고 "정치란 바로잡는 것이다"로 해석되기도 한다. 그런데 동서고금의 정치는 이와 다른 경우가 많았다. 공자가 '正'을 강조한 자체가 당시의 정치를 '正'하지 않게 보았다는 반증이다. 기원전 그리스의 극작가 아리스토파네스가 "오늘날 정치를 하는 자는 학식이 있는 사람이나 성품이 바른 사람이 아니다. 불학무식한 깡패들에게나 알맞은 직업이 정치다"라 한 것을 보면 기원전 그리스에서도 정치가 '正'과는 거리가 멀었음을 알 수 있다.

현대도 마찬가지이다. 프랑스 소설가 알베르 까뮈는 "정치가들은 항상 똑같은 거짓말을 똑같은 말로 하고 있다"라 말했으며 러시아의 흐루시초프는 "정치가란 결국 시냇물이 없어도 다리를 놓겠다고 공약하는 자이다"라 말한 바 있다. 정치가가 되는 제일 요건이 '거짓말을 뻔뻔스럽게 할 수 있는 능력'이라는 말까지 있다.

그러나 언제까지나 이렇게 자조적(自嘲的)인 탄식만 하고 있을 수는 없지 않은가? 기나긴 '조국 터널'을 거치면서 우리는 국회의원의 민낯을 생생하게 보아왔다. 정치가들은 더 이상 얕은 수작으로 국민을 속이려 해서는 안 된다. 이철희, 표창원 의원의 용기 있는 결단이 헛되지 않도록 모두가 마음을 가다듬어 "창피해서 국회의원 못하겠습니다"란 말이 다시는 나오지 않게 해야 할 것이다.

## 우리를 못마땅하게 하는 것들

| 2020, 다산포럼

2020년의 새해가 밝았다. 우리 주위에는 우리를 즐겁게 해주는 일들도 많지만 2019년을 돌이켜 보면 그에 못지않게 우리를 슬프게 하고, 우리를 못마땅하게 하고, 때로는 우리를 분노케 하는 일들 또한 많이 일어났다.

그중에서 백미(白眉)는 전광훈 목사다. 한국 기독교 총연합회 대표 회장인 전광훈 목사는 지난해 광화문 광장에서 열린 한 집회에서 거침없는 막말을 쏟아내었다. "대한민국은 전광훈 목사 중심으로 돌아가게 되어있다." "하나님 까불면 나한테 죽어, 내가 이렇게 하나님하고 친하다." 이런 발언들을 들으면 그가 마치 '하나님' 위에 있는 절대자를 자처하는 듯하다. 이건 신성모독(神聖冒瀆)이 아닌가?

또 이런 말도 했다. "청와대에 들어가서 문재인을 현행범으로 체포해야 한다." "문재인 대통령 하야는 주님의 명령이다." 그는 청와대 앞에 '광야교회'란 것을 설치하고 '순국 결사대'까지 모집하며 "청와대에 진입하여 문재인을 끌어내자"고 역설했다. 현행 대통령을 체포하려면 박근혜의 경우와 같이 정당한 법적 절차를 밟아야 할 터인데도 그는 이를 '주님의 명령'이라 둘러대고 있다. 그의 이런 행태가 우리를 몹시 못마땅하게 한다. 그리고 이른바 '광야교회'에서 그를 따르며 철야 기도를 하는 추종자들의 집단광기(集團狂氣)도 우리를 못마땅하게 한다.

지난해 11월 15일부터 시작했던 철도노조의 '준법투쟁'이 우리를 못마땅하게 한다. 철도노조가 벌인 준법투쟁 행위가 못마땅한 것이 아니라 준법투쟁이란 용어 자체가 우리를 못마땅하게 한다. 준법투쟁의 사전적 정의는 "업무나 시설관리 법규 또는 근로기준법 및 그 시행규칙이 요구하는 조건대로 작업을 실시하고 업무능력을 저하시키는 것"이다. 그리고 안전운전, 점검 투쟁, 정시퇴근, 시간 외 근무나 휴일 근무 거부 등을 그 예로 들고 있다. 참으로 웃기는 일이다. 근로자들이 각종 법규를 준수하겠다는 것이 어째서 '투쟁'의 수단이 되는가? 법규를 준수함으로써 업무능력이 저하된다면 법규 자체를 고쳐야 옳지 않은가? 철도노조가 임금 인상과 인력충원을 요구하며 준법투쟁을 벌였다는 것은, 정부가 그동안 불법적인 관행을 용인했거나 권장했다는 것이 되니 어찌 웃기는 일이 아닌가? 이것이 우리를 못마땅하게 한다.

지난해 일본의 새 천황(天皇) 즉위식이 있었다. 21세기에 세습적 천황이 존재한다는 사실이 우리를 못마땅하게 한다. 그나마 일본의 천황은 실질적 권한이 없는 존재이지만 북한의 김정은 정권은 어떠한가? 김일성, 김정일, 김정은으로 이어지는 세습 정권은 21세기의 난센스이다. 북한은 겉으로 '조선민주주의 인민공화국'을 표방하지만 실질적으로는 봉건적 왕조체제(王朝體制)이다. 이성계의 자손들이 대대로 조선왕조의 왕노릇을 했듯 이른바 '백두혈통'의 김일성 자손들이 세습적으로 최고 지도자가 된다. 이들이 성골(聖骨)인 셈이다. 못마땅하기 짝이 없는 일이다. 아마 후세의 역사가들은 이 시대를 '김씨조선(金氏朝鮮)'으로 부를 것이다.

북한의 최고 지도자는 옛날의 왕보다 더 큰 권력을 지니고 있다. 그의 말 한마디가 모든 것을 결정한다. 사람을 죽이고 살리는 것도 그의 말 한마디에 달려있다. 강력한 카리스마를 내세워 무소불위(無所不爲)의 강대국 미국에 당당히 맞서는 자세는 높이 살 만하지만 통일된 한민족이 평화롭게 살 그날을 위해서 북한의 체제는 어떤 형태로든 바뀌어야 할 것이다.

아이를 낳지 않고 대신 반려동물을 자식처럼 키우는 젊은이들이 우리를 못마땅하게 하고, 담뱃갑에 부착된 흉측한 그림이 우리를 못마땅하게 한다. 사소하지만 우리를 못마땅하게 하는 것이 또 있으니 다름 아닌

'삼한사미'란 용어이다. 이 말은 '삼한사온'을 살짝 바꾼 것이다. 삼한사온은 '사흘은 춥고(寒) 나흘은 따뜻하다(溫)'는 뜻인데 삼한사미는 '사흘은 춥고 나흘은 미세먼지'란 뜻으로 쓰인다. '삼한사미'가 이렇게 해석되지 않는 것은 아니지만 이왕 사자성어(四字成語)를 쓰려면 좀 더 우아하게 표현하는 것이 좋지 않을까? 나는 '삼한사진(三寒四塵)'을 제안한다. 이렇게 쓰면 표현이 우아할 뿐만 아니라 한자문화권에 속한 사람들은 누구나 그 뜻을 쉽게 이해할 수 있을 것이다.

## 예수님이 지금 여기 있다면

| 2020, 다산포럼

지금 전 세계가 코로나19로 몸살을 앓고 있다. 2020년 4월 8일 현재 세계 전체의 확진자가 142만 명이고 누적 사망자는 8만 2천 명에 이른다. 이 전염병은 무서운 속도로 확산되고 있어 앞으로 얼마나 더 큰 희생자가 나올지 예측하기 어렵다. 14세기 중엽에 유럽을 휩쓴 페스트를 연상케 한다. 페스트는 3년 동안 2천만 명 이상의 희생자를 내어 중세 유럽의 사회구조를 바꿀 만큼 치명적이었다. 의학이 발달한 현대에서 그 정도로 많은 희생자가 나오리라고는 생각되지 않지만, 한편에서는 벌써부터 세계적인 대공황을 예견하기도 하는 실정이다.

우리나라도 예외가 아니어서 4월 8일 현재 확진자가 1만 명을 넘어섰고 누적 사망자도 200여 명에 이른다. 미국이나 이탈리아, 스페인 등에 비하면 확산속도가 느린 것은 다행이지만 결코 안심할 수 있는 상황이 아니다. 코로나19는 경제적으로 큰 타격을 입힐 뿐만 아니라 국민들의 일상적인 삶의 패턴마저 바꾸어 놓고 있다.

코로나19는 지난 1월 20일 국내에서 첫 확진자가 나온 이래 방역 당국의 적극적인 조치로 성공적인 관리가 되어오던 중 2월 18일 31번 확진자에 의해서 급속도로 전파되었다. 이전까지 30명대였던 확진자가 31번 이후 3일 만에 100명으로 증가했다. 확인 결과 31번은 확진 판정을 받기 전 대구의 신천지 교회에서 1,000여 명과 예배를 보았다고 한다. 예배에 참석한 이후 여러 곳을 다니면서 코로나를 전파시켜 이른바 '슈퍼 전파자'가 된 것이다. 31번 이외에도 신천지 교회는 독특한 예배 방식으로 인해 코로나19 확산의 주범이라는 혐의를 벗어나기 어려웠다. 급기야 신천지 교회 신도중에서 5,000명 이상의 확진자가 나오기에 이르렀다.

여기서 우리는 신천지 교회를 포함한 기독교의 종교 집회에 대하여 생각해 보지 않을 수 없다. 기성 기독교 교단에서는 신천지를 이단으로 단정하고 있지만 다 같이 '하나님'과 예수님을 받드는 점에서 크게 다르지 않다고 생각한다. 실제로 현장 예배를 자제해달라는 방역 당국의 강력한 권고에도 불구하고 많은 교회가 집회를 계속하고 있다. 신도들에게 소금물을 주입시킨 '은혜의 강' 교회에서는 예배를 강행하여 하루에 40명 이상의 확진자가 나왔고, 만민중앙교회에서는 4월 6일 현재 41명의 확진자가 나왔다. "문재인 대통령은 간첩이다"라 말한 '태극기부대'의 전광훈 목사가 이끄는 사랑제일교회도 그의 구속에도 불구하고 예배를 강행하고 있다.

이들이 내세우는 명분은 집회 금지 명령이 '명백한 종교탄압'이라는 것이다. 기독자유통일당은 신문 광고에서 "예배를 막을 권리, 국가에겐 없다"고 했다. 익산 천광교회의 안홍대 목사는 "예배의 소중함, 중요함, 필연성은 오늘 우리에게 두말하면 잔소리"라면서 "예배 안 드리면 저주가 찾아온다"고 했다. 그러면서 "하나님이 명령하시면 그날부로 코로나는 소멸할 것"이라 말하기도 했다. 더 나아가 송도 가나안교회의 김의철 목사는 "정부의 대처나 의학의 힘보다 하나님을 더욱 의지해야 한다"는 황당한 설교를 했다.

한국의 기독교 목사들 모두가 이와 같이 허황한 이야기를 하진 않겠지만 이들이 내세우는 '하나님'의 정체가 도대체 무엇인가? 학술적 용어로 말하면 '신(神)'일 것이다. 과연 이들이 말하는 데로 과학의 힘보다 '하나님'을 더 믿어야 코로나를 물리칠 수 있다는 것인가? 최근에 발견된 한 편지에서 아인슈타인은 "나에게 신이란 단어는 인간의 나약함에 대한 표현과 결과물 이상의 의미는 없다"고 말했다. 또 유대인인 그는 유대교에 대해서도 "나에게 유대교는 다른 종교처럼 유치한 미신의 화신"이라 말했다. 모든 종교가 미신이라는 것이다. 영국의 물리학자 스티븐 호킹도 그의 저서 『위대한 설계』에서, 우주의 설계와 탄생, 운행에 있어 신이 설 자리가 없다고 주장했다. 그는 영국 일간지 가디언과의 한 인터뷰에서 "천국이나 사후세계는 실재하지 않는다. 천국이나 사후세계가 우리를 기다리고 있다는 믿음은 죽음을 두려워하는 사람들을 위한 동화일 뿐이다"고 하여 아인슈타인이 종교를 "유치한 미신의 화신"이라 한 말을 뒷받침했다.

현장 예배를 고집하는 한국의 목사들은 아인슈타인과 호킹의 말에 한 번쯤은 귀를 기울여야 할 것이다. 예수님이 지금 여기에 있다면 예배를 강행하라고 말할까? 위대한 성인(聖人)인 예수께서 그를 따르는 신도들에게 무서운 코로나의 전파자가 되라고 말하지는 않을 것이다.

## 우리를 슬프게 하는 것들(5)

| 2020, 다산포럼

누구나 어릴 때 들판에서 한 번쯤은 네잎클로버를 찾던 추억이 있을 것이다. 클로버가 나있는 곳을 발견하면 으레 네잎클로버를 찾곤 했다. 그러나 번번이 실패하기가 일쑤였다. 자연 상태에서 네잎클로버가 생길 확률이 1만분의 1이라고 하니 쉽게 눈에 띌 리가 없었을 것이다. 그러다가 혹시라도 네잎클로버를 찾게 되면 뛸 듯이 기뻐하며 책갈피에 꽂아서 소중하게 보관했다.

이렇게 네잎클로버를 열심히 찾은 것은 꽃말이 행복, 행운이었기 때문이다. 그때는 네잎클로버를 찾으면 내가 행복해지고 행운이 돌아온다고 믿었다. 성장해서는 '왜 사람들이 하필 네잎클로버를 행복의 상징으로 삼았을까'라는 생각이 들었다. '이 세상에는 행복한 일이 네잎클로버처럼 드문 것인가?'라는 비관적인 생각이 들기도 한다. 문득 우리 주위를 둘러보면 과연 행복하지 않은 일, 우리를 슬프게 하는 일들이 많이 일어나고 있다.

이른바 '가방 살인사건'이 우리를 슬프게 한다. 2020년 6월 어느 날, 천안에 사는 한 계모(繼母)가 9살 난 의붓아들을 여행용 가방에 넣고 방치해 숨지게 한 사건이 있었다. 이 계모는 의붓아들을 여행용 가방에 가두고 외출했다가 3시간 만에 돌아왔는데 아이가 가방 안에서 용변을 보았다고 해서 더 작은 가방에 가두고 가방 위에서 발을 구르기도 했다고 한다. 계모는 숨을 쉴 수 없다는 아이의 말을 무시하고 계속 가방에 가두어 결국 숨지게 했다. 좁고 답답한 가방 안에서 숨이 멎을 때까지 괴로워했을 이 아이가 우리를 몹시 슬프게 한다. 생각만 해도 소름이 끼치는 일이다. 인간이 이토록 잔인할 수 있는가? 전래동화 〈콩쥐 팥쥐〉에 나오는 콩쥐의 계모는 여기에 비하면 선량한 인물이다.

그런가 하면 9살 난 의붓딸을 학대한 창녕의 어느 계부(繼父)가 또 우리를 슬프게 한다. 이 계부가 의붓딸을 학대한 것은 천안의 계모 못지않게 엽기적이다. 그는 아이의 손발을 쇠사슬로 묶고 다락방에 감금했을 뿐만 아니라 때때로 욕조에 머리를 밀어 넣어 물고문을 했고 지문(指紋)을 없애기 위해 뜨거운 프라이팬에 손가락을 지지기도 했다고 한다. 학대를 견디다 못해 가까스로 다락방 창문을 나와 위험한 지붕을 통과하여 이웃에 구조를 요청한 이 가엾은 소녀가 우리를 너무나 슬프게 한다. 꽃처럼 아름다울 9살 소녀를 이토록 무참히 짓밟은 그 계부는 인간인가 짐승인가?

어디 그뿐이랴. 2020년 5월 미국 미네소타주에서 위조지폐 사용 신고를 받고 출동한 백인 경관이 무장도 하지 않은 흑인 청년 조지 플로이드를 체포하는 과정에서 무릎으로 목을 짓눌러 숨지게 한 사건이 있었다. 목이 눌려 "숨을 쉴 수 없다"며 죽어간 이 흑인 청년이 우리를 말할 수 없이 슬프게 한다. 이에 항의하는 시위대를 폭도로 규정하고 연방 군대를 동원하여 진압한 트럼프 대통령도 우리를 분노케 한다.

세계 유일의 분단국인 대한민국, 남북으로 분단된 현실 자체만으로도 슬픈 일이거니와 남쪽을 향해 쏟아내는 북쪽 지도부의 거침없는 막말이 우리를 더 슬프게 한다. 2020년 6월 16일 북한이 개성 남북공동연락사무소를 폭파하기 전후에 쏟아낸 말 폭탄은 그야말로 메가톤급이다. 문재인 대통령이 6·15 선언 20주년에 한 연설을 두고 북한 노동당 제1부부장 김여정은 "멋쟁이 시늉을 해보느라 따라 읽는 글줄 표현들을 다듬는 데 폼 꽤나 넣은 것 같다"라 조롱하고 "연설을 듣자니 속이 메슥메슥해지는 것을 느낀다"고 했다.

또 "시궁창에 빠져 허우적거리는 이 순간까지도 남조선 당국자가 외세의 바짓가랑이를 놓을 수 없다고 구접스러운 모습을 보이고 있다" "헛된 개꿈을 꾸지마라"며 비아냥거리기도 했다. 덩달아 평양의 옥류관 주방장까지 "평양에 와서 우리의 이름난 옥류관 국수를 처먹을 때는 그 무슨 큰일이나 칠 것처럼 요사를 떨고…"라며 차마 입에 담을 수 없는 막말을 토해냈다.

'말은 사상의 옷이요 마음의 그림'이라고 한다. 말은 말하는 사람의 사상과 마음가짐을 그대로 반영한다. 그러므로 말에는 그 사람의 인격이 고스란히 드러난다. 이토록 천박한 막말을 거칠게 쏟아낼 수밖에 없는 '김씨 조선왕조'의 서글픈 현실이 우리를 슬프게 하고 우리를 답답하게 한다.

## 코로나19 시대의 문제적 인물

| 2020, 다산포럼

코로나19는 2019년 12월 1일 중국 무한(武漢)에서 첫 확진자가 나온 이래 무서운 속도로 확산되고 있다. 급기야 세계보건기구(WHO)는 홍콩 독감이 유행하던 1968년, 신종플루가 유행하던 2009년에 이어 사상 세 번째로 2020년 3월 11일에 팬데믹(감염병 세계유행)을 선언했다. 첫 확진자가 나온 지 10개월이 지난 2020년 9월 22일 현재 전 세계의 확진자는 3,145만 명, 누적 사망자는 96만 명에 달한다. 가히 세계적 재앙이라 할 만하다. 일부에서는 이를 3차 세계대전 발발과 다를 바 없다고 말하기까지 했다. 총성 없는 3차 세계대전이 벌어지고 있는 것이다. 더구나 헝가리의 한 연구소 실험에 의하면 코로나 바이러스는 미세한 바늘로 100번을 찔러도 죽지 않고 90도의 고온에서 10분간 가열해도 살아남았다고 한다. 이렇게 무서운 질병이 창궐하고 있음에도 애써 이를 외면하려는 자가 있으니 바로 한국의 전광훈 목사(?)와 미국의 트럼프 대통령이다.

우리나라는 2020년 1월 20일 첫 환자가 발생한 이래 신천지 교회를 통해 급속도로 확산되다가 국민들의 협조와 의료진의 필사적인 노력으로 한동안 잠잠해지는가 했는데 근래에 다시 확산되기 시작했다. 우리나라는 코로나19의 모범 방역국이라 일컬어지는데도 9월 23일 현재 누적 확진자가 23,216명, 누적 사망자가 388명에 이른다. 조금만 방심하면 언제든지 건잡을 수 없이 확산된다는 것을 알 수 있다.

이 와중에서 사랑제일교회 전광훈 목사가 보여준 행태는 도저히 이해할 수 없다. 그는 방역 당국의 강력한 권고에도 불구하고 여러 차례 현장 예배를 강행했다. 그 결과 사랑제일교회 관련 확진자 수는 1,168명에 이른다. 그는 서울시의 야외집회 금지명령에도 불구하고 집회를 강행하며 "기도하다 죽으면 영광이다" "전염병은 중국을 향한 하나님의 심판이며 애국시민은 이런 병에 걸리지 않는다" "야외에선 감염되지 않는다. 할렐루야"라 외치며 각종 집회를 주도했다.

그는 각종 법령 위반으로 구속 수감되었다가 보석으로 풀려난 후 보수단체가 주도한 8·15 광화문 집회에 참석한 후 코로나 양성 확진자로 판명되어 병원에 입원했다. 퇴원한 후 보석이 취소되고 다시 수감되면서 그는 "바이러스가 점진적으로 일어난 것이 아니고 바이러스 균을 우리 교회에 갖다 부어버렸다"라며 정부의 방역 조치를 '사기극'이라고 말했다. 전 국민이 하루하루를 긴장 속에 살아가고 있는 이때 정부의 방역 조치를 비웃고 있는 그는 분명히 연구할 만한 가치가 있는 문제적 인물임에 틀림없다.

우리나라에 전광훈이 있다면 미국엔 트럼프 대통령이 있다. 이렇다 할 만한 코로나19 치료제와 백신이 개발되지 않은 상황에서 가장 쉽고 간편한 예방책으로 꼽히고 있는 것이 마스크 착용인데 그는 이를 거부했다. 원래 서양인들은 일상생활에서 마스크 착용을 탐탁치 않게 여기긴 했다. 그러나 4월 3일 미국의 코로나 누적 확진자가 27만 5천 명, 사망자가 7천여 명에 이르자 미국 질병통제예방센터는 관련 지침을 개정해 미국인들의 마스크 착용을 권고했다. 이후에도 트럼프는 "바이러스는 곧 사라질 것이다" "코로나는 독감 같은 것이다"라 말하며 마스크를 쓰지 않았다. 그는 마스크를 벗지 않은 채 질문하는 기자에게 면박을 주기까지 했다.

그러던 그가 7월 11일 처음으로 공식 석상에서 마스크를 쓰고 나타났다. 이날 누적 확진자 수가 340여만 명, 사망자가 13만 7천여 명에 이르자 사태의 심각성을 비로소 알았던 것일까? 아니다. 밥 우드워드 기자가 18차례 트럼프 대통령을 인터뷰하고 쓴 책 『격노』에 의하면 트럼프는 코로나19 확산 초기부터 코로나가 독감보다 훨씬 치명적이라는 것을 알고도 그 위험성을 공개적으로 무시했다고 한다. 코로나의 위험성을 고의로 은폐한 이유를 묻자 그는 “나는 이 나라의 치어리더다. 사람들을 겁먹게 하고 싶지 않고 패닉을 만들고 싶지 않았다”라 말했다고 했다. 그러면서 9월 20일 미국의 사망자가 20만 명을 넘어선 데 대하여 “우리가 제대로 다루지 않았다면 250만 명이 사망했을 것”이라 변명했다. 현재 세계 1위의 확진자와 사망자를 기록하고 있는 미국의 코로나 사태에 대하여 조금도 책임감을 느끼지 않는 트럼프는 전광훈 못지않은 문제적 인물이다.

## 한국의 불행한 대통령들

| 2021, 다산포럼

얼마 전 라종일 교수님을 만난 자리에서 책 한 권을 받았다. 라 교수 외 5인이 공동 집필한 『한국의 불행한 대통령들』이란 책인데, 우리나라에 박수받으며 퇴임하는 대통령이 한 명도 없었던 현실을 늘 안타깝게 여겨왔던 터라 퍽 흥미 있게 읽었다. 이 책은 역대 대통령들이 불행했던 원인을 외교, 언론, 정치구조, 리더십 등 다방면에 걸쳐서 분석해 놓았다. 그중에서 라종일 교수의 다음과 같은 진술이 눈길을 끈다.

> 정해진 임기 동안 한시적인 권한을 위임받은 대통령이 해야 하는 일은 과거의 업적을 이어받아 좋은 점을 더욱 발전시키고, 다른 한편 잘못된 점을 시정하는 것이 원칙이어야 합니다.

이승만, 박정희, 전두환, 노태우 대통령까지는 아예 원칙을 무시한 권위주의 시절이었지만 문민정부 이래의 대통령들도 이 원칙을 지키지 않았다. 그 주된 이유가 제왕적 대통령제와 5년 단임제에 있다는 것이 라 교수의 견해이다. "자유민주주의 헌정질서에서 대통령은 그 권한이 엄격하게 제한되어 있다" 그런데도 "대권을 잡아 세상을 확 바꾸겠다"는 생각으로 밀어붙이는 것이 "왕조시대의 군왕을 연상케 한다"는 것이다. 청와대에서 모든 정책을 결정하고 총리를 비롯한 각 부처의 장관들은 하달된 정책을 집행하는 허수아비에 불과하다.

5년 임기 동안 "세상을 확 바꾸는" 것이 불가능한 일임에도 이를 밀어붙이는 데에 따른 무리수, 이를 틈탄 측근들의 호가호위(狐假虎威), 패거리 정치, 연고주의, 지역주의, 학벌주의 등의 폐해가 쌓인 결과 임기 말에는 지지도가 급격히 떨어져 대통령이 소속 정당을 탈당하거나 당적을 버리는 경우를 우리는 보아왔다. 그렇게 되면 대통령은 더 이상 제왕적 대통령이 아니라 당의 '천덕꾸러기'로 전락하여 "홀로 광야를 헤매는 '리어왕'의 신세와 다를 바 없게 된다."(허태희 교수의 글)

그리고 이 가련한 리어왕은 재임 시절 자신이 그랬듯이 후임 대통령에 의해 무자비한 징벌을 받는다. 제왕으로 군림하며 무소불위의 권력을 행사하여 "자기편 잘못은 괜찮은 것이어서 어떤 경우라도 감싸야 하고, 상대방의 경우는 가차 없는 비판과 함께 타격을 입히려 한" 재임 시절의 행위 즉 전 정권을 청산해야 할 악(惡)으로 여긴 결과가 부메랑이 되어 돌아온 것이다. 이것이 역대 대통령들을 반복적으로 불행하게 만든 가장 근본적인 원인 중의 하나이다. 여기에다 대통령 개인의 권력욕과 금전적인 탐욕까지 더해져서 그들을 더욱 불행하게 만들었다.

이제 불행했던 대통령들의 면면을 살펴보자. 현 대통령을 제외하고 우리는 건국 이래 11명의 대통령을 겪었는데 모두가 불행했다. 초대 대통령 이승만은 국외로 망명하여 쓸쓸하게 생을 마감했고, 박정희 대통령은 권력을 연장하려다 국민적 저항에 부딪쳐 결국은 부하에게 살해당했다. 5·18광주 민중항쟁을 무력으로 진압하고 12·12 군사반란으로 대통령이 된 전두환은 퇴임 후 내란 및 군사 반란죄로 무기 징역형과 추징금 2,200억 원을 선고받았으며, 노태우 대통령은 불법 비자금과 내란죄로 징역 12년과 추징금 2,838억 원을 선고받았다.

김영삼, 김대중 두 대통령은 민주화 운동에 기여한 본인들의 공로에도 불구하고 자식들이 비리에 연루되어 수감되는 통에 명예롭게 퇴임하지 못했고, 노무현 대통령은 퇴임 후 검찰 조사에 시달리다가 '부엉이 바위'에서 투신자살하고 말았다. 이명박 대통령은 퇴임 후 횡령, 뇌물 등의 죄목으로 징역 17년을 선고받고 벌금 130억, 추징금 57여억 원이 부과되었으며, 박근혜 대통령에게는 22년 형과 벌금 180억 원이 선고되었다. 윤보선, 최규하 대통령도 또 다른 연유로 해서 불행하게 퇴임했다.

멀쩡한 대통령이 한 명도 없다. 이건 대통령 개인의 불행일 뿐만 아니라 국가의 불행이고 국가의 수치다. 그럼에도 불구하고 대한민국은 2차 세계대전 이후 독립한 신생국들 가운데 산업화와 민주화를 가장 빠른 시일에 달성한 성공사례에 속한다. 그러니 이러한 성공은 대통령의 지도력 때문이라기보다 우리 국민의 저력에 힘입은 바 크다고 보아야 할 것이다. 일 년 남짓 남은 문재인 대통령은 제발 박수받으며 떠나는 대통령이 되기를 바라는 마음 간절하다.

## 청와대 이전과 풍수지리설

| 2022, 『국민일보』

실학을 집대성한 조선 후기의 위대한 사상가 다산(茶山) 정약용(丁若鏞, 1762~1836)은 만년에 다음과 같은 재미있는 시를 썼다.

> 제비란 놈 터 잡으면 옮기길 꺼리는데 　　燕子開基惜屢移
> 마루 천장 여기저기 진흙 칠해 놓았네 　　謾將泥點汚梁楣
>
> 요즈음 풍수설이 습속이 되었으니 　　邇來風水渾成俗
> 생각건대 새 중에도 지사(地師)가 있는 게지 　　疑亦禽中有地師

'지사'는 남의 묘터를 잡아주는 사람을 말하는데 다산은 제비를 빌려서 세상에 풍수지리설이 만연한 것을 비판한 것이다. 다산은 평소 풍수설에 대하여 매우 비판적이었다. 그는 「풍수론」이란 글에서 이렇게 말했다.

> 지사의 아들이나 손자로서 홍문관 교리나 평안도 관찰사가 된 자를 몇 명이나 볼 수 있는가? … 재상으로서 풍수설에 빠져 여러 번 부모의 묘를 옮긴 사람도 자손이 없는 사람이 많고, 사서인(士庶人)으로서 풍수설에 빠져 여러 번 부모의 묘를 옮긴 사람도 괴이한 재앙을 당한 사람이 많다.

그는 풍수설을 "꿈속의 꿈이고 속임수 중의 속임수"라 했다. 그는 환갑날에 아들에게 남긴 유언장을 썼는데 그중에 "내가 죽으면 집의 뒷동산에 매장하고 지사에게 묻지 말라"고 했을 정도로 풍수설을 배척했다.

그래도 아들을 믿지 못했음인지 그는 임종하기 전 아들에게 다시 이렇게 당부했다. "아비가 살아있을 때 아비 말을 따르지 않는 것은 불효이다. 아비가 죽은 후에 생전의 아비 말을 따르지 않는 것은 더 큰 불효이다. 이것은 시체가 말이 없다고 해서 시체를 업신여기는 것이다." 다산이 서거했을 때 큰아들은 부친의 유언에 따라 다산이 거처하던 여유당(與猶堂) 뒷동산에 매장했다. 지금 남양주시의 다산 유적지에 가면 복원된 여유당과 바로 뒤에 있는 다산 묘소를 볼 수 있다.

다산이 풍수설만 비판한 것은 아니다. 그는 얼굴 모양을 보고 운명을 점치는 관상법(觀相法)을 믿어서는 안 된다고 했으며, 갑을(甲乙)…, 자축(子丑)…을 따져 그것으로 택일(擇日)하고 그것으로 사람의 사주를 보고 그것으로 길흉을 점치고 그것으로 수명을 예측하는 등의 행위도 단호히 배격했다. 다산은 과학적 근거가 없는 비합리적인 모든 속설을 부정했다. 그는 철저한 합리적 사고의 소유자였다. 이러한 합리적 사고가 그를 조선 제일의 학자로 만들었으며 『목민심서』를 비롯한 500여 권이 넘는 방대한 저술을 낳게 했던 것이다.

지금의 우리는 어떤가? 아직도 '손 없는 날'을 가려서 이사를 한다. 선거 때가 되면 유명 역술인들 집 앞은 정치인들로 문전성시를 이룬다고 한다. 뿐만 아니라 다산이 그토록 비판했던 풍수지리설도 여전히 살아 있다. 1997년 대통령 선거를 앞두고 김대중 전 대통령은 전남 신안군 하의도에 있던 부친의 묘와 포천에 있던 모친의 묘를 경기도 용인으로 이장하고 집도 동교동에서 일산으로 이사했다. 김 전 대통령으로서는 그럴 만한 이유가 있었겠지만 세상에서는 풍수설에 따라 이장하고 이사했다는 뒷말이 있었다. 어디 그뿐인가. 김종필, 이회창, 이인제 등 유명 정치인들도 선거를 앞두고 조상의 묘소를 옮겼다. 조상의 묘소를 옮긴 이들 정치인들 중에서 성공한 사람도 있고 실패한 사람도 있다. 모두 지사의 말을 듣고 이장했을 터인데 이로 보면 지사의 말이 다 옳은 것은 아니라는 사실이 입증된 셈이다.

취임 100일을 맞는 윤석열 대통령도 풍수설 논란에 휩싸였다. 윤 대통령은 대통령 집무실을 용산 국방부 청사로 옮겼는데, 그 이유를 "권위주의 잔재를 청산하고" "청와대를 국민에게 돌려주기 위해서"라고 밝혔다. 그러나 청와대 이전에는 대통령 부부와 인연이 깊은 무속인 건진 법사의 입김이 작용했다는 뒷말이 무성하다. 풍수지리학적으로 청와대가 흉지(凶地)라는 것이다.

우리는 이 말이 소문에 그치기를 바라는 마음 간절하다. 정말 풍수설에 따라서 청와대를 이전했다면 300여 년 전에 살았던 다산 선생에게 부끄러운 줄 알아야 할 것이다.

## 풍산개의 유랑

| 2022.『국민일보』

북한의 천연기념물 제368호인 풍산개는 남한의 진돗개와 더불어 대한민국을 대표하는 명견(名犬)이다. 그런데 이 풍산개 때문에 지금 한국의 정계가 대단히 시끄럽다. 그 사연은 이렇다. 2018년 9월에 문재인 전 대통령은 북한의 김정일 위원장으로부터 풍산개 한 쌍을 선물 받았다. 이름을 곰이와 송강이라고 했다. 문 전 대통령은 이 풍산개를 청와대에서 키워왔고 새끼도 7마리를 낳았다. 새끼 7마리 중 6마리는 지자체에 분양했고 문 전 대통령이 퇴임할 때까지 키운 것은 3마리였다.

문 전 대통령은 금년 5월 퇴임할 때 이 풍산개 3마리를 양산 사저로 데려가 길렀다. '기르던 사람이 계속해서 기르는 것이 좋겠다'는 윤석열 대통령의 권유도 있었고 문 전 대통령도 개들과 정이 들었던 터라 데리고 갔던 것이다. 그런데 문 전 대통령은 풍산개 3마리를 잘 기르다가 지난 10월 5일 돌연 곰이와 송강이를 국가에 반환하겠다고 나섰다. 문 전 대통령이 이렇게 나선 경위를 한번 따져보자.

대통령 기록물법에 의하면 문 전 대통령이 재임 기간에 받은 풍산개의 소유주는 분명히 국가이다. 그러므로 퇴임할 때는 이를 국가에 반납해야 한다. 그러나 대통령 기록관은 동물을 맡아서 기를 시설이 되어있지 않다. 이 사실을 고려했음인지 문 전 대통령 재임 중인 2022년 3월 29일에 '대통령 기록물 관리에 관한 법률 시행령'을 신설하여, 대통령 선물이 동물 또는 식물인 경우 이를 "다른 기관의 장에게 이관하여 관리할 수 있"게 했다. 이것이 시행령 6조 3의 ②항이다.

이 시행령에 의거하여 문 전 대통령은 퇴임 후에도 풍산개를 기를 수 있게 되었다. 그리고 이후 행안부는 시행령 6조 3의 ③항을 신설하여 시행령의 미비한 점을 수정 보완하고 6월 17일 시행령 개정안을 입법 예고했다. 이 ③항에는 "수탁받은 기관 또는 개인에게 예산의 범위 내에서 필요한 물품 및 비용을 지원할 수 있다"는 내용도 추가되었다.

이렇게 법령이 정비되었음에도 불구하고 풍산개 반환 소동이 벌어진 것은, 입법 예고한 개정안이 사소한 법률적 해석으로 인하여 문 전 대통령이 풍산개를 반환하겠다고 한 10월 5일까지도 입법되지 못했기 때문이다. 이에 문 전 대통령은, 시행령 개정안이 입법되지 않은 상태에서 퇴임 대통령이 풍산개를 계속 보유하고 있는 것이 대통령 기록물법에 위반된다는 논란이 있기 때문에 반환을 결정했다는 것이다. 이것이 풍산개를 반환한 공식적인 이유이다.

그러나 이런 공식적인 반환 이유 외에 또 다른 이유가 있는 듯하다. 문 전 대통령 측은 10월 7일 페이스북을 통해 "행안부는 지난 6월 17일 시행령 개정을 입법 예고했지만 이유를 알 수 없는 대통령실의 이의 제기로 국무회의에 상정되지 못했다"며 "대통령실에서는 풍산개의 관리를 문 전 대통령에게 위탁하는 것에 대해 부정적인 듯하다"고 했다. 실제로 '대통령실의 이의 제기'로 개정안이 입법되지 못했는지 어떤지는 모르지만 현 대통령에 대한 문 전 대통령 측의 강한 불신과 반감이 이번 사태를 야기시킨 것으로 보인다. 감정적 대응으로까지 읽힐 수 있는 발언이다.

이를 두고 여당에서는 양육비 때문이라고 말한다. 지난 5월 9일 대통령 기록관장과 문 전 대통령 비서실 비서관이 '위탁협의서'를 작성했는데 여기에는 개정안 6조 3의 ③항에 근거해서 대통령 기록관장은 수탁받은 기관 또는 개인에게 풍산개의 사료비 35만 원, 의료비 15만 원, 사육관리 용역비 192만 원, 총 242만 원을 매월 지급한다는 조항이 있었다고 한다. 개정안이 입법되지 않아 6개월 동안 이 비용을 받지 못하자 반환하겠다고 나섰다는 것이다.

어느 측 말이 진실인지 알 수 없지만 애꿎은 풍산개의 처지만 처량하게 되었다. 풍산개는 북한에서 청와대로 왔다가 양산 대통령 사저로 옮겨졌고 다시 경북대 동물병원으로 이관되었는데 여기서 또다시 광주의 우치 동물원으로 옮겨질 전망이다. 한국을 대표하는 명견으로 추위와 질병에 강하며 체력이 뛰어나고 용맹한 사냥개인 풍산개가 한곳에 정착하여 주인의 사랑을 받지 못하고 떠돌이 신세가 되어 이리저리 옮겨 다니는 모습이 애처롭기 짝이 없다. '북한의 개들이 남한의 정치적 불화를 야기시킨다'는 외신의 보도가 틀린 말은 아니지만 이 정치적 불화를 북한 개의 탓으로 돌릴 수는 없지 않은가?

## 한국과 중국, 애증의 30년

| 2022, 『국민일보』

금년은 한국과 중국이 수교한 지 30년이 되는 해이다. 두 나라는 좋은 이웃으로서 국경을 맞대고 2000년 이상 지속적으로 긴밀한 관계를 유지해 왔다. 이렇게 오랜 기간 동안 양국은 인적, 물적 교류를 통하여 상호 영향을 미치면서 공존하다가 1950년의 한국전쟁을 계기로 교류가 끊어졌다. 이후 42년간 체제가 다른 두 나라는 서로 적대적인 관계에 놓였다.

그러다가 세계 냉전체제의 종식과 더불어 두 나라는 1992년 극적으로 국교를 수립하게 된다. 국교를 수립하게 된 데에는 두 나라의 이해 특히 경제적 이해가 맞아떨어진 배경이 있었거니와 수교 후 한·중 양국은 그동안의 적대관계를 잊을 정도로 급속히 교류를 확대해 나갔다. 수교 초기 63억 불이던 양국의 교역량이 2021년 현재 3,015억 불로 47배가 증가했고, 한국의 대중국 수출량도 30년 동안 160배 증가했다. 경제적 교역량이 늘었을 뿐만 아니라 문화적 교류도 활발하게 일어나 두 나라는 가장 가까운 이웃으로서의 위상을 굳건히 다졌다.

양국 간에 약간의 불협화음을 낸 것은 2002년에 중국의 동북공정이 시작되면서부터이다. 여기서 중국은 '현재 중국의 국경 안에서 이루어진 모든 역사는 중국의 역사이므로 고구려와 발해 또한 중국의 역사이다'라는 취지의 입장문을 발표했다. 그러나 이때까지만 해도 이 문제를 중국이 정치 쟁점화하지 않고 학술적인 연구에 맡긴다는 자세였기 때문에 결정적인 마찰은 수면 위로 나타나지 않고 잠복해 있었다. 두 나라 사이의 교류도 여전히 계속되었다. 그러다가 금년에 중국에서 개최된 한중 수교 30주년 기념 전시회인 '한중일 고대 청동기전'에서 한국 측이 보내준 한국 고대사 연표에서 고구려와 발해를 고의적으로 삭제한 것이 발단이 되어 첨예한 문제로 부각되었다. 언젠가는 터질 일이 터지기 시작한 것이다.

한중 간에 결정적인 틈이 벌어진 것은 2016년 한국의 사드 배치를 문제 삼아 중국이 '한한령(限韓令)'을 내린 후부터였다. 중국은 한국의 드라마, 영화 상영을 금지하고 모든 문화 예술 단체의 중국 내 공연을 금했으며 관광객도 제한했다. 뿐만 아니라 경제적으로도 무자비한 보복을 감행했다.

또 그동안 잠복해 있던 중국식의 '천박한 민족주의'가 이 무렵을 즈음해서 고개를 들기 시작했다. 그 대표적인 것이 한국 문화의 중국 기원론이다. 김치, 한복, 삼계탕, 판소리, 단오절 등 한국 문화의 기원이 중국에 있다는 것이다. 시진핑의 친위부대로 문화혁명 때의 홍위병과도 같은 이른바 '소분홍(小粉紅)'이 이를 주도하고 있는데 이들은 '중국이 발명한 문화가 한국으로 전해졌으니 문화의 소유권이 중국에 있다'라 강변한다. 예를 들면, '한국의 단오절은 중국의 민족 영웅 굴원(屈原)의 제사 문화를 한국이 강탈해 간 것'이라고 억지 부리는 식이다. 한국은 중국 문화를 빼앗아간 도둑이요 침략자라고까지 말한다. 참으로 어처구니없는 일이다.

현재 중국은 세계 대국으로 부상했다. '중국몽(中國夢)'으로 대변되는 중화민족의 위대한 부흥을 외칠 수 있을 정도로 국력이 발전했다. 하지만 중국이 경제적으로, 군사적으로, 기술적으로 괄목할 만한 성장을 했음에도 불구하고 천박한 민족주의에 갇혀있는 한 중국몽의 궁극적 실현은 어려워 보인다. 이런 중국을 박명림 교수는 '가분수 국가'라 불렀다. 즉 "몸집은 큰데 생각은 왜소한 나라" "국력은 제국 규모이나 사고는 소국 수준의 나라"라는 것이다.

이렇게 "왜소한 생각"과 "소국 수준의 사고"의 결과 중국은 현재 주변 국가와 세계로부터 부정적으로 인식되고 있다. 어느 통계에 따르면 반

중(反中) 여론이 일본은 87%, 미국은 82%, 오스트레일리아는 86%나 된다고 한다. 우리나라의 반중 여론도 80%로 나타났다. 한국 문화의 중국 기원론 등 속 좁은 민족주의가 한국민의 여론을 극도로 악화시킨 것으로 보인다.

과거에도 현재에도 중국은 대국이다. 과거의 중국은 문화의 힘으로 주변국들을 복속시켰다. 중국이 강요하지 않아도 주변국들은 공자와 주자의 나라로서의 중국에 머리를 숙였다. 따라서 자연스럽게 대국의 풍모를 지녔다. 현재의 중국은 "소국 수준의 사고"를 가지고 몸만 훌쩍 커버린 외형상의 대국일 뿐이다. 우리는, 몸과 마음이 함께 성장하여 진정한 대국의 모습을 갖춘 중국의 모습을 보고 싶다.

송재소宋載卲

1943년 경북 성주에서 태어났다. 서울대학교 영문학과와 같은 학교 대학원 국문학과를 졸업하고 『다산 문학연구』로 문학박사학위를 받았다. 한국한문학회 회장을 지냈고, 성균관대학교 한문학과 교수로 정년을 맞았다. 현재 성균관대학교 명예교수, 퇴계학연구원 원장, 실시학사 연구원장이자 다산연구소 이사로 활동하고 있다. 다산 정약용의 학문과 문학세계를 알리는 데 오랫동안 힘써 왔고, 우리 한문학을 유려하게 번역하는 것으로 정평이 나 있다.
지은 책으로 『다산시 연구』, 『한시 미학과 역사적 상상력』, 『한국 한문학의 사상적 지평』, 『주먹바람 돈바람』, 『몸은 곤궁하나 시는 썩지 않네』, 『한국 한시 작가 열전』, 『시로 읽는 다산의 생애와 사상』, 『중국 인문기행』(1~4권), 『당시 일백수』, 『주시 일백수』, 『차시 일백수』, 『인문학의 뿌리로서의 한국 한문학』, 『중국의 향기』가 있고, 옮긴 책으로 『다산시선』, 『다산의 한평생』, 『역주 목민심서』(공역), 『한국의 차문화 천년』(1~7권, 공역) 등이 있다.
2002년 제3회 다산학술상 대상, 2015년 제5회 벽사학술상, 2023년 제15회 임창순상을 수상했다.

송재소 잡문집

복사꽃 오얏꽃은 말이 없어도

2025년 12월 26일 초판 1쇄 펴냄

**지은이** 송재소
**펴낸이** 김흥국
**펴낸곳** 보고사

**책 임 편 집** 김태희
**표지디자인** 김규범

**등록** 1990년 12월 13일 제6-0429호
**주소** 경기도 파주시 회동길 337-15
**전화** 031-955-9797(대표)
**팩스** 02-922-6990
**메일** bogosabooks@naver.com
**홈페이지** http://www.bogosabooks.co.kr

**ISBN** 979-11-6587-962-4 03300



정가 30,000원